春秋集注

〔南宋〕張洽 撰
陳峴 點校

中華書局

圖書在版編目(CIP)數據

春秋集注/(南宋)張洽撰;陳峴點校. —北京:中華書局,2021.4(2022.12重印)
ISBN 978-7-101-15101-5

Ⅰ.春… Ⅱ.①張…②陳… Ⅲ.①中國歷史-春秋時代-編年體②《春秋》-注釋 Ⅳ.K225.04

中國版本圖書館CIP數據核字(2021)第038168號

責任編輯:王 娟
責任印製:管 斌

春秋集注
〔南宋〕張 洽 撰
陳 峴 點校
*
中華書局出版發行
(北京市豐臺區太平橋西里38號 100073)
http://www.zhbc.com.cn
E-mail:zhbc@zhbc.com.cn
三河市航遠印刷有限公司印刷
*
850×1168毫米 1/32 · 19⅜印張 · 2插頁 · 330千字
2021年4月第1版 2022年12月第2次印刷
印數:3001-5000册 定價:66.00元

ISBN 978-7-101-15101-5

目録

附　録

整理説明

張洽（一一六〇—一二三七），字元德，號主一，臨江清江（今屬江西）人，宋寧宗嘉定元年（一二〇八）進士，曾主講白鹿洞書院，官至著作佐郎，謚文憲。洽爲朱子門人，習理學、經學，宋史道學傳稱其「自六經傳注而下，皆究其指歸，至於諸子百家、山經地志、老子浮屠之説，無所不讀」。在朱子門人之中，張洽以精研春秋聞名。衆所周知，朱子雖遍注群經，但唯獨於尚書、春秋二經，未親自下筆作注，後人常以其弟子蔡沈和張洽所作之書集傳與春秋集注作爲朱子學派對尚書、春秋的注解，由此亦可見春秋集注在宋代經學中之重要地位。

張洽春秋集注之撰述，一方面延續了唐人啖助、趙匡、陸淳以來解釋春秋經的理路，對左傳、公羊傳、穀梁傳都有汲取，並在不同條目中適時援引三傳經義，作爲調和之説，並不拘於一家：「左氏釋經雖簡，而博通諸史，叙事尤詳，能令百代之下頗見本末，其有功於春秋爲多。公、穀釋經，其義皆密……深得聖人誅亂臣、討賊子之意。考其源流，必有端緒，非曲説所能及也。」另一方面，也遵循朱子「春秋直書其事」的基本思路，重視春秋「大義」而慎言「微言」，絶少提及今文學所提倡的「災異」、「改制」之義。對胡安國春秋傳中受今文經學影響而重視的「一字褒貶」、「夏時冠周月」諸例，也持批評、否定態度。

在完成十一卷本的春秋集注之前，張洽率先完成了二十六卷本春秋集傳的整理、撰寫工作。相比較春秋集注，春秋集傳更具資料長編性質，後者以春秋經爲綱，在每一條經文後，根據經義闡發的需要，酌情將其認爲有價值的三傳中的解釋，及兩漢、隋唐、兩宋學者如杜預、何休、范甯、孔穎達、啖助、趙匡、陸淳、程頤、劉敞、胡安國、吕祖謙諸儒的議論，間取之而一一羅列，但較少抒發己意。春秋集注便是在春秋集傳綜合漢、唐諸説的基礎上，仿照朱子作論語集注、孟子集注的方法，「會其精意，詮次其説」，對春秋集傳中所引經説加以精選。據筆者初步統計，共計引用何休、服虔、杜預、范甯、孔穎達、啖助、趙匡、陸淳、孫復、胡瑗、劉敞、孫覺、程頤、蘇轍、劉絢、胡安國、許翰、吕本中、薛季宣、吕祖謙、師協、任公輔等二十餘家經説，在薈萃諸家精義的基礎上，張洽以己意爲之調和、折中，最終著成了精詳版的十一卷春秋集注，就此成爲了朱子學派注解春秋的扛鼎之作。

作爲朱子學派唯一一部系統注解春秋的著作，春秋集注在歷史上廣爲流傳，影響很大。在明太祖時，還與胡安國春秋傳同被列爲科舉考試的欽定範本，至明成祖纂集春秋大全時，纔被胡安國春秋傳全面壓制，而喪失了在科舉考試中的權威地位。

除春秋集注和春秋集傳外，張洽還著有春秋綱領一卷、歷代郡縣地理沿革表二十七卷並目録二卷，以及左氏蒙求、續通鑒長編事略等著作。但除春秋集注、春秋綱領完整保存，春秋集傳存第一至十七卷及第二十一、二十二卷共十九卷外，其餘著作均已亡佚。

春秋集注的刊刻、流傳非常廣泛。按照張洽本人在呈進表中的説法，該書在甲申年(一二二四)前已經粗成初稿，至端平元年(一二三四)，則基本上已寫定。同年八月初一，有尚書省劄子至臨江軍，訪求張洽的所有春秋類著作，以期上繳尚書省，以備御覽。次年七月，張洽將春秋集注十一卷和春秋集傳二十六卷寫定，並春秋綱領一卷，歷代郡縣地理沿革表二十七卷並目録二卷，一併送臨江軍上呈。

由於歷代郡縣地理沿革表、左氏蒙求等書已經亡佚，春秋集傳也有七卷散佚，僅在宛委别藏本中存元延祐刻本之十九卷殘本，因此，在張洽的春秋類著作中，唯有春秋集注及附在書前的春秋綱領一卷有全本存世。此書版本衆多，僅宋本便有三部存世，分别爲：中國國家圖書館藏宋寶祐三年(一二五五)臨江軍庠刻本、遼寧圖書館藏宋德祐元年(一二七五)衛宗武華亭義塾刻本、中國國家圖書館藏宋刻本。除以上三種宋本外，還有上海圖書館藏清影宋抄本、明嘉靖四十三年朱睦㮮聚樂堂刻本、清初毛氏汲古閣影宋抄本、通志堂經解本、四庫全書本、四庫全書薈要本、清乾隆十五年務滋堂刻本、清光緒十年張榮久等刻本及多個明、清兩代抄本、刻本，存世版本非常豐富。

此次對春秋集注及所附春秋綱領的點校整理工作，選取宋寶祐三年臨江軍庠刻本爲底本，以宋德祐元年衛宗武華亭義塾刻本和通志堂經解本爲通校本。其中，臨江軍庠刻本的刊刻時間距離張洽首次寫定諸書呈進僅隔二十年，距離張洽去世也僅有十八年，其刊刻地點也位於張洽呈進諸書時所在的臨江軍（現在江西省樟樹市附近），最大程度上保存了本書之最初形態，因此選作底本。華亭義塾刻本距臨江軍庠刻本的刊刻也僅隔二十年，有重要的校勘價值。通志堂經解本在明、清兩代的諸多版本中校勘質量上佳，流傳廣泛，因此也選爲校本。華亭義塾刻本、明嘉靖聚樂堂刻本、通志堂經解本三個刻本的序言對春秋集注之成書及其在歷史上不同時期的流傳有着較爲詳細的記載，因此將這三篇序文與宋史張洽傳和四庫提要之著録一併選入附録中，供廣大讀者參考。

本次對春秋集注的點校整理，主要對原書做了以下幾點必要的工作：原書無標點，此次整理加以全式標點；張洽在書中廣引各類典籍、著作，此次整理，引文均以引號標出，如所引内容與原書差别過大、影響理解的，均在校勘記中説明；凡節引他書而不失原意的，則不出校勘記；原刊中各類遺漏、錯亂、文字訛誤，均依據校本或他書予以改正，並在校勘記中予以必要説明；改異體字爲通行字，避諱字徑改，均不出校；改原刊夾注雙行小字爲單行小字。

此次春秋集注的整理，是全國高校古籍整理研究工作委員會直接資助項目「張洽著作集點校整理」的部分成果。春秋學爲古代經學中的專家之學，本人學問淺陋，難免有疏漏之處，還請方家不吝指正。

陳峴

己亥孟夏於嶽麓書院

省劄

訪聞臨江軍新宫觀張祕著居家力學，多有著成書，有裨治道，可備乙覽，須議指揮。

右劄付臨江軍，令守臣以禮延請，詢訪件目。差能書吏人，齎紙札，如法謄寫。就委本官點對無差悞，並繳申尚書省，以憑投進。準此。

端平元年八月初壹日

押

押　押

臨江軍牒上觀使著作祕閣郎中

今月初五日，準安撫使衙牌筒備準尚書省劄子，訪聞臨江軍新宫觀張祕著居家力學，多有著成書，有裨治道，可備乙覽。劄付臨江軍，令守臣以禮延請，詢訪件目。差能書吏人，齎紙扎，如法謄寫。就委本官點對無差悞，並繳申尚書省，以憑投進。須至公文牒。除已委請司户趙從事，并差虞候萬宣齎牒劄前去禮請。今請候到，幸詳省劄指揮事理施行，仍希公文回報。謹牒。

端平元年九月　日　牒

牒上

觀使著作祕閣郎中

文林郎臨江軍司理參軍權判官通判趙

文林郎臨江軍判官董　差出
宣教郎通判臨江軍兼管内勸農營田事葉　試院
朝請大夫知臨江軍兼管内勸農營田事潘　剛中　押〔一〕

〔一〕華亭義塾本此牒文列於省劄之前，且無「剛中押」三字。

朝奉郎直祕閣主管建康府崇禧觀賜緋魚袋張洽

玖月初柒日，承使軍牒，并差委司户趙從事親至洽所居，爲準省劄指揮，令本軍詢訪洽所著書件目謄寫，申尚書省，以憑投進。證得洽舊嘗私著春秋集傳、春秋集注及歷代郡縣地理沿革表。雖已粗成篇秩，其間亦有未曾修改定本。今來忽準朝旨令行繳納，竊惟洽學術踈淺，斐然有述，止以自備遺忘而已，初未嘗敢以著書自名。不謂上關朝聽，特蒙行下取索，且將以上備乙覽。其在草野愚儒，雖知非稱，其敢以蕪陋爲辭！容日下一面修改校定，俟得允當，却容齎本申納使軍，差人繕寫，繳申朝省。謹先具狀遵稟，欲乞先次備申尚書省照會施行，須至申聞者。

右謹具申臨江軍使衙，伏望指揮施行。

端平元年九月　日朝奉郎直祕閣主管建康府崇禧觀賜緋魚袋〔一〕張洽狀

〔一〕華亭義塾本無「魚袋」二字。

朝奉郎直祕閣主管建康府崇禧觀賜緋魚袋〔一〕張洽

照會洽昨承臨江軍牒，備準省劄，訪聞洽有著成書，有裨治道，可備乙覽，劄下本軍詢訪件目，差人齎紙扎謄寫，並繳申尚書省，以憑投進者。伏念洽自幼貧苦，且復蚤孤，於他藝能無所通曉，遂發憤積思於文學。竊以爲，春秋之書，聖筆所刊，皆因時君之行事，斷以是非之公，示之萬世，而生人之大倫、致治之大法，所賴以不泯者也。嘗從師友傳習講論凡二百四十二年之行事，與漢、唐以來諸儒之議論，莫不考覈研究，會其異同，而參其中否。積年既久，似有得於毫髮之益。過不自度，取其足以發明聖人之意者，附於每事之左，以爲之傳，名曰春秋集傳。既又因此書之粗備，復倣先師文公語、孟之書，會其精意，詮次其說，以爲集注。而間有一得之愚，則亦竊自附於諸賢之說之後。雖平生心思稡在此書，

〔一〕華亭義塾本無「魚袋」二字。

然智識昏耗，學殖弗深，豈敢自謂盡得聖人筆削之大指？至於地理一書，則以封域分合之參差、古今名號之因革，此同彼異，驟改忽更，散在群書，莫能統會。蓋自誦習之初，已病其然。乃博稽載籍，重加參究。竊規司馬遷十表之模範，述爲一編。以今之郡縣爲經，而緯以上下數千年異同之故。庶幾按圖而考，百世可知。然而私家文籍，所有幾何？郡邑圖志，未閲千一。雖綱條粗立，而其間遺闕，尚多有之。故凡後來之升降，諸書之所未載，聞見之所未詳，大抵皆仍其舊而已。抵捂舛謬，不敢自保。始蓋期於餘力休暇之時，尚求它書，增而備之；而自登仕版，心志專於所〔一〕職，不復能有所是正。間當甲申待次、庚寅奉祠以來，僅能整次集注之書，粗成編次。猶冀未遂首丘之日，凡有一聞一見，悉加刊定，使就條理，未嘗敢以爲成書也。載惟草野愚儒、章句末學，豈應妄有著述？所以犯是不韙者，不過因前賢已成之説，略加編劖，統會群言，掊擊僞辯，以私便觀覽

〔一〕華亭義塾本無「所」字。

而已。敢圖公朝俯加訪問，稱其有補於治道，給扎取將，且欲以上備乙夜之覽？殊命下臨，不勝驚懼。然在疏遠賤士，匿不以聞，祇益爲罪。但惟此書實未得爲全備，故自聞命之後，雖復益加修潤，而自顧蕪陋，何所取材？踧踖累月，不敢以進。而終以方命爲懼，是以卒忘其冒昧，而徑以上陳。其春秋集傳二十六卷，春秋集注一十一卷，并綱領一卷，歷代郡縣地理沿革表二十七卷，并目録二卷，已送臨江軍繕寫裝褙了畢。敢因申發之次，具此申控情悰，欲望朝廷先賜看詳。如其書無所發明，迂闊於事，即乞免行奏御，塵瀆睿覽。若猶採其葑菲，遂以投進，伏乞敷奏前件所陳，冀逃有隱之誅。洽下情無任惶懼俟命之至，須至申聞者。

右謹具狀，申尚書省，伏候指揮。謹狀。〔一〕

端平二年七月〔二〕日朝奉郎直祕閣主管建康府崇禧觀賜緋魚袋〔三〕張洽狀

〔一〕「右謹具狀申尚書省伏候指揮謹狀」，華亭義塾本作「右謹具申臨江軍使衙伏望指揮施行」。

〔二〕「二年七月」，華亭義塾本作「元年九月」。

〔三〕華亭義塾本無「魚袋」二字。

小貼子

洽照得紹興間侍讀給事胡公被旨纂修所著春秋傳，書内本文及已見援引它書，應有犯淵聖御名及本朝廟諱，並不改易本字，但缺點畫，爲字不成，覆以黄紙。今來洽所繳申三件書内，有與前項事理一同，雖昨來不曾申明，輒敢冒昧遵用紹興已降指揮體例，並依本字修寫，覆以黄紙，以彰聖朝尊經術、開不諱之盛德。所是洽冒昧僭越之罪，伏候朝廷指揮。

春秋綱領

論語：「堯曰：『咨！爾舜！天之曆數在爾躬，允執其中。四海困窮，天禄永終。』舜亦以命禹。曰：程子云：「『曰』上〔一〕少『湯』字。」『予小子履，敢用玄牡，敢昭告于皇皇后帝：有罪不敢赦。帝臣不蔽，簡在帝心。朕躬有罪，無以萬方；萬方有罪，罪在朕躬。』周有大賚，善人是富。『雖有周親，不如仁人。百姓有過，在予一人。』謹權量，審法度，修廢官，四方之政行焉。興滅國，繼絶世，舉逸民，天下之民歸心焉。所重：民、食、喪、祭。寬則得衆，信則民任焉，敏則有功，公則説。」〇「顏淵問爲邦。子曰：『行夏之時，寅爲人正。時以作事，當以人爲紀，故取之。乘殷之輅，得質之中。服周之冕，得文之中。樂則韶舞。

〔一〕二程遺書無「曰上」二字。

放鄭聲，遠佞人。鄭聲淫，佞人殆。』」〇「子張問：『十世可知也？』子曰：『殷因於夏禮，所損益，可知也；周因於殷禮，所損益，可知也；其或繼周者，雖百世可知也。』」所因，謂三綱五常。所損益，謂文質三統也。〇「子曰：『道千乘之國，敬事而信，節用而愛人，使民以時。』」〇「子曰：『晉文公譎而不正，齊桓公正而不譎。』」〇「子曰：『齊一變至於魯，魯一變至於道。』」〇「孔子曰：『天下有道，則禮樂征伐自天子出；天下無道，則禮樂征伐自諸侯出。自諸侯出，蓋十世希不失矣；自大夫出，五世希不失矣；陪臣執國命，三世希不失矣。天下有道，則政不在大夫。天下有道，則庶人不議。』孔子曰：『祿之去公室，五世矣；政逮於大夫，四世矣；故夫三桓之子孫，微矣。』」〇「子曰：『夷狄之有君，不如諸夏之亡也。』」〇「陳成子弒簡公。孔子沐浴而朝，告於哀公曰：『陳恒弒其君，請討之。』公曰：『告夫三子！』孔子曰：『以吾從大夫之後，不敢不告也。君曰「告夫三子」者。』之三子告，不可。孔子曰：『以吾從大夫之後，不敢不告也。』」

孟子曰：「世衰道微，邪説暴行有作，臣弑其君者有之，子弑其父者有之。孔子懼，作春秋。春秋，天子之事也。是故孔子曰：『知我者其惟春秋乎！罪我者其惟春秋乎！』」公羊傳：「子曰：『春秋之信史也。其事〔一〕，則齊桓、晉文；其會，則主會者爲之也；其詞，則丘有罪焉爾。』」亦此意也。「昔者禹抑洪水而天下平，周公膺戎〔二〕狄、驅猛獸而百姓寧，孔子成春秋而亂臣賊子懼。」○「王者之迹熄而詩亡，詩亡然後春秋作。晉之乘，楚之檮杌，魯之春秋，一也。其事則齊桓、晉文，其文則史。孔子曰：『其義則丘竊取之矣。』」○「春秋無義戰。彼善於此，則有之矣。征者，上伐下也，敵國不相征也。」

史記：「魯哀公十四年春，狩于大野，獲麟。孔子曰：『吾道不行矣！』乃因史記作春秋，上至隱公，下訖哀十四年。約其文詞而指博。故吴、楚之君自稱王，

〔一〕「事」，公羊傳作「序」。
〔二〕「膺戎」，孟子作「兼夷」。

而春秋貶之曰『子』；踐土之會，實召周天子，而春秋諱之曰『天王狩于河陽』：推此類以繩當世。孔子在位聽訟，文詞有可與人共者，弗獨有也。至於爲春秋，筆則筆，削則削，子夏之徒不能贊一詞。」

莊周氏曰：「春秋經世，先王之志也，聖人議而不辯。」又曰：「春秋以道名分。」

公羊氏曰：「春秋何以始乎隱？祖之所逮聞也。何以終乎哀十四年？曰：『備矣！』君子曷爲爲春秋？撥亂世，反之〔一〕正，莫近諸春秋。」

漢董氏曰：「孔子知時之不用，道之不行，是非二百四十二年之中，以爲天下儀表，貶諸侯，討大夫，以達王事。曰：『我欲載之空言，不如見之行事之深切著明也。』有國者不可不知春秋，前有讒而不見，後有賊而不知；爲人臣者不可不知春秋，守經事而不知其宜，遭變事而不知其權；爲人君父而不通於春秋之義者，必蒙首惡之名；爲人臣子而不通於春秋之義者，必陷簒弒

〔一〕「之」，公羊傳作「諸」。

誅死之罪。其實皆以善爲之，而不知其義，被之空言不敢辭。故春秋者，禮義之大宗也。」

隋王通氏曰：「春秋之於王道，是輕重之權衡，曲直之繩墨也。」

濂溪周子曰：「春秋正王道、明大法也，孔子爲後世王者而修也。亂臣賊子誅死者於前，所以懼生者於後也。宜乎萬世無窮，王祀孔子〔一〕，報德報功之無盡焉。」

河南邵氏曰：「春秋，孔子之刑書也。功過不相揜。五伯者，功之首，罪之魁也。先定五伯之功過而學春秋，則大意立矣。春秋之間，有功者，未有大於四國者也；有過者，亦未有大於四國者也。不先治五伯之功過，則事無統理，不得聖人之心也。」

橫渠張氏曰：「春秋之書，在古無有，乃仲尼所自作，惟孟子爲能知之。非理明

〔一〕「孔子」，周敦頤通書作「夫子」。

義精，殆未可學。先儒未及此而治之，故其説多鑿。」

伊川程氏曰：「詩、書載道之文，春秋聖人之用。詩、書如藥方，春秋如用藥理病〔一〕，聖人之用全在此書，所謂『不如載之行事之深切著明』者也。」又曰：「五經之有春秋，猶法律之有斷例也。律令惟言其法，至於斷例，始見其法之用。」又曰：「學春秋亦善，一句是一事，是非便見於此，乃窮理之要。他經非不可窮理也，但論其義耳。春秋因其行事，是非較著，故窮理爲要。春秋以何爲準？無如中庸。欲知中庸，無如權，須是時而爲中。中非手足胼胝、閉户不出之間所可取也。視其當然之時，則閉户、胼胝各爲其中也。權之爲言，稱錘之謂也〔二〕。何物爲權？義也。時〔三〕也亦只説到義，以上更難説，在人自看如何。」又曰：「春秋，傳爲按，經爲斷。」又曰：「春秋之法極

〔一〕「理病」，二程遺書作「治疾」。
〔二〕「稱錘之謂也」，二程遺書作「秤錘之義也」。
〔三〕「時」，二程遺書作「然」。

謹嚴。中國而用夷禮，則夷之。韓子之言，深得其旨。」〇又作春秋傳序，曰：「天之生民，必有出類之才起而君長之，治之而争奪息，導之而生養遂，教之而倫理明，然後人道立，天道成，地道平。二帝而上，聖賢世出，隨時有作，順乎風氣之宜，不先天一作「時」。以開人，各因時而立政。暨乎三王迭興，三重既備，子丑寅之建正，忠質文之更尚，人道備矣，天運周矣。聖王既不復作，有天下者雖欲倣古之跡，亦私意妄爲而已。事之謬，秦至以建亥爲正，道之悖，漢專以智力持世。豈復知先王之道也？夫子當周之末，以聖人不復作也，順天應時之治不復有也，於是作春秋，爲百王不易之大法。所謂『考諸三王而不謬，建諸天地而不悖，質諸鬼神而無疑，百世以俟聖人而不惑』者也。先儒之傳〔一〕曰：『游、夏不能贊一辭。』辭不待贊也，言不能與於〔二〕斯耳。斯道也，惟顔子嘗聞之矣：『行夏之時，乘殷之輅，服周之冕，

〔一〕「傳」，春秋傳序作「論」。
〔二〕「於」，底本闕，據春秋傳序補，華亭義塾本及通志堂本作「與」。

樂則韶舞』，此其準的也。後世以史視春秋，謂褒善貶惡而已，至於經世之大法，則不知也。春秋大義數十，其義雖大，炳如日星，乃易見也。惟其微辭隱義，時措從宜者，爲難知也：或抑或縱，或與或奪，或進或退，或微或顯，而得乎義理之安，文質之中，寬猛之宜，是非之公，乃制事之權衡，揆道之模範也。夫觀百物然後識化工之神，聚衆材然後知作室之用。於一事一義而欲窺聖人之用心，一本無「心」字。非上智不能也。故學春秋者，必優游涵泳，默識心通，然後能造其微也。」○又曰：「春秋大率所書事同則辭同，後人因謂之例，然有事同辭異者，蓋各有義，非可例拘也。」又曰：「有重疊言者，如征伐盟會之類。蓋欲成書，勢須如此，不可事事各求異義。但一字有異，或上下文異，則義須別。」又曰：「春秋之文，一一意在示人，如土功之事，無大小，一一書之，其意止欲人君慎重民力也。」○胡氏曰：「詞同者，正例也。詞異，則其例變矣。正例非聖人莫能立，變例非聖人莫能裁。惟窮理精義以學春秋者，於例中見法，例外通例〔一〕也。」

〔一〕「例」，通志堂本作「類」。

武夷胡氏曰：「春秋，魯史爾。仲尼就加筆削，乃史外傳心之要典也。孟氏又發明宗旨，以爲天子之事者。周道衰微，乾綱解紐，亂臣賊子接迹當世，人欲肆而天理滅矣。仲尼，天理之所在，不以爲己任而誰可？五典弗惇，己所當叙；五禮弗庸，己所當秩；五服弗章，己所當命；五刑弗用，己所當討。故假魯史以寓王法，撥亂世，反之正。叙先後之倫，而典自此可惇；秩上下之分，而禮自此可庸。有德必褒，而善可勸；有罪必貶，而惡可懲。其志存乎經世，其功配於抑洪水、膺戎狄、放龍蛇、驅虎豹，其大要皆天子之事也。故曰：『知我罪我者，其惟春秋乎！』知孔子者，謂此書遏人欲於横流，存天理於既滅，爲後世慮至深遠也；罪孔子者，無其位而託二百四十二年南面之權，使亂臣賊子禁其欲而不得肆，則戚矣。是故春秋之作，公好惡，則發乎詩之情；酌古今，則貫乎書之事；興常典，則體乎禮之經；本忠恕，則導乎樂之和；著權制，則盡乎易之變。百王之法度，萬世之凖繩，皆在此書。故君子以爲〔一〕五經之有春秋，猶法律之有斷例也。學是經者，信窮理之要；不學是經，而處大事、決大疑能不惑者，鮮矣。去聖既遠，欲因遺經窺測聖人之用，豈易能乎？然世有先後，人心所同然者，一爾。苟得其所同然者，雖越宇宙，若見聖人親炙之也，而春秋之權度在我矣。」○又曰：「傳春秋者三家，左氏叙事見本末，公羊、穀梁詞辯而義精。學經以傳爲按，則當閱左氏；玩詞以義爲主，則當習公、穀。如載惠公元妃、繼室及仲子之歸于魯，即隱公兄弟嫡庶之辨、攝讓之實，可按而知也。當閱左氏，謂此類也。若夫來賵仲子，以爲豫凶事，則誣矣。王正月之爲大一統；及，我欲之；暨，不得已也。當習公羊氏，謂此類也。謂母以子貴，媵妾許稱夫人，則亂矣。段，弟也，弗謂弟；公子也，弗謂公子：賤段而甚鄭伯之處心積慮成於殺也。當習穀梁氏，謂此類也。若夫曲生條例，以大夫日卒爲正，則鑿矣。萬

〔一〕「爲」，胡安國春秋傳作「謂」。

物紛錯懸諸天，衆言淆亂折諸聖。要在反求於心，斷之以理，精擇而慎取之。則美玉之與武砆，必有能辨之者。」左氏釋經雖簡，而博通諸史，叙事尤詳，能令百代之下頗見本末，其有功於春秋爲多。公、穀釋經，其義皆密，如衛州吁以稱人爲討賊之辭也；公薨，不地，故也；不書葬，賊不討，以罪下也。若此之類，深得聖人誅亂臣、討賊子之意。考其源流，必有端緒，非曲説所能及也。啖、趙謂三傳所記，本皆不謬，義則口傳，未形竹帛。後代學者妄加附益，轉相傳授，浸失本真。故事多迂誕，理或舛駁。其言信矣。然則學者於三傳，忽焉而不習，則無以知經；習焉而不察，擇焉而不精，則春秋之弘意大旨，簡易明白者，汩於僻説，愈晦而不顯矣。

春秋卷第一

杜氏曰：「春秋者，魯史記之名也。史之所記，必表年以首事，年有四時，故錯舉以爲所記之名也。」

張洽集注

隱公

名息姑，惠公之子，母聲子。謚法：「不尸其位曰隱。」○傳：「惠公元妃孟子。孟子卒，繼室以聲子，生隱公。宋武公生仲子，仲子生而有文在其手，曰爲魯夫人，故仲子歸于我。生桓公而惠公薨，是以隱公立而奉之。」○公羊傳：「桓公幼，諸大夫扳隱而立之。隱於是焉而辭立，則未知桓之將必得立也。且如桓立，則恐諸大夫之不能相幼君也。故凡隱之立，爲桓立也。」○伊川程氏傳曰：「夫子之道既不行於天下，於是因魯春秋立百王不易之大法。平王東遷，在位五十一年，卒不能復興先王之業，王道絶矣。孟子曰：『王者之迹熄而詩亡，詩亡然後春秋作。』適當隱公之初，故始於隱公。」又曰：「詩亡者，謂雅亡，政教號令不及於天下也。」○泰山孫氏曰：「春秋之始於隱公者，非它，以平王之所終也。平既不王，東遷之後，周室微弱，諸侯强大。朝覲不修，貢賦不奉，號令無所束，賞罰無所加。壞法易紀，變禮亂樂，弑君戕父，攘國竊號，在在有之。征伐四出，蕩然不禁。天下之正、中國之事，皆諸侯分裂之。平王庸暗，歷孝逾惠，莫能中興，播蕩陵夷，逮隱而死。雅、誥不復作，天下無復有王矣〔一〕。故詩至黍離而降，書至文侯之命而絶，春秋乃作，自隱公而始也。」

元年，春，王正月。元年者，隱公之始年也。古者諸侯之國，各隨其君之年以紀事，故不書是年爲平王之四十九年。至於正朔，則王所建也。此所謂春，乃建子月。冬至陽氣萌生，在三統爲天統，蓋天統以氣爲主，故月之建子，即以爲春。而丑寅之氣，皆天之所以生。劉歆云：「三統者，天施、地化、人事之紀。」天施，周正建子也；地化，商正建丑也；人事之紀，夏正建寅之謂也。周正建子，在夏時則十一月也。聖人雖欲行夏之時，而春秋因史作經，方尊周以一天下，豈遽改其正朔哉？然古者記事簡略，多以事繫日、以日繫月、以月繫年，至於事之以大略見者，乃繫事於時。考之書，如：「春，大會于盟津〔二〕。」

〔一〕「雅誥不復作天下無復有王矣」，孫復春秋尊王發微中在「春秋乃作自隱公而始也」之後。
〔二〕「盟津」，尚書及通志堂本作「孟津」。

「秋，大熟，未穫。」此事以大略見而繫時者也。其餘記其日月，則不必繫時。如伊訓：「惟元祀，十有二月。」畢命：「惟十有二年，六月庚午朏。」其他如武成、康誥、顧命等篇，皆月不繫於時。蓋止欲紀歲月，故舉月則知時也。春秋筆削史記，以立大法，於「元年」之下、「王正月」之上，每歲四時，必加謹「春」、「夏」、「秋」、「冬」之文者，程氏所謂「春，天時。正月，王正。書『春，王正月』，示人君當上奉天時，下承王正。明此義，則知王與天同大，而人道立者也」。「正月」加「王」，示正月之必出於王也。正朔者，天子所以奉若天道，而敬授人時者也。堯之曆象，舜之璇璣，皆帝王之首政，天下所當奉承者。是時，王政不行，諸侯放恣，不惟禮樂征伐不禀於周室，而正朔之大，亦國自爲曆。故考之唐志，周、魯、宋各有曆法，晉當獻、惠之世，大抵皆用夏正。夫子示撥亂反正之法，而特書「王正月」，此公羊所謂「大一統」也，示一統於此，而禮樂征伐之專者以次而正焉。此「元年，春，王正月」所以爲謹始之書也。○不書即位，蓋春秋假魯史以立法，而時君之罪有難以顯言者，故於筆削之際，謹嚴以示褒貶。隱公自立，不由王命與先君之命，故絀其即位。恐其未著，故特書正月以起之。蓋諸侯之有國，必受天子與先君之命，則其有是國而治民也。其身正，而可以正國人矣。苟或不然，守天子之土而無天子之命，守宗廟之典籍而不出於先君之傳付。是二者，一或闕焉，君子有所不居，今隱公兩皆無之。蓋其父惠公本欲立桓公，然惠公之薨，桓尚幼，諸大夫扳隱而授之位。隱公欲成其父之志，而懼桓之卒不克立，於是立乎其位以俟桓之長而授之。然公之志雖如此，而上不請于天子，下不以告于方伯，人孰知其果有與桓之實意哉？又況居位十有餘年，而大命不發，讒説得行，故胡氏以爲諸大夫扳己而遂立乎其位，是與爭亂造端，而簒弒所由起。春秋絀隱公即位，所以著父子君臣之倫，有國者不可不明於始也。

三月，公及邾儀父盟于蔑。邾，公羊並作「邾婁」，與禮記檀弓同，蓋齊人語也。蔑，公羊、穀梁作「眛」。○三月，建寅之月。公，隱公也，魯侯爵，而稱公者，臣子之詞。夫子，魯人也。書他國諸侯侵伐盟會，則從其本爵，而魯獨書「公」，蓋父母之邦，先祖之所逮事，從臣子所稱之爵，所以崇敬也。及，與也。凡盟會侵伐，内爲主，書「及」；外爲主，書「會」。所以別首從，而謹善惡之首也。邾，今襲慶府鄒縣。儀父，邾君之字。左氏曰：「邾子克也。」邾，魯之附庸。附庸之君例稱字盟，約信誓神之事，其禮蓋殺牲而共歃其血，告誓神明，若有背違，欲令神加殃咎如此牲也。蔑，姑蔑，魯地。鄭樵曰：「今兖州瑕丘縣有姑蔑城。」盟不書日，遠而失之也。○公攝位，而欲求好於邾，故爲蔑之盟。夫繼好息民，固有國之當然；而殺牲要神，則非爲人上者相與講信修睦之道。故書公之及盟，以譏其未免徇習俗之私，而不出於由中之信，於是魯、邾之好卒不能以久成也。

夏，五月，鄭伯克段于鄢。鄭，今鄭州新鄭縣。鄢，今開封府鄢陵縣。鄭伯，名寤生。段，鄭伯之弟大叔段也。克，勝也。○鄭莊公之父武公娶于申，曰武姜，生莊公及共叔段。愛段，欲立之，武公弗許。及莊公即位，爲之請京，使居之，謂之京城大叔。祭仲諫：「都城過百雉。」公曰：「姜氏欲之，焉辟害？」對曰：「姜氏何厭之有？不如早爲之所，無使滋蔓。蔓，難圖也。」公曰：「多行不義必自斃。子姑待之。」既而大叔命西鄙、北鄙貳於己，又收以爲己邑，至于廩延。子封曰：「可矣，厚將得衆。」公曰：「不義不暱，厚將崩。」大叔完聚，繕甲兵，具卒乘，將襲鄭。夫人將啓之，公聞其期，曰：「可矣！」命子封帥車二百乘以伐京。京叛大叔段，段入于鄢，公伐諸鄢。五月，大叔出奔共。○春秋於諸侯之國事，則稱國，言君與大臣共圖之也；於其君之父子兄弟出入誅殺之事，則稱君，著其君之志也。仁人之於弟，不藏怒，不宿怨，親愛之而已矣；其或不中不才，亦必正之以義，使不格姦，厚之以恩，使不離富貴。今莊公之於叔段，無念鞠子哀之心，而懷其母偏愛、欲奪己位之恨，授之大都而不爲之所，縱使失道，以至于亂。方其居京收邑之時，可制而不制，如鷙鳥將擊，而匿形於未發之先。稔其惡，以待其成，及其逆節已露，然後以寇讎之法討之，以力勝爲事，必誅爲期。至於伐京伐鄢之日，雖段之死於兵，而有所不恤矣。經不書其弟段，固罪其不弟也，然莊公非特以段之不才棄之，乃其心實欲養成其惡，待以寇賊，無復天倫之念。故書曰「克段于鄢」，然後莊公忮忍之心施於同氣者，舉形見於筆削之間矣。○穀梁氏曰：「段失子弟之道矣，賤段而甚鄭伯也。何甚乎鄭伯？甚鄭伯之處心積慮成於殺也。」○程氏〔一〕曰：「言勝之，見段之强。使之强，所以致其惡也。不書奔，義不繫於奔也。」

秋，七月，天王使宰咺來歸惠公、仲子之賵。天王，周平王也。宰，太宰；咺，其名。來，來魯也。惠公，隱公之父。仲子，惠公之妾。惠公以去年薨，仲子卒之年月不可知，或亦去年也。曰「惠公、仲子」，公羊傳曰「兼之」是也。賵，所以助主人送葬也。車馬曰賵。士喪禮：「公賵，玄纁束馬兩。」天子賵諸侯之制未聞。按：惠公、仲子皆已葬，則此已不及事，而追行其禮也。○周王稱王耳，春秋加「天」於「王」之上，見天子當奉若天道，

〔一〕「程氏」，通志堂本作「程子」，下引皆同。

而行天之命。如皋陶所謂命討、典禮，皆出於天王者，奉而行之。此春秋稱「天王」之義也。天子於諸侯有賵禮，所以褒有功德而厚其終也。諸侯無再娶之禮，惠公牽於私愛，寵庶妾之仲子，而立爲夫人，正犯以妾爲妻之戒，瀆亂夫婦之綱，乃天討之所當加，九伐之法所謂「犯令陵政」蓋此類也。平王不能正惠公之罪，反厚其送終之禮并寵妾之喪，遣冢宰而來賵。冢宰不能以紀法詔王，乃奉命以賵亂倫之侯、上僭之妾。仲尼以春秋之初，方書「天王」以立法，於是貶冢宰於上士、中士之例，深罪其以百揆之尊瘝官失職，一至於此。貶其臣，則君可知矣。凡春秋之書以尊者而貶從卑者之例〔一〕，必有大罪極惡而後加焉，不可以常事觀也。

九月，及宋人盟于宿。宋，今應天府宋城縣。○凡盟以國地者，國主亦與焉。及，内之微者。宋人，外卑者也。○惠公之季年，敗宋師于黄。公立，而求成焉，故盟于宿。書此，與蔑之盟同旨。夫盟以結信，終身不變可也。七年伐邾，十年伐宋，敗師取邑，盟之不足恃，斷可識矣。

〔一〕「例」，通志堂本作「列」。

冬，十有二月，祭伯來。祭，周畿内采地；伯，爵；祭伯，畿内諸侯，爲王卿士〔一〕。來，來魯也。○穀梁傳：「來者，來朝也。其弗謂朝，何也？寰内諸侯，非有天子之命，不得出會諸侯。不正其外交，故弗與朝也。禮〔二〕，聘弓鍭矢，不出竟場，束脩之肉，不行竟中，有至尊者，不貳之也。」謹按：内外之辨，所以殊尊卑也。朝必有玉帛，聘必有幣篚。諸侯可以相交，而王臣之與侯甸不可以相授受。所以絶人慾往來之私，而嚴尊君事上之禮。成周盛時，防微杜漸之意，殆必如穀梁氏之説矣。經書「祭伯來」，所以見周室法度至此蕩然，故特去其「朝」，以存内外之防也與！

公子益師卒。傳曰：「衆父卒。」海陵胡氏曰：「益師，字衆父。衆仲其後。」理或然也。春秋於諸侯書「卒」、書「葬」，與魯君及夫人同；於大夫書其卒，而不書葬：恩紀詳略之差等也。君之卿佐，是謂股肱，股肱或虧，何痛如之？故問其疾，弔其喪，賵其葬。臣鄰之義，必厚其送終之恩，此春秋大夫卒必書之旨也。不書官，程氏曰：「諸侯之卿，必受命於天子。當時不復請命，故諸侯之卿皆不書官，不與其爲卿也。」愚按：東遷以來，王

〔一〕「伯爵祭伯畿内諸侯爲王卿士」，華亭義塾本作「畿内諸侯爲王伯爵祭伯卿士」。

〔二〕穀梁傳無「禮」字。

命不行，諸侯不以天子之命爲重，故三命、再命之制不復請於王，而其强大者亦不守列國三卿之制。如晉至於命六卿，魯至鞌之戰亦有四卿。間雖有請於王，如士會以黻冕命將中軍，亦非復先王之制矣。此春秋所以於列國大夫，自宋統承先王，修其禮物，得自命官者，或有司馬、司城之書，而此外列國，一切削之也。大夫卒，必書日，不日，史失之也。

二年，春，公會戎于潛。戎，胡氏曰：「費誓稱『淮夷』、『徐戎』，此蓋徐州之戎，久居中國，在魯之東郊者。」後書魯與戎盟會侵伐，並同。○趙氏曰：「凡戎、狄，不書爵號，而君臣同詞。」○臨江劉氏曰：「與會者，戎之君也。不與君稱，外之也。王者内京師而外諸夏，内諸夏而外夷狄。正朔不加，禮樂不及，朝聘不與，東方曰夷，南方曰蠻，西方曰戎，北方曰狄。雖大，皆曰子，有故也。然後著其名爵，外之也。」○杜氏注：「戎而書會者，順其俗以爲禮。潛，魯地。」○傳：「會于潛，修惠公之好也。戎請盟，公辭。」○今按：待戎之法，驅之而已，此費誓所以録於書也。惠公與之有好，既失之矣。隱公明内外之辨，修戎政而絶其好會，可也，不能絶之，因與爲禮，登戎夷於堂陛，遂來其盟誓之請，雖辭於今，竟不能却，而與盟於後，故於此書曰「會戎」，所以譏隱公降國君之尊，失中國之重，不脩政事以攘夷狄，以啓其猾夏之階。觀夾谷之會，所謂「裔不謀夏，夷不亂華」之言，則知書「會戎」之旨矣。會狄、會吴，放此。

夏，五月，莒人入向。莒國，己姓，今密州莒縣。向，小國，姜姓，炎帝之後。漢志向屬沛郡。杜氏注：「龍亢縣東南有向城。」寰宇記屬應天府穀熟縣。書「人」，將卑師少。入，謂破其都城，蹂踐朝市也。○莒子娶于向，向姜不安莒而歸，莒人入向，以姜氏還。當時，征伐不自天子出，陵弱暴寡，紛然無制。莒以一婦人之故，擅興兵入人之國都，王法所當誅也。

無駭帥師入極。駭，穀梁作「侅」。○無駭不氏，未賜族，左氏以爲司空。不書官，夫子削之也。或曰：「無駭不書官氏，未王命也。」極，據孔氏正義，賈逵以爲戎邑。書「帥師」，用大衆也。擅興大衆，陵暴小國，義與「入向」同。

秋，八月，庚辰，公及戎盟于唐。杜氏注：「高平方與縣北有武唐亭。」今之單州魚臺縣也。○傳：「戎請盟。秋，盟于唐，復修戎好也。」○諸侯會盟，皆有相期約行禮之日，然會未有書其日者。至於盟誓，必詳其月與日，以其相與約信，或尋或寒，皆考於此，固有國之所尤謹也。前此蔑、宿二盟，皆不書日，久遠失之耳。至於中國諸侯與戎相詛，尤不可之大者。蓋盟者刑牲以相示，謂神之殛倍約者當如此牲。同類爲之，尚以長亂，戎狄豺狼，而與之詛，一有間隙，惟利是視。則求小疵而責大信，必肆豺狼之暴，爲中國之大禍。故春秋於唐之盟，不特謹其日，又特書「及戎盟」，深罪隱公之失道而容其亂華也。○胡氏曰：「後世乃有結戎狄以許昏，而配偶非其類，如西漢之於匈奴；約戎狄以求援而華夏被其毒，如肅宗之於回紇；信戎狄以與盟而臣主蒙其恥，如德宗之於尚結贊。雖悔於終，亦將奚及？春秋謹唐之盟，其垂戒可謂遠矣。」

九月，紀履緰來逆女。紀，杜氏注：「在東莞劇縣。」漢屬北海郡，今屬青州壽光縣。履緰，左氏作裂繻，陸氏云：「誤也。」今從公、穀。○履緰，紀未賜族之大夫也。不稱「使」，公羊曰：「婚禮不稱主人。」今按：劉夏、祭公及凡諸逆女者，皆不書「使」，蓋雖天子、諸侯，亦不自主婚，所以養廉遠恥，故不稱「使」也。女在國，故稱「女」。○稱大夫來逆女，卿爲君逆夫人也。今按：春秋於婚姻事，與卒葬同，皆詳書于策，蓋送終之與謹始一也。男女之配，萬事之先。天子、諸侯無出疆親迎之禮，必使上卿往迎於其國，至於所館，然後親迎以入。此哀公問所謂「大昏既至，冕而親迎」也。紀以卿逆，猶可言也，其或逆者微，則輕配偶，而無以正一國之夫婦，故具書以見得失。

冬，十月，伯姬歸于紀。伯姬，魯女，即履緰所逆者。婦人謂嫁曰歸。○劉氏曰：「歸于諸侯則尊同，尊同則志。」程氏曰：「內女嫁爲諸侯夫人，則書逆。書歸，明重事也。」

紀子伯、莒子盟于密。左氏作「紀子帛」，程氏從公、穀，曰：「闕文也。當云『紀侯、某伯、莒子盟于密』。左氏附會作『帛』，杜預以爲裂繻之字。春秋無大夫在諸侯之上者也。」○胡氏曰：「凡闕文，有本據舊史因之不能益，亦有先儒傳授承誤而不敢增。必曲爲之説，則鑿矣。」

十有二月，乙卯，夫人子氏薨。隱公夫人也。薨，上墜之聲。書內之君、夫人卒葬，異於外，尊尊也。不地，夫人薨有常處也。子氏不書葬者，婦人從君，故君存則葬禮未備，待君薨而合祔也。○本朝后雖先崩，必俟合葬於山陵，蓋古之遺制與。

鄭人伐衛。衛都朝歌，今濬州黎陽縣。稱「人」，將卑師少。陸氏曰：「成公以前侵伐書『人』者，遠事難詳，不必皆微者也。凡師，聲罪致討曰伐，無名行師曰侵。」○鄭共叔之亂，段子公孫滑出奔衛，衛人爲之伐鄭，取廩延。鄭人伐衛，討公孫滑之亂也。諸侯擅興兵以侵伐己，則當引咎，或自辨，喻之以禮義，不得免，則固其封疆，告于天子、方伯。今鄭聲衛罪而不戰，衛服故也。衛服，則可免矣。鄭人擅興戎，王法所不容也。

三年，春，王二月。程氏曰：「月，王月也。事在二月，則書「王二月」；在三月，則書「王三月」；無事，則書時、首月。蓋有事則道在事，無事則存天時、王朔。天時備則歲功成，王道存則人紀立，春秋之大義也。」

己巳，日有食之。不書朔，史失之也。非史之失，則食不于朔也。日者，人君之表。日食，君道所大忌。唐曆志曰：「四序之中，分同道，至相過，交而有食，天道之常。以曆推春秋日食，大概皆入食限。於曆應食而春秋不書者尚多，則日食必在交限，其入限者不必盡食。」「若過至未分，月或變行以避之；或五星潛在日下，禦侮而救之；或涉交數淺，或在陽曆，陽盛陰微則不食；或德之休明，而有小眚焉，則天爲之隱，雖交而不食。此四者，德之所生也。」今按：曆家之言如此，則凡日食者，不可歸之常度，而災之所生，乃德之不修也明矣。況象見于上而災應於下，自是而後，王政日微，中國無霸，夷狄僭竊，禍亂滋起。此春秋所以特書，以啓人主恐懼修省之心，庶幾乎以德消災，而弭天下之禍亂也。

三月，庚戌，天王崩。平王也，在位五十一年。崩，上墜之形。天子崩不書名，至尊異於諸侯也。喪服「斬衰裳，苴絰、杖、絞帶，冠繩纓，菅屨。三年」，諸侯爲天子之禮也。天王之喪，同軌畢至，爲臣子者，以所聞先後奔喪，禮也。隱公聞喪而不奔，春秋以來送終之禮薄矣，聖經詳志，以見罪惡之淺深。今此平王之崩，但書來訃，而魯人不往，且志武氏子之求賻，則隱公之蔑視五十一年天下之共主，視其喪葬，無復臣子哀戚之情，邈然不以動其心，而自同於禽獸、夷狄，惡極罪大，不可勝誅，不待貶絶而自見矣。

夏，四月，辛卯，尹氏卒。尹氏，左傳作「君氏」，以爲隱公之母聲子。名稱、義例皆無考據，故當以公、穀爲正。○尹氏者，王室之世卿。詩節南山〔一〕指尹氏大師爲致亂之人。後此二百年，立王子朝，亦尹氏也，則其爲政於王室久矣。平王繼幽、厲之後，不能擇畀忠賢，以修其政，而因用致亂之族，使之深根固柢而不可拔。故春秋於此，即其告終，變例書氏，以見平王不能中興周室之由。而尹氏數百年相繼禍敗，所以著世卿不擇賢之弊，爲後世之深戒也。

秋，武氏子來求賻。武氏，王之卿士，稱氏，亦世官。其子未命也，不稱「使」。古者王崩，百官總己以聽冢宰，故公羊傳曰：「當喪未君也。」○胡氏曰：「夫百官總己以聽，則

〔一〕「詩節南山」，華亭義塾本及通志堂本皆作「詩節之首章」。

是攝行軍國之事也。以非王命而不稱使，於以謹天下之通喪，而嚴君臣之義也。」○按：惠公之薨，宰咺歸賵，而平王之喪，隱公不奔，罪不勝誅。爲政於王室者，不能輔王以舉政刑，而遣使下求於列國，春秋直書，以見其隳體失政，取輕天下，文、武之澤斬然矣。入隱公三年間，經書周室止四事耳，而人亡政熄，王道之不能復興，蓋已具見。此春秋所以爲簡明也。

八月，庚辰，宋公和卒。和，穆公也。名之，諸侯下於天子，且以別内外而謹始終之際也。穆公者，宣公之弟。宣公之薨也，舍其子與夷而立之。穆公疾，召司馬孔父，使之立與夷。群臣欲立穆公子馮，公不許，使馮出居鄭。○程子曰：「吉凶慶弔，講好脩睦，鄰國之常禮，人情之當然。諸侯之卒，與國之大，故來告則書。」

冬，十有二月，齊侯、鄭伯盟于石門。齊，國名，今青州臨淄縣。石門，齊地，在濟南府臨邑縣。○齊侯，僖公。鄭伯，莊公。來告故書。隱公十一年之間，盟而不食言者，惟此石門之盟，二君終身未嘗相伐。蓋齊方盛强，而鄭莊姦猾反覆之人也，鄭之深仇，專在於宋，故鄭莊恃齊以敵之。雖齊間與宋盟好，而左右離間，必使惟己之從。是以石門之盟雖不寒，而二國好合，宋與許、紀諸國交受入伐。春秋詳書于策，將使後人考其本末，而知鄭莊多詐，齊僖不義而强。王政不綱，諸侯放恣，二國相與之固，列國並被其禍也。

癸未，葬宋穆公。穆，公羊、穀梁作「繆」。○卒，自外録，從赴也；葬，自内録，往會則書。穆，謚也，諸侯合請謚於王。宋，公爵也，其稱公與齊、衛異矣。然春秋自蔡桓侯之外，皆不請於王而私謚者也。○左氏曰：「天子七月而葬，同軌畢至；諸侯五月，同盟至；大夫三月，同位至；士踰月，外姻至。」此葬禮久近與當會者之節也。○胡氏曰：「外諸侯葬，其事則因魯史，其義則或存或削。曷爲或存或削？春秋，天子之事也。諸侯於方岳之同盟，其生講會同之好，其没有葬送之禮，是諸侯所以睦鄰國也。卒而或葬或不葬者何？有怠於禮而不葬者，有弱其君而不葬者，有討其賊而不葬者，有諱其辱而不葬者，有避其號而不葬者。宋殤、齊昭告亂書「弑」矣，而經不書葬，是討其賊也。晉主夏盟，在景公告喪書日矣，而經不書葬，是諱其辱也。吴、楚之君書「卒」者十，亦有親送於西門之外者矣，而經不書葬，是避其號也。怠於禮、弱其君而不會，無其事，闕其文，魯史之舊也。討其賊，諱其辱，避其號，聖人所削，春秋之法也。」

四年，春，王二月，莒人伐杞，取牟婁。杞，夏后氏之後，周之三恪，國在今開封府雍丘縣。牟婁，杞邑。取者，言非其有而恃力兼并之也。○征伐，天子之權；土地，諸侯所受之封。莒人擅興兵以伐人，又取其地，明伐不以罪，志在貪其利。故兩書「伐」、「取」，以見王法所當誅也。○穀梁傳：「言『伐』言『取』，所甚惡也。諸侯相伐，取地於是始，故謹而志之也。」

戊申，衛州吁弑其君完。州，穀梁作「祝」。州吁，衛莊公嬖人之子。不稱公子，惡逆之首，去其屬籍，以誅之也。凡弑殺，臣子言「殺」，卑賤之意；君父言「弑」，積漸之名也。○初，衛莊公娶于齊，曰莊姜，無子。又娶于陳，曰厲嬀。其娣戴嬀，生桓公，莊姜以爲己子。嬖子州吁有寵而好兵，公弗禁，莊姜惡之。石碏諫，弗聽。其子厚與州吁游，禁之，不可。桓公立，乃老。今年，州吁弑桓公而立。○謹按：弑逆之事，人道之大變。聖人於易坤之初六言其理，以爲臣子而至於弑君父，非一朝一夕之故，其所由來者漸矣，由辯之不早辯也。衛國之禍，始於莊公之寵州吁，縱其好兵而不知禁。公存之時，妾上僭，夫人失位，見於衛詩，則亂根之萌久矣。殖之滋長，終不能圖，以致篡弑成於桓公既立之後。春秋據事直書，亦將使讀者原禍敗之所從起，而嚴履霜之戒也。夫君臣、父子、夫婦之分，一失其正，則亂之所從生。衛莊溺私愛，而使内寵僭嫡，嬖子害正。石碏之諫，足以悟矣。愎而弗圖，辯之不早，貽禍後嗣，可謂慘矣。董氏曰：「爲人君父而不通於春秋之義者，必蒙首惡之名。」莊公之謂也！

夏，公及宋公遇于清。遇者，不期而會之名。古者諸侯出疆朝天子，若罷朝卒然相遇，則近者爲主，遠者爲客，稱先君以相接，所以崇禮讓，絕慢易也。春秋諸侯雖非相遇，而欲從簡易，則以遇禮相見，而不行朝會之禮，故亦曰遇。春秋因事而書，以譏其非王事而出竟，無國君之禮。今公與宋公爲會，將尋宿之盟，未及期，衛人來告亂，乃行遇禮而還，故特書以譏之也。

宋公、陳侯、蔡人、衛人伐鄭。陳，今陳州宛丘縣。蔡，今蔡州上蔡縣。○宋自殤公立，公子馮出居鄭之後，馮以穆公不立己爲恨，有反取其國之心。鄭莊又從而佐之，於是宋殤與鄭爲深仇矣。及是，衛州吁立，欲求寵於諸侯，以定其位，使告于宋，求伐鄭，以除子馮之害，使宋爲主，而率陳、蔡以同役。故宋公許之，而四國同伐鄭也。又擊鼓詩怨州吁，言「從孫子仲，平陳與宋」，則衛人乃公孫文仲也。○宋殤受國於穆公，而馮有争位之心，正當修德和民，外好鄰國，則其位自定，而馮無所伺其隙矣。況州吁弒逆之賊，内懷見討之懼，而欲納交殤公。苟知名其爲賊，拒其邪説，告于王而討之，則一舉而父子君臣之倫定，中國之禍未至如後日之慘也。今乃怵於州吁之邪説，合陳、蔡以助逆賊之黨，而首修怨於鄰國。於是馮得以自固於鄭，而宋國之人不復知君臣逆順之正理。自是日從事於兵，而弑逆之事卒及其身，皆殤公不能早辯，於此役從首及也。春秋書宋公爲戎首，蓋即事而罪自見矣。

秋，翬帥師。會宋公、陳侯、蔡人、衛人伐鄭。翬，魯大夫公子翬。不書公子，隱公之罪人也。傳：「宋公使來乞師，公辭之。羽父請以師會之，公弗許。固請而行，故書曰『翬帥師』，疾之也。」誠如此言，則隱公之弗許乃合於義，而怵於翬之固請。君弱臣强，正不勝而邪説行。辯之不早，孰明於此？然再書「宋公、陳侯、蔡人、衛人」者，乃謹以見其罪惡之不可勝誅。而左氏乃以爲圍東門五日而還，今復伐鄭，此説稽之經意事理，決爲繆妄，故前事亦未可深信。要之，隱公不明大義，使翬掌兵權，以稔其惡，初不待傳而可見。至於聖人以簡嚴之法作經，嘗曰書之重、詞之複。嗚呼！不可不察！其中必有大美惡焉。此年於「宋公、陳侯、蔡人、衛人」之書，既叙之，又重叙之，所以反覆，痛宋殤失計，陳、蔡復無人，黨亂賊以虐無辜，視臣弑其君之大變，不知夷狄禽獸所不爲者，而以爲可親。魯隱又從而翼之，遂使中國之人視之爲常事，宋、魯、陳、衛淪胥繼亂。學者於此當知聖人傷世變、扶天理之深旨，不可徇傳者之陋見，而不明聖人之正意也。

九月，衛人殺州吁于濮。濮，水名，在曹、衛之間，受河、汴二水，東北至灘，派分爲二，俱東北至鉅野入濟。○傳：「州吁未能和其民，石厚從州吁如陳。石碏告于陳，請即圖之。陳人執之，衛人使殺州吁于濮，石碏亦使其宰殺石厚于陳。」○稱「人」，討賊之詞，明國中人人得討之。故凡作亂自立爲君者，其爲國人所殺，皆稱「人」。言衆所共棄，不以爲君，亦夫人所得討也。○胡氏曰：「『于濮』云者，不但紀地而已，亦閔衛國之人，著諸侯之罪也。夫州吁二月弑君而不能即討者，由四國連兵，欲定其位，故久然後殺之于濮耳。夫以討賊許衆人，而以失賊罪鄰國，與賊者寡矣。故曰：『春秋成而亂臣賊子懼。』」

冬，十有二月，衛人立晉。晉，衛公子也。傳：「衛人逆公子晉于邢。冬，十有二月，宣公即位。」今按：名之而不書公子，罪其無先君之命，又無王命也。程子曰：「衛人以晉公子也，可以立，故立之，春秋所不與也。雖先君子孫，不由天子、先君之命，不可立也，故去其公子。」

五年，春，公觀魚于棠。觀，左氏作「矢」，非也。棠，濟上邑，今單州魚臺縣有魯侯觀魚臺。

○公將如棠觀魚者，臧僖伯諫曰：「凡物不足以講大事，其材不足以備器用，則君不舉焉。」公不聽。昔益戒舜曰：「儆戒無虞，罔失法度。罔游于佚，罔淫于樂。」周公告成王曰：「毋淫于觀、于逸、于遊、于田。」又曰：「無遑曰『今日耽樂』。乃非民攸訓，非天攸若。」蓋兢兢業業，非禮勿動，然後足以正國而治人。一或惟耽樂之從，則將以逸豫而滅厥德。隱公忽臧僖伯之正諫，而遠從事於遊觀，非所以爲君國子民之道。春秋特書，所以示人君當循禮遵法，以隱公爲戒也。

夏，四月，葬衛桓公。桓公名完，而謚桓，蓋古不諱嫌名也。弒十四月，賊討而後葬，是以緩。謚法：「辟土服遠曰桓。」謚者行之迹，桓公見弒而加此謚。又衛，侯爵，而稱公，見國人私謚也。○程氏曰：「送終，大事也。不請於王而私加以不正之謚，知忠孝者不忍爲也。」謹按：程子之言，深足以發明一經書葬之指。學者以此推之，則知春秋之時，爲臣子者皆無以正君父之終也。

秋，衛師入郕。郕，公羊作「盛」。○凡稱「師」，將卑師衆。郕，杜氏注云：「東平亢父縣〔一〕

〔一〕「亢」，左傳杜預注作「剛」。

有郕鄉。」今之單州任城縣也。衛之亂也，郕人侵衛，故衛師入郕。凡繼亂而立者，必有懲艾革弊之政、憤悱圖治之思，而後可以保國而圖終。宣公遭大亂而得位，既葬踰時，首擅興兵，以修怨爲事，則知其無尊王之心、安國固本之志，失君道矣。

九月，考仲子之宫。初獻六羽。考，猶考室之考，成也。仲子，解見隱元年。仲子非正夫人，不得祔惠公之廟。隱爲桓立，故爲其母築别宫，宫成而祭之也。胡氏曰：「存則以氏繫姓，以姓繫號，没則以謚繫號，以姓繫謚者，夫人也；存不稱號，没不稱謚，單舉姓字者，妾也。」此春秋所以正名而定夫人、衆妾之分也。羽，翟羽，舞者所執，人持一羽。凡舞，有干舞，有羽舞。不曰六佾而曰六羽，羽以象文德，干以象武功。婦人無武事，故獨奏文樂也。〇公羊傳曰：「六羽，僭諸公也。天子八佾，諸公六，諸侯四。」〇左氏曰：「考仲子之宫，將萬焉。公問羽數於衆仲，衆仲對曰：『天子用八，諸侯用六，大夫四，士二。夫舞，所以節八音而行八風，故自八以下。』公從之。於是初獻六羽。」〇程氏曰：「成王賜魯以天子之禮樂祀周公，後世群廟遂僭用之。仲子别宫，以衆仲之言，不敢同群廟，而用六羽，故書『初獻』。仲尼以魯之郊禘爲周公之道衰，用天子之禮祀周公，成王之過也。」〇謹按：周禮凡天子、諸公、諸侯之禮節度數，各有等，舞必有之。論周室正禮，當從公羊之說。衆仲姑欲止用八之僭，故略諸公言之，非周禮也。曰「獻」者，不宜獻也。春秋於此書「獻」，以見六羽不當用於仲子之廟；書「初」，以見八佾用於群公之室。一言而盡魯僭禮之本末，非聖人莫能修，謂此類也。○常山劉氏曰：「魯僭天子禮樂，春秋每事書之，以正天下之典也。」

邾人、鄭人伐宋。宋人取邾田。邾人告於鄭曰：「請君釋憾於宋，敝邑爲道。」鄭人以王師會之，伐宋，入其郛。邾人爲道，主兵也。

螟。蟲食苗心曰螟。國以民爲本，民以食爲天，螟爲災，國之大事也，故記之。

冬，十有二月，辛巳，公子彄卒。彄，即臧僖伯，諫觀魚者。公曰：「叔父有憾於寡人，寡人不敢忘。葬之加一等。」杜氏曰：「葬者臣子之事，非公家所及。」故大夫不書「葬」。

宋人伐鄭，圍長葛。長葛，鄭邑，今潁昌府長葛縣是。○宋殤以邾、鄭伐己之故，報怨於鄭。言「伐」、言「圍」，聲其罪，而圍其邑經年乃取，著其暴虐阻兵之甚也。

六年，春，鄭人來輸平。輸，左氏作「渝」。臨江劉氏曰：「字之誤。」今從「輸」。○輸者，納也。和而不盟曰平。胡氏曰：「平者，成也。鄭人納成于魯，以利相結，解釋仇怨，離宋、魯之黨也。公之未立，與鄭人戰于狐壤，止焉。元年及宋盟于宿，四年遇于清，其秋會師伐鄭，即宋、魯爲黨，與鄭有舊怨明矣。五年鄭人伐宋，入其郛，宋來告命，魯欲救之，使者失詞，公怒而止。其冬，宋人伐鄭，圍長葛。鄭伯知其適有用閒可乘之隙也，是以來納成耳。」○謹按：鄭莊之納平，非有講信修睦之心，而深爲合黨敵宋之計。是以不憚屈己求和於魯，繼以納祊而未即求許，所以爲敗宋入許之權輿，魯隱亦入於其術中而不悟也。故惟胡氏之説爲得春秋之旨，學者不可不深考也。

夏，五月，辛酉，公會齊侯盟于艾。艾，杜氏注：「泰山牟縣有艾山。」今之襲慶府奉符縣也。左氏曰：「始平于齊也。」

秋，七月。公羊傳：「此無事，何以書？春秋雖無事，首時過則書。」四時具，然後爲年也。」○何氏曰：「歷一時無事，則書其首月，明王者當奉順四時之正也。有事不月者，人道正則天道定矣。」

冬，宋人取長葛。宋自去冬圍長葛，經年不解，志於必取。鄭莊不赴訴於天子、方伯、同列，以求保其土地、人民，反結交於魯，以爲後日報復之計，而委長葛於宋，稔禍長惡。宋殤雖若得志，而後日終受鄭莊報復，蹙國喪師，以及其身。春秋所深誅也。

七年，春，王三月，叔姬歸于紀。叔姬者，伯姬之娣。伯姬爲紀夫人，叔姬待年于父母之國。媵不書，此特書者，以其終不忘紀之五廟，雖紀侯卒而歸于酅，以奉宗祀，没其身而後已。聖人以其賢可以厲婦行，將有其末，必録其本，是以變例而特書之。蘇氏所謂「賢而得書」者也。

滕侯卒。滕國，今徐州滕縣也。不名，史闕文。不書葬者，魯不會也。魯蓋爲滕之宗國，隱公怠於禮，弱其君，雖同宗之親、同盟之國，而不會其葬。春秋深著其罪，胡氏論之詳矣。

夏，城中丘。中丘，杜氏注：「在琅邪臨沂縣東北。」即今沂州臨沂縣。魯無敵國外患之警，盛夏興役事，無故之工築妨農害民，非人君之心也。春秋重民力之意，程子及泰山孫氏言之詳矣。

齊侯使其弟年來聘。聘者，諸侯遣大夫通好與國，見於儀禮之篇詳矣。然古者諸侯間於天子之事，則有邦交殷聘之禮。自隱公即位以來，未嘗朝聘於天子。以魯推之，則諸侯蓋可知矣。而齊僖因艾之盟，遽遣使于魯以結好，忘君臣之大義，植同列之私黨。故覲年之聘，則凡春秋書聘，可以例推矣。書其弟，又著齊侯寵愛之私也。親親之道，尊其位，重其禄，非賢則不及以政。齊僖公愛其弟，聘魯致女、交政鄰國，一一使之，愛之之過，遂致亂適庶之辨，以啓年之子無知篡弑之禍。聖人以其過於溺愛之私，而失親親之義，故不書公子，而特書「其弟」以貶年，而著後日之禍始於僖公之不早辯也。公羊以爲母弟稱弟，程子力辨之，學者不可不深考也。

秋，公伐郳。 傳：「宋及鄭平，盟于宿。公伐郳，爲宋討也。」○夫和大者所以恤小，既平宋、鄭，則郳、宋之毗睚亦可和矣。親此而虐彼，苟欲悦宋而忘蔑之盟。子曰：「小人比而不周。」此足以見書爲宋討郳之旨矣。

冬，天王使凡伯來聘。 凡伯，周卿士。凡，國；伯，爵。杜氏注：「汲郡共縣有凡城。」今濬州黎陽縣之境。魯隱即位，未嘗朝聘天子，而遣使聘之，失王體矣。

戎伐凡伯于楚丘以歸。 戎，見隱二年。或曰此戎州己氏之戎，本昆吾氏之别種，周衰，入居中國者也。楚丘，今拱州之楚丘縣，漢爲梁國己氏縣。此非衛之楚丘，杜注「衛地」非也。○天子之使入境，而不衛地，主之罪大矣。○程子曰：「以歸，則非執，凡伯有失節之罪。」蓋「以」者，言能左右之，而爲之以者，亦聽其左右。故凡言「以歸」者，多責其降服而事讎也。

八年，春，宋公、衛侯遇于垂。宋殤、衛宣。垂，近魯地。不期而會曰遇。此則簡禮相見，以謀事也。左氏以爲，齊人欲平宋、衛于鄭，宋公以幣請于衛，請先相見。今以事理觀之，宋、衛本無隙，而與鄭爲深仇，今欲求成于齊，故相見以謀之耳，必無齊欲平宋、衛于鄭之事也。觀此遇，止二君素相與者，而瓦屋之盟，齊方與焉，則平齊可知也。私交以植黨，無諸侯相見之禮，春秋之所惡也。

三月，鄭伯使宛來歸祊。祊，公、穀作「邴」。○宛，鄭大夫，未賜族。祊，鄭朝天王于東方，祀泰山之邑。杜氏注：「在費縣東南。」今沂州之屬縣也。○鄭伯請釋泰山之祀而祀周公，以泰山之祊易許田，故使宛來歸祊。凡諸侯有大功盛德於王室者，京師有朝宿之邑以待朝覲，泰山有湯沐之邑以供朝方岳之祭祀。魯，周公之後也，故成王賜許田於王畿之内爲朝宿邑。鄭桓公，宣王母弟也，故賜祊於方岳之傍。東遷以來，諸侯不朝王，天子無復巡狩，遂各以其所近之邑相易。此謀始於鄭伯輸平之時，先以祊歸魯，蓋鄭所以固魯之好，而未敢及許〔一〕，其辭則以爲釋泰山之祀而祀周公，所以免魯人不共先祖之

〔一〕「許」，原作「祊」，據通志堂本改。

罪，而隱公猶未許其易許田也。觀此，則鄭莊之不憚委先祖所受王邑於人，以合黨締交，所謂「將欲取之，必固與之」。而後日會防之役，卒使魯隱間齊於宋，以成敗宋入許之計，又終得許田於魯。春秋特書此，以著世亂則姦謀，遂視君父之尊真如弁髦而因以敝之，以成其交征利之計。所以見鄭莊爲小人之雄，罪之不可勝誅也。

庚寅，我入祊。此因鄭之歸我，使吏治其地政而主有之也。既不以力得，則當如齊人歸我濟西田，不必書「入祊」可也。書「入」者，難詞，又以見義不當受而據有之，貪利忘上，其惡大矣。

夏，六月，己亥，蔡侯考父卒。

辛亥，宿男卒。宿，微國。不書葬，魯不會。不名，史闕之也。

秋，七月，庚午，宋公、齊侯、衛侯盟于瓦屋。瓦屋，周地。此則宋、衛欲成於齊，而齊侯從其請而與之盟也。春秋之初，皆離會之盟，至此則三君共要質于神，以示明信。然宋殤王者之後，齊僖東方之大國，衛亦北州之大國，夫民無信不立，而三君合以要言，宜可因此以率諸侯爲講信修睦之事，成鳩民息肩之圖。而明年齊、魯會防之後，齊侯遂從魯以黨鄭，又明年，與二國伐宋取邑，視今日盟誓之言不復顧忌。比諸小人平時指天日爲誓，而他日臨小利害，不一引手救，反擠之，又下石者正相似也。嗚呼！春秋於瓦屋之盟，列數三君，而又書日以謹之，所以傷世變之甚，悼人理之失者，可勝言哉！以是觀參盟之書，庶乎可以見當時之事實，而推聖經之旨矣。

八月，葬蔡宣公。蔡自宮侯〔一〕至桓侯，書於史記者，其君皆稱侯。今考父史記亦書曰宣侯，而春秋以公書，所以著臣子之私謚其尊之同於諸侯也。

九月，辛卯，公及莒人盟于浮來。公羊、穀梁作「包來」。按：浮來，莒地，今沂州沂水縣有浮來山。○傳：「以成紀好也。」隱公於小國不憚屈己而不明大義，故猶汲汲於盟詛，以國君之貴，下比小國之大夫，降班失列而不自知。特書「公及」，以著非莒人之敢敵諸侯，公蓋自失人君之體也。

螟。蟲災害稼，民食所係，故特書。

冬，十有二月，無駭卒。傳：「無駭卒，羽父請謚與族。公問族於衆仲，衆仲對曰：『天子建德，因生以賜姓，胙之土而命之氏。諸侯以字爲謚，因以爲族。官有世功，則有官

〔一〕「宮」，通志堂本作「共」。

族。邑亦如之。』公命以字爲展氏。」胡氏曰：「諸侯之子爲大夫，則稱公子；其孫也而爲大夫，則稱公孫。公孫之子與異姓之臣，未賜姓而身爲大夫，則稱名，無駭、挾之類是也。古者置卿，必求賢德，不以世官，春秋之初猶爲近古，此二卿所以書名也。其後官人以世，而季友、仲遂乃至以公子之身而賜之族，使之世爲大夫。故春秋於其卒書公子季友、仲遂〔一〕，而先王之禮亡矣。其後至於三家專魯，六卿分晉，諸侯失國出奔者相繼，職由此也。觀春秋所書，而是非之迹著，治亂之效明矣。」按：春秋無駭之卒與季友、仲遂之卒，實因卿大夫之告終以謹世變。所以著無駭、挾之未賜族不爲薄，而季友、仲遂之恩實過於厚。過厚若隆於恩，而先王之禮，豪釐之過則生亂啓釁，常必由之。學者不可以不考也。

九年，春，天王使南季來聘。南，氏；季，字。天子下大夫例稱字。○程氏曰：「王法之行，時加聘問，以懷撫諸侯，常禮也。春秋諸侯不修臣職，朝覲之禮廢絶，王法所當治也。

〔一〕「而季友仲遂乃至以公子之身而賜之族使之世爲大夫故春秋於其卒書公子季友仲遂」，春秋胡氏傳無。

不能正典刑，而反聘之，又不見答，失道甚矣。」○今按：隱公十年之間，宰咺、凡伯、南季三至魯庭，以魯爲周公之冑，而欲親之也。公不明尊王之義以正其國，而朝聘之禮不復行於王室，於是諸侯視效而王靈竭，臣子則象而篡弒萌，皆隱公惡積而不可揜之所致也。春秋詳王使之來魯，以待讀者之自考，則知隱公之罪大矣。

三月，癸酉，大雨震電。庚辰，大雨雪。三月，建寅之月。劉向曰：「是時雷未可出，電未可見。雷電已出見，則雪不當復降，皆失節也。雷電，陽也；雨雪，陰也。雷出非其時者，是陽不能閉，陰氣縱逸，而將爲害也。」○程氏曰：「陰陽運動，有常而無忒，凡失其度，皆人爲感之也。」○胡氏曰：「按：陽失節而陰氣縱，公子翬弒逆之難，其兆見矣。春秋凡書災異，不言事應而其應具存，明天人之際者則可考而見矣。」

挾卒。挾，公、穀作「俠」。不書姓，未賜族。或曰：隱不爵大夫也。

夏，城郎。郎，魯近邑。書，不時。○襄陵許氏曰：「七年，城中丘，而伐邾；今城郎，而後伐宋。公不務崇德修政以戒蕭墻，而念外人之有非，干時動衆[一]，恃城保國，亦已

[一]「干」，底本作「十」，據張洽春秋集傳及華亭義塾本、通志堂本改。

末矣。」

秋，七月。

冬，公會齊侯于防。防，魯地，今密州諸城縣有防城。○傳：「宋公不王。鄭伯爲王左卿士，以王命討之，伐宋。宋以入郛之役怨公，不告命。公怒，絶宋使。秋，鄭人以王命來告伐宋。冬，會于防，謀伐宋也。」○今按：魯隱之志於與鄭而仇宋，自伐鄭之役已見之矣。況六年受輸平，八年歸祊、入祊，其昵鄭之心已深。故外爲平宋之形，鄭復以不王之罪加於宋，則興兵有名，而其義亦可以招齊。於是隱公遂以不王之罪加於宋，而爲防之會，假名義以動齊心，俾齊僖背瓦屋之盟伐之，而不疑此會防之謀，所以爲明年伐宋之地也。左氏見其名，而不察其實，故書之如此，殊不知鄭莊公特假此以誑齊、魯耳。觀桓五年繻葛之役，則宋殤不王豈至如鄭莊之甚乎？故不辨左氏之誣，不足以知鄭莊、魯隱之心，而明聖人書會防之旨也。

十年，春，王二月，公會齊侯、鄭伯于中丘。會于中丘，爲師期也。

夏，翬帥師會齊人、鄭人伐宋。程氏曰：「三國先遣將致伐。齊、鄭稱人，非卿也。翬不稱公子，與四年同。」

六月，壬戌，公敗宋師于菅。菅，宋地。凡師皆陳曰戰，詐戰曰敗。公蓋不待齊、鄭二國，譎以敗宋也。

辛未，取郜。辛巳，取防。郜、防，宋二邑。○傳：「庚午，鄭師入郜；辛未，歸于我。庚辰，鄭師入防；辛巳，歸于我。」○今按：鄭莊以齊之背宋從己，魯之力也，故得二邑而不取，俾魯取之。春秋以二邑非魯之版圖而遂有之，故書「取」以著其無名而擅據之。孟子曰：「夫謂非其有而取之者，盜也。」此胡氏所謂「内小惡直書而不隱」者。

秋，宋人、衛人入鄭。傳：「秋，七月，鄭師入郊，猶在郊。宋人、衛人入鄭。」○今按：宋、衛乘虚以入鄭，鄭莊勞民以務外，而不知守其國之故也。

宋人、蔡人、衛人伐戴。鄭伯伐取之。戴，公、穀並作「載」。○戴國舊城在今開封考城縣。○傳：「宋人、衛人入鄭，蔡人從之，伐戴。八月，壬戌，鄭伯圍戴。克之，取三師焉。宋、衛既入鄭，而以伐戴召蔡人，蔡人怒，故不和而敗。」○程氏曰：「戴，鄭與也，故三國伐之。鄭、戴合攻，盡取三國之衆，其殘民甚矣。」

冬，十月，壬午，齊人、鄭人入郕。傳：「討違王命也。」○程氏曰：「討不會伐宋也。

宋以公子馮在鄭之故，二國交惡。王臣不行，王師不出，矯假以逞其私忿耳。」

十有一年，春，滕侯、薛侯來朝。薛，夏奚仲之後，國都在今徐州滕縣。來朝，謂朝魯也。○周禮：「凡諸侯之邦交，殷相聘也，世相朝也。」此乃間於天子之事而講之。穀梁氏謂：「考禮脩德，所以尊天子也。」凡諸侯朝，各書之。若穀伯、鄧侯者，偕至而朝禮不同日也。累數之，若郳、牟、葛及今滕、薛者，同日行禮，惟天子可受之，諸侯不當然也。今〔一〕隱於天子未嘗朝覲，而滕、薛相率以朝之，又不特見之，而使同日旅見，故臨江劉氏曰：「隱公之志已驕。一旦朝兩國之君，不能識其非禮也，而受之，非獨驕也，志荒矣，死不亦宜乎！」

夏，五月，公會鄭伯于時來。左氏無「五月」。時來，公羊作「祁黎」。○杜氏注：「熒陽縣東有釐城。」今屬鄭州。會，謀伐許也。

秋，七月，壬午，公及齊侯、鄭伯入許。許，今潁昌府長社縣。書「及」，内爲主也。○傳：

〔一〕「今」，底本作「令」，據通志堂本改。

「七月，公會齊侯、鄭伯伐許。庚辰，傅于許。瑕叔盈〔一〕取鄭伯之旗蝥弧以登。壬午，遂入許。許莊公奔衛。齊侯以許讓公。公曰：『君謂許不共，故從君討之。既伏其罪，雖君有命，弗敢與聞。』乃與鄭人。鄭伯使許大夫奉許叔居許東偏，使公孫獲處許西偏。」○胡氏曰：「隱公即位十一年，未嘗朝聘而受天王之使；王室告喪而曾不奔赴，以致求賻；擅征伐之柄，爲人而伐人；忽天子、先祖之賜田，許人以相易之；又入人之國而逐其君：皆人臣之大惡也。然則不善之殃，豈特始於惠，成於桓？而隱之積亦不可揜矣。故春秋所載，善惡是非之迹施設於前，而成敗吉凶之效見於後，不可不察也。」○臨江劉氏曰：「公之不得其終，以德薄而多功，慮淺而數得意也。備其四境，禍反在內，可不哀與！孔子曰：『人無遠慮，必有近憂。』『不在顓臾，而在蕭墻之内也。』」

冬，十有一月，壬辰，公薨。書君薨，必詳其地，以示正終。不地者，不暇辨其正不正，而有不忍言者，蓋弒也。不書葬者，君弒，臣子當戮力討賊，以復君父之讎，故賊未討則不敢葬，其不知討賊而遂葬者，春秋絀其葬，以見其臣子之不忠孝，而忘君父之讎也。○傳：

〔一〕「瑕叔盈」，左傳作「潁考叔」。

「公子翬〔一〕請殺桓公，將以求大宰。公曰：『爲其少故也，吾將授之矣。使營菟裘，吾將老焉。』羽父懼，反譖公于桓公，而請弒之。十一月，公祭鍾巫，齊于社圃，館于寪氏。壬辰，羽父使賊弒公于寪氏。立桓公，而討寪氏，有死者。」○胡氏曰：「致隱讓國，立不以正，惠公之罪也；致桓弒君，幾不早辯，隱公之失也。既有讒人交亂其間，憂虞之象著矣，而曰『使營菟裘，吾將老焉』，是猶豫留時，辯之不早辯也，其及也宜。隱公見弒，魯史舊文必以實書，其曰『公薨』者，仲尼親筆也。古者史官以直爲職，而不諱國惡，仲尼筆削舊史，斷自聖心，於魯君見弒，削而不書者，蓋國史一官之守，春秋萬世之法，其用固不同矣。不書弒，示臣子於君父有隱避其惡之禮；不書地，示臣子於君父有不没其實之忠；不書葬，示臣子於君父有討賊復讎之義。非聖人莫能修，謂此類也。」

春秋卷第一

〔一〕「公子翬」，左傳作「羽父」。

春秋卷第二

張洽集注

桓公

名軌，惠公之子，隱公之弟，母仲子。史記名允。謚法：「辟土服遠曰桓。」

元年，春，王正月，春秋書「王」，所以統諸侯、正天下也。桓公弒君自立，故自三年以後，不書「王」。元年書「王」，以天道王法，正桓公之罪，蓋桓公雖無「王」，而天理未嘗亡，此元年所以書「王正月」也。

公即位。桓公弒君而立，在周禮九伐之法當伏「賊殺其親」之罪。今書「公」，見周王之無政刑；書「即位」，見魯之臣子忘不共戴天之讎，而推戴弒君之賊弁冕南面，立乎其位。故桓公之編，其書法大率異於群公。此聖人修理三綱、敕正民彝之大指也。

三月，公會鄭伯于垂。公篡立，而懼諸侯之討己，欲外結好以自固。因鄭伯嘗歸祊以易許田而未遂，乃求好於鄭。鄭亦欲乘此機遂求許田，故與桓公會于垂。篡弒之人，凡民罔不憝，而鄭莊首與爲會，故書「公會鄭伯」，言出於鄭志，所以深罪鄭伯也。

鄭伯以璧假許田。 許者，魯朝宿之邑，在周之畿内，而近於鄭。田者，近邑有田。自隱八年鄭莊使宛來歸祊，意欲易許田。隱公雖入祊，而未與許田。莊公因是遂加璧以請田，蓋其實易之矣。書曰「假」，諱之也。先王以賜周公之子孫爲朝宿之邑，而桓公受璧以喪其田，故以爲國惡，諱「易」言「假」，以深罪之。内以諱爲貶，蓋大惡然後諱也。

夏，四月，丁未，公及鄭伯盟于越。 越，近垂，地名。盟，結祊成也。鄭人欲得許田以自廣，是以爲垂之會；桓公欲結鄭好以自安，是以爲越之盟。故書「及」，言内之志也，交貶之，以見其惡。

秋，大水。 大，非常也，水非常則災害廣。蓋陰盛，惡逆之氣所感也。

冬，十月。

二年，春，王 桓無「王」，而二年書「王」，以天道王法正宋督之罪也，元年意同。或曰：弒君之罪，當其時未能即治，于今誅之，猶足爲奉天討、正王法。故桓二年書「王正月」，猶望王室舉九伐之典於是時也。

正月，戊申，宋督弑其君與夷，及其大夫孔父。初，宋穆公舍馮而立與夷，使馮出居鄭。與夷既立，而鄭莊公欲納馮于宋，於是自隱四年以後，鄭、宋屢相侵伐。華督蓋馮之黨也，將弑與夷，而憚孔父，故先攻殺孔父。殤公怒，則弑之，遂召馮而立焉。公羊傳曰：「孔父正色而立於朝，則人莫敢過而致難於其君者，孔父可謂義形于色矣。」書與夷之弑，而後及孔父，明孔父之死爲君故，所以著其節也。

滕子來朝。滕，隱十一年稱侯，今纔二年，乃降爵稱子，春秋以其始朝弑逆之人，特貶之也。春秋於諸侯之爵，不輕貶絶，惟有用夷變夏、崇奬逆賊、瀆亂三綱之罪者，則黜之。故吴、楚僭王，杞、莒用夷，則黜號降爵。而尤於亂臣賊子，嚴其黨惡之法，此滕之始朝桓公，所以特黜，而從後日之稱子也。胡氏論之詳矣。

三月，公會齊侯、陳侯、鄭伯于稷，以成宋亂。凡會，未有言其所爲者，此獨言其所爲，蓋事關世變，特書以著之也。宋，先代之後，統承先王，修其禮物。今有華督弑君之亂，若四國之君有奉天討、誅賊臣之舉，如隱四年之誅州吁，則亂不得成矣。魯桓弑隱，方以類合，三國黨惡，謀以賄行，相與定公子馮于宋，立華督而相之，然後其亂始成，無道遂立，反易天常者得以肆其志於天下，而文、武、成、康之澤幾於滅熄。此聖人所深懼，而春秋之所爲作，故直書成亂，以深著四國之罪。

夏，四月，取郜大鼎于宋。戊申，納于大廟。郜，國名。杜預曰：「濟陰城武縣東南有北郜城。」郜大鼎，郜國所造器也。大廟，周公之廟也。納者，不受而强致之也。○傳：「會于稷，爲賂故，立華氏也。以郜大鼎賂公，齊、陳、鄭皆有賂。」○穀梁傳：「桓内弑其君，外成人之亂，受賂而退，以事其祖，非禮也。其道以周公爲弗受也。」

秋，七月，紀侯來朝。左氏作「杞」。○紀，魯親而弱，爲齊、鄭所謀，故來朝魯。穀梁傳：「桓内弑其君，外成人之亂。己即是事而朝之，惡之也。」不名，不貶，從滕子之同同，不必再貶也。○左氏曰：「杞侯來朝，不敬。杞侯歸，乃謀伐之。」未知孰是。

蔡侯、鄭伯會于鄧。鄧，蔡地。○始懼楚也。小國間於大國而自立之道，孟子告滕文公之三章詳矣。徒懼而不能自强於爲善，所以不振也。

九月，入杞。程子曰：「將卑師少，稱『人』，内則止云『入某』、『伐某』。」

公及戎盟于唐。修隱二年盟唐之舊好也。

冬，公至自唐。國君出竟朝覲會盟，歸必告廟，用牲而飲福。史因記其歸至，與舜巡守歸格于藝祖之意同。春秋因史策之書可以示法者，存而弗削。隱公十一年間，其出疆、盟會、侵入，皆不書至，久遠弗詳，且失之也。或曰：不行告廟之禮也。今桓公盟戎，與盟越、會稷同，彼不書至而此獨記其至者，程子曰：「危之也。桓公之初所與盟會，皆同爲不義，今遠與戎盟，故危之而書至。戎若不如三國之黨惡，則討之矣，居夷浮海之意也。中國既不知義，夷狄或能知也。」或曰：春秋主魯，何乃欲戎之討魯君乎？○愚謂：聖人初未嘗以其主魯而廢拯救三綱之心，況桓公之編，正月不書「王」，諸侯來朝者或貶之，或人之，或生名之，與沐浴而朝、告於哀公請討之意一也。程子之傳精矣，惟孟子知之，故曰：春秋成而亂臣賊子懼。

三年，春，正月，正月不書「王」者，胡氏曰：「桓弑君而立，二年喪畢，入見天子之時，而王朝不舉殘執之典，鄰國不聞請討之事。魯義不戴天之臣子，反面事讎而不恥，使亂賊肆其凶逆，無所忌憚，人之大倫滅矣。故自是而後不書『王』，見桓無王而行，與天王之失政而不王也。」

公會齊侯于嬴。嬴，齊邑。所謂嬴、博之間，蓋齊之東南邑。○傳：「成昏于齊也。」杜氏注：「公不由媒介，自與齊侯會而成昏，非禮也。」○愚按：亂臣賊子與會而爲昏，著齊侯之罪也。

夏，齊侯、衛侯胥命于蒲。劉氏曰：「胥命者，相命也。古者有方伯，有州牧，有卒正，有連帥。命於天子，正也；諸侯自相命，非正也。齊，太公之後，東州之侯也；衛，康叔之後，北州之侯也。以事相命也。」○愚謂：東遷以來，王政不綱，諸侯放恣，賢伯之思自黍苗之作已可見矣。隱公而降，中國絲棼，荆楚僭横，莫有任中國之事者。獨齊、衛爲列國之望，欲私天下之權於己，遂起而圖之。西周方伯皆命於天子，今欲專之，事出創見，必求勢力之均，相遜相先，布之天下耳目而不以爲異，然後强者乃敢專之。故蒲之胥命，正齊桓非命伯而專征之始也。王命不行，諸侯以力假仁者爲政於天下，蓋基於此。此春秋所以特書而謹之也。

六月，公會紀侯于郕。左氏、穀梁「紀」作「杞」，今姑從公羊説，見二年注。○紀與魯親，而求援于魯，以抗齊、鄭，故桓公因其二年來朝與之會也。

秋，七月，壬辰，朔，日有食之，既。既者，日光滅盡也。日食盡，爲異尤大。先儒以爲是後荆楚僭號，鄭伯拒王師，射王中肩，故太陽之食既。

公子翬如齊逆女。公子翬，弒君之賊，在隱世名之，今乃書「公子」。或曰：王[一]命也。或曰：桓之黨也。君臣同弒隱公，乃昏于齊，以求配偶，所謂不待貶絶而罪惡見者也。

九月，齊侯送姜氏于讙。公會齊侯于讙。讙，魯地。禮，送女父不下堂，母不出祭門。聖人制禮，不可過，不可不及。齊僖愛其女之過，至於越竟而送之，遂使魯桓之出，不爲親迎，而爲齊侯在讙，特往會之。故僖公之送、桓公之會，皆非所以重大昏而正人倫之始，春秋所以謹而書之也。

夫人姜氏至自齊。不言翬之以夫人至者，公已受姜氏于讙也。受之齊侯，則姜氏既得見乎公矣。○胡氏曰：「不能防閑，於是乎在敝笱之刺兆矣[二]。禮者，所以别嫌明微，制治于未亂，不可不謹也。」○愚按：春秋詳書于策，以見昏姻之際一違乎禮，則始之不正而終無以正身而正其家也。

冬，齊侯使其弟年來聘。致夫人也。稱弟義見隱七年。

[一]「王」，原作「三」，據華亭義塾本及通志堂本改。
[二]「敝笱之刺兆矣」，原脱，據胡安國春秋傳補。

有年。五穀皆熟爲有年。春秋常事不書，而此獨書者，桓公行惡，其所感召，如元年大水、五年旱雩〔一〕等事。十八年間，獨今年五穀僅熟，故以爲異，特書于策，以著桓公之罪，憫魯國之民也。

四年，春，正月，公狩于郎。狩者，冬獵之名，周禮所謂「遂以狩田」是也。春舉之者，狩當用夏時之仲冬，在周正則正月乃其時。常事不書，而此特書，以于郎非其地，譏也。凡國之蒐狩，自有常處，鄭之原圃、秦之具囿皆擇山林翳密之地，因田獵而從禽，以奉四時之乾豆。魯之大野乃田狩之地，今不於常所，而遠涉郎地，則啓犯害民物、蹂踐苗麥之愆，足以見桓公心不在民，而志於行樂。此「公狩于郎」，春秋所以特書而譏之也。

夏，天王使宰渠伯糾來聘。天王，桓王也；宰，大宰也；渠，采地；伯，爵；糾，名也。天子之大夫不名，糾位六卿之長而名之，以其爲天子之冢宰，而不能詔王以八柄馭群臣，乃親奉命來聘魯桓，是寵篡弒以瀆三綱，故貶而名之也。春秋奉天道以正王法，以君天

〔一〕通志堂本「旱雩」下有「螽八年十月雨雪十三年大水十四年無冰御廩災」。

下者必敦〔一〕典庸禮、命德討罪以當天心，然後輔相裁成之職盡，而天地以位，萬物以育。故此二百四十年，必具天時王月，以見天之所以成一歲之運，由人之賞罰政刑成位乎其中，則天地之功全也。今魯桓有弑君之罪，王不能奉天討，而反使冢宰聘之，王者之職虧闕如此。使三綱不建、五常不立，人類將變爲禽獸。故於今年闕秋、冬於冢宰聘魯桓之後，以見天地之失其收藏，萬物之失其成遂，由王誅之不加於魯桓而寵秩之。嗚呼！此春秋之所以作，而聖人尤致其謹嚴以示大法者也。

五年，春，正月，甲戌。 陸淳曰：「此下文脱。」

己丑，陳侯鮑卒。 傳：「陳侯鮑卒，於是陳亂，陳公子佗殺大子免而代之。」

夏，齊侯、鄭伯如紀。 齊侯、鄭伯僞朝于紀，實欲襲之，紀人覺之，其計不行而止。春秋惡其懷盗賊之心，而行朝事之禮，書之若實朝于紀然，所以抑强暴、惡譎詐，臨江劉氏所謂「聖人誅意之效」者。蓋春秋之初，齊僖、鄭莊皆小人之雄，合謀同心，以吞噬小國爲

〔一〕「敦」，原作「敕」，據通志堂本改。

事，自隱三年石門之盟，至桓十一年惡曹之盟，二十年之間，二國爲一，伐宋，取郜、防，入郕，入許，今又相與謀紀。自二君如紀之後，紀侯多爲計，以謀自免於難，而卒不能止齊、鄭貪噬之心，至莊五年使紀季以酅入于齊，紀侯去國，然後快于心。故春秋之初，小國困於强暴者，二君之罪居多。春秋詳其相與之迹，所以深誅之也。

天王使仍叔之子來聘。傳曰：「仍叔之子，弱也。」公羊曰：「譏父老子從政也。」此書大指，以桓王頻遣使聘魯，以寵亂賊，又因仍叔已老，而子代任事，故書以譏其不親有德；又王朝之大夫，父老則子從政，世官不擇賢，非周之法，著周室衰亂之由也。

葬陳桓公。

城祝丘。

秋，蔡人、衛人、陳人從王伐鄭。初，鄭武公、莊公爲平王卿士。王欲以政與虢，鄭莊公怨王，王曰：「無之。」故王子狐爲質於鄭，鄭伯使公子忽爲質於周。平王崩，周人將遂畀虢公政，鄭莊公乃取周麥禾，交惡始此。六年，鄭伯朝王，王不禮焉。八年，虢公忌父始作卿士于周。今年，王奪鄭伯政，鄭伯不朝。王以諸侯伐鄭，鄭伯禦之，戰于繻葛，王師敗績，祝聃射王中肩。○按：左氏稱諸侯，則其君必親從王，春秋悉以「人」書，而王不稱「天」，蓋入春秋以來，王室未嘗興兵伐諸侯，今一旦天子帥元戎啓行，而諸侯從之，若天討加於宋督、魯桓，則所謂仁不以勇、義不以力，而真足以大服天下之心矣。今桓王以小忿奪鄭伯之政，又帥諸侯伐之，而大姦大惡、反易天常之亂臣賊子乃屢聘焉，其失天下共主之義非小過也，遂致鄭伯敢於抗拒，祝聃逆節加於王身，而王靈至此竭矣，故「人」諸侯而王不稱「天」。此與莊五年書「公會齊人、宋人、陳人、蔡人伐衛」，文十七年書「晉人、衛人、陳人、鄭人伐宋」，宣十年書「晉人、宋人、衛人、曹人伐鄭」，襄三十年書「晉人、齊人、宋人、衛人、鄭人、曹人、莒人、邾人、滕人、薛人、杞人、小邾人會于澶淵」，皆罪其舍逆亂、稽天討，致王法不行，世變日降，所以明用貴治賤、用賢治不肖之法也。鄭伯敗王師而不書者，程子曰：「王師於諸侯不言敗，諸侯不可敵王也；於夷狄不書戰，夷狄不能抗王也。此理也。其敵其抗，王道之失也。」聖人於此一編，經世變、存王體之意無不具，所謂游、夏不能與者，謂此類也夫！

大雩。 雩祭有常祀，左氏所謂「龍見而雩」，蓋建巳之月，角、亢七宿以次，昏見東方，祭天爲百穀祈膏雨。此春秋以爲常事不書者，至〔一〕非常祀之月，或遇旱暵，則因旱而舉，故

〔一〕通志堂本無「至」字。

春秋書之，以見災異。然特加之「大」者，諸侯之雩，禱境内山川及百神耳，今魯以周公故，得用天子禮樂，雩及上帝用盛樂，故特書「大雩」，以志其僭禮也。○程子曰：「成王尊周公，故賜魯重祭，得郊禘、大雩。諸侯雩于境内山川耳，成王之賜、魯公之受，皆失道也。故夫子曰：『魯之郊禘非禮也，周公其衰矣。』歲之常祀不能皆書，故因其非時，且遇旱災而雩，則書之，所以見其非禮，且志旱也。郊禘亦因事而書。」○臨江劉氏曰：「禮之有天子、諸侯之别，自古以來未之有改。爲説者曰：『成王康周公，賜魯以天子禮樂。』成王者，周之盛王也，其亦謹於禮矣。昔者魯惠公使宰請郊廟之禮於天子，天子使史角往，惠公止之。其後在魯，始爲墨翟之學。使成王之世魯已郊矣，則惠公奚請？惠公之請，殆由平王以下乎！」○今按：程子之説據明堂位及禮運，劉原父説未知所出，姑存之，以俟參考。

螽。程子曰：「蝗也。既旱又蝗，饑不在書矣。」

冬，州公如曹。州稱「公」，與祭公同，則州必畿内之地，河内州縣也。左氏乃云：「淳于公如曹。度其國危，遂不復。」杜氏云：「城陽淳于縣〔一〕。」昭元年傳云：「城淳于。」或

〔一〕通志堂本「縣」下有「州國所都」。

云：因州公不反國，爲杞所并，遂以淳于爲都。未詳孰是。曹，姬姓，武王封弟叔振鐸於定陶，爲曹國。漢屬濟陰郡，在唐爲曹州，今興仁府濟陰縣。

六年，春，正月，寔來。淳于公自曹來朝，記禮者曰：「天子曰：『非佗，伯父寔來。』」成二年傳：「王曰：『所使來撫予一人，而鞏伯寔來。』」今按：書州公曰「寔來」，以其不復國而略之也。

夏，四月，公會紀侯于成。紀來諮謀齊難，公往會之。成，魯地。此與二年書其朝、三年〔一〕會于郕同旨。

秋，八月，壬午，大閱。八月，夏時之六月，非蒐狩之時。大閱，天子之事，非諸侯之禮。失時僭禮，故書以譏之。○程子曰：「無事而爲之，妄動也。有警而爲，則教之不素，豈所以保其國乎？」其不言「公」，蓋懼鄭畏齊，爲國講武，非公之私欲也。

蔡人殺陳佗。傳：「陳厲公，蔡出也，故蔡人殺五父而立之。」五父即佗也，篡大子免而

〔一〕「三年」，原作「年三」，據通志堂本改。

立，雖踰年，而國人不以爲君，故稱陳佗。蓋春秋之初，先王之澤未泯，人心之正理猶存，故蔡人因人心之不君佗而殺佗，立厲公。○程子曰：「蔡雖以私殺之，而春秋書之同於討賊之例，見殺賊者衆人之公也。」春秋討亂臣賊子之法，務廣其塗，而使之無所容於天地之間，所以扶三綱也。

九月，丁卯，子同生。傳：「以大子生之禮舉之：接以太牢，卜士負之，士妻食之，公與文姜、宗婦命之。問名于申繻，命之曰同。」蓋適夫人之長子，備用大子之禮，故史書于策，春秋於此，明與子之法在於正始明分，其物采等衰殊絶於初，則私愛之所不能行，嬖孽之所不能干，所以定國本、息亂源也。其不稱「世子」，未命于天子也。

冬，紀侯來朝。請王命以求成于齊，公告不能。程子曰：「紀侯不能上訴於天子，近赴於賢侯，和輯人民，效死以守，而欲求援於魯桓，不能保其國，宜也。」

七年，春，二月，己亥，焚咸丘。焚，火田也。咸丘，魯地。書「焚」，見其廣之甚，譏淫獵也。

夏，穀伯綏來朝。鄧侯吾離來朝。穀，據杜氏注，在南鄉筑陽縣北，今屬襄陽府穀城縣。鄧，今之鄧州。皆去魯絶遠。桓公弑逆之人，而二國遠來朝之，故特名二國之君。諸侯不生名，生名，惡之大也，與反面事讎、滅同姓以孤本根之罪無以異。是年不書秋、冬，以諸侯相繼朝桓，逆亂天道，歲功不能成，故不具四時。胡氏曰：「大司馬之法，賊殺其親則正之。冢宰下聘，則天下之望於王室者絶矣。故四年去秋、冬，見天王之不復能用刑也。田恒弑君，夫子告於哀公而請討，今穀、鄧遠朝，則天下諸侯無復可望者矣。故七年去秋、冬，見諸侯之不復能修其職也。」或曰：「然則郳、牟、葛來朝，何以書秋、冬？」程子曰：「四年與此明其義矣，三國之來，別立義也。」

八年，春，正月，己卯，烝。此夏正之仲冬，當烝祭之月也。常事書者，以五月復烝，故先録此，以見其瀆于祭祀，弗欽之端見於始矣。

天王使家父來聘。家父，天子大夫。家，氏；父，字。家父、仍叔，詩序皆有之，與尹氏同。或仍氏、家氏世字，如趙孟、知伯，世稱之也。○程子曰：「魯桓弑立，未嘗朝覲，而王屢聘之，失道之甚也。」

夏，五月，丁丑，烝。公羊傳：「常事不書，此何以書？譏。何譏爾？亟也。亟則黷，黷則不敬。君子之祭也，敬而不黷。」○程子曰：「正月烝矣，而非時復烝者，必以前烝爲不備也，黷亂甚矣。」

秋，伐邾。微者也。

冬，十月，雨雪。程子曰：「建酉月，未霜雨雪，記異。」

祭公來，遂逆王后于紀。祭公，天子之三公。凡女在其國稱「女」，今紀季姜在國稱「王后」者，王命之則成，所以別於列國，用見王命之重，而存母儀天下之體於始也。遂，繼事。○公羊傳曰：「大夫無遂事，此其言『遂』何？成使乎我也。其成使乎我奈何？使我爲媒，可則因用是往逆矣。」○愚按：天子雖無親迎之禮，然祭公謀於魯，則當復命於王，然後遣於宗廟，以明逆后之重。今使魯爲媒，而用是往逆，輕褻王配如此，何以示正始之道哉？故書若祭公之私行，而以逆后爲遂事，以深譏之。

九年，春，紀季姜歸于京師。桓王后也。季，字；姜，姓。○公羊傳：「其辭成矣，則其稱紀季姜何？自我言紀，父母之於子，雖爲天王后，猶曰吾季姜。」○劉氏傳：「自歸者言之，王雖有命，未見宗廟則不敢處也。不敢處，恭也。」○公羊傳：「京者何？大也。師者何？衆也。天子之居，必以衆大之辭言之。」○傳：「凡諸侯之女行，唯王后書。」○胡氏曰：「不盡書者，唯過我與來告則書之也。」

夏，四月。

秋，七月。

冬，曹伯使其世子射姑來朝。曹伯欲朝魯，有疾不能行，乃使其世子射姑奉命代己行朝禮於魯。凡爲人子，立不中門，坐不主奥，不敢乘父之車，示民有尊也。今曹伯有疾，世子爲國之本，不使之朝夕視膳以尼姦邪窺伺之端，而令棄國忘父，越竟伉禮以朝魯桓。夫春秋於桓，方以誅亂賊之事望諸侯，今曹伯之使世子，世子從父之命，揆之於義，無一可者，春秋所以直書而深貶之。蓋經有從同同之例，射姑之朝桓，當以滕子、穀綏、鄧吾離之例推之，而知其父子之悖人倫，且忘其國家之大計也。

十年，春，王正月，胡氏曰：「桓無『王』，今復書者，十，盈數也，天道周，人事變，故遠惡者十年必棄。桓公至是，宜見誅於天人矣。十年書『王』，紀常理也。」

庚申，曹伯終生卒。

夏，五月，葬曹桓公。

秋，公會衛侯于桃丘，弗遇。桃丘，衛地。杜氏注：「公與衛侯爲會期，中背桓公，更與齊、鄭，故公獨往而不遇。」愚按：下書三國來戰，衛亦與焉，則背信在衛，直不告魯，誤桓公至桃丘耳。春秋爲國諱恥，故言至桃丘而不相遇，穀梁傳所謂「弗，内辭也」。

冬，十有二月，丙午，齊侯、衛侯、鄭伯來戰于郎。傳：「齊、衛、鄭來戰于郎，我有辭也。初，北戎病齊，諸侯救之，鄭公子忽有功焉。齊人餼諸侯，使魯爲其班。魯以周班後鄭，鄭人怒，請師于齊。齊以衛師助之，故不稱侵伐。」程子曰：「來戰于郎，三國爲主。」劉氏曰：「來戰者，外爲志乎戰也。孟子曰：『善戰者服上刑。』所謂爲志乎此戰是也。」愚謂：此義施於戰而爲主者，皆可通矣。〇謹按：春秋以主客之辭辨用兵之曲直、殘民之重輕，其罪魯而書公及諸侯戰者多矣。若今年郎之争，直以三國來戰言之，蓋魯桓之當討，固有大罪極惡足以聲而致討，齊、衛、鄭之君既不能奉天討而與之會盟矣，今反徇私欲、争小故，以無辭而伐有辭，則罪在三國，不容不反常例以明之。故今年之書，其文異，其辭嚴，專罪三國，特書其來戰，以示外有罪則爲主之例。此聖經之特筆，游、夏所不能與者。學者反復於此，則所謂「史外傳心之要典」可得而識矣。不言敗，爲内諱。

十有一年，春，正月，齊人、衛人、鄭人盟于惡曹。胡氏傳：「微者盟會不志，凡志必君與貴大夫所爲也。惡曹之盟，即三國之君矣，既不以道興師爲郎之戰，又結怨固黨爲此盟，故前書爵而以『來戰』著罪，後書此盟而以奪爵示貶。」

夏，五月，癸未，鄭伯寤生卒。

秋，七月，葬鄭莊公。

九月，宋人執鄭祭仲。鄭莊公娶鄧曼，生忽，立爲世子。宋雍氏納女于鄭莊公，生突。莊公卒，雍氏欲立其出，而雍氏宗有寵於宋莊公馮，宋公誘祭仲而執之，曰：「不立突，將死！」亦執突而求賂焉。宋公不書爵而稱「人」，以其徇大夫之私意，干諸侯之正統，使之黜適立庶，貶之也。死難，臣道也。祭仲貪生畏死，爲鄭正卿，背先君之命而立庶孽，故穀梁子曰：「惡祭仲也。」觀下書「突歸于鄭」，則祭仲之罪見矣。

突歸于鄭。鄭忽出奔衛。突，名以賤之，罪其以庶孽違先君之命而篡國也。鄭忽以國氏，明其正而異於突也；不能有其位，而制於權臣，聽於鄰國，其立其奔，皆不由己，是以不爵也。歸者，易辭，以庶孽篡國而權臣主之，鄰國助之，舉國聽命，曾無齟齬，以致忽之無所容其身。觀比事屬辭之旨，則宋與祭仲之罪不可勝誅固已甚明，而天子、方伯之職不修，以致姦狡强横肆行而無所忌之實，皆可見矣。

柔會宋公、陳侯、蔡叔，盟于折。自去年魯與齊、衛、鄭爲仇敵，至今年桓公欲合黨以敵之，於是結宋與陳、蔡，要言歃血，初無忠信誠慤相與之心，又以未命之大夫敵宋公、陳侯，故盟不足恃以久。而桓公又與宋公屢會，求以補前之失而堅宋之合，然不知其不可也。

公會宋公于夫鍾。郕地。

冬，十有二月，公會宋公于闞。闞，魯地，在東平須昌縣東南。

十有二年，春，正月。

夏，六月，壬寅，公會杞侯、莒子，盟于曲池。平杞、莒也，平隱四年伐杞之怨。曲池，魯地。

秋，七月，丁亥，公會宋公、燕人，盟于穀丘。燕人，南燕大夫。南燕，姞姓國，漢屬東郡，今滑州胙城縣。穀丘，宋地，在今應天府穀熟縣。○傳：「公欲平宋、鄭，故及宋公盟于句瀆之丘。」蓋宋之納突于鄭，求賂而後使之入，及突入國之後，不能償其責言，遂成釁隙，故桓公欲平之耳。

八月，壬辰，陳侯躍卒。厲公也。去年與柔盟于折。不書葬，魯不會，不恤同盟也。

公會宋公于虛。

冬，十有一月，公會宋公于龜。傳：「宋成未可知也，故又會于虛，又會于龜。」今按：虛、龜，皆宋地，蓋桓公欲成宋之急，而屈己連往宋地，與之爲會。不知人之心不親，非屢盟數會之所能回也。故春秋詳書以譏之。

丙戌，公會鄭伯，盟于武父。宋公辭平，故與鄭伯盟于武父。與人交之道，忠信誠慤本乎中，則有不期合而合者。其人非有是心，則其相與也不過以利合，而一旦爭小利，則相視忽如仇敵。然公之見棄於宋而盟鄭，其離合正如是。春秋詳書之，以見王政不行，諸侯放恣，魯桓、宋莊、鄭厲皆以篡國而立，交相〔一〕盟會，紛紛離合，惟利是視，煩盟瀆信，祇以長亂，王法之所必誅而不以赦〔二〕者也。

〔一〕「相」，原作「政」，據通志堂本改。
〔二〕「赦」，原作「聽」，據通志堂本改。

丙戌，衛侯晉卒。泰山孫氏曰：「再言丙戌，羨文。」

十有二月，及鄭師伐宋。丁未，戰于宋。兵法曰：「争恨小故，不忍憤怒者，謂之憤兵，兵憤者敗。」魯桓、鄭突此役是也。鄭突藉宋之力以篡國，宋人責賂，則背之而結魯。魯桓爲突比與宋會盟，及宋辭平，曾不反己，遽然連鄭以伐之，故書「及鄭師伐宋」，罪魯、鄭也。又書「丁未，戰于宋」，言魯、鄭與宋亟争尋常，殘民暴骨，兩罪之也。不言敗，爲内諱也。

十有三年，春，二月，公會紀侯、鄭伯。己巳，及齊侯、宋公、衛侯、燕人戰。齊師、宋師、衛師、燕師敗績。趙氏曰：「内兵以紀爲主，外兵以齊爲主，蓋齊與三國之師伐紀，欲滅之，公與鄭救之而勝也。」○胡氏曰：「紀弱而遇齊，以無道加於己，必有引咎責躬、禮義辯論之文猶不得免，則固封疆，效死以守，將必有能伸之者。今紀不如是，憤然藉魯、鄭以勝之，小國之勝，禍之首也。況爲之援者，乃弑君之賊、篡國之人乎！然則紀之不能保國，蓋自此戰始矣。此春秋主紀之旨也。」衛侯晉未葬而稱爵，以從金革取敗衂，蓋此即朔與兄伋、壽争國者，志於立乎其位，忘哀戚之心。比事直書，惡自見矣。戰稱「帥師」者，故序列君臣，敗稱「師」，重衆也。

三月，葬衛宣公。 方與衛戰，往會其葬，怨不廢義也。

夏，大水。 陰盛之災。

秋，七月。

冬，十月。

十有四年，春，正月，公會鄭伯于曹。 厲公也。與比年連兵戰伐修怨，故來求好，而桓往會之。

無冰。 常燠也。「二之日鑿冰沖沖」，乃周正建丑之月，固陰沍寒之時而不冰，陰不能成物之災。○胡氏曰：「政治縱弛，不明之所致也。」

夏五。 無「月」字，闕文。

鄭伯使其弟語來盟。 春，二君會于曹矣，又使語來涖盟，以申固要約。稱「其弟語」，譏其寵愛同氣，使之交政，失友弟之義。

秋，八月，壬申，御廩災。御廩者，粢盛委之所藏也。

乙亥，嘗。四時之祭，常事耳，今書者，壬申有御廩災之變，以先格王正厥事之誠心，必遇災而懼，未可以遽有事于祖考。況祭祀用夏時，此八月，乃夏之六月，未當時祭，何爲汲汲然以四日之間遽舉嘗祭乎？以是觀之，則其無誠敬之心，而所以供粢盛者苟簡蔑裂，概可見矣。此春秋所以特書「壬申，御廩災。乙亥，嘗」，以責其奉宗廟之不誠且不敬也。

冬，十有二月，丁巳，齊侯禄父卒。

宋人以齊人、蔡人、衛人、陳人伐鄭。傳：「宋人以諸侯伐鄭，報宋之戰也。焚渠門，及大逵。伐東郊，取牛首。以大宫之椽歸，爲盧門之椽。」「以」者，行其意也。鄭突賴宋之力得入簒國，歸而背其賂，宋人因此與爲仇讎。魯桓平之，宋人不從，鄭遂與魯伐宋，爲丁未之戰。宋以鄭突入用其寵而背之，且至見伐，積其憤怒，乞師於齊、蔡、陳、衛，以行其意，蓋師雖四國之賦，而左右死生，惟宋人之爲聽，比於平日諸侯各率其師以伐人者，又不同。故春秋書「以」以別之。如左氏傳載，則鄭之廟市四郊無不殘破，以逞宋人之憤。夫國以師爲本，而王制兵師爲尤重，今宋不反其黨庶孽、徇貨賂之失，而擅用列國之兵以泄其私忿，四國輕以兵假人，而使之逞志。聖人所惡，蓋有甚於摟諸侯以伐諸侯者，此春秋特書曰「以」，以見宋與四國之罪不可勝誅也。

十有五年，春，二月，天王使家父來求車。古者諸侯有功，則車服以庸。蓋王之五路，自同姓以下，其用之皆有等著〔一〕，非諸侯所得而私爲，況可以天子之尊而下求於列國乎？天子之畿内方千里，租賦所入，足以待諸侯；諸侯之九貢，亦無有以車供王室之用者。上越禮以求之，下違法而供之，則示貪風於天下，開賄道於邦國。其失自上，非小故也，故特書「天王使家父來求車」，則周室微弱，號令不行，所求無藝，以取輕於諸侯。家父爲大夫，而無所正救，奉使侯國，自取辱命之罪，具見矣。

三月，乙未，天王崩。桓王也。

夏，四月，己巳，葬齊僖公。

五月，鄭伯突出奔蔡。祭仲專，鄭伯患之，使其壻雍糾殺之。將享諸郊，雍姬知之，以告祭仲，祭仲殺雍糾，尸諸周氏之汪。夏，突出奔蔡。○聖人之大寶曰位，蓋天子至尊，而

〔一〕「著」，通志堂本作「差」。著，同「差」。

諸侯次之。孟子論伯夷、柳下惠得百里之地而君之，皆能以朝諸侯、有天下。聖賢貴於得位，以其足以恢弘斯道、潤澤生民，是以謂之寶。其次中才之主，苟能制節謹度、用賢治民，自足以守其社稷，何至位南面之尊、秉一國之權而爲臣民之所逐哉？故凡爲國君而失位出奔者，春秋皆以自出書之，所以罪其道之自失、邦之自喪，非臣民所得而逐之也。其書爵而不名者，罪輕惡淺〔一〕，雖曰失道，而尚可以待其改過自新，則其位爲未絶。若突，以庶孽奪嫡，固不可以有國，又初與權臣比而篡位，又與親戚謀而欲殺之，爲反覆盜賊之計，以自取亡，蓋王法之所當誅，故特書其名，以絶之也。

鄭世子忽復歸于鄭。世子忽自十一年五月莊公卒而立，至九月奔衛，五年于外，乃得復歸。不從衛侯朔、衎之例稱爵，乃稱「世子」者，忽之所以得歸者，以其嘗爲世子也。所以不稱「鄭伯」者，以其不能君也。故程子曰：「忽稱『世子』，本當立者。不能保其位，故不爵。」○劉氏曰：「書『復歸』，諸侯之正也。」

許叔入于許。許叔，許莊公之弟。隱十一年，齊、魯、鄭入許，莊公奔衛，鄭莊公使其大夫

〔一〕「淺」，原作「滅」，據華亭義塾本及通志堂本改。

奉許叔居許東偏。許乃先王封建之國，叔既當立，宜請于天子，告於大國，以復先君之位。乃不能以大義自信，今因忽、突之争，竊入其國。稱「叔」而不名，著其當有國。入者，難詞。以其進無王命，退非父授。夫諸侯，進以正乃可以正邦，因亂竊入，己之不正，無以正乎人。故書「入」，以見義有所不受也。

公會齊侯于艾。艾，公羊作「鄗」，穀梁作「蒿」。○傳：「謀定許也。」入許之役，實鄭莊以壤地與許相接，欲滅而兼并之，故糾合齊、魯之力而同伐。既入之後，齊、魯俱遜而不受，乃與鄭人。今鄭既亂，不能有，則齊、魯遂爲之謀，以定許叔之位。此許之所以復存也。

郳人、牟人、葛人來朝。牟國，今登州牟平縣。葛，古葛伯國，今拱州寧陵縣。諸侯來曰朝，此即三國之君矣，乃人之者，公羊傳以爲夷狄之也。○何氏曰：「桓公行惡，而三人朝事之。三人爲衆，衆足責，故夷狄之。」○謹按：朝桓多矣，春秋獨於滕貶稱子，穀伯、鄧侯名之，郳、牟、葛人之者，蓋滕子先諸國而朝，穀、鄧自遠而至，此三國者，以諸侯之貴，旅見於惡人之朝，以事天子之禮事亂臣賊子，聖人安得不憫人心之失正、懼天理之淪亡而深誅之與？故特貶三者〔一〕以示法，而其餘則從同同也。孟子曰：「春秋，天子之事也。」行天子之賞罰，而五刑、五用不加於貴賤尊卑，憒然倒植，若此之徒，則所謂「亂臣賊子懼」者，爲虛言矣？

秋，九月，鄭伯突入于櫟。櫟，在陽翟縣，今屬潁昌府，鄭别都也。○傳：「鄭厲公因櫟人殺檀伯，而遂居櫟。」十七年，高渠彌弑昭公而立公子亹。十八年，齊人殺子亹，祭仲逆鄭子于陳而立之。莊十四年，鄭傅瑕殺鄭子及其二子，而納厲公，厲公入。又昭十一年，申無宇對楚子虔曰：『鄭莊公城櫟而置子元焉，使昭公不立。由是觀之，則害于國。末大必折，尾大不掉，君所知也。』」○謹按：春秋止書「鄭伯突入于櫟」，而自此以後，忽、亹、儀之事皆不書者，書櫟，所以見大都耦國，既入于此，則鄭國之命已制於突，與入其國都蓋無以異。特書「入于櫟」，而略其入國者，亦所以謹亂之所從生，而俾爲國者必明於臂指運動之勢，謹於「家不藏甲，邑無百雉之城」之禮，又以見忽、亹、儀之爲君者末矣，而不足紀此，春秋所以爲簡嚴之書也。

〔一〕「者」，通志堂本作「國」。

冬，十有一月，公會宋公、衛侯、陳侯于袲，伐鄭。袲，公羊作「侈」。○杜預曰：「袲，宋地，在沛國相縣西南。」○傳：「會于袲，謀伐鄭，將納突也。弗克而還。」○穀梁傳：「地而後伐，疑辭也，非其疑也。」○胡氏曰：「昭公之與突，是非邪正亦明矣。然昭公雖正，才不足以君國，復歸于鄭，日以微弱；厲公雖篡，其才足以結四鄰之援，既入于櫟，日以盛强。諸侯不顧是非，而計其强弱，始疑於輔正，終變而與邪。穀梁所謂『非其疑』者，責其疑於爲義，而果於爲不義，相與連兵動衆，納篡國之公子也。故詳書其會地，而後言伐，以譏之也。」○謹按：魯桓、宋莊、衛朔皆以不正得國，其爲突謀，乃水流濕、火就燥之意，獨陳侯疑之耳，然寡不勝衆，所以疑而遂合也。

十有六年，春，正月，公會宋公、蔡侯、衛侯于曹。謀伐鄭也。於此又邀蔡而與同事，黨益張矣。

夏，四月，公會宋公、衛侯、陳侯、蔡侯伐鄭。杜氏曰：「蔡常在衛上，今序陳下，蓋後至。」○吕氏曰：「當時諸侯皆以一切强弱、目前利害爲先後，不復用周班也。」○程子曰：「突善結諸侯，故皆爲之致力屢伐鄭也。」○愚按：自鄭突入國之後，即比魯而仇宋，及其出奔，乃能使魯與宋自冬及夏悉力伐鄭，所謂善結也。衛侯朔與母構兄，亦姦惡之雄，今復因同惡之合陵蔡侯而居其上。春秋比事直書，以見當時王政不行，霸者未作，小人恣横，恃其强衆凌暴寡弱，可畏如此。及威、文之興，而後少抑焉。當是時，雖欲不與齊、晉，其可得乎？

秋，七月，公至自伐鄭。 孫氏曰：「助篡奪正，踰時而返。」

冬，城向。 下有十一月，即夏正九月，不時也。

十有一月，衛侯朔出奔齊。 傳：「初，衛宣公烝於夷姜，生急子，屬諸右公子。爲之娶于齊，而美，公取之，生壽及朔。屬壽於左公子。夷姜縊。宣姜與公子朔構急子。公使諸齊，使盗待諸莘，將殺之。壽子告之，使行。不可，曰：『棄父之命，惡用子矣！有無父之國則可也。』及行，飲以酒。壽子載其旌以先，盗殺之。急子至，曰：『我之求也，彼何罪？請殺我乎！』又殺之。二公子故怨惠公。十一月，左公子洩、右公子職立公子黔牟。惠公奔齊。」〇公羊傳：「衛侯朔何以名？絶。曷爲絶？得罪于天子也。」〇愚按：朔立已五年，二公子不能獨逐之，必因其陵蔑天子，周室欲討，而後二子得以行其志。所以莊六年，「王人子突救衛」。公羊氏之説，其必有所傳矣。朔殺兄奪國，王命絶之，故名。

十有七年，春，正月，丙辰，公會齊侯、紀侯盟于黄。平齊、紀，且謀衛。按：公十三年會紀侯，敗齊師，以益其怨。今乃盟之，豈足以釋憾？又朔得罪于天子，而欲納之，一動而二失也。黄，齊地。

二月，丙午，公及邾儀父盟于趡。傳作「會」，公羊、穀梁並作「及」，今從之。○高郵孫氏曰：「及，内爲志；會，外爲志。儀父，附庸之君，非敢盟公，公欲與之盟耳。此當以『及』字爲定。」趡，魯地。

五月，丙午，及齊師戰于奚。不書「夏」，闕文。○穀梁傳：「内諱敗，舉其可道者也。」今按：不書敗者，以背盟興兵而殘民敗師，諱之也。

六月，丁丑，蔡侯封人卒。桓侯也。

秋，八月，蔡季自陳歸于蔡。傳：「桓侯卒，蔡人召蔡季于陳。秋，蔡季自陳歸于蔡，蔡人嘉之也。」○何氏曰：「蔡侯封人無子，蔡季當立。封人欲立獻舞而疾季，季辟之陳。封人卒，反歸奔喪，無怨心，故稱字而賢之。」○劉氏曰：「季之去，權也。若季者，道足以與權而不亂，力足以得國而不居，遠而不攜，邇而不逼者也。」○今按：復國於危疑之際，考之書法，惟蔡季爲善。以其潔身而去，一無争心，念念宗國，聞召即歸，能遠禍於未然，不悻悻以爲高。其去就合宜，故春秋貴之，劉氏之傳得之矣。

癸巳，葬蔡桓侯。 陸氏曰：「按史記、世本、左氏，蔡之諸君皆謚爲『侯』，經皆稱『公』者，以其私謚，與僭同也。惟蔡桓稱『侯』，蓋告王請謚，王之策書則云：『謚曰某侯。』諸侯國史因而紀之，故特書之，明得禮。」○啖氏曰：「蓋蔡季之賢，請謚於王也。」○劉氏曰：「稱爵禮也，稱公非禮也。稱爵者，誄之於天子者也；稱公者，非誄之於天子者也。賤不誄貴，幼不誄長，天子崩誄於郊，諸侯薨誄於王，大夫卒誄於君。」

及宋人、衛人伐邾。 桓公春與齊、邾盟，既而皆背之，戰奚，伐邾，並見於一年之中。反顧前日刑牲詔神、玉帛交錯，棄如敝屣。蓋其爲人瀆信而好亂，不仁而佳兵，人理滅矣，宜其不踰年見殺於齊也。

冬，十月，朔，日有食之。 不書日，失之也。

十有八年，春，王正月。 高郵孫氏曰：「正月有『王』，桓公之終也。弒君之賊，無可赦之理。不見誅於一時，當見誅於歲月；不見誅於其生，當見誅於其死；不見誅於終身，當見誅於萬世。」

公會齊侯于濼。公與夫人姜氏遂如齊。傳：「公將有行，遂與姜氏如齊。申繻曰：『女有家，男有室，無相瀆也，謂之有禮。易此必敗。』公會齊侯于濼，遂及文姜如齊。齊侯通焉，公謫之，以告。」○今按：書濼之會不言夫人者，夫人不與行會禮也。如齊不言「及」而言「與」者，夫人，伉也，所以見夫不夫、婦不婦，進退制於夫人也。故劉氏以爲：「猶曰匹夫匹婦之相與云爾。」凡事之異於常者，禍之所從起。故觀公與夫人姜氏如齊之書，即見其違男女之常經，而禍亂之所從生斷可識矣。此聖人謹禮於微，慮患於早之意，不可不察也。

夏，四月，丙子，公薨于齊。傳：「夏，四月，丙子，齊侯饗公。使公子彭生乘公，公薨于車。」公羊曰：「於其乘焉，拉幹而殺之也。」「魯人告于齊曰：『寡君畏君之威，不敢寧居，來修舊好。禮成而不反，無所歸咎，惡於諸侯。請以彭生除之。』齊人殺彭生。」春秋書魯君見弑之例有二：在内則不書地，以存其實；在外則不容不書其地，而以上下文之特異者見之。此先書「公與夫人姜氏如齊」，而明年書「夫人孫于齊」，又莊公不書即位，則雖不明書齊人戕公，而桓公之不得其死已昭然於書法之間矣。蓋本國之事，書之與他國同，則非所以見尊君親上之意，是以雖桓公之見殺，不得而不諱，然又當存不没其實之意，以示後世之傳信，故曰：婉而成章也。

丁酉，公之喪至自齊。公内不能正室，外取禍於齊，其致，痛之也。

秋，七月。

冬，十有二月，己丑，葬我君桓公。葬稱「我君」，而後舉謚，趙氏以爲臣子之敬詞。蓋明言「我君」，以舉其新加之謚，然後其詞恭且順，不然則恐涉他國君，而近於不敬矣。公羊傳：「賊未討，何以書葬？讎在外也。讎在外，則何以書葬？君子詞也。」蓋國有强弱，勢有逆順，今齊强於魯，而天子〔一〕既不舉九伐之法，諸侯亦未有以方伯之事自任者，故君子量力，且假使書葬，於可復讎而不復，然後深責之也。

春秋卷第二

〔一〕「子」，通志堂本作「下」。

春秋卷第三

張洽集注

莊公

名同，桓公子，母文姜。謚法：「勝敵克亂曰莊。」

元年，春，王正月。不書「即位」，桓公見戕於齊，固不及有立子之命，莊公之生，雖以適冢書於經，然繼承之初，創鉅痛深，異於他公，不但當請於王，即位而父之仇未討，亦當告于天子，以國事委冢宰，而專以討賊爲事。今泰然居之，曾不以父之無罪見殺於鄰國爲念，但與桓公之初立不同耳，是以削其「即位」。蓋莊公之不書「即位」，比於桓、宣之特書者，固未至此，而以人子之心處莊公之時，當知莊之無志，又非隱、閔、僖之比也。此春秋之旨，唯深明乎時義者知之。

三月，夫人孫于齊。夫人，文姜，莊公母也。魯人責其與聞乎故〔一〕，於是出奔。左氏

〔一〕「故」，通志堂本作「弑」。

謂：「不稱『姜氏』，絶，不爲親，禮也。」穀梁子曰：「人之於天也，以道受命；於人也，以言受命。不若於道者，天絶之也，不若於言者，人絶之也，臣子大受命。」蓋文姜之罪，上通乎天，爲魯之臣子者，原先君見弑之罪，固難以嗣君夫人所出而以恩揜義，故斷以大義，而去「姜氏」以絶之，所以尊社稷而重本也。古之聖人爲禮有等衰，制服有輕重。三綱之設，以夫爲妻綱，皆所以明天倫之正，而使人知本，以自别於禽獸者也。

夏，單伯逆王姬。逆，左傳作「送」，考之春秋之例，非也。況築館在秋，如單伯果以天子大夫送王姬，必俟館成之後方至魯，豈得預書之？當從公、穀作「逆」。○單伯，魯大夫，不書名氏，蓋周禮所謂「公之孤四命」也。魯大夫而逆王姬者，當是時，王姬嫁于齊，天子不自主昏，而使魯主之，王姬先至于魯，然後往成禮于齊，故魯大夫往逆于周也。公羊氏曰：「逆者何？使我主之也。曷爲使我主之？天子嫁女乎諸侯，必使諸侯同姓者主之。諸侯嫁女于大夫，必使大夫同姓者主之。」此古者王姬下嫁之常禮也。常事不書，而此特書之，又不書如京師逆王姬，穀梁氏曰：「其義不可受於京師是也。躬君弑於齊，使之主昏，與齊爲禮，其義固不可受也。」春秋書此，所以著魯居斬衰而主婚姻，已非禮之常，而不可不辭矣。況王室之女下嫁齊侯，而齊乃寢苫枕戈、不可同天之讎，奈何與之主婚？

於此見魯之君臣無復讎之心，而國之三綱至是絶矣。

秋，築王姬之館于外。築館，所以待王姬之舍，以俟齊侯之逆也。於廟則已尊，於路寢則不可，小寢則嫌，故必改築。然魯主王姬，前此必有其所，今特築于外者，當是時，知仇讎不可與接昏姻，又衰麻哭泣不可雜於吉事，故築于外也。然在平日爲可耳，桓公弑於齊未及一年，其創鉅痛深，當百倍於先君正終之日，又可以于外爲安，而命國人以築齊王姬之館與？春秋所以詳書而著其忘父親讎之罪也。

冬，十月，乙亥，陳侯林卒。

王使榮叔來錫桓公命。榮叔，周大夫。榮，氏；叔，字。錫，賜也。桓公已終而賜之命，蓋莊公主王姬之昏，故親魯而寵嘉其父，遣使賜之策命。若昭七年衛襄公之卒，王使成簡公追命衛侯之比也。夫五服五章謂之天命者，誠以命德討罪，上合天心，然後足以昭示至公，勸善懲惡。今桓公之弑隱，在王法有賊殺其親之罪，乃司馬九伐之所宜加，周王非特不能討，又以惡爲善，示以褒嘉，故春秋之例，王必稱「天」，而此年特去「天」而止書「王」，以見王之不能奉若天道。趙氏以爲「寵篡弑以瀆三綱也」，得春秋之旨矣。

王姬歸于齊。王姬來而不書至，別於魯之夫人也。書「歸」，著莊公之忘親釋仇，主婚而成禮也。逆于京師，築館于外，而不書歸于齊，則有本無末，無以見莊公忘仇之實矣。

齊師遷紀郱、鄑、郚。杜氏注：「郱在東莞臨朐縣東南，郚在朱虛縣東南，北海都昌縣西有訾城。」○齊欲滅紀，故徙其三邑之民而取其地。齊圖紀久矣，今始遷三邑，其民之不服者，迫遷之，取其地而實以齊之民，故稱「師」而書「遷」。至是，紀之力不足以自守，駸駸於滅亡矣。

二年，春，王二月，葬陳莊公。

夏，公子慶父帥師伐於餘丘。慶父，莊公之庶兄。於餘丘，公羊曰：「邾之邑也。」或曰：小國而近於戎者，其曰「於餘」，若曰「於越」然。未詳孰是。○莊公之立，寢苫枕戈，莫先於率一國以同仇於不義之齊，捨是，而命將帥師先有事於無罪之小國，兵興無名。而公子慶父以尊屬得兵柄，亦見於此。莊公是時年纔十五，慶父得政，以制一國之權，軍政之本既失，而權移於下，以成異日子般、閔公簒弒之禍，故春秋詳書以譏之。○胡氏曰：「魯見弑者三君。」隱、子般〔一〕、惡，皆以翬、慶父、仲遂先制其兵，而後得以成篡弑之謀。由辯之不早辨也，豈不信哉！

秋，七月，齊王姬卒。 禮記檀弓曰：「齊告王姬之喪，魯莊公爲之大功，或曰由魯嫁，故爲之服姊妹之服。」然則王姬比於内女而書「卒」，禮之常也。至於舍不共戴天之讎而乃主齊夫人之喪，則知有齊而不知有父，莊公之罪可謂大矣。故自單伯逆王姬以至此章，特書、屢書，辭煩而不殺，以正其瀆汩大倫、誣滅天理之罪，所謂「婉而成章」也。

冬，十有二月，夫人姜氏會齊侯于禚。 禚，齊地，公羊作「郜」，下同。○傳曰：「書，姦也。」○趙氏曰：「姜氏、齊侯之惡著矣，亦所以病公也。曰：子可以制母乎？夫死從子，通乎其下，況於國君？君者，人神之主，風教之本也。不能正家，如正國何？若公者，哀痛以思父，誠敬以事母，威刑以督下，車馬僕從莫不俟命，夫人徒往乎？夫人之往也，則公威命之不行，哀戚之不至云爾。」○謹按：春秋，孔子之刑書也，觀春秋書法如此，則以孔子而當周公之任，正文姜之罪，必不免於管、蔡之誅矣。

〔一〕「子般」，底本、華亭義塾本及通志堂本皆作「般子」，據春秋經改。

乙酉，宋公馮卒。

三年，春，王正月，溺會齊師伐衛。溺，不氏，與無駭、挾同。伐衛爲納朔也，命將出師，會仇讎而納衛侯朔，蓋不待貶絶而惡見矣。

夏，四月，葬宋莊公。

五月，葬桓王。王以魯桓公十五年崩，至此七年乃葬。劉氏曰：「慢也。夫喪不過三年，天子七月而葬，此送終之大事，禮經之不可進退者也。」及是，周室衰微，隱三年平王崩，賻葬之禮，諸侯莫之或講，而王室反遣使下求於列國，隱公復不往會其葬。周室之喪禮，至此掃地盡矣。方喪之制，自舜二十有八載之後，三代用之，至於此時，則不待漢文之短喪，而已先亡矣。今桓王七年而不葬者，必久喪以待諸侯之至。魯人聞喪期，不過遣微者往會之耳，所以既不書「公如」，又不書「卿大夫往」，而止記桓王之葬也。同軌畢至之禮既不復行，於是諸侯惡其害己而去其籍。先王之喪禮僅傳於後世，惟有士喪、既夕、士虞耳，可勝惜哉！孔子序書而存顧命、康王之誥，作春秋而於此書「葬桓王」，周室之盛衰可以參見矣。

秋，紀季以酅入于齊。季，紀侯之弟。諸侯之弟例稱字。酅，紀之邑，杜氏注：「在齊國東安平縣。」今鄆州之境也。齊欲滅紀，元年又遷其三邑，紀侯力不能抗，欲去其國，故使季以酅事齊，請後五廟。當是時，王政不行，霸者未作，强大吞并，無道肆行，小國不能校，巽辭下敵以存宗廟，至於如此。以先王之建國，而宗祀之存反聽命於强暴，春秋所以於紀季無譏焉，而書「入」以志其難，蓋閔之也。

冬，公次于滑。公羊、穀梁作「郎」。○杜氏注：「滑，鄭地，在陳留襄邑縣西北。」或曰：今滑州也。○傳：「公次于滑，將會鄭伯謀紀故也。凡師，一宿爲舍，再宿爲信，過信爲次。」公以姻親之故，閔紀之難已在朝夕，而度其力終不能救，故次師于滑，將以鄭之不會而辭于紀耳，非實有救紀之心也。彼於父之讎尚忘之而不圖，豈真有心於存紀哉？故書「次于滑」，見師出無名，以深譏之。

四年，春，王二月，夫人姜氏享齊侯于祝丘。享，公、穀作「饗」。○祝丘，魯地。享、燕，兩君相見之禮。享有體薦，所以訓恭儉；燕有折俎，所以示慈惠。婦人送迎不出門，見兄弟不踰閾，夾谷之會，齊侯欲享魯君，夫子猶以犧象不出門、嘉樂不野合拒之，豈齊侯、文姜可以行之於祝丘乎？假先王之禮，而爲禽獸之行，大亂之道也。漢人有云：「淫亂之漸，其變爲篡。」文姜之行，瀆亂周公之禮多矣，魯人習之三十餘年，卒至於子般、閔公兩君見弒而後止。聖人作易，以「閑有家」爲家人之始，垂訓遠矣。

三月，紀伯姬卒。穀梁傳：「外夫人不卒，此其言卒，何也？吾女也。適諸侯則尊同，以吾爲之變，卒之也。」蓋諸侯絶傍期，其姑姊妹、女子嫁於諸侯則尊同。其卒也，爲之服大功九月，然不必皆書。此爲紀侯去國而伯姬葬於齊侯，因魯事以備當時之變也。

夏，齊侯、陳侯、鄭伯遇于垂。齊襄公、陳厲公、鄭伯突也。三國遇垂，謀取紀也。

紀侯大去其國。紀侯不能下齊，遂以國與紀季，去之以違齊難。「大去」者，離其民社之守而不反之詞也。○胡氏曰：「與其不争而去，是以異於失地之君而不名；不與其去而不存，是以書『叔姬歸酅』而不録紀侯之卒，明其爲君之末矣。」○愚按：紀之本末，自桓之五年書「齊、鄭如紀」以至元年、三年凡關紀之存亡者，一一備書之，以見齊、鄭圖紀之淺深有漸，而卒成於今年也。紀之圖存，雖其間不能無失，然而困於强暴之陵迫，委宗廟於其弟而後去之，故特書「大去」，而不曰「出奔」，所以責强大、閔小弱，而寓興滅繼絶之志於言意之表也。

六月，乙丑，齊侯葬紀伯姬。齊襄欲滅紀，雖其夫人尚在殯，而迫逐其君以去之，其惡大矣。尚以禮而葬其夫人，君子以謂豺狼之行而爲婦人之仁，加刃於人而以手撫之。斥言齊侯，以賤之也。

秋，七月。

冬，公及齊人狩于禚。公羊、穀梁作「郜」。○公羊傳：「公不當與微者狩，蓋齊侯也。齊侯而稱『人』，諱與讎狩也。公前此、後此皆有事於齊，而獨於此譏者，譏其一以例其餘。蓋通讎之罪俱重，不可勝譏，而尤莫重乎與讎狩，故於此一譏，而其餘從同同也。」

五年，春，王正月。

夏，夫人姜氏如齊師。言齊師，則齊侯在焉。曰「如」，以見魯道有蕩，而夫人之行，往來恣縱，詩人所以有載驅之刺也。

秋，郳犂來來朝。郳，公羊〔一〕作「倪」。犂，公羊、穀梁作「黎」。○郳，蓋附庸國，即小邾

〔一〕「公羊」，底本及華亭義塾本皆作「左氏」，據左傳、公羊傳及通志堂本改。

也。杜氏云：「其後數從齊桓以尊周室，王命以爲小邾子。」東海昌慮縣東北有郳城。犂來，名也。」○常山劉氏曰：「夷狄、附庸，例書名。犂來能脩朝禮，故書曰『朝』，蓋於此已能自進於禮也。」○今按：宋仲幾云：「滕、薛、郳，吾役也。」則郳蓋宋之附庸，非夷狄也。而不得與邾儀父同稱字者，臨江劉氏以爲未成國謂之郳，其或然與。

冬，公會齊人、宋人、陳人、蔡人伐衛。納惠公也。穀梁傳：「是齊侯、宋公也，其曰人，何也？人諸侯，所以人公也。其人公何也？逆天王之命也。」

六年，春，王正月，王人子突救衛。正月，公羊、穀梁作「三月」。○王人，下士也；子突，字也。救衛者，奉天王之命，以存黔牟而拒朔也。朔搆兄簒國，天討之所當加，而子突能奉王命以救之。春秋一經，王旅之出而合司馬九伐之法者，惟此一事，所以雖微者帥師，而書字以褒之也。

夏，六月，衛侯朔入于衛。名之，又書「入」，與鄭伯突同，簒逆之罪也。聖人特人伐衛諸侯於先，又褒子突於後，正名分以示天討之當然，誅黨惡以罪諸侯之同逆。而於此書衛侯朔之入國，則閔暴行之放恣，憂正理之不明者，爲如何哉！自是而後又十餘年，齊桓始霸，然後諸侯知所一，而百餘年間尊卑正否之權，尚有所寄。然後知二霸之作，爲小補於世變之盛衰也。

秋，公至自伐衛。書「至」，與「公至自唐」之意同。王誅若行，齊、魯、宋、衛皆當誅之罪，故書「至」，以危之也。

螟。

冬，齊人來歸衛俘。二傳作「寶」。胡氏曰：「按商書『遂伐三朡，俘厥寶玉』，則俘者，正文也；寶者，釋辭也。」○傳：「文姜請之也。」衛俘，衛朔所賂諸侯之貨寶。齊人首惡，故主受衛之賂，而分於黨惡助亂之國。文姜又取以爲己之功，亦足以見齊襄之淫縱貪黷，操貨賂之權，以迷惑人心者，乃元惡大憝。有王者作，則諸侯之不待教而誅者也。

七年，春，夫人姜氏會齊侯于防。傳：「齊志也。」○杜氏注：「防，魯地。遠至魯地，齊侯之志也。」

夏，四月，辛卯，夜，恒星不見。夜中，星隕如雨。夜，穀梁作「昔」；隕，公羊作「霣」。○恒星，經星也。經星不見，夜明也。杜氏以長曆推辛卯四月五日，月光尚微，蓋時無雲，日光不以昏没。「如雨」者，言衆多，不可爲數也。此蓋王運將終而霸統方作之祥。自此，堯、舜、禹、湯、文、武之紀綱法度掃滅殆盡。○胡氏曰：「漢成帝永始中亦有星隕之異，而五侯擅權，賊莽居攝。」此天示象於上，而人事之必應者也。

秋，大水。 書「大」，爲異非常也。蓋文姜宣淫，陰盛不制之所感也。

無麥、苗。 穀梁傳：「麥、苗同時也。」周之秋，今五月。麥熟，苗將秀，因水漂盡，民食乏絶，有國之大事，故書。

冬，夫人姜氏會齊侯于穀。 穀，齊地。杜氏注：「濟北穀城縣。」今屬鄆州東阿縣。○文姜元年以罪孫于齊，後復宣淫，自二年至今，詳書于策。敝笱、載驅録於齊風，與衛之鶉之奔奔、墻有茨諸篇論其時世，皆一時之事。魯、衛，先王之後，婦行放逸，同播其惡於萬民，故詩謂之變風。夫子曰：「二國之政，兄弟也。」蓋不特周公、康叔之盛，而其世衰俗末，政之陵夷，亦相似如此。閔公之篇，慶父亂魯，齊幾取之，與衛之滅適同其時。聖人以魯之事已詳於春秋，故不復録魯詩，而齊詩之及魯事者，以不删而見之。夫二南之風，后妃不待閑而其德足以化天下，後世「閑有家」之道廢，而亡國敗家之禍同一軌轍。詩、易、春秋之旨，蓋相爲表裏，學者不可以不考也。

八年，春，王正月，師次于郎，以俟陳人、蔡人。次，止於外而過信宿也。俟者，杜氏以爲待。陳、蔡同伐郕也，不由王命，妄興師衆，久次于外，無名而動，期會莫應，故書「師次」，又書「俟」，以深責之也。

甲午，治兵。治，公羊作「祠」。○久次于外，而與國不應，衆心不一，則有失伍逃亡之患，故申明約束，將以訓齊其衆。而不知出不以律，已失治兵之本矣，雖欲治之，其將能乎？故書曰「治兵」。治者，不治者也。

夏，師及齊師圍郕，郕降于齊師。郕，公羊作「成」。○陳、蔡不至，故會齊以圍之，書「及」，内之志也。按：左氏：「師及齊師圍郕，郕降于齊〔一〕。」仲慶父請伐齊師，莊公不可。」則公將而出矣。魯與郕皆文王之昭，蓋同姓兄弟之當親者，莊公忘親而志於取郕，始擇易制之陳、蔡與之同事，而陳、蔡不來，然後不得已而要齊以圍之，所以郕不服魯而寧降于齊。春秋直書，以見其從讎而貪利，資人以虐小。二國同役而不同心，敵遂得以間之。魯師之出，大無功也。故略公而書師，以著輕用民力之罪。

〔一〕通志堂本「齊」下有「師」。

秋，師還。常山劉氏曰：「春秋書魯用師，未有如是之詳者。蓋莊公此年之師，尤爲非義。上不稟天王之命，無故次郎，可謂無名；甲午治兵，可謂黷武；圍郕而郕降齊，可謂無功；歷三時而師還，可謂害民。夫逆天道，親仇讎，圍同姓，勤民力，與國不信，伐國不服，故聖人備書之，以見其惡。」○胡氏曰：「春秋正例，君將不言帥師，則以君爲重。今莊公親將，其及、其還，皆不稱『公及』、不書『公至』，重衆也。輕舉大衆，妄動久役，以勞民毒衆，至是師爲重矣。故皆不書『公』，以著其罪，此輕重之權衡也。」

冬，十有一月，癸未，齊無知弑其君諸兒。無知，公孫也，不書氏，與翬、州吁同例。舉於此，後皆稱氏，從同同也。○齊侯使連稱、管至父戍葵丘，瓜時而往，曰：「及瓜而代。」期戍，公問不至。請代，弗許。故謀作亂。僖公之母弟曰夷仲年，生公孫無知，有寵於僖公，衣服禮秩如適，襄公絀之。二人因之以作亂。十二月，齊侯田于貝丘。反，徒人費遇賊于門，伏公而出，鬭，死于門中。石之紛如死于階下。遂入，殺孟陽于牀。曰：「非君也，不類。」見公之足于户下，遂弑之。而立無知。齊襄之見弑，以禍本言之，則公孫無知之配嫡已積漸於僖公之時，而襄公之惡積而不可揜，如抗王伐衛，殺魯桓公，色荒禽荒，暱比小人，以至禍發蕭墻，身殲賊手。考襄公即位以至于今，春秋所書齊事，無一非亡國戕身之媒，所謂「積不善之餘殃」者也。徒人費、石之紛如死而不書，逢君之惡，比而不周，胡氏所謂「死不償責」者也。或曰：州吁、無知不氏，亦無駭、挾之比也。

九年，春，齊人殺無知。初，無知虐于雍廩。春，雍廩殺無知。雍廩殺之，而以討賊之辭稱人者，弑君之賊，人無貴賤，皆得殺之，所以尊君父、廣忠孝，而誅惡逆也。

公及齊大夫盟于蔇。公、穀並作「暨」。○杜氏注：「蔇，魯地，琅邪繒縣有蔇亭。」今之沂州承縣也。○大夫，齊之大宰。當是時，齊無君，蓋卿大夫總己以聽者也。稱「大夫」，以其任一國之事而表異之，故不名也。與文七年扈之盟趙盾書「大夫」同。公欲納糾，故及大夫盟，以定其約。當是時，齊國無君，而爲之立嗣繼絶，其德厚矣。然忘不共戴天之怨而施德焉，聖人明著之，而繫以「公伐齊納糾」，所謂不待貶絶而罪惡見矣。

夏，公伐齊納糾。齊小白入于齊。左氏作「納子糾」，今從公羊、穀梁作「納糾」。按：正義云：「今定本乃有『子』字。」則知左氏古本亦作「納糾」矣。○春秋書鄭忽及突、曹羈及赤，并此書糾及齊小白，皆所以別嫌疑，明正否也。小白與糾之正否，程氏論之詳矣。莊公忘齊之仇，而納其公子，又所奉者不正，故特書「納糾」以罪之。桓公當立而書「入」，無王命也。

秋，七月，丁酉，葬齊襄公。無知已誅，可以葬矣。

八月，庚申，及齊師戰于乾時，我師敗績。杜氏注：「乾時，齊地，時水在樂安界，岐流，旱則竭，故曰乾時。」○傳：「師及齊師戰于乾時，我師敗績，公喪戎路，傳乘而歸。秦子、梁子以公旗辟于下道，皆止。」○春秋書「及」而没「公」，又不諱内敗，蓋復讎而敗，雖敗亦榮，故不爲内諱。獨莊公非有復讎之心，而納不正以取敗，故諱「公」以貶之也。

九月，齊人取子糾，殺之。鮑叔帥師來言曰：「子糾，親也，請君討之。管、召，讎也，請受而甘心焉。」乃殺子糾於生竇，召忽死之。管仲請囚，鮑叔受之，以歸，言於公，而以爲相。春秋於上書「糾」，正小白、子糾之分也；今書「子糾」，而書「取」、書「殺之」，罪齊人也。糾者，齊桓之天倫也，以其不當争而争立，則爲罪；以其骨肉之至親，則不可殺。爲齊侯者，當列其罪，上告天子，下告魯人，且明示親親之義，而全其生，則恩義兩得矣。夫殺兄弟當目君，而罪齊人者，廢立之際，殺生予奪寄於當國大臣之手，毫釐之差，霄壤之繆。今齊大夫始以糾爲先君之子，而盟欲立之，謀不審於初，已爲罪矣；及桓公得國，又不體其君天倫之恩，從議親之辟以赦其罪，而必殺之，廢興生死，輕率甚矣。故加「子」於

「糾」，又書「齊人」、書「取」、書「殺」，則舉國之君臣同責其忘恩失義之罪也。夫天倫之重，苟未至如管叔之得罪於宗廟、先君與天下之民，則必當以親而全其生，此聖人以至公之心示後世，斷國論之權衡，異於私天下爲己有，欲絶亂本禍根而推刃先君之遺體者，不可不深察也。

冬，浚洙。 洙水在魯城北，齊伐魯之道也。魯雖殺子糾，而猶有畏齊之心，故浚而深之，以備齊師之至。春秋書此，以見其不能明政刑、結人心使大國畏之，而重勞民力，務以深險自守，不知困民於無益。古人「徹彼桑土，綢繆牖户」之計，不如是之陋也。

十年，春，王正月，公敗齊師于長勺。 書「敗某師」而不書「戰」，惡詐戰也。用民力以戰争，古有司馬車戰之法，定日刻期，兩陳相向，以決勝負。雖敗而奔，亦無多殺之禍。若詐戰，則出於不意，或舉衆而覆之，惟夷狄遷徙鳥舉者，不可以常法制，故春秋自夷狄之外，凡中國以詐勝者，皆書「某敗某師」，譏其待中國之人以夷狄，而深惡其不仁也。莊公政刑不修，制軍無法，齊師之來，以詐而僥倖一勝，此書「公敗齊」之旨也。或曰：長勺，魯地，而齊師至此，即所謂敵加於己，不得已而應者矣，何以責魯乎？○胡氏曰：「文告不修，疆埸無備，德已衰矣，况兵刃相接，又以詐取勝乎？故書魯爲主以責之，已亂寡怨之方也。」

二月，公侵宋。莊公以僥倖得志於齊，遂舉無名之師以掠宋境，此所以召郎之師也。○胡氏曰：「凡師聲罪致討曰伐，潛師掠境曰侵。」

三月，宋人遷宿。穀梁傳：「遷，亡辭也。其不地，宿不復見也。」杜氏注：「遷而取其地，故異於邢遷。」○襄陵許氏曰：「遷之，使未失其國家以往，其義猶有所難，則是王澤之未竭也。至僖、文以後，則有滅國、無遷國矣。」

夏，六月，齊師、宋師次于郎。公敗宋師于乘丘。乘丘，魯地，今興仁府乘氏縣。○傳：「齊師、宋師次于郎。公子偃曰：『宋師不整，可敗也。宋敗，齊必還。』自雩門竊出，蒙皋比而先犯之。公從之，大敗宋師于乘丘。齊師乃還。」○臨江劉氏曰：「二國揚兵駐師而不名所伐，欲闚利乘便，快攻取之意。魯又不能推忠信、奉文告以止齊、宋之師，而出奇計詐謀以覆滅其軍。次者不以義，勝者不以道，交譏之也。」

秋，九月，荆敗蔡師于莘。以蔡侯獻舞歸。荆，楚之故號也。周成王初，封熊繹于丹陽，今江陵之枝江縣也。自荆子熊通侵伐漢東諸侯，其國始大，僭號稱王。今其子熊貲始敗蔡，浸猾夏矣。○傳：「蔡哀侯娶于陳，息侯亦娶焉。息嬀將歸，過蔡，蔡侯弗賓。息侯怒，使謂楚文王曰：『伐我，吾求救於蔡而伐之。』楚子從之，遂敗蔡，以獻舞歸。」不稱「人」及「師」，夷狄之也。臨江劉氏論之詳矣。書「以歸」而名獻舞，責其不死於位，生降夷狄也。諸侯不生名，名之則位已絶矣。於此見王政不行，夷狄憑陵中國。楚自此得志中夏者二百餘年，而周之子孫日以陵夷，皆其有以自取之也。

冬，十月，齊師滅譚，譚子奔莒。譚國，在今濟南府歷城縣。○傳：「齊侯之出也，過譚，譚不禮焉。及其入也，諸侯皆賀，譚又不至。冬，齊師滅譚。」滅者，夷其社稷，覆宗絶祀也。譚子爵而不名，以其雖失國而恥反面事讎，猶有興復之望也。不書「出」，國已滅，無所出也。齊桓方有志尊王室，爲政於天下，非特不能興滅繼絶，而以私憾覆滅小國，其罪大矣。○薛氏曰：「五霸，桓公爲盛，威陵諸侯，以圖霸功，首滅天子之建侯，以肆威耳。儒者之不道也宜哉。」

十有一年，春，王正月。

夏，五月，戊寅，公敗宋師于鄑。鄑，魯地。○傳：「宋爲乘丘之役故，侵我。公禦之。

宋師未陳而薄之，敗諸郜。」宋師再至，再敗，兵禍旋及其君，魯雖再勝，其國亦困於兵矣。

秋，宋大水。此外災也，蓋陰盛陽微之徵。外災不書，此特書者，宋來告，魯弔之也。傳：「公使弔之，曰：『天作淫雨，害於粢盛，若之何不弔？』對曰：『孤實不敬，天降之災，又以爲君憂，拜命之辱。』」此見怨不廢禮，與諸侯往弔，主人罪己之辭，蓋古意之猶存而未泯者也。雖然，文豈足以應天哉？閔公不能踐敬之一言，而以靳宋萬自禍，乃董氏所謂「出災害以譴告之而不知變」者，春秋之存災異，可不察哉！

冬，王姬歸于齊。傳：「齊侯來逆共姬。」此所謂齊侯之夫人三王姬者也。魯主仇讎之昏，可以辭于王而不辭，然仇已易世，異於元年之新有大故，所以雖齊侯之來逆，而不復書，止書王姬之歸，以譏之也。王女下嫁，曾無以異於諸侯之女適人者，蓋車服不繫其夫，雖以示恩愛之隆，而陰陽之位、夫婦之道，乃三綱之所繫，不可不早正，故因其始嫁，而一之於諸侯女歸之辭焉。若曰「往之女家，必敬必戒」，是有常禮，不可紊也。此可以觀抑揚而得乎義理之中者矣。

十有二年，春，王三月，紀叔姬歸于酅。叔姬，伯姬之娣，隱七年歸于紀者。紀侯大去其國之後，死於他國，叔姬還魯，至是乃歸于酅。蓋伯姬既死，叔姬實攝内事，而能不以國之存亡貳其事君子之心，不以身之榮悴變其奉宗廟之志，故必歸于酅，以終其身。易曰：「眇能視，利幽人之貞。」於叔姬見之矣。鵲巢之德，不過如此，春秋可不録其本末，以示婦道之正乎？

夏，四月。

秋，八月，甲午，宋萬弑其君捷，及其大夫仇牧。捷，公羊作「接」。○萬，南宫長萬，多力之士。乘丘之役，公以金僕姑射萬，公右歂孫生搏之。歸，散舍諸宫中，數月而後歸之。宋人請之，反爲大夫。與閔公搏，婦人在側，萬曰：「甚矣，魯侯之淑且美也！天下諸侯宜爲君者，獨魯侯爾。」閔公矜此婦人，顧曰：「此虜也。」「爾虜焉故，魯侯之美惡乎至？」萬怒，搏閔公，絶其脰。仇牧聞君弑，趨而至，遇諸門，手劍叱之，萬臂摋仇牧，碎其首，齒著乎門闔。已而遇大宰督于東宫之西，又殺之。春秋取仇牧遇弑父與君之賊而能不畏强禦，死於其難，故書「及」以壯〔一〕之。華督以弑君名列於亂臣賊子，身爲元惡，死

〔一〕「壯」，原作「牡」，據通志堂本改。

不償責，固不得而書也。

冬，十月，宋萬出奔陳。宋萬弒君而立子游，群公子奔蕭，公子御説奔亳。南宫牛、猛獲帥師圍亳。冬，十月，蕭叔大心及戴、武、宣、穆、莊之族以曹師伐之。殺南宫牛于師，殺子游于宋，立桓公。猛獲奔衛，南宫萬奔陳。宋人請猛獲于衛，衛人歸之，亦請南宫萬于陳，以賂，皆醢之。今不曰「宋人殺萬」，而書「宋萬出奔陳」者，歸惡于陳也。天下之惡，當奉天討，容受其奔，罪已大矣，受賂而後歸之，所謂肆人欲而滅天理，與所謂「殺其人，汙其宫而瀦焉」之意，何其異哉？此所以當服黨惡之罪也。

十有三年，春，齊侯、宋人、陳人、蔡人、邾人會于北杏。齊侯，穀梁作「齊人」。北杏，齊地。○傳：「會于北杏，以平宋亂。」○今按：四國稱人，蓋齊桓欲合諸侯行霸事，恐諸侯之未諭，故未欲煩其君，而使其臣來會，告以平宋亂、舉霸者之事也。晉悼公合諸侯于邢丘，以令朝聘之數，而使諸侯之大夫聽命，故自鄭伯之外，齊、宋、衛、邾皆稱人，殆公之故事與！自東遷以來，王政不行，下逮隱、桓之世，亂賊得志，强暴肆行，天下之心思周道之不可復見，而願得賢伯之興，以息亂賊、制强暴，蓋已久矣。桓公入國，今已四年，因宋有弑君之亂，首惡方誅，嗣君新立，合諸侯以定宋亂，而陳、蔡、邾並來受命，亦可見天下歸之，幾如水之就下矣。然威公苟能於宋萬初弑君之時舉兵討之，而定其亂，則不勞告諭，而天下自翕然宗之，亦不待今日而齊矣。經書「宋萬出奔陳」，而繼之以此，又因見桓公自失幾會於始也。

夏，六月，齊人滅遂。遂，杜氏注：「在濟北蛇丘縣。」○傳：「齊人滅遂而戍之。」滅國之説，胡氏論之詳矣。於此見其已亡惻隱之心，故凡其合於仁者，孟子皆以爲假也。

秋，七月。

冬，公會齊侯，盟于柯。柯，今東平府東柯縣〔一〕。莊公自齊桓入國，屢與之戰，雖一再勝，而齊方修軍政以圖霸，魯有見伐之虞，至此始及齊平。齊桓亦知魯未可取，故不復以用於譚、遂者待魯。公、穀載曹子之事，蓋魯人知桓公之圖伯〔二〕，因盟以求地，齊亦有求諸侯之心，捐小利以收魯，容或有之。但公羊氏言之已過其實，而戰國之士又從而增益

〔一〕「柯」，通志堂本作「阿」。
〔二〕「伯」，通志堂本作「霸」。

之耳。此亦足以見桓公之屈意以和魯，皆霸術也。

十有四年，春，齊人、陳人、曹人伐宋。將卑師少曰人。○宋人背北杏之會，故齊帥近宋二國以伐之。○程子曰：「齊自管仲爲政，莊十一年而後，未嘗興大衆也，其賦於諸侯亦寡矣。終管仲之身，息養天下厚矣。至於秦、晉，使之不競而已，不强致也，是以其功卑而易成。」○愚按：伐宋而同陳、曹，皆宋之鄰，不動遠國，亦簡便之規橅也。

夏，單伯會伐宋。單伯，見元年逆王姬注，魯大夫之貴者。○魯自盟柯，已平于齊，而未從其役，故因齊之討宋，命上卿率師往會，以示從霸之意。齊桓方興，理勢當從，固異於翬之會宋殤，黨亂賊以伐無罪矣，是以書「會伐」，而不再叙諸國人也。

秋，七月，荆入蔡。按：傳：「蔡哀侯爲莘故，譽息嬀以語楚子。楚子如息，以食入享，遂滅息，以息嬀歸。生堵敖及成王焉，未言。楚子問之，對曰：『吾一婦人而事二夫，縱弗能死，其又奚言？』楚子以蔡侯滅息，遂伐蔡，而入之。」觀此，則息之亡、蔡之入，皆哀侯致之，「惟干戈省厥躬」，亦足見蔡自會鄧、懼楚之後，非但不爲徹桑土、繆牖户之謀，而以婦人之故，再召楚師，始則身虜，繼以國破。楚熊貲興兵以悦婦人，當是時，齊桓之業未成，遂致其横行淮、漢，浸及中國。故特書蔡之見入、楚之猾夏，兩著其罪也。

冬，單伯會齊侯、宋公、衛侯、鄭伯于鄄。 鄄，衛地，今之濮州鄄城縣。○傳：「宋服故也。」宋公親會魯卿，始與爲衣裳之會，而齊霸略定矣。

十有五年，春，齊侯、宋公、陳侯、衛侯、鄭伯會于鄄。 傳以爲齊始霸，蓋指諸侯始定而言。然魯未信服，而自是之後，宋人猶或主兵，衛、鄭未免復叛，蓋齊之霸業駸駸向定，而諸侯之心猶未一也。

夏，夫人姜氏如齊。 文姜不如齊八年矣，至是復如齊者，蓋鄄之會，魯莊不與，此行殆出於文姜之意。齊侯欲求魯好，以定霸業，而不之拒也。文姜播惡於齊襄之時，桓公欲圖霸業，則絶之於齊，義也，以欲求魯之故，而不監覆車之轍，豈非未聞「行一不義，雖得天下不爲」之法乎？此孔門所以不道霸者，而春秋特書，以累齊桓也。

秋，宋人、齊人、邾人伐郳。 郳，公羊作「兒」。○按：傳：「諸侯爲宋伐郳。」蓋小邾，宋之附庸，而不服宋，故桓公爲宋伐之。宋序齊上，蓋是時伯體未全，正此役爲宋而興。亦猶伐宋之師，邾人爲道，而序於鄭之先也。

鄭人侵宋。間諸侯，伐郳而侵宋，不誠於服齊，而背二鄄之會。鄭之反覆於齊、楚之間，蓋始於此。

冬，十月。

十有六年，春，王正月。

夏，宋人、齊人、衛人伐鄭。宋序齊上，與伐郳同。伐鄭不止爲宋而已，蓋鄭不服，則諸侯之心未一也。

秋，荆伐鄭。按：傳：「鄭伯自櫟入，緩告于楚。」以此受伐。蓋齊霸未定，楚之威浸及於中國，自桓二年鄭已懼楚而會鄧，至此三十餘年，而後受兵，楚之威不輕用蓋如此。至是，始爲中國患矣。

冬，十有二月，會齊侯、宋公、陳侯、衛侯、鄭伯、許男、曹伯、滑伯、滕子，同盟于幽。公羊「會」上有「公」字。左氏無「曹伯」，今從公羊、穀梁。○幽，宋地。滑國，河南緱氏縣，或曰：今滑州也。陳自入春秋以來，常列衛下，今在上者，杜氏曰：「齊桓始霸，楚亦始强，陳介於二國之間，而爲三恪之客，故齊桓因而進之，遂班衛上。」○臨江劉氏曰：「同盟者何？殷同之盟也。古者諸侯之於天子，春見曰朝，夏見曰宗，秋見曰覲，冬見曰遇，時見曰會，殷見曰同。同盟之禮，見於覲禮，爲壇祀方明，方伯臨之。古者六歲而會，十二歲而盟。桓非受命之伯〔一〕也，假同盟之禮，率諸侯以尊天子，蓋自是始霸也。」○愚按：齊桓欲霸諸侯，至是威行信立，而諸侯宗之爲盟主，不待天子之命，而中國之不至者寡矣。古者方嶽有同盟，以示其考禮修德以尊天子之意，桓公至此以諸侯既授以事而霸業定，因舉是禮，約束諸侯尊周，以掩其無王命之事，與伐楚而舉召康公之命相似。自此欲制諸侯而脅從之者，皆稱同盟，其無王命，假古誼以制與國，一也，而善惡則各繫於其事焉。穀梁稱桓公未嘗有歃血之盟，而孟子於葵丘之會亦曰諸侯束牲載書而不歃血，夫子所謂「桓公九合諸侯，不以兵車」。此蓋其衣裳大會之始也。魯莊與盟，已而背之，諱不書「公」者，蓋上無天子，下無方伯，非桓公出而尊周攘楚，則中國之民必不免於被髮左衽之禍，此同盟于幽之書，所以罪魯而與齊也。揚雄以習亂爲春秋不得已而與齊、晉，蓋得春秋之旨矣。

〔一〕「伯」，通志堂本作「霸」。

成國而後書其卒，記其葬，未成則否。」

郳子克卒。克，儀父名。稱「子」者，蓋齊桓請王命以爲諸侯，故曰「子」，於是始列於諸侯也。○臨江劉氏曰：「未成國曰郳儀父，既成國曰郳子克。

十有七年，春，齊人執鄭詹。詹，公羊作「瞻」，下同。○詹，鄭大夫叔詹也，不氏，與柔溺同。執鄭詹，討鄭伯不朝齊之罪。當書「齊侯」而稱「人」，以非伯討，貶也。諸侯不服，不能修德以來之，而執其大夫，則小國之從齊，皆出于力不贍，而非有心悦誠服之意，爲可見矣。

夏，齊人殲于遂。殲，公羊作「瀸」。○傳：「遂因氏、頜氏、工婁氏、須遂氏饗齊戍，醉而殺之，齊人殲焉。」今按：十三年滅遂置戍，今乃見殲，於亡國之遺民〔一〕，蓋絶滅社稷以及其君，慮其民之思舊主，而以兵力强制之。不知彼心不服，吾力稍怠，必有出於意料之外者。蓋王者之道，貴於興滅繼絶，而齊之滅遂，不止於殺一不辜而已。故聖人於此不言遂人殲齊戍，而特書其自殲，所以伸遂人以死復讎之志，而著桓公之不仁以至於自殲其衆也。

〔一〕「民」，華亭義塾本作「氏」。

秋，鄭詹自齊逃來。執列國大夫，踰歷三時，不令其服罪而去，致防閑弛慢，國囚亡逸，齊之罪也；奉命以使霸國，有罪不能即刑，奉身逃竄，同於苟免之匹夫，無大夫之行，失節辱國，詹之罪也；同幽之盟，守信不篤，爲逋逃主，以取伐於霸主，魯之罪也。片言而三罪著，春秋簡嚴，於此可見。

冬，多麋。麋，鹿之大者，魯所有也，多則爲異。先儒皆以害稼而記災，當從山陰陸氏之説，以爲陰盛所感，惡氣之應，蓋記異也。

十有八年，春，王三月，日有食之。不書日、朔，俱失之也。

夏，公追戎于濟西。泰山孫氏曰：「不言侵伐，止言追者，明不覺其來，已去而追之也。書者，譏内無備也。」○胡氏傳：「爲國無武備，啓戎心而不知警，危道也。春秋之意，其必未雨而徹桑土，閒暇而明政刑。」

秋，有蜮。蜮，名短狐，含沙以射水中人影，中之輒病，或至於死，江、淮以南水濱有之，魯所無也。○山陰陸氏曰：「蜮，陰物也；麋，亦陰物也。是時莊公上不能防閑其母，下不能正其身，陽淑消而陰慝長矣，此惡氣之應也。」○今按：漢書五行志、劉向、董仲舒已有是説。蓋麋者，迷也；蜚者，惑也。是時，文姜爲亂於閨門之内，其遺毒餘患至於哀姜，卒再成篡弑之禍。物類之感，天之示人顯矣。

冬，十月。

十有九年，春，王正月。

夏，四月。

秋，公子結媵陳人之婦于鄄，遂及齊侯、宋公盟。 程子曰：「鄄之巨室嫁女於陳人，結以其庶女媵之，因與齊、宋盟。挈之以往，結好大國，所以安國息民，以私事之小取怒大國，故深罪之。書其爲媵而往，盟爲遂事。」〇愚按：是時，莊公昏懦，文姜制國，政事不修，君命不重。故結無復君言不宿於家之禮，而以私家之鄙事參會霸之大命，先私後公，而無所畏。興戎致討而莊公不誅，國之無政莫大於此。書「公子結媵陳人之婦于鄄」，如臧孫辰告糴于齊，以爲臧孫之私行也。諸家之説，獨程子爲得之。

夫人姜氏如莒。 爲國君之母，非父母之國而出入縱恣，此行比於詩之所刺，謂「魯道有蕩，齊子豈弟」者，抑又甚矣。莊公既無復防閑之意，而執國政者無人抑又可知，安得不成淫風而致簒弑之禍，以至其國幾爲齊之所取與？

冬，齊人、宋人、陳人伐我西鄙。三國書「人」，將卑師少也。鄙，邊邑也。擁衆於邊鄙，問公子結輕君命、不恭霸主之罪也。「惟干戈省厥躬」，魯蓋無辭於討矣。

二十年，春，王二月，夫人姜氏如莒。文姜比年如莒，春秋詳書，蓋與詩之變風相應。當是之時，一反關雎、麟趾之化，而中國之俗於是大亂。夫一國之事繫一人之本，此春秋所以詳書文姜之行與！

夏，齊大災。天火曰災，書「大」，志其甚也。齊人來告，魯往弔之，故書。○臨江劉氏曰：「凡弔人者，哀其禍而救其乏。」

秋，七月。

冬，齊人伐戎。戎，穀梁作「我」。○齊桓於是舉攘戎狄之兵。戎在徐州之域，最近齊、魯，故先治之也。

二十有一年，春，王正月。

夏，五月，辛酉，鄭伯突卒。突，鄭莊公之孽子，莊公既卒，即奪忽之位而篡之。中間雖爲祭仲所逐，旋入于櫟，卒取鄭國。春秋不復著忽、亹、儀之在位，所以著其不能君也。故論者以爲突始終能君。夫篡弑竊國之人而春秋終始君之，且復記其卒於位，豈真與之哉？所以著小人肆志，亂臣賊子得以終於其位，王法不行而世之所由亂也。

秋，七月，戊戌，夫人姜氏薨。文姜之行惡矣，而卒以國君之母寵榮終身，一用小君之禮，此魯之禍所以未艾，必至於莊公之終，兩君弑，哀姜、慶父誅，而後魯亂始息也。

冬，十有二月，葬鄭厲公。

二十有二年，春，王正月，肆大眚。眚，公羊作「省」。〇謹按：書曰：「眚災肆赦，怙終賊刑。」孔氏曰：「眚，過也。肆，緩也。」原其意，蓋謂過而入于刑者，緩之又赦之，此宥過無大之意也；怙終不悛，賊殺刑戮之所加，刑故無小之意也。周官於三刺之後，乃分眚災之目，有所謂不識、過失、遺忘、幼弱、老耄、惷愚，可謂詳矣。然後可以求民情、斷民中，此堯、舜、三代之法不可偏廢者。後世兩失之偏：慘刻者不復察其情，舉過失而盡刑誅之；及姑息之過如莊公者，反取大罪極惡而例之於眚災，以從肆赦之例。怙終得志，良善瘖啞，此用舜典「眚災肆赦」之名，而不察其實，春秋謂之「肆大眚」，以譏其務小惠而失大德也。

癸丑，葬我小君文姜。

陳人殺其公子禦寇。 公子，蓋世子也，不稱「世子」，未誓於天子也，未誓則稱「公子」，重王命也。殺世子，母弟稱君，今反稱「陳人」，故胡氏曰：「陳亂無政，衆人擅殺之也。」衆人擅殺，固不得爲無罪，然禦寇乃君之嗣適，爲一國之儲貳，而衆人得以殺之，則其所自處必有失其道者矣。故臨江劉氏譏禦寇之爲人子，足以殺其身，而春秋略殺者之罪也。

夏，五月。 下脱文也。

秋，七月，丙申，及齊高傒盟于防。 公羊傳：「高傒者，貴大夫也。曷爲就吾微者盟？公也。公則曷爲不言公？諱與大夫盟也。」此與及向戌盟于劉，其敵大夫以自卑，輕君體以自弱，去國都而汲汲於小信，一也。而此復以婚姻而結盟，不顧禰廟不共戴天之仇，而與齊爲昏，又當比事以觀，而知此爲惡之大者也。

冬，公如齊納幣。 按：婚禮有六，曰納采、問名、納吉、納徵、請期、親迎。春秋書納幣，即納徵；逆女，即親迎。蓋納幣乃事之成，而親迎事之終故也。莊公生至是三十五年矣，制於文姜，過期而不娶。今喪未畢，而納幣圖婚，又忘父仇，禮不當親行而躬致其禮，其爲不孝之罪，不待貶絶而具見矣。

二十有三年，春，公至自齊。告于廟也。春秋書「至」，蓋原於書巡狩而「歸格于藝祖，用特」之意，聖人以舉動之公、往返之節，質之幽明而無愧也。今莊公忘父讎而娶其女，冒母喪而往納幣，以此告廟，以爲有人心者宜於此焉變矣。此與他日書「至」不可同日語也，比事屬詞，示人之意顯矣。

祭叔來聘。祭叔，祭公之臣，爲祭公而聘魯。不言使，穀梁氏曰：「不正其外交，故不與使也。」○胡氏傳：「祭伯來朝而不言朝，祭叔來聘而不言使，尹氏、王子虎、劉卷來訃而不書其爵秩，皆所以正人臣之義也。人君而明此，不容下比之臣，人臣而明此，不爲交私之計，黨錮之禍息矣。」

夏，公如齊觀社。社者，古人祀地之名。古制，「惟爲社事，單出里；惟爲社田，國人畢作」。東遷而後，王制漸變，祀事不存，古意浸爲美觀。襄公二十四年，齊社蒐軍實，使客觀之。其廢祀典而夸愚俗，兆於今矣。故左氏、外傳載曹劌之言曰：「齊棄大公之法，觀民於社，君爲是舉而往觀之，非故業也。天子祀上帝，諸侯會之受命焉；諸侯祀先公，卿大夫佐之受事焉。不聞諸侯之相會祀也。君舉必書，書而不法，後嗣何觀？」程子曰：「昏議尚疑，故以觀社再往請議。後一〔一〕年方逆，蓋齊難之。」觀此亦足以見齊桓欲親魯以圖霸，而親之不以其道也。

公至自齊。

荆人來聘。楚自四五年來，先加兵於蔡、鄭，而以聘使至魯，已用遠交近攻之術。聖人於此書其來聘而不書使，必其禮有未備者。中庸曰：「送往迎來，嘉善而矜不能。」此三代柔遠人之道也。至於此時，以魯而受楚之聘，非有德以懷來之，彼之以禮幣至，亦當審所以待之之術，如班彪述漢宣戒邊吏之言，以爲「匈奴大國，多變詐。待遇得其情，則却敵折衝；應對入其數，則反爲輕欺」。觀春秋止書「荆人來聘」，亦可見所以待遇之品節矣。

公及齊侯遇于穀。爲婚姻而齊難之也。不可與爲婚姻，則當絶之，而數與之約，然後與之。書此，所以著莊公之不子，而齊桓待人之不以義也。

蕭叔朝公。蕭，今徐州蕭縣。諸侯相見曰朝，書「朝公」，以見非其地。蕭之來，魯之受，皆

〔一〕「一」，二程集作「二」。

非禮也。

秋，丹桓宮楹。穀梁傳：「禮，天子、諸侯黝堊，大夫倉，士黈。丹楹，非禮也。」

冬，十有一月，曹伯射姑卒。

十有二月，甲寅，公會齊侯，盟于扈。扈，鄭地。至此又盟，以結其信，而後許之也。

二十有四年，春，王三月，刻桓宮桷。桷，椽也。穀梁傳：「天子之桷，斲之礱之，加密石焉；諸侯之桷，斲之礱之；大夫斲之；士斲本。刻桷，非正也。」刻，鏤也。於礱斲之外，又加刻鏤之工也。又曰：「夫人，所以崇宗廟也，取非禮與非正而加之宗廟，以飾夫人，非正也。刻桓宮桷，丹桓宮楹，斥言桓宮，以惡莊也。」

葬曹莊公。

夏，公如齊逆女。諸侯無越竟逆女之禮，於「紀履緰逆女」之書辨之詳矣。然則莊公無父之仇，猶不可以親至齊廷也，況躬君弒於齊，而舍宗廟之守，往受其女於廟乎？昔晉王裒讀蓼莪之詩，而哀痛終其身；莊公思妃偶之合，兩年之間，三至齊廷，而念不及於其父。春秋所以詳書而誅其心也與！

秋，公至自齊。公羊、穀梁與孫氏言之詳矣。杜預究公羊之指歸，以爲爲孟任故，足以見莊公不夫，哀姜妒忌之情矣。經以傳爲按，此類是也。

八月，丁丑，夫人姜氏入。謹詳此書夫人之至，特異於桓公及文公以後夫人至之例，而以「入」書之。〇穀梁氏曰：「入者，内弗受也。」娶仇人子女以薦舍於前，其義不可受也。」〇愚按：妻者，齊也。一與之齊，終身不改，故書「夫人姜氏入」，而莊公無人子之心於奉祀祭享之際，終其身爲可見矣。始之不正，終必致亂。故夫人不終，嗣子不立，魯國幾亡，皆哀姜入之所致。書「八月，丁丑」，見後公而至之日多也。在易歸妹：「征凶，無攸利。」莊公之娶哀姜，當之矣。

戊寅，大夫、宗婦覿用幣。夫人至，大夫見於宗廟，婦見於内，禮也。男贄，大者玉帛，小者禽鳥；女贄，不過榛、栗、棗、脩。今大夫、宗婦並覿同贄，特書以譏其失男女之別。〇胡氏曰：「公曰見，私曰覿。夫人不可見乎宗廟，則不可以臨諸臣，故以私言之也。」

大水。夫人姜氏入，而大水應之，天人感應之速如此，春秋所以書也。

冬，戎侵曹。將以納赤也，曹文之昭也。戎挾不正以納之，齊桓不能治，所以累齊也。

曹羈出奔陳。赤歸于曹。羈繫於曹，與齊小白、鄭忽同，明其正也。杜氏、陸氏以羈爲曹之世子，即位踰年而不稱爵，不能君也。赤不繫國，不書「公子」，蓋庶孽也。書「歸」，言易戎。力足以主之，國人聽命，是以不難也。赤以庶逐嫡，戎以裔謀夏，而天子、方伯不能正，又著羈之不能自立乎其位。比事屬辭，簡明之旨可以觀矣。

郭公。蓋經闕誤也。劉氏傳：「或曰：是郭亡也。」齊桓公之郭，問父老曰：「郭何故亡？」曰：「以其善善而惡惡也。」公曰：「若子之言，乃賢君也，何至於亡？」父老曰：「郭君善善不能用，惡惡不能去，所以亡也。」考其時與事，理或然也。

二十有五年，春，陳侯使女叔來聘。女，氏；叔，字。不名，天子之命大夫也。陳始來結好。

夏，五月，癸丑，衛侯朔卒。惠公也，在位三十一年。魯不會，故不書葬。

六月，辛未，朔，日有食之。鼓，用牲于社。日食，陰盛陽微之徵，事關天下，固不止〔一〕爲一魯，而諸侯亦有臣民，則因天變以自省。如洪範五事，敬謹於視、聽、言、動、思之間，一失其正，則咎必應之。古人應天以實而不以文，故高宗肜日、洪範之言，乃古人之所先

〔一〕「止」，華亭義塾本作「正」。

務，至如胤征與周禮鼓人、大僕所載，乃禮文之末耳。一時遭變，禮文固不可廢，然正其本而後末可理也。今莊公於充陽之本蓋藐然矣，鼓何益乎？又用牲而欲以物求免，書此以見其本末之皆失也。

伯姬歸于杞。 伯姬，莊公女。不書「逆」，不使卿，志失禮也。

秋，大水。鼓，用牲于社，于門。 傳曰：「非常〔一〕也。凡天災，有幣，無牲。非日月之眚，不鼓。」○愚按：比年大水，陰盛陽微之變極矣。莊公若思先王正厥事之意，謹内外之防，嚴夫婦之别，使陰沴無浸長之漸，則後日之禍猶可及止也。鼓以充陽之事，與後世減膳避寢之禮，皆既其〔二〕文，而未必有正厥事之誠意實政也。既文而無實，尚非修德應天之道，況徒以牲牷飲食求免乎？書日食、大水、用牲等事，以見莊公非惟不恐懼修省以正其本，而禮文之末亦錯矣，此魯之所以亂也。

冬，公子友如陳。 友，莊公之母弟，報女叔之聘也。

〔一〕「常」，底本及華亭義塾本作「禮」，據左傳及通志堂本改。
〔二〕「其」，通志堂本作「具」。

二十有六年，春，公伐戎。公羊無「春」字。○今年伐戎，爲追于濟西之恥，報怨也。以莊公治家與國之多缺，而勞師于戎，雖能復怨，何益於魯之内治乎？書此以見忽蕭墻而修怨，爲不知務也。

夏，公至自伐戎。勞師事外，踰時而反，危之也。

曹殺其大夫。曹伯赤殺之也。稱「大夫」，則不失其官。豈於羈、赤出入之際，或不附戎而殺之，若鄭厲之殺原繁、傅瑕與君之卿佐，是謂股肱加之鈇鉞，是自虧其股肱也。四凶之罪大矣，而舜所殛死，惟鯀而已，其三人者曰竄、流、放，尚從末減也。諸侯雖得專一國之權，而卿大夫非大罪極惡，不得擅加以刀鋸，必以聞於天子，此王制之所甚謹，雖霸者之申禁猶不敢廢。蓋視爲一體，則恩意之篤，自足以感其忠敬之心於無窮，而視猶土芥，無罪而殺之，則寇讎之視有所必至。此春秋於殺大夫所以詳書以謹之，而上下相殺之變，至於定、哀而極也。○胡氏曰：「稱國以殺者，君與大臣擅殺之也。義繫於殺，則止書其官；義繫於人，則書其名氏也。」

秋，會宋人、齊人伐徐。公、穀作「公會」，左氏古本無「公」字，陸氏纂例同。按：宋、齊皆卑者，則内亦當然，左氏爲正。○徐，嬴姓國，近齊、魯，今泗州臨淮縣是也。徐蓋是時已服楚，故齊率諸侯伐之。宋序齊上，蓋齊桓使之主兵，然失霸體矣，故劉氏非之。

冬，十有二月，癸亥，朔，日有食之。

二十有七年，春，公會杞伯姬于洮。薛氏曰：「洮溝在濟州，今濟南府是也。」〇傳曰：「非事也。諸侯非民事不舉。」會伯姬，非禮也。陸氏曰：「參譏之。公及杞侯、伯姬皆失正也。」

夏，六月，公會齊侯、宋公、陳侯、鄭伯同盟于幽。再舉同盟之禮，以申霸令而一諸侯之心也。魯、宋、陳、鄭偕至而衛獨不來，故明年伐衛。

秋，公子友如陳，葬原仲。原仲，陳大夫。原，氏；仲，字也。禮，臣既没不名，故稱字。公子友如陳葬原仲，無以異於葬諸侯之使，則友之行，莊公使之，非私行也。故劉氏曰：「何以書？譏。何譏爾？君不行，使乎大夫。君行使乎大夫，内失正也。大夫不交諸侯，大夫而交乎諸侯，原氏失正也。内失正，原氏失正，季子可以已矣，則是從命也，參譏之。」

冬，杞伯姬來。歸寧也。春，會于洮，今又歸寧，志其來往之數，非歲一歸寧之義，所以厚男女之别也。

莒慶來逆叔姬。慶，莒大夫也。叔姬，莊公女。卿自爲逆，則稱字。嫁女於大夫，不當書，特書莒慶之逆者，諸侯嫁女於大夫，尊卑不敵，當使大夫主以與之，今公自主之，非禮而任情。春秋之所謹，故特書以譏之。

杞伯來朝。杞爲三恪，桓公之篇以「侯」書，今稱「伯」者，國小力微，故降爵以自儕於小國。杞之自侯而伯，自伯而子，蓋浸以微弱也。

公會齊侯于城濮。城濮，衛地。齊欲討衛，而會魯於此，定其交而後加兵於人，所以見其謀之審也。

二十有八年，春，王三月，甲寅，齊人伐衛。衛人及齊人戰，衛人敗績。前年同盟，衛人不至。衛爲與國，又嘗受盟于幽，伐而不服罪，乃以齊來伐之日，即因其至而急擊之，然終不能敵齊人節制之師而敗。春秋著衛之不服罪以取敗，故舉戰之日加於「伐」之上，公羊所謂「至之日」是也。以衛爲主，深罪之也。齊稱「人」，將卑師少也。不地，於衛之都也。

夏，四月，丁未，邾子瑣卒。

秋，荆伐鄭，公會齊人、宋人救鄭。公羊「宋人」下有「邾人」。○傳：「楚令尹子元以車六百乘伐鄭，入于桔柣之門。衆車入自純門，及逵市。縣門不發。楚言而出，子元曰：『鄭有人焉。』諸侯救鄭，楚師夜遁。」○愚按：是時，楚文王卒，成王幼，子元因夫人之言而伐鄭，師出無名。故鄭人示以閒暇而不敢入，聞諸侯之救而遂遁。時桓公攘楚之計未定，楚政雖亂，然自若敖、蚡冒至于武、文，兵制尚在。是後二年之間，楚殺子元，授政於令尹子文，復修國政。故召陵之師雖舉，而楚之君臣亦非此時之比，所以僅能使之受盟而已，終不足以大服之也。

冬，築郿。郿，公羊、穀梁作「微」。○郿，魯下邑。築者，創始造邑也。冬雖用民力之時，而下書「大無麥禾」，則築郿之不時可知矣。

大無麥禾。臧孫辰告糴于齊。辰，穀梁作「臣」。○不言水旱而言「大無麥禾」者，天時、人事至此兩不足也。洪範曰：「五者來備，各以其序，庶草繁廡。」則「大無麥禾」，已見德之不修而不能召和矣。然古人初不敢必於天，恐其或爽所應，每預爲儲蓄以待之，故常以三十年之通制國用，節以制度，使有九年之蓄，恃吾之有政，而不恃天也。今一年不熟，而上下相顧，無以粒民，重臣至自請往告糴於鄰國，若不遇齊桓，則魯之民必至坐視轉死於溝壑矣！故不言「如齊告糴」，甚急不可緩之辭，譏君臣政事不修，遇變苟且，非所以爲國也。

二十有九年，春，新延廄。延廄，馬閑也。言「新」，有故而脩之也。穀梁傳：「有故則何爲書也？古之君人者，必時視民之所勤。民勤於力，則功築罕；民勤於財，則貢賦少；民勤於食，則百事廢矣。『冬築微』，『春新延廄』，以其用民力爲已悉矣。」○愚按：孔子以「敬事而信，節用而愛人，使民以時」爲道千乘之國之法，春秋比事而書，足以見莊公無君國子民之心，於斯三者皆失之矣。

夏，鄭人侵許。許與鄭，世讎也。然自盟幽之後，不與於齊桓之會。鄭人侵之，或齊之命與？自後，許始從中國。

秋，有蜚。公羊傳：「記異也。」○何氏云：「惡臭之蟲，南粵所生，非中國所有。」書「有」，言本無也。

冬，十有二月，紀叔姬卒。十二年歸于酅，至此乃卒。杜氏注：「紀國雖滅，叔姬執節守義，故繫之紀，賢而録之。」

城諸及防。諸、防，皆魯邑。諸，今密州諸城縣，縣又有故防城。言「及」者，别二邑也。

三十年，春，王正月。

夏，師次于成。左氏無「師」字。任公輔曰：「人微師少，不見於經，知當從公、穀書『師』。」成，魯地，地譜：「今泰山鉅平縣東南。」○按：趙氏曰：「魯蓋欲會齊圍鄣。至成待命，聞鄣已降，不復行耳。」以前會城濮，明年來獻捷考之，理必然也。

秋，七月，齊人降鄣。公羊曰：「鄣，紀之遺邑也。」杜氏注：「東平無鹽縣東北有鄣城。」即今東平府須城縣。趙氏曰：「降服而爲附庸也。」○常山劉氏曰：「齊肆其强力，脅而服之也。不書『鄣降』而曰『齊人降鄣』：以齊之强，故罪之深；以鄣之弱，故責之薄也。」

八月，癸亥，葬紀叔姬。紀叔姬從一而終，不以存亡貳其心，故詳録其生死。又紀魯之往葬，皆以正夫人之禮[一]書之，所以明婦行，以示後世之法也。

〔一〕「禮」，通志堂本作「理」。

九月，庚午，朔，日有食之，鼓，用牲于社。鼓，禮也。用牲，非禮也。

冬，公及齊侯遇于魯濟。杜氏注：「濟水歷齊、魯界，在齊爲齊濟，在魯爲魯濟，蓋魯地。」○謀伐山戎，以其病燕，故簡禮以議軍旅之事，所謂定其交而後求者與！

齊人伐山戎。公羊傳：「『齊人伐山戎』，此齊侯也，其稱人何？貶。曷爲貶？子司馬子曰：『蓋以操之爲已蹙矣。』」○孔子曰：「遠人不服，則脩文德以來之。」今中國之聲教未洽，近有荆楚爲中國患，尚未正罪，而勤兵于遠，爲燕闢地，其治之先後、兵之次第，皆失之矣。故人齊侯，以爲舍近事遠、勞中國以事夷狄之戒，示强本治内、柔服遠人之道也。

三十有一年，春，築臺于郎。何氏注：「禮，天子有靈臺，以候天地；諸侯有時臺，以候四時。登高遠望，人情所樂，動而無益於民者，雖樂不爲也。四方而高曰臺。」○劉氏傳：「何以書？譏。何譏爾？譏厲民也。去國而築臺，是樂而已矣。」

夏，四月，薛伯卒。薛始稱「伯」，蓋降班而告終也。

築臺于薛。杜氏注：「薛，魯地。」

六月，齊侯來獻戎捷。傳：「非禮也。凡諸侯有四夷之功，則獻于王，王以警于夷。中國則否，諸侯不相遺俘。」〇常山劉氏曰：「齊伐山戎得其捷，齊侯躬來夸示，以威我。而聖人書曰『來獻』者，抑之也。」〇愚按：獻者，下奉上之辭。觀筆削之旨，則齊桓之恃功而不知禮，魯不當納而輕受之，其罪皆可見矣。

秋，築臺于秦。杜氏注：「東平范縣西北有秦亭。」按：寰宇記：「范縣今屬濮州，亭尚存。」〇穀梁氏曰：「不正罷民三時，虞山林藪澤之利，且財盡則怨，力盡則懟。君子危之，故謹而志之也。」〇愚按：莊公一歲築三臺，政所謂「及是時，般樂怠敖」者，則治國治家之當務，荒廢多矣。此所以踰年身死，而蕭墻之禍至奕世而不能定也，可不鑒哉！

冬，不雨。一歲三築臺，明年春，城小穀，故冬書「不雨」，則莊公無閔雨之志可知。然獨酉、戌、亥之月不雨，故不得歷時而言也。

三十有二年，春，城小穀。小穀，魯地。泰山孫氏曰：「曲阜西北有小穀城。」胡氏曰：「孫，魯人也，而終身學春秋，其考此事詳矣。」〇永嘉薛氏曰：「莊公自六年之後，大無麥禾，無麥苗，螟、麋、蜮、蜚相繼，而有大水者三。中君之性，尚當少警，而公之侈心日起，因娶而觀社、丹楹、刻桷、告糴，之後有築郿之役，次年新廄，城諸、防，去年三築臺而不雨，今春又城小穀。平歲猶曰不可，況薦饑而輕用民力乎？」

夏，宋公、齊侯遇于梁丘。梁丘在濟州昌邑縣。○齊侯爲楚伐鄭之故，請會于諸侯。宋公請先見于齊侯，故遇于梁丘。書先宋公，齊不以霸主自居，以梁丘近宋而先之也。

秋，七月，癸巳，公子牙卒。杜氏注：「牙，慶父同母弟，謚僖叔。」○傳：「初，公築臺，臨黨氏，見孟任，從之。閟，而以夫人言，許之，割臂盟。公生子般焉。公疾，問後於叔牙，對曰：『慶父材。』問於季友，對曰：『臣以死奉般。』公曰：『鄉者牙曰慶父材。』成季使以君命，命僖叔待于鍼巫氏，使鍼季酖之。曰：『飲此，則有後於魯國。』飲之，歸，及逵泉而卒。立叔孫氏。」○公羊傳：「曷爲不言刺之？爲季子諱殺也。季子之遏惡也，不以爲國獄，緣季子之心而爲之諱也。季子之遏惡奈何？莊公病，召季子，曰：『牙謂我曰：「魯一生一及，君已知之矣。慶父也存。」』季子曰：『夫何敢！是將爲亂乎？夫何敢！』俄而牙弑械成。季子和藥而飲之。公子牙今將爾，辭曷爲與親弑者同？君親無將，將而誅焉。然則善之與？曰：然。何善爾？誅不得辟兄，君臣之義也。然則曷爲不直誅而酖之？行誅乎兄，隱而逃之，使託若以疾死然，親親之道也。」○愚按：古者公族有死罪，則罄于甸師氏，刑于隱者，不與國人慮兄弟也。叔牙黨慶父，而萌簒弑之心，故季子正其罪，以君命討而誅之，又以親親之義，不彰其惡，唐陸氏所謂「恩義俱立，權而得中」也。或謂：「季友雖殺叔牙，而無補於後日子般、閔公之禍。」是蓋不然，自文姜以來，胎養亂本，至此已成，若於此時不誅叔牙，則莊公之薨，濟以叔牙，雖有季子之忠，秉禮之俗，亦無所措其手矣。故叔牙之誅，乃魯國存亡之幾，慶父成敗之決。春秋取其遏惡救亂，能先事而誅之，所以原其心而爲之諱也。

八月，癸亥，公薨于路寢。 書月、書日，謹之。又書其所，詳凶變，且以別正不正也。路寢，正寢也。○穀梁氏曰：「寢疾居正寢，正也。男子不絕於婦人之手，以齊終也。」

冬，十月，己未，子般卒。 己未，公羊、穀梁作「乙未」。○子般，莊公子，見上注。○公羊氏曰：「子卒云『子卒』，此其稱『子般卒』何？君存稱「世子」，君薨稱「子某」，既葬稱「子」，踰年稱「公」。子般卒，何以不書葬？未踰年之君也。有子則廟，廟則書葬；無子不廟，不廟則不書葬。」○傳：「初，雩，講于梁氏，女公子觀之，圉人犖自墻外與之戲。子般怒，使鞭之。公曰：『不如殺之，是不可鞭。犖有力焉，能投蓋于稷門。』公薨，子般即位，次于黨氏。十月，己未，共仲使圉人犖賊子般于黨氏。成季奔陳。立閔公。」○愚按：此子般見弒而書卒者，諱之也。莊公主魯之社稷而君道不立，上不能正其母，使出入淫縱，配耦不早立，是致冢嗣之位不足以自定，内失閑家之道，而使圉人犖得以戲公子〔一〕。觀其告子般之言，非不知犖之可誅，而又欲以誅殺之權委其子，亦終於不能殺而貽身後之患。易曰：「閑有家，悔亡。」傳曰：「欲治其國者，先齊其家。」莊公反此，使淫亂肆行，雖其身免簒弑之禍，而及其二子。春秋自夫人孫齊以來三十年間，備載莊公内治之失，而終之以此，所以罪其無〔二〕風教之本，而不免於首惡也。

公子慶父如齊。慶父自莊公即位以來已專兵柄，而莊公之昏庸耽樂、不卹國事，致慶父肆行姦宄，陰爲它日取國之計。觀莊公疾時與叔牙問答之詞，使非季子應時誅之，則般不復得立矣。今雖弑子般，而尚未能取國，非特季子之黨未順，亦見魯俗秉禮，人心未盡從也。故因閔公之立，告於霸主，以爲自託之計。齊桓以方伯自任，與魯爲鄰且親，豈不知慶父爲弑君之賊？容其來使，使之復歸，以遺魯國之後禍，即此已見其無討賊之實意，而有取魯之私心。春秋書慶父如齊，著莊公不君，養成其惡，使得以出入自如，而齊侯失

〔一〕通志堂本「公子」上有「女」字。
〔二〕「無」，原作「爲」，據通志堂本改。

方伯連帥之職也。

狄伐邢。 杜氏注：「邢，姬姓，周公之胤國，在廣平襄國縣。」今之邢州龍岡縣。狄，北狄，前此雖未見於經，然自伐邢而滅衛，三年之間，塗炭兩國。首以「伐」書，著其强也。

閔公

名啓方，莊公之子，母叔姜。史記云：「名開。」謚法：「在國遭難曰閔。」

元年，春，王正月。 胡氏曰：「不書『即位』，内無所承，上不稟命也。」〇今按：閔公以幼爲慶父所立，初不知子般不終之故，此齊桓公之責也。桓公若能請於天子，誅哀姜、慶父於此時，而爲之置君，則父子、君臣之倫定，而大義明矣。乃縱慶父歸其國，以致閔公爲篡弑者所立，故不書「即位」，亦所以累齊桓也。

齊人救邢。 按：傳：「管仲言於桓公，以爲戎狄不可縱，諸夏不可棄，燕安不可懷。引詩云：『豈不懷歸？畏此簡書。』請救邢以從之。」桓公於是興救邢之師，故於此書「齊人救邢」以與之。而論語以免民左衽之功歸於管仲，蓋救諸夏、攘戎狄，皆管仲發其端也。

夏，六月，辛酉，葬我君莊公。 國亂子弑，嗣君幼弱，十一月乃葬，所謂危不得葬也。

秋，八月，公及齊侯盟于落姑。落，公、穀作「洛」。落姑，齊地。○請復季友也。是時閔公幼弱，哀姜、慶父爲亂，國人思得季子以靖難。而大臣尚能奉閔公會霸主，以請季子，卒致季友之歸。此秉禮舊俗未泯之驗也。

季子來歸。邦之杌隉，有親且賢，孰不賴之？季友遏惡於初萌，子般之亂，力不能討，而遂去之，非其罪也，故魯人思之。齊侯從閔公之請，使召諸陳，季子始歸。春秋從諸侯昆弟之例，特字之，而書「來歸」，所以著季子足以爲國之輕重，而叙魯人喜其來歸之情也。

冬，齊仲孫來。傳言：「齊仲孫湫來省難。」實所謂覘國也。仲孫，齊智謀之士，故歸告齊侯言：「不去慶父，魯難未已。」公問：「魯可取乎？」則曰：「不可。猶秉周禮。周禮，所以本也。臣聞之：『國將亡，本必先顛，而後枝葉從之。』魯不棄周禮，未可動也。君其務寧魯難而親之。」○臨江劉氏曰：「桓公不務修霸主之義，討有罪，扶微國，而更使智計之士窺覘虚實，致慶父極惡，魯君再弑，此由桓公、仲孫謀不臧之蔽也。故奪其君臣之常辭，以見君使臣不以禮，臣事君不以忠，法之所禁也。孔子沐浴而朝，請討陳恒，豈嘗告其君以齊人尚强，待其自斃哉？」○愚嘗論之：仲孫之罪，固如劉氏之言矣，然其言魯秉周禮，國有本而不可動，則於此可以見周公之澤入人深，而足以維持其國於政亂俗壞之日。所謂秉者，與「民之秉彝」、「秉文之德」同，著明於心而不可奪之謂也。當是時，周公之禮存於人心，爲亂者獨哀姜、公子慶父數人耳，而在朝之人，有見於周公之典禮，而不從弑父與君者，尚多有之。所以國再有難而誅慶父、立僖公，尚得以自存於極亂之時。仲孫之智，善於覘國，而不能輔君速行方伯之義。此春秋所以雖貶而尚不名，以爲猶有以異於傾險乘釁者之可誅也。

二年，春，王正月，齊人遷陽。陽國，漢志東海郡陽都縣是。啖助曰：「移其國於國中，而爲附庸。」蓋桓公之强力施於可取者如此，非有興滅繼絶之誠心也。

夏，五月，乙酉，吉禘于莊公。禘爲天子宗廟之大祭，不王不禘，諸侯不得用之。魯有禘樂，其非禮與！雖先王所賜，而止可用於周公之廟，不可施於群公，趙氏、程氏言之詳矣。況喪禮二十五月而祥，又兩月而禫，然後以吉祭易喪祭。今莊公之薨至此纔二十二月，喪未三年，主未遷祔，嗣君幼弱，而以吉禮盛樂用於神主，忘哀僭上，反易人心，何秉禮之有？此蓋出於哀姜、慶父樂哀謀篡而爲之，又非他日僭禮之所得比矣。婉而成章，尤當比事以考聖人誅絶之旨也。

秋，八月，辛丑，公薨。傳：「公傳奪卜齮田，公弗禁。共仲使卜齮賊公于武闈。成季以僖公適邾。」弒而書薨，諱之也。不地，隱之不忍言也。例於群公之書地者，而此不書，則隱諱變故之實亦可見矣。他國之篡弒，明書之可也，凡人於其父祖之罪惡，尚不忍肆言之，聖人書父母國之惡，豈可同於他國而不隱乎？然諱國惡者，臣子之禮也；存事實者，傳信之法也。聖人之經，兩存禮法，以垂訓萬世，故不徒隱諱而已。而不書地以變於常，又比事屬辭以見其實，將使後人因例啓疑，考究始末，以知莊公不能正身齊家，致後嗣再弒，國幾滅亡。雖欲諱之，而其實終不可得而揜。究觀書法，則知左氏所謂「微而顯，志而晦，婉而成章，盡而不汙，懲惡而勸善，非聖人孰能修之」者，蓋指此類而言之。其説必有所傳，而施於稱族、舍族之傳，則非也。

九月，夫人姜氏孫于邾。傳言哀姜欲立共仲，而與聞閔公之弒。經書其奔，與文姜不同者，文姜，妻也，哀姜，母也。妻義尤重，故哀姜於喪歸，貶姓而已。

公子慶父出奔莒。傳：「成季以僖公適邾。共仲奔莒。乃入，立之。以賂求共仲于莒，莒人歸之。使公子魚請。不許，哭而往。共仲曰：『奚斯之聲也。』乃縊。」○慶父與哀姜謀弒閔公，欲自立而不遂，此魯國秉禮之驗也。方季友適邾之時，使魯國無人，安能逐姜氏、慶父哉？季友既立僖，則當正慶父之罪，致辟于甸人，以致兩弒其君之討，乃以賂求于莒，不許其入而已；又立孟氏與叔牙，同無復輕重之别，豈非邦憲之失？此所以不書國賊之討，而閔不書葬與。

冬，齊高子來盟。公羊傳：「高子不名，喜之也。何喜爾？正我也。魯比三君死，曠年無君，桓公使高子將南陽之甲，立僖公而城魯，或曰自鹿門至争門是也，或曰自争門至吏門是也。魯人至今以爲美談，曰：『猶望高子也。』」○常山劉氏曰：「不稱使者，齊侯使高子來視魯而未定盟，高子至，而後結盟也。」○愚按：此所謂寧魯難而親之者。然春秋予高子之能恤魯，奉使而知權，是以字之。

十有二月，狄入衛。衛之滅，非特懿公好鶴而失人心，蓋自惠公即位，宣姜淫恣，耽樂忘政，習實爲常，公又重之，亡形已具，故狄人一至，而涣然離散，國隨以亡。非齊桓公救而封之，則康叔之後至此無噍類矣。桓公迎其遺民，立文公而爲之建國家社稷，此所以止書「入」也。以衛爲春秋初之大國，方與齊侯胥命，欲爲方伯，纔四十年，而淪於亡滅。所以治國必先齊家，而淫亂之禍，不簒必滅，可不戒哉！

鄭棄其師。昔舜授禹之辭曰：「后非衆，罔與守邦？」此古先聖人相傳之旨也。宗廟社稷主之於君，守之以人，君與一國之人，蓋一體也。今以欲遠所惡之人，而舉一國之衆付之度外，存亡死生，舉不以關其心。當時如楚、如狄，方有狡焉，啓封疆之心，一旦乘罅擣虚，則鄭必束手就亡矣。春秋書法，因物賦形，或書人臣之奔，或書師旅之潰，此皆不以是書，而蔽罪乃如此，可以識輕重之權衡矣。以此類推之後世，謀國如舉一郡縣之民、三軍之旅陷於重圍之中，置而不救，皆得罪於聖人者。○胡氏曰：「惡高克者文公，而特書鄭者，蓋國本顛危，曾不扶持，是大臣之失職也。」

春秋卷第三

春秋卷第四

張洽集注

僖公

名申，莊公之子，閔公庶兄，母成風。謚法：「小心畏忌曰僖。」

元年，春，王正月。僖公之即位，在高子來盟之後，桓公又爲之誅哀姜，不可謂不出於方伯矣。然桓公不請命於天子，正君臣之經以示天下之大義，故僖公之立，無以異於群公，而桓公止於霸術。觀僖公不書「即位」，以考時義，當知反經之學，有國者不可不明也。

齊師、宋師、曹師次于聶北，救邢。聶北，杜氏注：「邢地。」或引水經云：「聊城縣東北有聶城。」今按：左傳：「聊攝以東。」杜氏注：「聊城東北有攝城。」恐傳寫之訛，未可據也。○次于聶北者，屯兵便利，以援邢而懼狄。桓公用兵之規，撫〔一〕主於持重，故不遽決於一戰，而持久以待之。春秋書「次」，雖所以譏其緩，而不書「以」，則予其終有全邢

〔一〕「撫」，通志堂本作「每」。

之功也。

夏，六月，邢遷于夷儀。夷儀，公羊作「陳儀」。按：輿地廣記：「河北邢州龍岡縣北一百五十里有夷儀嶺。」即所遷也。○傳：「諸侯救邢，邢人潰，出奔師。師遂逐狄人，具邢器用而遷之，師無私焉。」「邢遷如歸。」此乃因邢之欲遷，而遷以定之，與前郱、鄑、郚、陽、宿之逼遷强取者不同。故公羊以此爲出於其意，而彼則非其意也。

齊師、宋師、曹師城邢。傳：「邢遷夷儀。諸侯城之，救患也。凡侯伯，救患、分災、討罪，禮也。」○按：邢雖已遷，無力自城，諸侯若不城之，終未能以自定，必遺後患。桓公因其既遷，命三師爲之板築，使之足以守而居之安，合於救患、分災之禮。於此若止書「諸侯之師城邢」，則無以見桓公定邢之美意。故再叙三師，以見入春秋以來，悉力存亡，惟有此舉得南仲城朔方、仲山甫城東方之遺制。

秋，七月，戊辰，夫人姜氏薨于夷。齊人以歸。夷，齊地。○傳：「哀姜孫于邾。齊人取而殺之于夷，以其尸歸。僖公請而葬之。」○今按：書「薨于夷」者，諱國之惡也。言「齊人以歸」，則爲魯誅其罪，而以喪歸，齊可知矣。自文姜弑桓公得逃致辟，而淫縱益甚，使魯國三四十年間濁亂昏迷，卒成再弑其君之禍。至此，齊桓舉方伯之職，慶父、哀姜皆死誅〔一〕不赦，然後三綱稍明，人倫粗正。此縱罪、誅惡失得之明驗也。

楚人伐鄭。 荆至是稱楚者，蓋荆乃州之名也。商頌稱：「奮伐荆楚。」則楚亦其國之舊名，但自武、文以來，雖駸駸强盛，而未暇正其國之號名，故以州稱。及熊顆即位，令尹子文得政，始定改號曰楚，以交於中國。○按：前此獨來聘稱人，其侵敗中國，皆以州舉，自此始稱號、稱人，則浸强而有陵駕中國之意矣。然終齊桓世，雖伐滅小國，止稱人者，以桓之力猶足以制之也。及桓没，而宋襄霸，然後始列於會盟，偃然主諸侯，而春秋有以爵書者矣。

八月，公會齊侯、宋公、鄭伯、曹伯、邾人于檉。 檉，公羊作「朾」。○杜氏注：「檉，陳國陳縣西北有檉城。」今宛丘縣也。○傳：「謀鄭故也。」○今按：楚人伐鄭，桓公不遽救，而會諸侯謀之。蓋楚方强，而公謀制楚，十全之策也。

九月，公敗邾師于偃。 偃，公羊作「纓」。○偃，邾地。○方是時，楚人陵駕上國，公與邾同會于檉以謀之。曾未兩月，僖公遽以詐敗邾師，不務睦鄰事霸，以僥一時之利，足以見

〔一〕「死誅」，通志堂本作「誅死」。

僖公無修政刑、安中國之志矣。其所以免於齊人之討者，必以公親至檉，而邾以人會也。然齊桓新拊存魯國而不禀命，擅興師之罪不加之討，是爲佚罰，亦足以見霸政之不足以一人心。它日與曹同伐厲，遠役在外，而宋人乘虚伐曹，有自來矣。書敗邾於會檉之後，非特著魯僖無保邦之道，亦見桓公霸威之不立也。

冬，十月，壬午，公子友帥師敗莒師于酈，獲莒挐。酈，公羊作「犂」，穀梁作「麗」。○酈，魯地。○莒人來求歸慶父之賂，而以兵至。公子友出其不意，而敗諸酈，獲莒子之弟挐。公賜季友汶陽之田及費。○胡氏曰：「不能諭以辭命，使自知其不直以抑止之，又用詐謀擒其主將，故以友爲主，而書『敗』、『獲』，責之備也。」

十有二月，丁巳，夫人氏之喪至自齊。按：傳：「齊人殺哀姜，以歸其國。僖公請而葬之。」今乃自齊至魯也。○臨江劉氏曰：「夫人何以不稱姜氏？貶。曷爲貶？夫人與於亂，齊桓正其罪而討之，死不以其正，不可以入宗廟。然則曷爲不於死焉貶？夫人姜氏薨于夷，齊人以歸，則上之行乎下也，義已矣。齊以公義討之，而魯以私意請之，君子以爲非義，是以貶乎其以喪至也。」○謹按：古者，兵死者尚不入于兆，況得罪於先君，見誅於方伯，而可以配祖廟、秩烝嘗乎？故春秋於其喪至而貶之，以罪魯僖之不知義也。

劉氏之説，獨爲得之。

二年，春，王正月，城楚丘。楚丘，衛地，今開德府衛南縣是也。○按：衛滅之後，齊桓公立戴公，以廬于漕。漕今在滑州之白馬。其年，戴公卒，文公立，桓公城楚丘而封之。今此書「城楚丘」，蓋分板築之役于諸侯，而魯往城之也。桓公拯救衛人之功，至使衛國忘亡，而春秋無一辭以美之者，桓公雖有存亡繼絶之大德，而不免專天子之大權。衛雖當封，而周室尤不可以不尊，故於此略齊桓之功，而止書魯人之往城，所以抑霸權而尊王室，其義微矣。

夏，五月，辛巳，葬我小君哀姜。僖公請之，故純用小君之禮而書葬也。

虞師、晉師滅下陽。下，公羊、穀梁作「夏」。按：下陽與上陽爲對，下陽，虢之塞邑，在今陝州平陸縣，上陽在陝縣，虢所都也。當從左氏作「下陽」。○虞，周大王子仲雍所封，其都亦在平陸之地；虢，文王弟虢叔之後；晉，成王弟唐叔之後，國都在今太原府。晉獻公詭諸，武公之子也，武以曲沃伯篡。晉獻公嗣立，浸以兵吞噬近地之小國。晉與虞、虢爲鄰，自莊公末，因虢人侵晉，而謀於士蔿，以圖虢爲務。今始與虞伐之，蓋先以重賂璧馬間虞、虢之交，使虞人不知其謀，忘輔車相依之勢，反道晉以滅下陽。下陽者，控制虞、虢之要地。晉取下陽，而虞、虢舉矣。故春秋於此書「滅」，而後皆不書，示有國者設險守國之法。書虞首兵，蓋以爵先晉，且如郛之道鄭，所以見虞之自取滅亡，而深著晉人陰險兼并之詐謀也。

秋，九月，齊侯、宋公、江人、黄人盟于貫。貫，公羊作「貫澤」。○江，在汝南安陽縣，今蔡州新息縣之地。黄，嬴姓國，在汝南弋陽縣，今光州定城縣也。貫，今興仁府濟陰縣有貫城。○齊桓謀楚，先服此二國，皆迫近楚之境者，所以遠交而孤楚之勢。此桓公服楚之規模也，惟宋與盟，不煩諸侯也。

冬，十月，不雨。穀梁傳：「不雨者，勤雨也。」今按：書此以見魯國上下皆以無雨爲憂也。止書首時，自酉至亥三月皆不雨也。

楚人侵鄭。楚自莊三十年楚頵已長，殺子元，用子文爲令尹，子文毁家以紓國難，兵勢浸强，故比年侵伐鄭。若非齊桓兩歲之間專以圖楚爲事，必未能制之於召陵，而執宋公、盟諸侯之事，不在僖公十九年之後矣。

三年，春，王正月，不雨。夏，四月，不雨。穀梁傳：「不雨者，勤雨也。一時言不雨者，閔雨也。閔雨者，有志乎民者也。」○愚按：春秋，傳心之要典，三時不雨，則饑饉薦臻，民命阽危，此雲漢所以編於詩。而去冬及今年春、夏之不雨，雖記陽亢時災，然書法異於文公，亦因以著其君尚憂民之憂也。

徐人取舒。舒，今廬州舒城縣。○齊桓方霸，而不能戢諸侯之吞并小國，蓋方謀楚，未暇討之，亦降鄣、遷陽等事有以教之，無以令之也。○趙氏曰：「凡得國不書『滅』者，不絕其祀也。」

六月，雨。得雨而喜，見僖公樂民之樂，異於文公之不勤矣，所以此書雨而彼不書也。

秋，齊侯、宋公、江人、黄人會于陽穀。陽穀，今東平府須城縣北，隋置陽穀縣。○去年盟，以定其交矣；今歲再會，申伐楚之約也。○胡氏曰：「諸侯之師同次于陘者，桓公之正兵也。又令江人、黄人各守其境，按兵不動，以爲八國之援，觀伐楚後令江、黄伐陳則知之。此桓公克敵制勝、兵分奇正之謀。」

冬，公子友如齊，涖盟。涖，公羊作「莅」。○傳：「齊侯爲陽穀之會，來尋盟。公子友如齊涖盟。」魯侯不至于陽穀，而致其上卿以盟之。魯、宋爲一，而列國無不從役矣。

楚人伐鄭。 傳：「楚人伐鄭。鄭伯欲成，孔叔不可，曰：『齊方勤我，棄德不祥。』」

四年，春，王正月，公會齊侯、宋公、陳侯、衛侯、鄭伯、許男、曹伯侵蔡，蔡潰。 潰者，民心離而逃散也。蔡自獻舞以來，屈服于楚，桓公欲討楚，而加兵於附楚之蔡，先責其以文王之胄而甘心於僭竊之夷。蔡衆既潰，則威震而兵强，故可以遂伐楚也。

遂伐楚，次于陘。 胡氏曰：「遂者，繼事之詞，而有專意。」○陘，楚地，杜氏注：「潁川召陵縣有陘亭。」今潁昌府郾城縣也。○楚自魯桓二年蔡、鄭會鄧，已懼其爲中國患，又積五十年富强吞并之力，今比年伐鄭，氣陵中國。所幸齊自桓公入國，舉管仲以治民訓兵，至此方能率諸侯之師，正其罪而討之，使其君臣震恐，遣使如師，可謂有功於中國矣。然桓公本無湯、武之學，而管仲復未嘗有聞於君臣之大義，故揆之天吏討罪之法，則不奉天子之命，未敢正其僭王之罪，僅致屈完來師，請服受盟。然其與屈完觀師，恃力驕矜，形於辭色，遂來方城、漢水之對。屈完之歸，卒踐此言不純屈服。時出干紀、滅弦、救鄭，故曾西得以鄙其功烈之卑。書「遂伐楚」，以譏其專；書「次于陘」，以著其師有節制用，能慑懼楚人，底定中國，免民左衽也。

夏，許男新臣卒。傳言卒于師，陸淳以爲非。蓋召陵地屬潁川，潁川，今之潁昌府長社縣，去許密邇，故許男疾而歸也。○臨江劉氏曰：「古者，君即位爲椑，歲一漆之，出疆必載椑。卒于師曰師，于會曰會，正也。許男新臣卒，非正也。」所以著許男新臣之爲人君，不知命也。

楚屈完來盟于師，盟于召陵。召陵，在今郾城縣，漢之潁川郡召陵縣也。屈完，楚大夫之名氏也。書名氏，嘉其服義而進之也。來而不書使者，春秋待夷狄謹嚴之法，雖録屈完名氏以進之，若書「楚子使屈完」，則一同於中國君臣之辭矣。故書「楚屈完來盟」，以嘉其服義；不書「楚子使」，以嚴夷狄之分，而伸齊桓方伯之體。屈完既至，而桓公退師，以禮楚與盟，以堅其求服之志。於是見桓公之待楚，進退有禮，雖不足以盡王者之義，而夫子所謂「一正天下，民到于今受賜」，實二百四十年甚盛之舉，不得不序其績也。

齊人執陳袁濤塗。袁，左氏作「轅」。按：釋文左氏亦作「袁」，云：「本亦作轅」。○公羊傳：「濤塗之罪何？辟軍之道也。其辟軍之道奈何？濤塗謂桓公曰：『君既服南夷矣，何不還師濱海而東，服東夷且歸？』桓公曰：『諾。』於是還師濱海而東，大陷于沛澤之中。顧而執濤塗。執者，曷爲或稱侯、或稱人？稱侯而執者，伯討也；稱人而執者，非伯討也。此執有罪，何以不得爲伯討？古者周公東征則西國怨，西征則東國怨。桓公假塗于陳而伐楚，則陳人不欲其反由己者，師不正故也。不脩其師，而執濤塗，古人之討則不然也。」

秋，及江人、黄人伐陳。程子曰：「齊命也。」○謹按：左氏與公羊所傳袁濤塗之罪，大同小異。如左氏説，則齊師終由陳反，但怒袁濤塗之言耳。今按：若果由陳、鄭而歸，則何必魯及江、黄伐陳，又再勤諸侯之師乎？以此考之，則知公羊「大陷沛澤」之説爲信。所以桓公怒陳之深，至於興諸侯之師伐而又侵也。

八月，公至自伐楚。師出三時，見久役之勞也。

葬許穆公。

冬，十有二月，公孫兹帥師會齊人、宋人、衛人、鄭人、許人、曹人侵陳。兹，公羊作「慈」。○再侵者，陳近於楚，伐而未得其成，則陳必不服，故侵以列國之師，待其服而後已。觀孟子謂成湯之征伐，至於歸市者不止，耕者不變，若時雨降，民大悦，則桓公於此慙德多矣，況大兵之後，復以師出，重困諸侯乎？兵以憤興，則後有當討者，應之必怠，人亦侮之。故楚終不服，鄭伯逃盟，以至弦不能救，而坐視其滅，皆怒陳之過致之也。故春秋詳書伐、侵，以著其罪。凡孟子之書論湯、武之拯民，切切於王霸之德力與子路、管仲之人品，皆述聖人之志，明春秋之大旨也。

五年，春，晉侯殺其世子申生。 申生，獻公之世子。公既立爲冢嗣，後又嬖驪姬而欲立其子奚齊。因外嬖梁五、東關嬖五之譖，使申生居曲沃。士蔿曰：「大子不得立矣，不如逃之，爲吴大伯，不亦可乎？」申生弗聽。閔之二年，公又使申生伐東山皋落氏，狐突勸大子行，又弗聽。及是，大子歸胙，驪姬毒而獻之，公殺大子之傅杜原款。或謂大子：「子辭，君必辨焉。」大子曰：「君非姬氏，居不安，食不飽。我辭，姬必有罪。」曰：「子盍行乎？」曰：「被此名以出，人誰納我？」乃縊于新城。○陸淳曰：「申生有愛父之心，而陷父於不義，使讒人得志，國以大亂。諺所謂『小仁，大仁之賊也』。」今按：春秋於此斥晉侯而目殺世子者，蓋獻公嬖寵庶孽，聽讒如流，輕世適之重，忽社稷之計。申生既死，而公卒之後，奚齊亦被殺。徒設此心，兩俱棄之，致晉亂二十餘年，兵敗國破。此董仲舒所謂「爲人父而蒙首惡之名」者。即此書法，可以考筆削之權衡，而示有國之鑑戒矣。

杞伯姬來朝其子。 伯姬來，杜氏以爲寧成風也。其子蓋年十餘歲，杞伯在，而使其子隨母以來也。然朝者，宗廟朝廷之上諸侯相見之禮。公在，而使其子行之，又使婦人參之，著杞伯與僖公之失正也。

夏，公孫茲如牟。牟，見桓公十五年。

公及齊侯、宋公、陳侯、衛侯、鄭伯、許男、曹伯會王世子于首止。公羊、穀梁作「首戴」。杜氏注：「陳留襄邑東南有首鄉。」襄邑，今屬拱州，然以爲衛地則非也。○王世子，惠王之長子鄭也。初，惠王取陳嬀爲后，生子鄭及叔帶。愛叔帶，欲立之。齊桓公以其廢長立幼將啓亂階，遂率諸侯會王世子于首止，示天下戴之，以爲天王之貳。所以尊國本、絶亂階也。○穀梁氏曰：「『及』以『會』，尊之也。何尊焉？世子云者，唯王之貳也。桓，諸侯也，不能朝天子，是不臣也。王世子，子也，塊然受諸侯之尊己而立乎其位，是不子也。桓不臣，王世子不子，則所善焉何也？是則變之正也。」○程子曰：「世子，王之貳，不可與諸侯列。世子出，諸侯會之，故其辭異。」胡氏因此論世子之班位，以葵丘宰周公與王人同列於諸侯之上，而不殊以尊之，知後世欲次皇太子于三公、宰相之下者，自天子而言，欲屈遠其子，示謙德也。若夫定上下、正分義，必用春秋之法，使群臣得伸其敬於王之貳，然後貴有常尊，而上下辨矣。此春秋之書法所以別嫌明微，而建諸天地無豪釐之悖者也。

秋，八月，諸侯盟于首止。無中事而舉諸侯者，舉諸侯，以明世子不與盟也。再稱首止，美之大者也。此盟，蓋會王世子之禮已畢，約諸侯以同戴世子、尊王室。殆亦束牲載書而不歃血與？世子，天下之本，本不可摇。苟適庶之位一亂，則善惡各有所宗。故君心稍偏，欲廢適立庶，是爲小人先立宗主，而陰長陽消之形見矣。方伯者，察天下之勢而正救於未亂者。故桓公之謀寧周，春秋之義舉也。穀梁曰：「盟者，不相信也，故謹信也，不敢以所不信而加之尊者。」桓公此舉，其義既明，其禮復正，此所以爲一正天下之功，而再書首止，以美之也。

鄭伯逃歸不盟。惠王徇后之意，欲易世子，故不悦桓公此舉，使周公謂鄭伯曰：「吾撫汝以從楚，輔之以晉，可以少安。」鄭伯喜於王命，而懼不朝於齊，欲逃歸。孔叔止之，曰：「國君不可以輕，輕則失親，失親，患必至。」不聽，逃其師而歸。〇桓公之舉，天下之公義也；惠王之命，一人之私心也。逃者，匹夫之事也。鄭伯背公徇私，違棄衆善，行同匹夫，故書「逃歸不盟」，以深罪之。

楚人滅弦，弦子奔黄。杜氏注：「弦國，在弋陽軑縣東南。」任公輔曰：「地譜：『光州光山縣，故弦國黄地。』」已見二年。○傳：「楚鬭穀於菟滅弦，弦子奔黄。於是江、黄、道、柏方睦於齊，皆弦姻也。弦子恃之，而不事楚，又不設備，故亡。」鬭穀於菟，楚之名大夫也，輔楚覇以當齊桓，雖外受盟于召陵，而内懷負固之心。至此窺見王懷愛叔帶之意，而不悦桓公此舉，遂因王間鄭而親帥師滅弦，書「人」，罪之也。弦子書「奔」，不服於楚而逃去之；不名，以爲尚可望以興復其國，故不絶也。至於忘宗社、事仇讎，然後名之，名之乃絶之也。黄、弦同壤而黄受弦子之奔，楚之滅黄亦自此始矣。然桓公不能救弦，以啓救鄭圍許之紛紛，蓋楚之滅弦已出於迅雷不及掩耳之計矣。公於此時因弦子之奔，而率諸侯以討楚復弦，豈不足以立中國之威，而制楚之横與？故詳書以罪桓公之失此幾會也。

九月，戊申，朔，日有食之。

冬，晉人執虞公。虞稱「公」，嘗爲天子之三公也。啖氏曰：「春秋時以强暴弱，故執諸侯皆稱『人』，亂辭也。」○傳：「晉侯復假道於虞以伐虢。宫之奇諫曰：『虢，虞之表也，虢亡，虞必從之。晉不可啓，寇不可玩。一之謂甚，其可再乎？諺所謂「輔車相依，脣亡齒寒」者，虞、虢之謂也。』弗聽，許晉使。八月，晉侯圍上陽。十二月，滅虢，虢公醜奔京師。

師還，館于虞，遂襲虞，滅之，執虞公。」○易稱「王公設險，以守其國」。蓋國者，先祖所傳而世守之。下陽，二國之門户，虞、虢所恃，不可失也。一失其險，則是自徹門户，坐待束縛。今虞公貪璧馬之近貨，忘家國之將絶，而以國之所恃資敵，故書「滅下陽」於前，而書「晉人執虞公」於後，則晉獻無道絶滅虢叔、虞仲之祀，與夫虞公之自取亡滅，片言具見。所以戒後世者，可謂深切著明矣。

六年，春，王正月。

夏，公會齊侯、宋公、陳侯、衛侯、曹伯伐鄭，圍新城。新城，傳曰：「新密。」杜氏以爲滎陽密縣，今屬鄭州。討去年逃首止之盟也。○胡氏曰：「以霸主諸侯之力，圍新造之邑，圍而不舉，有遺力者矣。」蓋桓公欲待其自服也。

秋，楚人圍許。諸侯遂救許。圍許之役，蓋攻其所必救，以解新城之圍也。釋鄭而救許，所以抑暴而救患，此見桓公之急於義也，故書「遂」以予之。

冬，公至自伐鄭。師出三時。

七年，春，齊人伐鄭。 鄭未服，故復伐。齊力足以制之，不煩諸侯也。

夏，小邾子來朝。 公羊作「小邾婁子」，後同。○杜氏注：「郳犂來始得王命而來朝也。邾之别封，故曰小邾。」二邾皆曹姓。

鄭殺其大夫申侯。 傳載陳轅濤塗譖申侯之事，蓋未可信，而言申侯申出，自楚奔鄭，理或有之。惟申侯不忘故國，所以道鄭伯背霸從楚，以啓霸主討鄭，而致殺身之禍與。

秋，七月，公會齊侯、宋公、陳世子款、鄭世子華，盟于甯母。 穀梁作「寧毋」。寧、甯，音通。甯母，魯地。杜氏注：「高平方與縣有泥母亭。音如甯。」○按：陸氏纂例：「公、穀無『鄭世子華』云，左氏有之，誤加之也。」今公、穀皆有，姑存之。○傳言齊侯因管仲之言而修禮於諸侯，諸侯官受方物，又不受鄭世子爲内臣之請，以見管仲之於桓公，正救多矣。

曹伯班卒。 班，公羊作「般」，古通用。

公子友如齊。

冬，葬曹昭公。

八年，春，王正月，公會王人、齊侯、宋公、衛侯、許男、曹伯、陳世子款，盟于洮。

洮，曹地。○公羊傳：「王人者何？微者也。曷爲序乎諸侯之上？先王命也。」○愚按：齊桓雖主會，而先王人，足以訓矣，而使之與諸侯之盟，非所以示尊尊也。○胡氏曰：「春秋之法，内臣以私事出朝者，直書曰『來』；以私好出聘者，不稱使；以私情出訃者，止録名：不以其貴故尊之也。以王命行者，雖下士之微，序乎方伯之上，不以其賤故輕之也。」可以觀春秋尊君之義矣。

鄭伯乞盟。

鄭伯欲與於盟而不可得，桓公以首止之逃外之也。亦足以見霸權之重，而可以使鄭伯之自反矣。

夏，狄伐晉。

襄陵許氏曰：「晉恃强且遠，不與齊合，是以狄得侮之。」

秋，七月，禘于大廟，用致夫人。

禮，不王不禘，禘者，祭其祖之所自出，以其祖配之，非魯之所得用于大廟。大廟，周公廟也。此當書「有事于大廟」，而曰「禘于大廟」者，以見禘之非禮，論語所謂「自灌而往者，吾不欲觀之」。而記禮者又以爲夫子嘗與子游言之，以魯之郊禘爲非禮，蓋異於杞、宋有天子之事守，此書「禘」而不書「大事」之意也。穀梁傳：「用者，不宜用者也；致者，不宜致者也。言夫人必以其氏姓，言夫人而不以氏姓，非夫人也，立妾之辭也。」劉向以爲成風，而唐啖、趙，本朝劉氏、孫氏、胡氏皆從之。劉氏、胡氏之説詳矣，范甯所謂：「夫人者，正嫡之稱謂，非尊妾之嘉號。以妾體君，則上下無別。欲尊其母，實卑其父。」此言明白，得春秋之旨者也。

冬，十有二月，丁未，天王崩。惠王也。不書葬，魯不會。

九年，春，王三月，丁丑，宋公御説卒。御，公、穀作「禦」。

夏，公會宰周公、齊侯、宋子、衛侯、鄭伯、許男、曹伯于葵丘。宰，冢宰。周公名孔，王之三公，食采於周，扶風雍縣東北周城是。葵丘，杜氏注：「宋地〔一〕。陳留外黄縣東有葵丘。」今開封雍丘縣也。宋桓公卒，未葬，而襄公會諸侯，故曰「子」。穀梁氏譏其背殯出會，以爲無哀。蓋非有金革至急之事，喪僅踰時，豈可出乎？然比之以嘉禮行而稱爵者，雖同非禮，亦孟子所謂百步、五十步之間耳。宰周公，天子之爲政者，不殊會之，宰權雖重，非世子貴有常尊之可比也。傳曰：「會于葵丘，尋盟且修好也。王使宰孔賜

〔一〕左傳杜預注無「宋地」。

齊侯胙。」桓公之會，盛於此矣。

秋，七月，乙酉，伯姬卒。 内女也。公羊氏曰：「婦人許嫁，字而笄之，死則以成人之喪治之。」言不以殤降也。

九月，戊辰，諸侯盟于葵丘。 書「諸侯」，宰孔先歸，不與盟也，其義與首止同。盟之載書，詳載孟子，其一命之詞，三綱所繫，蓋修身正家之要。自此以下，尊賢敬臣子民、柔遠人懷諸侯之意略備，故穀梁氏曰：「陳牲而不歃，讀書加于牲上，壹明天子之禁。」其提挈綱領，以正率人，蓋春秋之所未有，故於此再書「葵丘」以美之。雖然，大學之道「有諸己而後求諸人，無諸己而後非諸人」，桓公於易樹子、以妾爲妻之禁，終不免躬自犯之，則何以令諸侯？固無以正天下矣。況道不足以治心，諸侯方服而驕，公羊氏以爲「震而矜之，叛者九國」。左氏亦記宰孔遇晉侯如會，而謂之曰：「齊侯不務德而勤遠略。」遂止晉侯之行。蓋本源不正而驕吝形，其視夫諸侯大會而作誥謂「茲朕未知獲戾于上下，慄慄危懼，若將隕于深淵」，以謹造邦、匪彝、慆淫之戒者，何翅霄壤之殊哉？聖人道大德宏，以齊桓霸功積累至此而成，是以姑掩其不足，而叙其美也。

甲戌，晉侯佹諸卒。 左氏作「甲子」，不應甲子在戊辰後，合從公羊作「甲戌」。佹，公、穀作「詭」，晉獻公也。

冬，晉里克殺其君之子奚齊。殺，公羊作「弑」。○傳：「晉獻公卒。里克、丕鄭欲納文公，故以三公子之徒作亂。初，獻公使荀息傅奚齊。公疾，召之，曰：『以是藐諸孤，辱在大夫，其若之何？』對曰：『臣竭其股肱之力，加之以忠貞。其濟，君之靈也；不濟，則以死繼之。』冬，里克殺奚齊于次。荀息將死之，人曰：『不如立卓子而輔之。』荀息立公子卓，以葬。」○穀梁氏曰：「『其君之子』云者，國人不子也，不正其殺申生而立之也。」胡氏論「不子」之説詳明，可以爲穀梁之義疏。○愚按：奚齊謂之「其君之子」，以晉獻公殺適立庶而奪之也。齊舍未踰年而謂之君，以舍之正而與之也，或抑或揚，得是非之公，可以觀矣。

十年，春，王正月，公如齊。莊公十三年柯之盟，魯已服齊。雖莊公因婚姻一再如齊，自此魯不朝齊者幾二十年。蓋桓公霸業未成，不責諸侯以朝禮也。今僖公始朝齊，見於葵丘之後。霸體漸肆，諸侯不朝天子而朝霸主，自是始矣。

狄滅温，温子奔衛。温，今孟州温縣，本周畿内國，成王時司寇蘇忿生之邑。○傳：「蘇子叛王即狄，又不能於狄，狄人伐之，王不救，故滅。」此見王靈不振，畿内諸侯，狄得滅之。此天王出居鄭之權輿也。

晉里克弑其君卓，及其大夫荀息。卓，公羊作「卓子」。○按：外傳：「驪姬將殺申生，而難太子之傅里克。謀於優施，飲里克酒，爲『鳥烏集枯』之歌，以感動里克。里克欲中立以免難，稱疾不朝，驪姬遂得以成其殺申生之謀。及獻公卒，乃殺奚齊、卓子，而欲納重耳。」聖人以里克當申生未死之前不能以死正諫，而中立以求免，坐視大子之無罪而死，以成驪姬讒賊之謀，及其終也，逆獻公之遺命，而弑二君。夫奚齊、卓子雖庶孽，而有先君之命以立乎其位，則固里克之君也，君臣之分已定，而犯上作亂如此，故正名其弑君。而荀息不失信於君，得以死節書。此其定罪所以爲輕重之權衡，非聖人莫能修之也。荀息書「及」，著其節也；書「大夫」，不失其官也。里克、荀息之得失予奪，胡氏論之詳矣。

夏，齊侯、許男伐北戎。北戎，山戎也。薛氏曰：「當是時，患有大於戎者，狄及晉、楚是也。晉滅虢、滅虞；狄嘗入衛、逼邢，前年伐晉，近又滅温；召陵之後，楚滅弦、圍許：豈可置而不圖，捨强圖弱，守衛果如是乎？所謂『不務德而勤遠略』。況許方患楚，而驅以伐戎，非用人之道也。」

晉殺其大夫里克。里克再弑其君，而其誅不以討賊之辭言之，蓋里克在獻公父子則爲賊，而惠公幸奚齊、卓子之死而得立，初未嘗有討里克之心，獨以其志在重耳而不在己，懼其又將以己爲奚齊、卓子，是以殺之。蓋其事與專殺大夫無以異，固不得以討賊之辭書之也。穀梁傳：「里克所爲弑者，重耳也。夷吾曰：『是又將殺我乎？』故殺之。不以其罪也。」

秋，七月。

冬，大雨雪。公羊作「雹」。

十有一年，春，晉殺其大夫丕鄭父。傳：「晉惠公使丕鄭聘于秦，且謝緩賂。鄭言於秦伯曰：『呂甥、郤稱、冀芮實爲不從，若重問以召之，臣出晉君，君納重耳，蔑不濟矣。』秦伯使泠至報問，且召三子。郤芮曰：『幣重言甘，誘我也。』遂殺丕鄭及里、丕之黨。」○

按：惠公志於得國，而無君人〔一〕之度，外則失信於秦，内則忌克多殺。故丕鄭雖有私謀貳心，而春秋以累上之辭書之也。

夏，公及夫人姜氏會齊侯于陽穀。 陽穀，齊地。○男女無別則瀆亂生。諸侯會霸主，而婦人與焉，君臣之大義、夷夏之大計，凡所當講者，必有所不及，而般樂瀆亂，浸淫日長。宜桓公自是以往，黄亡不救，徐救不力，女寵盛行，霸業遂衰。而魯僖之怠棄國政，亦自此始矣。可不戒哉！

秋，八月，大雩。 旱也。穀梁傳：「雩，得雨曰雩，不得雨曰旱。」

冬，楚人伐黄。 中國、夷狄之勢相爲消長，而未有不原於心，故曰：「毋怠毋荒，四夷來王。」桓公怠荒之心，見於陽穀之會矣。楚人已占之於江、漢之間，而遂興伐黄之師也。

十有二年，春，王三月，庚午，日有食之。 不書「朔」，失之。

夏，楚人滅黄。 書「滅」，著夷狄之强，中國不救，而黄君死於其位。公羊所謂「亡國之善

〔一〕「君人」，通志堂本作「人君」。

辭，上下之同力」者也。

秋，七月。

冬，十有二月，丁丑，陳侯杵臼卒。公羊作「處臼」。

十有三年，春，狄侵衛。楚既滅黄而莫之恤，狄侵衛之師所以肆行也。

夏，四月，葬陳宣公。

公會齊侯、宋公、陳侯、衛侯、鄭伯、許男、曹伯于鹹。杜氏注：「東郡濮陽縣東南有鹹城，衛地。」淮夷病杞故，且謀王子帶之難也。

秋，九月，大雩。

冬，公子友如齊。陽穀、甯母及鹹之會，其後公子友皆如齊。蓋伐楚、服鄭、城緣陵之事，魯皆同之。足以見友專魯政也。

十有四年，春，諸侯城緣陵。杜氏注：「杞邑。」漢書地理志：「北海營陵。」臣瓚曰：『春秋謂之緣陵。』」今濰州昌樂縣。〇傳：「諸侯城緣陵，而遷杞焉。不書其人，有闕也。」此蓋避淮夷而遷之於緣陵，其事蓋與楚丘同。而當是時，齊桓拯救諸夏之志怠矣，故經書詳不如城邢，略不如楚丘，亦輕重之權衡也。

夏，六月，季姬及鄫子遇于防，使鄫子來朝。鄫，穀梁作「繒」，後同。鄫國，禹後，姒姓，漢屬東海郡，晉屬琅邪，今在沂州承縣東北有鄫故城，又有鄫山。〇季姬不繫國，是未適人也，而與鄫子遇於防，蓋僖公鍾愛其女，使自擇配，其失父道而不謹於男女之別甚矣。鄫子與季姬遇，聽其使而朝魯，使來請己，夫婦之始而不正如此。書之，所以記僖公之不父、鄫子之不夫，非所謂「永終知敝」者也。

秋，八月，辛卯，沙鹿崩。鹿，漢書元后傳作「麓」。〇公羊曰：「河上之邑。」穀梁曰：「林屬於山爲麓。沙，山名也。」詩所謂「高岸爲谷」者，謂是類也。此晉邑也，不言晉，劉氏曰：「山不可以繫國。古者名山大澤不以封，諸侯守之。」

狄侵鄭。狄數犯畿内之諸侯，而齊桓不能治。自入衛、伐邢、滅溫而至此，霸圖弱而王室卑，諸國受禍，著齊桓之怠也。

冬，蔡侯肸卒。

十有五年，春，王正月，公如齊。至此，始純用五年一朝之制，同於事天子之禮矣。

楚人伐徐。傳曰：「徐即諸夏故也。」

三月，公會齊侯、宋公、陳侯、衛侯、鄭伯、許男、曹伯，盟于牡丘。牡丘，齊地。齊語曰：「築五鹿、中牟、蓋與、牡丘，以衛諸夏之地。」注云：「四塞，諸夏之關也。」地譜云：「與匡近。」○葵丘之盟，諸侯既聽命矣，此爲楚人伐徐而合諸侯，即驅之討楚救徐可也，又從而盟之，諸侯不一故也。人心已一而復貳，非伯主救災恤患之心怠，而人始懈乎？君子屢盟，亂是用長。此心之盛衰，霸業之所從而盛衰也。故特書「盟于牡丘」，而霸主、諸侯之心皆疑，不足以保徐斷可知矣。

遂次于匡。公孫敖帥師及諸侯之大夫救徐。匡，衛地，今開封府長垣縣西南。○何氏曰：「言『次』者，譏諸侯緩於仁恩，既約救徐，而生事次止，不自往，遣大夫往，卒不能解也。」○胡氏曰：「徐在山東，與齊密邇，楚都于郢，距此遠矣。」今楚肆其憑陵暴横，而桓公之救，特勉强不得已而應之耳。書此，所以著其德衰誠息，而攘夷安夏之志怠也。

夏，五月，日有食之。不書朔與日。

秋，七月，齊師、曹師伐厲。厲，今隨州隨縣，在徐、楚之間。欲〔一〕楚之必救，以解徐也。○謹按：兵法攻所必救謂之奇兵。然繼此，楚敗徐于婁林，則厲在所不必救。明年而後，不克救而還，正所謂「未聞巧〔二〕之久者」。況同盟不同心，而宋已伐同役之曹乎？

八月，螽。公羊作「蠑」。

九月，公至自會。暴師三時，不能救徐，大無功也。

季姬歸于鄫。解見上。

己卯，晦，震夷伯之廟。震爲雷，凡霆擊之怒，皆震之發也。夷伯，展氏之祖父。夷，謚；伯，字。大夫卒則書謚字。○正蒙曰：「凡陰氣凝聚，陽在内者不得出，則奮擊而爲雷霆。」不善之積，蓋亦如此。傳言「展氏有隱慝」，故程子以爲夷伯之廟震而言「震夷伯之廟」，天應之也。然天之怒擊，每在於惡熟而人誅不加之後，故春秋書震者，惟此事耳。詩云：「敬天之怒，無敢戲豫。敬天之渝，無敢馳驅。昊天曰明，及爾出王。昊天曰旦，

〔一〕「欲」，通志堂本作「攻」。
〔二〕「巧」，通志堂本作「攻」。

及爾游衍。」君子知天之日監而畏其威如此，所以事天也。

冬，宋人伐曹。 傳曰：「討舊怨也。」莊十四年，曹嘗從齊桓伐宋，宋至今憾之。今諸侯始貳，曹方有王事，而襄公乘虛伐之，尚可繼桓而圖霸乎？故永嘉薛氏以爲伐厲而宋人内叛，此則桓德之衰、襄志之私皆可見矣。

楚人敗徐于婁林。 婁林，杜氏注：「下邳僮縣東南有婁亭。」今在泗州臨淮縣。○書以見楚兵之獨勝，而救徐之威不立，伐厲之謀無補也。

十有一月，壬戌，晉侯及秦伯戰于韓。獲晉侯。 韓，後爲韓國，今同州韓城縣。○秦、晉之曲直，左氏載之詳矣。秦三施而晉無報，所以秦伐晉。而不書，又以晉主是戰也。韓簡亦言：「師少於我，鬬士倍我。」蓋秦直故勇，晉曲故老，晉惠公背惠蔑施，以虛氣抗秦，所以師敗身執，而大辱國也。不言「晉師敗績」，君重於師也，胡氏論之詳矣。秦舍晉君於外，已而歸諸晉，所以不言「以歸」也。

十有六年，春，王正月，戊申，朔，隕石于宋五。 隕，公羊作「霣」。○傳：「隕星也。」○程子曰：「自空凝結而墜也。」不言石隕而言隕石，是天應之。

是月，六鷁退飛，過宋都。鷁，穀梁作「鶂」。○是月，言非戊申，且失其日也。鷁，水鳥也。宋都，今應天府。宋來告，故書。○程子曰：「退飛，倒逆飛也。必有氣驅之。」○此二事皆記異也。星隕爲石，不祥也；鷁退飛，不順也。宋襄欲圖霸而無其德，故天出怪異，以警懼之，卒之五年被執、六年兵敗，天之示人顯矣。

三月，壬申，公子季友卒。書季友，蓋公子友，以立僖公之功，生而賜之氏，俾世其卿也。故特書其氏，以著待大臣不以禮法，爲陰始凝之戒。

夏，四月，丙申，鄫季姬卒。內女出嫁者，紀伯姬、叔姬，宋共姬，皆書其葬，獨鄫季姬、杞伯姬不書葬，杞伯姬以出不書。○胡氏曰：「僖公鍾愛季姬，使自擇配。季姬不能自克以禮，恃愛而行，雖書其卒，因奪其葬，所以謹夫婦、正人倫、明王教也。」

秋，七月，甲子，公孫茲卒。

冬，十有二月，公會齊侯、宋公、陳侯、衛侯、鄭伯、許男、邢侯、曹伯于淮。淮，杜氏曰：「臨淮郡左右。」按：臨淮郡，後漢下邳國，今泗州。○傳：「會于淮，謀鄫，且東略也。城鄫，役人病。有夜登丘而呼曰：『齊有亂。』不果城而還。」

十有七年，春，齊人、徐人伐英氏。 英氏，皋陶後之封，楚之與國也。○傳：「齊爲徐伐英氏，以報婁林之役也。」以此見桓公之興師末矣。

夏，滅項。 項國，子爵，漢屬汝南，今陳州項城縣。○按：傳：「淮之會，公有諸侯之事，未歸，而取項。齊人以爲討，而止公。」○程子曰：「滅人之國，罪惡大矣。在君則當諱，故魯滅國書『取』。今項之滅，君在會，季孫所爲也，故不諱。」於此見聖人文理密察，亦所以示人五刑五用，必審其人，然後當罪也。

秋，夫人姜氏會齊侯于卞。 卞，魯地，今在襲慶府泗水縣。○傳：「聲姜以公故，會齊侯于卞。」○今按：大臣滅項而止僖公，刑已偏頗，又遠會婦人于魯地，此管仲既亡，桓公志荒之政也。

九月，公至自會。 傳：「九月，公至。書曰『至自會』，猶有諸侯之事焉，且諱之也。」○今按：諱之者，以爲國惡也。公會諸侯，而大臣滅人之國，得罪於伯主，其身見執。反國不討，無政刑矣，故謹〔一〕之。

〔一〕通志堂本「謹」下有「致」字。

冬，十有二月，乙亥，齊侯小白卒。東萊呂氏曰：「桓公雖能用管仲攘夷狄、伯諸侯，有一正天下之功，然仲本無正心、誠意、格君之學，徒急於一時之功利，卒致五子之亂。其所以有始無終者，家法不正也。管仲且有三歸之失，豈能正其君哉？」

十有八年，春，王正月，宋公、曹伯、衛人、邾人伐齊。公羊「宋公」下有「會」字。○傳：「齊侯之夫人三：王姬、徐嬴、蔡姬。皆無子。齊侯好內，多內寵。內嬖如夫人者六人：長衛姬生無虧，少衛姬生惠公元，鄭姬生孝公昭，葛嬴生昭公潘，密姬生懿公商人，宋華子生公子雍。公與管仲屬孝公於宋襄公，以爲大子。易牙有寵於衛共姬，因寺人貂以薦羞於公，亦有寵，公許之立無虧。管仲卒，五公子皆求立。桓公卒，易牙入，與寺人貂因內寵以殺群吏，而立公子無虧。孝公奔宋。襄公以諸侯伐齊。三月，齊人殺無虧。」○今按：長幼有定分，桓公、管仲不能自制其尊卑正否之辨，而輕屬幼少以爲亂階，公之君臣既失其制命之義矣。今桓公未葬，長子既立，宋襄不能從宜因勢，順其少長以撫定之，使得以終桓公之喪，乃成桓之私意，帥四國之諸侯，奉少奪長，大亂齊國。春秋書「宋公」，以爲戎首，深罪之也。○臨江劉氏曰：「諸侯失國，諸侯納之，正也。何以不曰『納公子昭于齊』?不與納也。曷爲不與?納公子昭,非正也。」

夏,師救齊。穀梁傳:「善救齊也。」

五月,戊寅,宋師及齊師戰于甗,齊師敗績。傳:「齊人將立孝公,不勝四公子之徒,遂與宋人戰。夏,五月,宋敗齊師于甗,立孝公而還。」○泰山孫氏曰:「春秋伐者爲客,受伐者爲主。今以宋主齊,不與宋襄伐齊也。宋襄伐人之喪,擅易人之主,其罪大矣。」○程氏傳:「書『敗績』,責齊臣也。」

狄救齊。常山劉氏曰:「齊新有喪,而諸侯加兵,不道如此。狄乃能行義,以兵救之,聖人哀中國無王,諸侯怙亂滅義,夷狄之不若也。」

秋,八月,丁亥,葬齊桓公。杜氏注:「十一月而葬,亂故也。八月無丁亥日,誤。」○桓公自入國以來,急於功利,志於富彊,其處己待人,皆不以正心、正家爲務。肉未及寒而庶孽爭國,宋伐其喪,冢子見殺,國幾於亡。足以見霸者功烈之卑,聖門不道之實矣。

冬,邢人、狄人伐衛。邢黨狄以伐衛,然論其曲直,則衛之忘恩背霸,以伐喪奪長,宜得聲罪致討之師。故人狄以進之,見聖人罪衛之深也。

十有九年，春，王三月，宋人執滕子嬰齊。高郵孫氏曰：「齊桓之盛，江、黄之遠猶斂衽聽命，而滕自幽盟之後，未嘗列於衣裳之會，今又不能尊事大國，以取執辱，故書名罪之。宋公藉齊桓之後，非有德義以服諸侯，肆己之强，一會虐二君，非伯討也。故書「人」以貶之。春秋不以不正治人，所以人宋而名滕子也。」

夏，六月，宋公、曹人、邾人盟于曹南。宋公，公羊作「宋人」。○「曹南」者，曹之南也。二國稱「人」，蓋亦效桓公北杏之會，使大夫聽命也。一年之間，使邾執鄫子，不以德令；曹人不服，以師圍之。圖霸之始，無以服人心矣。

鄫子會盟于邾。己酉，邾人執鄫子用之。傳以爲宋公使邾文公用鄫子于次睢之社，劉氏以爲不然，曰：「鄫子爲季姬所使而朝魯，春秋尚書『使』。鄫子來朝，豈宋公可使之用鄫子而不書乎？」○今按：蓋鄫子會曹南之盟而後期，宋公使邾執之。邾、鄫世仇，因附勢而肆虐，用之惡也。觀後日戕鄫子亦出於邾，則邾之虐鄫，必自用鄫，而天子、方伯不誅，所以復出爲惡與。何休以爲魯本許嫁季姬於邾，季姬淫泆，使鄫子請己，因此二國交忿。臨江劉氏亦信其説，未知然否。

秋，宋人圍曹。討不服也。夫「近者説，遠者來」。齊桓之霸，屈意去忿，盟魯平宋，以致諸侯，先近故也。今襄公欲圖諸侯，近於宋者，莫如曹、滕。滕既執矣，曹方與盟已而復叛，不從子魚内省德之言，而亟事干戈，故胡氏以爲欲速、見小利之過，宜其不遂霸也。

衛人伐邢。衛不自省其從宋伐喪之罪，而以報復爲事，罪之也。

冬，會陳人、蔡人、楚人、鄭人盟于齊。公羊「會」上有「公」字。以諸侯皆稱「人」考之，當從左氏、穀梁。○傳：「陳穆公請修好於諸侯，以無忘齊桓之德，故盟于齊。」○今按：地以齊，盟于齊之國都，齊亦與盟也。楚欲得志於中國久矣，齊桓討而攘之，其後桓志稍衰，滅黄、敗徐，駸駸抗衡，然尚有所懼也。桓公既没，宋襄欲圖霸而諸侯不服，故楚假不忘桓德之説，求參與中國之盟會而行其志。陳、蔡及鄭，近楚而素降服者，故先受其謀。齊孝公親見其父極力攘楚，僖公又號爲「荆舒是懲」者，亦聽其甘言，忘桓公討伐之志，遂納之國都而與盟。不知非我族類，其心必異，楚遂因是以行其志於中國，明年爲鹿上之盟及盂之會，因執宋公。故春秋諱魯而人諸侯，以謹楚人與盟之始也。

梁亡。梁，嬴姓國，伯爵，虞伯翳之後。梁地今屬同州韓城縣。○梁伯内則沈湎酒色，心昏而出惡正〔一〕；外則好土功而輕民力，亟城而不處民，罷而不堪，則曰：某寇將至，乃溝公宮。民懼而潰，秦遂取梁。蓋其國之亡本自内作，如魚之爛，外未見而内先潰矣。春秋變法以書諸侯自取滅亡者有二：晉人執虞公，猶言兵已加於頸而不自知也；梁亡，言國自亡而不之覺也。此胡氏所謂「如化工之賦形而異於畫筆之肖像」者也。

二十年，春，新作南門。杜氏注：「魯城南門也，本名稷門，僖公更高大之，今猶不與諸門同，改名高門。」○穀梁氏曰：「作，爲也，有加其度也。言新，有故也，非作也。」○愚謂：凡春秋之書工役，皆所以重民力、謹興作也。南門如不可不作，則當與泮宮、閟宮同不書矣。今南門特書「新作」，正閔子所謂「仍舊貫，如之何？何必改作」者，故特書以示譏也。

夏，郜子來朝。郜，姬姓國。後漢志：「濟陰成武北有郜城。」

五月，乙巳，西宫災。薛氏曰：「西宫，魯之貳室也。」

鄭人入滑。傳：「滑人叛鄭而服於衛，鄭公子士、洩堵寇帥師入滑。」○按：鄭入滑何以

〔一〕「正」，通志堂本作「政」。

書？記天王出居鄭之始釁也。

秋，齊人、狄人盟于邢。傳：「爲邢謀衛難也，於是衛方病邢。」○書「狄」，例以國稱，而同之於齊稱「人」之列者，昔宋伐齊喪，而狄能救之，今衛欲滅邢，而狄謀存之。從中國以救災恤患，非夷狄之事，故人以進之，人狄則罪衛之意明矣。是足以見聖人仁天下之公心也。

冬，楚人伐隨。傳：「隨以漢東諸侯叛楚。冬，楚鬭穀於菟伐隨，取成而還。」○愚按：楚力方彊，隨欲復漢東諸侯於中國，而德不足以勝之，此其所以召兵而自屈也。左氏罪其不量力，未若孟子師文王之論。

二十有一年，春，狄侵衛。因邢之盟也。孝公不能嗣父之業，楚、狄皆因之以爲中國患，此齊、邢之盟所以兩書，而邢、衛並受其禍也。

宋人、齊人、楚人盟于鹿上。杜氏注：「鹿上，宋地。汝陰有原鹿縣。宋主盟，故在齊、楚上。」○傳：「宋爲鹿上之盟，以求諸侯於楚。公子目夷曰：『小國爭盟，禍也。宋其亡乎？幸而後敗。』初，襄公欲合諸侯，臧文仲聞之，曰：『以欲從人則可，以人從欲鮮濟。』」

○今按：霸中國者，宋之欲也；亂中國者，楚之欲也。欲霸中國而求之於夷狄亂常之楚，與之同盟，此春秋所以列序而人之，以著襄公之自取敗辱也。

夏，大旱。

秋，宋公、楚子、陳侯、蔡侯、鄭伯、許男、曹伯會于盂。執宋公以伐宋。盂，公羊作「霍」，穀梁作「雩」。○傳：「諸侯會宋公于盂。子魚曰：『禍其在此乎！君欲已甚，其何以堪之？』於是楚執宋公以伐宋。」○公羊傳：「宋公與楚子期以乘車之會，公子目夷諫曰：『楚，夷國也，强而無義，請以兵車往會。』宋公曰：『不可。吾與之約以乘車之會，自我爲之，自我墮之，不可。』楚人果伏兵車，執宋公以伐宋。」○愚按：孔子相定公，會齊侯，此會中國也，猶以文事不可無武備，請司馬以行，以楚之夷，而可信其詐僞之約乎？徒出會之，是輕以其身溷於虎狼之群也，不免宜矣。陳、蔡、鄭、許、曹，皆中國也，鑾夷執會主〔一〕，而無一人伸義，以正其曲直之分，豈非自同於夷狄之類乎？故以諸侯同「執」爲文，亦以罪襄公，非但不能識楚人譎詐之心，且無以知五國之不同心，而輕爲是會也。愎

〔一〕「主」，華亭義塾本作「王」。

諫求欲，以及於禍，所謂愚而好自用者，宋襄之謂與！

冬，公伐邾。爲邾滅須句故。

楚人使宜申來獻捷。來魯獻捷者，僖公雖不與於盂之會，而魯爲中國之大邦，楚方求駕中國，故假宋捷以威魯也。楚子稱「人」，貶其詐以執宋公也。上書諸侯執宋公，而此書楚獻捷，足以明楚之執矣。逞其詐力而誇示於我，僖公不能拒絕，而受其使命，待以賓禮，特書「來獻」而不言宋，爲内諱也。盂之會，諸侯以同「執」貶〔一〕，宜申之來魯，以受捷諱惡，或抑或揚，婉而成章，此之謂也。

十有二月，癸丑，公會諸侯盟于薄，釋宋公。薄，任氏曰：「史記作『亳』，漢山陽薄縣，湯所都也。」按地譜：「拱州考城，漢薄縣，即湯都。」古字通用。○宋與楚本無怨隙，特以襄公不勝其求諸侯之欲，而請于楚，楚反以詐執之。諸侯若能使宋人征繕而修文告之辭，明宋之直，正楚之罪，則楚人當義愧情屈，而歸宋公之不暇矣。今僖公脅於獻捷之威，而不知明自反而縮之義，伸中國之正理，反與五國爲會，求盟於楚，以請宋公，而後得

〔一〕通志堂本「貶」上有「示」字。

釋，正中楚人之詭計。春秋不書「會楚子」，而曰「會諸侯」，亦不書「宋公歸自楚」，而曰「釋宋公」，蓋其執、其釋，皆制於夷，而聖人務全中國之體，故諱之而書曰：「公會諸侯于薄，釋宋公。」諱之者，蓋以爲中國之大恥，而罪魯與諸侯之無能爲也。

二十有二年，春，公伐邾，取須句。句，公羊作「朐」，後同。○須句，今東平府須城縣。○傳：「任、宿、須句、顓臾，風姓也。邾人滅須句，須句子來奔，因成風也。成風爲之言於公。春，伐邾，取須句，反其君焉。」○今按：僖公非有崇明祀、保小寡之公心，而徒徇母之私意。故此役之舉，無以服邾，而致升陘之寇。春秋書之，亦不異於他日之伐取也。

夏，宋公、衛侯、許男、滕子伐鄭。傳：「鄭伯如楚。夏，宋公伐鄭。子魚曰：『所謂禍在此矣。』」○今按：襄公嘗困於楚矣，疾疢雖甚，而德慧術知未有以增益其所不能。穀梁氏所謂「不能反其知以治人，過而不改，而又甚之」者也。

秋，八月，丁未，及邾人戰于升陘。傳：「邾人以須句故出師。公卑邾，不設備而禦之。臧文仲曰：『國無小，不可易也。無備，雖衆不可恃也。詩云：「敬之敬之，天維顯思，命不易哉！」先王之明德，猶無不難也，無不懼也，況我小國乎！』弗聽。戰于升陘，我師敗績。」郛人獲公胄，縣諸魚門。」○今按：書「及」，公戰也。不言敗，諱恥也。存心苟公，臨事必懼，觀此則知春取須句，非有存亡繼絶之公心審矣。

冬，十有一月，己巳，朔，宋公及楚人戰于泓，宋師敗績。傳：「楚人伐宋以救鄭。宋公將戰，大司馬固諫，弗聽。戰于泓。宋人既成列，楚人未既濟，司馬曰：『彼衆我寡，及其未既濟也，請擊之。』公曰：『不可。』既濟而未成列，又以告。公曰：『未可。』既陳而後擊之，宋師敗績。公傷股，門官殲焉。國人皆咎公。公曰：『君子不重傷，不禽二毛。寡人雖亡國之餘，不鼓不成列。』子魚曰：『君未知戰，勍敵之人隘而不列，天贊我也。阻而鼓之，不亦可乎？猶有懼焉。雖及胡耇，獲則取之，何有於二毛？明恥教戰，求殺敵也，傷未及死，如何勿重？若愛重傷，則如勿傷；愛其二毛，則如服焉。』」○愚謂：觀春秋以襄公主是戰，則知聖人罪其愎諫求欲，昧大義而徇小節，以取敗國殄民自及其身之禍。楚子救鄭而不言救，又貶稱「人」，惡夷狄也。

二十有三年，春，齊侯伐宋，圍緡。緡，穀梁作「閔」，後同。○漢志：「山陽郡東緡縣，春秋時作緡。」今濟州金鄉縣是。○十八年，宋伐齊，納孝公也。齊侯忘宋襄納己之德，而修伐宋之舊怨，因宋襄敗于泓而圍其邑，穀梁傳所謂「不正其以惡報惡」也。

夏，五月，庚寅，宋公茲父卒。 茲，公羊作「慈」。○傳：「傷於泓故也。」○愚謂：僖公已有志於附楚，忘盟薄之信，故不會宋襄之葬。

秋，楚人伐陳。 傳：「楚成得臣帥師伐陳，以〔一〕其貳於宋也。遂取焦、夷，城頓而還。子文以爲之功，使爲令尹。」成得臣，子玉也。成得臣敢於猾夏，而鬭穀於菟賞以貴仕，春秋人之，意可見矣。

冬，十有一月，杞子卒。 杞成公也。杞，夏之後，周之三恪。桓公之世稱「侯」，及朝莊公稱「伯」，微弱故也。今稱「子」者，傳以爲「杞，夷也」。夷而稱「子」，所謂中國諸侯而用夷禮，則夷之者也。

二十有四年，春，王正月。

夏，狄伐鄭。 二十年，鄭人入滑，滑人聽命，後又即衛，鄭又伐之，王使爲之請。鄭怨王與

〔一〕「以」，左傳作「討」。

衛、滑，不聽王命，而執王〔一〕使，王怒，將以狄伐鄭。富辰諫曰：「鄭，懿親也；狄，聾昧頑嚚之姦也。今天子不忍小忿，棄鄭親以從諸姦，無乃不可乎？」襄王弗聽，使頹叔、桃子出狄師。夏，狄伐鄭，取櫟。○襄陵許氏曰：「鄭執王使，是無王也。王啓狄師，是無中國也。天下何恃不亂？近世如唐、晉，資夷狄之力以定中國，蓋不講於春秋戒襄王之所以出也。」

秋，七月。

冬，天王出居于鄭。 傳：「王德狄人，將以其女爲后。富辰諫曰：『狄固貪惏，王又啓之，女德無極，婦怨無終，狄必爲患。』王又弗聽。初，王子帶〔二〕有寵於惠后，惠后將立之，未及而卒。帶奔齊，王復之，又通於隗氏。王替隗氏。頹叔、桃子曰：『我實使狄，狄其怨我。』遂奉大叔以狄師攻王。王御士將禦之，王曰：『先后其謂我何？寧使諸侯圖之。』王遂出。及坎欿，國人納之。秋，頹叔、桃子復奉帶以狄師伐周，大敗周師，獲周公

〔一〕「王使」，左傳作「二子」。
〔二〕「王子帶」，左傳作「甘昭公」。

忌父、原伯、毛伯、富辰。王出適鄭，處于汜。帶〔一〕以隗氏居温。」〇今按：鄭非王居，而言居于鄭者，普天之下，莫非王土也。然王之失德，自我致寇，故自周無書「出」者，而特書「出居于鄭」，如王者無敵而書「王師敗績于茅戎」，皆言其自取之，以見「天難忱斯，不易維王」，不可以不戒也。

晉侯夷吾卒。按傳：晉惠公以二十三年九月卒，其子圉懷公嗣立。今年正月，秦伯納文公重耳。二月，入于曲沃，使殺懷公于高粱。不書，皆不告也。杜預以爲：「文公定位而後告。」惠公喪，春秋據諸侯策書赴告而作經，徐邈論之詳矣。

二十有五年，春，王正月，丙午，衛侯燬滅邢。初，衛文公將伐邢，禮至曰：「不得其守，國不可得也。我請昆弟仕焉。」乃往，得仕。春，衛人伐邢，二禮從國子巡城，掖以赴外，殺之。正月，丙午，滅邢。禮至爲銘曰：「余掖殺國子，莫余敢止。」邢，周公之胤也。聖人以興滅繼絶爲心，而甚惡不仁而滅絶宗祀者。至於同所自出，不知相保而肆强以絶滅

〔一〕「帶」，左傳作「大叔」。

之，又使其臣爲譎詐之事，行盜賊傾覆之計，人〔一〕理所不容，故名之，同於楚子虔之誘殺也。

夏，四月，癸酉，衛侯燬卒。

宋蕩伯姬來逆婦。伯姬，魯女而爲蕩氏之婦者也。逆婦不書蕩氏，使姑來魯逆婦，非禮也。諸侯嫁女於大夫，主大夫以與之，公之自主之，亦非禮也。兩譏之。○臨江劉氏曰：「内女雖親，體不敵則不書於策，所以尊君也。今君失其禮，以愛易典，主大夫之昏，是卑朝廷而慢宗廟，非安上治民之節也。」

宋殺其大夫。義見「曹殺其大夫」注。

秋，楚人圍陳，納頓子于頓。頓，姬姓國。杜氏注：「汝陰南頓縣。」今屬陳州。○頓子迫於陳，而不能有其國，故楚圍陳，然後能納之。聖人書此，見中國諸侯不能恤小國而定其位，反使夷狄行其義，閔中國之無霸也。

葬衛文公。

〔一〕「人」，通志堂本作「天」。

冬，十有二月，癸亥，公會衛子、莒慶，盟于洮。洮，魯地。衛成公稱「子」，喪未踰年也。莒慶不氏，未命也。○傳：「衛人平莒于我，盟于洮，修文公之好，且及莒平也。」

二十有六年，春，王正月，己未，公會莒子、衛甯速，盟于向。速，公羊作「遫」。○向，見「莒人入向」注。十二月已盟，今又屢盟，所以致齊之討也。

齊人侵我西鄙。傳：「討是二盟也。」

公追齊師至酅，弗及。酅，公、穀作「巂」。○杜氏注：「濟北穀城縣西有地名酅下。」後漢屬東郡，今屬東平府東阿。○穀梁傳：「弗及，内辭也。可以及而不敢及。」○臨江劉氏曰：「所謂『弗及』者，非弗能及也，弗敢及也。寇至不能禦，追又不敢及，非爲民父母之道，舉百姓而棄之也。」

夏，齊人伐我北鄙。傳：「齊孝公伐我北鄙。公使展喜犒師，使受命于展禽。齊侯言：『室如懸罄，野無青草，魯人恐乎？』對以周公、大公之盟誓。齊侯乃還。」春秋以其争盟而侵伐亟舉，故人之。

衛人伐齊。二盟乃衛人平莒于我，故爲魯伐之。

公子遂如楚乞師。傳：「東門襄仲、臧文仲如楚乞師。臧孫見子玉而道之伐齊、宋，以其不臣也。」○愚嘗論之：僖公初年，頗有意於治國，務農閔雨，國以殷富，詩、春秋可見也。中年以來，漸肆荒怠。初附齊桓，浸失政於大臣，滅項取執。齊桓既没，不及閒暇修明政刑，民事既荒，國備不立，齊人再伐，已不能支，而遠乞師於夷狄，以刷其恥。孔子罪臧文仲竊位，蓋爲人臣謀國而從公子遂遠借兵於强夷。此春秋特書「如楚乞師」，深罪爲國之無謀也。使其立展禽以爲政，所以輔僖公者，必有道矣，何至乞楚師以伐齊哉？

秋，楚人滅夔，以夔子歸。夔，今之歸州秭歸及興平縣皆有夔子城。公羊作「隗」，非是。○傳：「夔子不祀祝融與鬻熊，楚人讓之，對曰：『我先王熊摯有疾，鬼神弗赦而自竄于夔。吾是以失楚，又何祀焉？』楚成得臣帥師滅夔，以夔子歸。」○臨江劉氏曰：「楚祖鬻熊，夔祖熊摯。諸侯之祀，不過其祖，是夔於祀典不得祀祝融與鬻熊也。而楚反以是責而滅之，貪而不義，楚罪大矣。故夔子不名，所以黜楚而伸夔也。」

冬，楚人伐宋，圍緡。傳：「宋以其善於晉侯也，叛楚即晉。冬，楚令尹子玉、司馬子西帥師伐宋，圍緡。」

公以楚師伐齊，取穀。書「以」，義見桓十四年。楚師而魯君以之，楚以其衆付魯，使自用之以伐齊也。伐霸主之後，用夷狄之兵，僖公之免可謂幸矣。

公至自伐齊。親夷狄，伐鄰國，特書「至」，危之也。

二十有七年，春，杞子來朝。杞書「子」，見二十三年注。

夏，六月，庚寅，齊侯昭卒。傳：「齊孝公卒，有齊怨，不廢喪紀，禮也。」

秋，八月，乙未，葬齊孝公。

乙巳，公子遂帥師入杞。傳：「入杞，責禮也。」〇愚謂：人方來朝，而帥師入之，以怨報德，此所謂「欲加之罪，何患無辭」者也。

冬，楚人、陳侯、蔡侯、鄭伯、許男圍宋。傳：「楚子及諸侯圍宋。」〇穀梁傳：「楚人者，楚子也，其曰『人』何也？人楚子，所以人諸侯，不正其信夷狄而伐中國也。」〇趙氏曰：「四國申夷狄之威，屈中國之義。書曰『楚人』，則陳、蔡、鄭、許從之之罪昭然可見矣。」

十有二月，甲戌，公會諸侯盟于宋。詩頌僖公：「戎狄是膺，荆舒是懲。」而春秋書公會諸侯盟于薄、于宋，皆楚子爲會主也。膺狄懲荆，從齊桓也；會楚，虐齊、宋，僖公親之也。然猶曰「會諸侯」，不曰「會楚」，使公從夷狄之罪，必待考而後見。聖人之忠厚、春秋之微婉，概可見矣。

二十有八年，春，晉侯侵曹。晉侯伐衛。傳：「宋公使公孫固如晉告急。先軫曰：『報施救患，取威定霸，於是乎在矣。』狐偃曰：『楚始得曹，而新昏於衛，若伐曹、衛，楚必救之，則齊、宋免矣。』春，晉侯將伐曹，假道于衛，衛人弗許。還，自南河濟，侵曹伐衛，取五鹿。晉侯、齊侯盟于斂盂。衛侯請盟，晉人弗許。」〇今按：「報施救患，取威定霸」者，文公君臣之規模也，故先侵曹伐衛。若以大義興師，則當先乞師伐齊，從楚圍宋之罪，而魯與陳、蔡所宜首加討伐，曹、衛之新附，豈侵伐所當先哉？況昵齊與盟，而不許衛請，足以見其志止在恩怨之分明，而諸侯之有罪、無罪，初未嘗問也。此其志之私且狹，又在齊桓之下矣。

公子買戍衛，不卒戍，刺之。傳：「公懼於晉，殺子叢以説焉。謂楚人不卒戍也。」子叢，買字。〇今按：懼於晉而殺公子買者，其實也；謂不卒戍而刺之者，以解於楚也。蓋戍衛者，楚命也。魯、衛本兄弟之國，若推至公之心，俾買往戍之，則買之不卒戍可誅。然其名如此，而其情則不然。書之之詳，所以見其辭之不直而情之甚私。買之死，實非其罪，不止於專殺大夫而已也。

楚人救衛。衛服罪請盟，文公不許，懷報怨之意，不聽衛侯之改過自新，失霸主寬洪之德。故春秋與夷狄以恤患之名，罪晉文之忌克也。

三月，丙午，晉侯入曹，執曹伯，畀宋人。傳：「晉侯圍曹，聽輿人之謀，稱舍於墓。曹人兇懼，因其兇也而攻之。入曹，數之，以其不用僖負羈而乘軒者三百人也。令無入僖負羈之宮而免其族。宋人使門尹般如晉師告急。公曰：『宋人告急，舍之則絕。告楚，不許。我欲戰矣，齊、秦未可，若之何？』先軫曰：『使宋舍我而賂齊、秦，藉之告楚。我執曹君，而分曹、衛之田以賜宋人。楚愛曹、衛，必不許也。喜賂怒頑，能無戰乎？』公說，執曹伯，分曹、衛之田以畀宋人。」○杜氏注：「執諸侯當以歸京師，晉欲怒楚使戰，故以與宋，所謂譎而不正。」愚按：自晉侯侵曹至此，皆春秋著文公致楚與戰之由也。

夏，四月，己巳，晉侯、齊師、宋師、秦師及楚人戰于城濮，楚師敗績。齊桓之伐楚，致屈完于召陵，楚未大創也。故次年即滅弦、救〔一〕鄭，終桓公之霸，楚爲患而不能

〔一〕「救」，原作「誘」，據通志堂本改。

制。文公欲霸天下，以爲楚不大創不足以定霸，故欲戰而勝楚以取威，而後霸業定。當是時，楚爲齊、宋二國之患，救之宜也。然文公出亡之時，見禮於齊、宋二國，而過衛與曹，皆不禮而見辱。故其救患之心，止在於報施，曹、衛二國負不禮之罪而與楚，非如魯與陳、蔡有附楚圍伐中國之罪也。文公欲虐曹、衛以報怨，且致楚與戰以取威，乃不許衛盟，使衛出其君，執曹伯，以快宋人之心，因激楚人之怒，而使之不得不戰，以取一勝之功。其救患取威，皆譎而不正之事。雖楚自是大創，而行不義、殺不辜，亦已多矣。故賤楚而稱「人」，以夷狄之，書晉侯主是戰，誅文公之心也。

楚殺其大夫得臣。楚子使得臣去宋，曰：「無從晉師。晉侯在外十九年矣，而果得晉國，險阻艱難，備嘗之矣，人之情僞，盡知之矣。天之所置，不可廢也。」得臣請戰，曰：「非敢必有功也，願以間執讒慝之口。」既敗，王使謂之曰：「大夫若入，其若申、息之老何？」及連穀而死。今稱國以「殺」者，楚子自得臣伐陳立爲令尹，授以兵柄，令其圍陳、圍宋，所以道之，無非猾夏狃勝之事。故雖知晉之不可敵，而不能使之退師，況得臣之剛而無禮，方且恨其君不殺晉公子以致此，而輕視文公，志在狃勝，豈一日之言所能號令之哉？師敗而不能自反其平日求勝無厭之罪，方且責其無以見申、息之老，故春秋謂得臣乃楚子之大夫，平日縱使其猾夏求勝，及其一敗，而輒殺之也。故稱國以殺，而不去其官。

衛侯出奔楚。衛文公不禮晉文，敵怨不當在其後嗣，而文公報怨之意未嘗一日忘于心。故衛人雖未嘗從楚圍伐宋、齊，而首伐之，請盟弗許，致其國人出君以說于晉，皆盟主徇私之所致也。故曰：衛之禍，文公爲之。而衛侯不名，責晉文也。○胡氏曰：「高祖封雍齒而功臣皆喜，光武燒棄文書而反側悉安，使文公釋怨，許衛請盟，則諸侯歸心矣。忿不思難，惟怨是圖，必使衛侯竄身無所，奔于荆蠻，兄弟相殘，君臣交訟。夫心不外者，乃能統大衆；智不鑿者，乃能處大事。文公欲主夏盟，而舉動煩擾若不勝任者，惟鑿智自私而心不廣也。」

五月，癸丑，公會晉侯、齊侯、宋公、蔡侯、鄭伯、衛子、莒子，盟于踐土。陳侯如會。王者之威不足以制諸侯，而諸侯之力乃足以攘却夷狄、懷服天下。聖人於易坤五爻繫之辭曰：「黄裳，元吉。」謂必得中居下，則大善之吉也。文公於勝楚之後，即帥諸侯朝天子，然後受侯伯錫命之策，對揚大輅、戎輅、彤弓、虎賁之賜，乃合於「在師中，吉」而當三錫之命，以懷服萬邦，即所謂「黄裳，元吉」，得坤德之正矣。文公負震主之威，不帥諸侯朝王，而致天子屈尊下勞，失正位居體之道，非所以正天下大分。諸侯之受盟，陳侯之新附，皆爲文公而來，若書天王下臨，而列踐土之盟，則尊卑倒植，綱常易矣。故即其可書者記之，而天王下勞没而不書，以示天下之大訓。書公會晉侯、某人、某人，盟于踐土，陳侯如會，公朝于王所，正胡氏所謂「去其實以全名，而天下之大倫尚存而不滅」者也。故曰：非聖人孰能修之！

公朝于王所。言「王所」，則非京師也。言「所」而不言京師，後人不知其諱，而謂出居于鄭，未復京師，皆不考本末而昧於春秋之大旨也，豈知婉而成章之法固見於此與？

六月，衛侯鄭自楚復歸于衛。衛成公之書「復歸」，蓋位本其位，而國本其國也。然而名之，何也？聽讒慝之言，殺無罪之弟也。或曰：殺之者前驅也，則衛侯何罪？蓋殺元咺之子角，又自疑叔武先期而入，此叔武之所以死於前驅也。

衛元咺出奔晉。易曰：「自下訟上，患至掇也。」成公殺叔武，雖可謂大弗友，元咺以臣而訟君，可乎？然亦晉文惡衛侯之心有以召之也。雖赴愬于晉而得志，亦著其當誅之罪也。

陳侯款卒。

秋，杞伯姬來。公子遂如齊。杞伯姬來而入杞之怨釋，公子遂如齊而取穀之憾解。中國貴於霸權之立如此，此可以觀邵子所謂「功之首」者矣。

冬，公會晉侯、齊侯、宋公、蔡侯、鄭伯、陳子、莒子、邾子、秦人于温。穀梁無「齊侯」。○傳：「討不服也。」○杜氏注：「陳共公稱『子』，先君未葬也。宋襄公稱『子』，而從本班。今陳稱『子』，降在鄭下，陳懷公稱『子』，乃在鄭上，主會者次之也。」○穀梁傳：「諱會天王也。」

天王狩于河陽。壬申，公朝于王所。河陽，古孟津地，今懷州河陽縣。○傳：「是會也，晉侯召王，以諸侯見，且請王狩。仲尼曰：『以臣召君，不可以訓。』書曰：『天王狩于河陽。』」語曰：「名不正則言不順。」以天子之尊，而下從臣召，其名不正，故温之會諱之。古有巡狩之禮，帝王以來，未之有改。王狩而諸侯朝，則名正而言順，故書之。如察其實，則踐土之盟，初無以異於河陽之狩，而晉文不能盡尊尊之義，猶前志也。後世如郭子儀、李晟立不世之勳，而自處未嘗敢有一日之過，君子與之。此邵子所以指文公爲罪之魁者也。○公羊傳曰：「不與再致天子也。」

晉人執衛侯，歸之于京師。此元咺訟衛侯于晉，而文公右元咺，故衛侯之詞不見直而見執也。天子在是，故遂以歸于京師也。或者乃以襄王至是乃復于京師，果如其言，則非有所諱，何爲而不書？況書執衛侯、歸京師，而天王之復乃不書，此必不然之理也。○程子曰：「『歸于』者，順易之辭；『歸之于』者，强歸之辭也。」君臣無獄，而文公惡衛侯，使與元咺辯曲直，衛侯不勝，遂刑其大夫，執其君，其聽頗矣。雖歸于王，而實强致之，故曰「歸之于京師」也。

衛元咺自晉復歸于衛。叔武雖死，而非成公實殺之，元咺豈得以此訟其君而致之縲絏？元咺歸衛，異於蔡季、華元之歸。特書「復」者，著其假霸主之力，遂其無君之心也。

諸侯遂圍許。會溫之諸侯也。許比再會不至，故共伐之。○襄陵許氏曰：「許能從齊而不能從晉，何邪？蓋齊桓自北杏後十七年，乃因侵許而服之。伐楚之後，許坐受圍，救而後定。蓋使失其所繫如此之難。自桓公之没，諸侯從楚衆矣，許在鄭之南，密邇於楚，至於此時，離中國久矣。許人一服楚之威令，是以難變也。」○今按：許固以其近楚而難從中國，然晉文一以威力控制諸侯，許亦知晉之威不足以芘己，而德不足以懷楚，是以果於不服。雖合中國之力，不能回之也。

曹伯襄復歸于曹。晉侯筮疾，曹伯之豎侯獳貨筮史，以得免。其歸之道不得其正矣。叔孫豹、叔孫婼見執於晉，或求貨而爲之言，豹與婼不與而拒之。大夫之知義者猶恥以貨利苟免也，況諸侯乎？曹伯襄之名，春秋以枉己者不足以正人，失君國之道也。

遂會諸侯圍許。曹伯迫於晉之威令，一年拘執而得釋，亟會於圍許之役。晉之强役已甚，而曹之弱可閔也。雖然，此亦豈所以服許哉？

二十有九年，春，介葛盧來。介，今密州膠西縣地，東夷國。葛盧，介國君之名。○傳：「介葛盧來朝，舍于昌衍之上。公在會，餼之芻米。」○公羊傳：「何以不言朝？不能乎朝也。」

公至自圍許。其致，以圍許久役而不能服也。

夏，六月，會王人、晉人、宋人、齊人、陳人、蔡人、秦人，盟于翟泉。公羊、穀梁作「公會」。翟，公羊作「狄」。杜氏注：「翟泉，洛陽城内大倉西南池水也。」○傳：「公會王子虎、晉狐偃、宋公孫固、齊國歸父、陳轅濤塗、秦小子憖，盟于翟泉，尋踐土之盟，且謀伐鄭也。」○程子曰：「晉連年會盟，皆在王畿之側，而此盟復迫王城，又與王人盟，强迫甚矣。故諱『公』，諸侯貶稱『人』，惡之大也。」○杜氏曰：「當是時，諸侯無事，王室無虞。而王子虎下盟列國，以瀆大典，諸侯大夫上敵王人、公侯，虧禮傷教，故於此諱公而人諸侯也。」王子虎不名，同貶也。

秋，大雨雹。胡氏曰：「雹者，戾氣之所感也。陰脅陽，臣侵君之象。僖公在位日久，政在大夫之所招也。」

冬，介葛盧來。傳：「以未見公，故復來朝也。」

三十年，春，王正月。

夏，狄侵齊。狄間晉有鄭虞而侵齊，文公終始以徇私報怨累其政，致夷狄内侵而不能攘却也。

秋，衛殺其大夫元咺及公子瑕。元咺有訟君之罪，其君執于京師而偃然歸國，假霸主之權以易置其君，罪固大矣。然書「公子瑕」，不與衛剽同，蓋瑕不居其位也。成公既殺叔武矣，立瑕者，元咺之罪，誅之可也。不自反其殺叔武非罪之過，又遷怒於瑕，親親相讎，非君國子民之道，故同以累上之辭言之也。

衛侯鄭歸于衛。衛侯得罪於霸主，納賂而歸。又殺公子瑕，長惡不悛，故書名而不曰「復」，以深罪之。

晉人、秦人圍鄭。按：左氏晉侯、秦伯也，而俱稱「人」，晉侯修怨殘民，秦伯同惡相濟，交貶之也。

介人侵蕭。再來魯，而次年遂侵蕭，求援而後舉兵也。與荆人、秦術之聘同。

冬，天王使宰周公來聘。天子三公兼冢宰，而使來聘魯，用見周室陵夷，大臣失職也。

公子遂如京師，遂如晉。胡氏曰：「此遂以二事出也。周以上公來聘，魯侯不朝，又使公子遂以二事出，夷王室於列國，大不恭之罪，不待貶而惡見也。」

三十有一年，春，取濟西田。公羊傳：「取之曹也。其言取之何？晉侯執曹伯，班其所侵地于諸侯也。」○趙氏曰：「凡力得之曰取，不當取也，惡其專有；雖取本邑，亦無異辭。」○愚按：復魯之舊地，亦與非其有而取之者同辭，蓋無王命以正疆理，皆取之不以其道也。況晉之奪諸曹以與魯，本以其私憾，而非有至公之義乎！

公子遂如晉。傳：「取濟西田，分曹地也。臧文仲往，宿于重館。重館人告曰：『晉新得諸侯，必親其共，不速行，將無及也。』從之。分曹地，自洮以南，東傅于濟，盡曹地也。襄仲如晉，拜曹田也。」詳此，則晉、魯之私概可見矣。

夏，四月，四卜郊，不從，乃免牲。魯之得郊，與其郊非禮，失文、武、周公之意，見於桓五〔一〕年「大雩」之釋詳矣。非魯之得爲，故不曰「大事于上帝」，而曰「郊」也。○公羊傳：「三卜，禮也；四卜，非禮也。禘嘗不卜，郊何以卜？卜郊，非禮也。卜郊何以非禮？天子祭天，諸侯祭土。天子有方望之事，無所不通。諸侯山川不在其封内者，則不祭也。」○愚按：公羊所傳，蓋先王祭禮之正法，周公豈自踰其制禮之意，而容後世子孫輕亂大典乎？故曰：「周公其衰也。」由是觀之，郊者乃魯歲舉之常祀，至此乃因四卜不從與三望而書之也。卜郊之禮，當以十二月下辛卜正月上辛；不吉，則以正月下辛卜二月上辛；又不吉，則以二月下辛卜三月上辛；又不吉，則不郊。今復以三月下辛卜用四月，故曰：「三卜，禮也；四卜，非禮也。」○穀梁傳曰：「免牲者，爲之緇衣纁裳，有司玄端奉送，至于南郊。免牛亦然。」○胡氏曰：「中庸曰：『郊社之事，所以事上帝也；宗廟之禮，所以祀乎其先也。明乎郊社之禮、禘嘗之義，治國其如指諸掌乎！』庶人之不得祭五祀，大夫之不得祭社稷，諸侯之不得祭天地，非欲固爲等差，蓋不易之定理也。知其理

〔一〕「五」，底本及華亭義塾本皆作「四」，據春秋經及通志堂本改。

之不可易，則安於分守，無欲僭之心矣，爲天下國家乎何有？」

猶三望。望者，望祭也。公羊曰：「泰山、河、海。」鄭康成以河不在魯竟，故以海、岱及淮爲徐州之竟，而魯之所祀。杜氏以爲分野之星，國中山川。孔氏疏曰：「魯於十二次降婁，魯之分野，其祭奎婁之神也。」○臨江劉氏曰：「星辰，民所瞻仰也；山川，民所取財用也。」愚謹按：公羊之説，必有所傳，鄭氏恐臆説。蓋天子四望，故王雖令魯郊，而止行祈穀之郊，今魯得望祭而特比天子闕其一，故三望與郊書之無異，而書曰「猶」。書「猶」，亦言不當望而猶望祭也。如使魯望祭不出竟，則何爲書「三望」而又加之曰「猶」？若「壬午猶繹」之書乎？故每於免牲不郊之下特書「猶」，以譏之也。

秋，七月。

冬，杞伯姬來求婦。易曰：「歸妹，天地之大義也，天地不交而萬物不興。歸妹，人之終始也。説以動，所歸妹也。『征凶』，位不當也；『無攸利』，柔乘剛也。」杞伯姬以求婦而踰境，是杞伯之不能正家也。僖公容其來求，是使柔乘剛，而國事制於婦人也。特書以爲婦人與政之戒，春秋閑有家之道嚴矣。成公世杞叔姬之不終，其歸杞不見經，或者權輿於此與？

狄圍衛。十有二月，衛遷于帝丘。狄閔二年入衛，齊桓公救而封之，自此狄不敢加兵於衛，桓公之力也。齊桓即世，衛文忘齊之大德，從宋襄伐齊，殺冢嗣而立不正，於是狄人始假義以伐衛。衛人忘恩而啓狄之寇，蓋始於此。自晉文興，不復侵伐相攻矣。今復圍衛，而衛迫狄遷都，此胡氏所以罪晉文不能攘夷，致爲中國之患。然非文公惡衛之深，屢行報怨之事，則狄亦不敢肆行如此也。帝丘，杜氏曰：「東都濮陽縣。帝顓頊之虚，故曰帝丘。」濮陽今屬開德府。

三十有二年，春，王正月。

夏，四月，己丑，鄭伯捷卒。公羊傳「捷」作「接」，鄭文公也。

衛人侵狄。秋，衛人及狄盟。傳：「狄有亂。衛人侵狄，狄請平焉。秋，衛人及狄盟。」○杜氏曰：「不地，就廬帳盟也。」○謹按：夷狄而即其廬帳以與盟，於是始有如唐德宗召平涼之辱者矣，所以特書而示戒也。

冬，十有二月，己卯，晉侯重耳卒。

三十有三年，春，王二月，秦人入滑。秦穆公謀鄭，而使三大夫千里襲之，事不成，而中道滅滑。公羊、左氏載其事詳矣。孟明視、西乞術、白乙丙不書，罪之也。滑國，見莊十六年幽之盟。

齊侯使國歸父來聘。

夏，四月，辛巳，晉人及姜戎敗秦于殽。左氏、穀梁作「秦師」，劉氏、胡氏從公羊。違老成之言，貪利越國以襲人而喪師，夷狄之道。公羊無「師」，蓋得聖人之意，必有所傳。穀梁傳以「敗秦師」爲狄之，蓋援中國與夷狄不言戰、皆曰敗之之例，恐非春秋意，其曰「秦之爲狄，自殽始」，意亦必有所傳，而失之也。○劉氏傳：「其謂之秦何？秦之所以爲狄者，與人之臣而謀其君，利人之喪而襲其國，弱人之孤而死其親，背大臣而與小臣圖事，貪得利而棄其師也。」○程子曰：「晉不稱君，居喪未葬，不可從戎也。忘親背惠，其惡大矣。故稱『晉人及姜戎』以罪之。」

癸巳，葬晉文公。傳：「晉發命，遽興姜戎。子墨衰絰，敗秦師于殽，遂墨以葬文公。晉於是始墨。」此穀梁氏所謂「譏其釋殯而主乎戰」也。

狄侵齊。

公伐邾，取訾婁。公羊作「叢」，穀梁作「訾樓」。

秋，公子遂帥師伐邾。僖公懷升陘之敗，以晉文方霸而未敢興報怨之師。今晉方有喪，秦、狄内訌，故君臣間有事而交伐邾以取利。具事直書，其罪見矣。

晉人敗狄于箕。傳：「晉侯敗狄于箕，郤缺獲白狄子。」杜氏注：「太原陽邑縣有箕城。」○任公輔曰：「白狄，狄别種也，西屬雍州，近於秦。」

冬，十月，公如齊。十有二月，公至自齊。傳以爲國歸父來聘，臧文仲以其有禮，而請公朝。以比事屬辭觀之，間晉而虐邾，所以因齊聘而朝之，以自託也。

乙巳，公薨于小寢。不終於路寢，言即安之，非正也。

隕霜不殺草，李、梅實。襄陵許氏曰：「僖公寬仁過厚，其失也豫，而文公以暗弱繼之。三桓之盛，自僖公始，卒以專魯。」咎證著矣。

晉人、陳人、鄭人伐許。許自文公所不能致，襄公今年敗秦、敗狄，又伐先世所不致之許。孔子曰：「遠人不服，則脩文德以來之。」今襄公承業之志，自以爲勤，然不知忘喪毒民，失道之甚也。

春秋卷第四

春秋卷第五

張洽集注

文公

名興，僖公之子，夫人聲姜所生。謚法：「慈愛惠民曰文。」

元年，春，王正月，公即位。

二月，癸亥，日有食之。公羊有「朔」字。

天王使叔服來會葬。傳：「内史叔服。」○公羊傳：「會葬，禮也。」

夏，四月，丁巳，葬我君僖公。五月而葬。

天王使毛伯來錫公命。傳：「毛伯衛也。」○穀梁傳：「禮有受命，無來錫命。錫命，非正也。」○劉氏曰：「錫命者何？命爲諸侯也。諸侯在喪稱『子』，踰年即位，喪畢以士服見於王，王乃於廟命之。喪未畢而命之，非禮也。既畢喪而不受命於天子，亦非禮也。」

晉侯伐衛。不朝霸主而伐同盟，此其所以受兵也。

叔孫得臣如京師。杜氏注：「得臣，叔牙之孫。」○傳：「拜錫命也。」○高郵孫氏曰：「文公即位未嘗如周，而天子使大夫來錫命。公受命矣，又不自朝，而使得臣往，其不臣可知矣。」

衛人伐晉。霸主聲罪致討，不自反其不仁無禮之罪，乃稱兵以伐之，故書「人」，罪孔達也。

秋，公孫敖會晉侯于戚。晉侯伐衛，圍戚，取之。秋，晉侯疆戚田，故公孫敖會之。戚，衛地，在頓丘衛縣西。

冬，十月，丁未，楚世子商臣弒其君頵。公羊、穀梁作「髡」。○不言其父而言其君者，稱「世子」，以見有父之親，稱「其君」，以見有君之尊，而商臣於二者之義絶也。推原其故，由楚子頵在位四十六年，更齊桓、晉文之時，僭王猾夏，力争諸侯。齊桓既殁，益肆憑陵，詐行戰勝，執宋、戍齊，毒被中國。及城濮之敗，聲勢消沮，欲易世子，謀及婦人，自取篡弒。蓋夷狄無道之極，感應之理，故至於此。後世如匈奴頭曼、魏拓跋珪、唐安禄山史思明朱全忠、本朝西夏曩霄，皆以夷狄盜賊毒被天下，中國不能制，而受禍於其子。積不善之餘殃，千載一律，故商臣之惡特書之，使爲君父者知謹履霜之戒，以此坊人，猶有在位日久，驟欲廢立，議論不決，以啓庶人劭之禍，如宋元嘉之主者。

公孫敖如齊。始聘，通嗣君也。

二年，春，王二月，甲子，晉侯及秦師戰于彭衙，秦師敗績。彭衙，秦地，杜氏注：「馮翊郃陽縣西北有彭衙城。」今屬同州白水縣。○秦孟明帥師伐晉，以報殽之役。晉侯禦之，及秦師戰，秦師敗績，晉人謂秦「拜賜」之師。○程子曰：「越國襲人，秦罪也；忘親背惠，晉惡也。秦經人之國以襲人，雖憤，無可爲辭矣，故來不稱『伐』。晉不諭秦而與戰，故書『晉及』；憤以取敗，故書『敗績』。」

丁丑，作僖公主。公羊傳：「爲僖公作主也。主者曷用？虞主用桑，練主用栗。用栗者，藏主也。作僖公主何以書？譏不時也。」○今按：事亡如事存，故作主以象神而祭之。禮，既葬作主於墓，不終日而虞祭，不忍一日忘親也。僖公元年四月葬，今乃作主，慢而違禮甚矣。

三月，乙巳，及晉處父盟。傳：「晉人以公不朝來討。公如晉。晉人使陽處父盟公以恥之。書曰『及晉處父盟』，以厭之也。適晉不書，諱之也。」○胡氏曰：「不書『公』者，抑大夫之抗，正君臣之分也。適晉不書，反國不致，爲公諱恥，存臣子之禮也。」○愚按：盟于晉之都而君不出，恥甚矣，故諱之。

夏，六月，公孫敖會宋公、陳侯、鄭伯、晉士縠盟于垂隴。隴，公羊、穀梁作「斂」。○杜氏注：「熒陽縣東有隴城，鄭地。」○傳：「公未至，穆伯會諸侯，及晉司空士縠盟于垂隴，晉討衛故也。陳侯爲衛請成于晉，執孔達以説。」

自十有〔一〕二月不雨，至于秋七月。穀梁傳：「歷時而言不雨，文不憂雨也。不憂雨者，無志乎民者也。」○胡氏曰：「書『不雨至于秋七月』，而不曰『至于秋七月不雨』者，蓋後言不雨，則是冀望欲雨之詞，而非文公之意也。夫書『不雨至秋七月』，即八月嘗雨矣，而不書八月雨，見文公不以民事繫憂樂也。其怠於政可知，而魯衰自此始矣。」

八月，丁卯，大事于大廟，躋僖公。大事者，因嘗祭而祔僖公于廟，大合自周公、伯禽以來之主于大廟而祭之，故曰「大事」，穀梁所謂「著祫嘗」，公羊所謂「毁廟之主〔二〕，陳于大祖，未毁廟之主，皆升合食于大祖」。五年而再殷祭」也。躋，升也。僖公乃閔公之臣子，宜祔于閔公之下，今用宗人夏父弗忌非禮之言，升僖公於閔公之上，故三傳以爲逆

〔一〕底本及華亭義塾本皆無「有」字，據春秋經及通志堂本補。
〔二〕「主」，原作「祖」，據公羊傳及通志堂本改。

祀。蓋昭穆祖禰至是逆亂，故特書以譏之。按：此乃吉祭，而不言者，閔二年書已明，此主爲逆祀書也。

冬，晉人、宋人、陳人、鄭人伐秦。傳：「晉先且居、宋公子成、陳轅選、鄭公子歸生伐秦，取汪及彭衙而還，以報彭衙之役。」○程子曰：「秦以憤取敗，晉可以已矣，而復伐秦，報復無已，殘民結怨，故貶稱『人』。」

公子遂如齊納幣。公羊傳：「納幣不書，此何以書？譏喪娶也。娶在三年之外，則何譏乎喪娶？三年之内不圖婚。三年之恩疾矣，非虚加之也，以人心爲皆有之。娶者，大吉也，非常吉也。其爲吉者，主乎己，以爲有人心者，則宜於此焉變矣。」

三年，春，王正月，叔孫得臣會晉人、宋人、陳人、衛人、鄭人伐沈。沈潰。沈，姬姓國，杜氏注：「汝南平與縣北有沈亭。」今按：漢志汝南治平與，故沈子國，今屬蔡州。○傳：「莊叔會諸侯之師伐沈，以其服於楚也。沈潰。凡民逃其上曰潰。」○常山劉氏曰：「兵加而民潰，君之不能可知矣。」

夏，五月，王子虎卒。傳：「翟泉之盟王人，王子虎也。王叔文公卒，來赴，弔如同盟。」

○胡氏曰：「王子虎不書爵，譏之也。天子内臣無外交。以同盟而致恩禮，是以私情害公義也。」

秦人伐晉。傳：「秦伯伐晉，濟河焚舟，取王官及郊。晉人不出。遂自茅津濟，封殽尸而還。」○今按：秦穆公既歸自殽，而作秦誓矣。然彭衙及此役，猶以報復爲事，豈非悔過之心不能勝其恥敗之心而至此乎？秦伯書「人」，罪之也。

秋，楚人圍江。江，見僖公二年。

雨螽于宋。記異。

冬，公如晉。

十有二月，己巳，公及晉侯盟。傳：「晉人〔一〕懼其無禮於公也，請改盟。公如晉，及晉侯盟。」○不書地，盟于晉都也。

晉陽處父帥師伐楚以救江。公羊、穀梁並無「以」字。○公羊傳：「此伐楚也，其言救江何？爲諼也。其爲諼奈何？伐楚爲救江也。」○胡氏曰：「『以』者，不以者也。救江善

〔一〕「人」，原作「侯」，據左傳及通志堂本改。

矣，其書『以』何？當是時，楚有覆載不容之罪，晉宜大合諸侯，聲罪致討，庶幾震恐而江圍可解矣。計不出此，乃獨遣一軍遠攻彊國，豈能濟乎？然則救江雖善，而所以救之者，非其道矣。」○今按：楚商臣無父無君，乃欲致患於江，是禽獸逼人之甚。以中國諸侯爲己任者，豈得安居而以伐楚之任付之大夫而已乎？晉襄不能率諸侯乘此時誅之，此春秋特書以正其不能奉天討之罪也。

四年，春，公至自晉。自是而後，「公至」多書，前乎此者，遠不能詳，故多略也。

夏，逆婦姜于齊。程氏曰：「納幣在喪中，與喪昏同也。稱『婦姜』，已成婦也。不稱『夫人』，不可爲小君奉宗廟也。不書逆者，雖卿亦失其職矣。」○愚謂：聖人嚴吉凶之辨，蓋人之所以異於禽獸者，正以有父子之親，而三年之喪，哀戚之至也。國君爲風教之首，而納幣於喪中，此聖人所深痛，故變「逆女」爲「逆婦姜」，不復成其夫人之禮，以見人倫之本既已大失矣，何以正是國人而爲後嗣之基乎？

狄侵齊。

秋，楚人滅江。江之不祀，晉襄公之無遠謀也。

晉侯伐秦。傳：「圍祁、新城，以報王官之役。」○愚按：晉襄以王官之役不報爲恥，未若商臣之得志於江爲恥之大也。報秦而不誅商臣，使亂臣賊子得以夷滅小弱，逞其凶毒，晉襄之爲盟主末矣。比事書之，深罪晉侯不以江亡爲恥而敵秦怨也。

衛侯使甯俞來聘。甯武子也。

冬，十有一月，壬寅，夫人風氏薨。風氏之稱「夫人」，僖八年詳矣。○陸淳曰：「自成風之後，妾母皆僭用夫人之禮。故亦書『薨』，著其非禮。」○程子曰：「仲子始僭，尚未敢同嫡也。成風已後，嫡妾亂矣。」○胡氏曰：「禮，庶子爲君，爲其母無服，不敢貳尊者也。春秋於成風記其卒葬各以其實，不爲異辭，所以謹禮之變也。」

五年，春，王正月，王使榮叔歸含且賵。珠玉曰含。含，口實也。車馬曰賵。○胡氏曰：「不書『來』，請之也。」○劉氏曰：「王何以無『天』？言是非天之法也，始以妾爲嫡也。」

三月，辛亥，葬我小君成風。陸淳曰：「自葬成風之後，乃有二夫人祔廟，非禮也。」

王使召伯來會葬。穀梁「召」作「毛」。○召伯，天子卿。召，采地；伯，爵。王不稱「天」，與桓元年歸仲子賵及今年含且賵同，譏會寵妾之葬，失禮之甚也。○胡氏曰：「含賵而又葬，其事益隆，亂人倫、廢王法益甚矣。再不稱『天』，聖人於此尤謹其戒，而不敢略也。」

夏，公孫敖如晉。

秦人入鄀。今襄陽宜城縣地有故城。○傳：「鄀叛楚即秦，又貳於楚。夏，秦人入鄀。」

秋，楚人滅六。六國，皋陶之後，杜氏注：「今廬江六縣。」○任公輔曰：「地譜壽州安豐縣有六國故城。」今屬安豐軍。○傳：「六人叛楚即東夷。楚成大心、仲歸帥師滅六。楚公子燮滅蓼。臧文仲聞六與蓼滅，曰：『皋陶庭堅不祀忽諸。德之不建，民之無援。哀哉！』」

冬，十月，甲申，許男業卒。

六年，春，葬許僖公。

夏，季孫行父如陳。行父，季友之子。

秋，季孫行父如晉。

八月，乙亥，晉侯驩卒。公羊傳「驩」作「讙」。

冬，十月，公子遂如晉，葬晉襄公。

晉殺其大夫陽處父。晉狐射姑出奔狄。傳：「晉初蒐于夷，命狐射姑將中軍，趙盾佐之。已而大傅陽處父聘于衛，而至，遂改蒐于董，謂趙盾能，曰：『使能，國之利也。』乃以盾將中軍，而爲國政。及襄公卒，狐射姑怨陽處父易其班，使續鞫居殺陽處父。」〇按左氏，則若晉國之事一聽於陽處父者，及考穀梁氏所謂「君漏言」，則知易中軍之將乃陽處父密言於襄公，公不能謹，而輕漏之，以致狐射姑之殺處父。此春秋所以分其殺於君與大夫也。狐射姑使續鞫居殺處父，事已顯，故春秋微之；襄公漏言而害成於處父，其事幽晦，故書「晉殺其大夫」以明之。聖人於易節之初九明「不出户庭」之理，而於陽處父之事著其用，以示君臣所當謹密之法。

閏月，不告月，猶朝于廟。趙氏曰：「天子常以每歲冬班明年正朔於諸侯，諸侯受之，每月奉月朔甲子告廟，所謂稟正朔也。文公以閏非正，不告月朔，但以其日至廟拜謁而已，故曰：『猶朝于廟。』」〇愚按：月者，取日月之會辰而定朔閏者，所以定四時成歲、治曆明時之政，必先于此。天子以爲月而攽之，爲諸侯而不奉以告，是輕正朔而慢時令也。朝廟爲告朔也，文公以爲附月之餘日而不以告，則亦何以朝爲哉？故曰「猶朝于廟」，以譏其捨大政而謹小禮也。

七年，春，公伐邾。

三月，甲戌，取須句，遂城郚。 句，公羊作「朐」。○須句，見僖公二十二年注。郚，魯邑。○杜氏注：「卞縣有郚城。」今屬襲慶府泗水縣。○僖公伐邾，取須句，旋敗于升陘，邾復取之。是年伐邾，取之，因城郚邑，左氏謂「間晉難也」。

夏，四月，宋公王臣卒。宋人殺其大夫。 王，穀梁作「壬」。○父死未踰時，居不言之時而欲去群公子，以啓亂階，致大夫不得其死，故書「宋人殺其大夫」，以見國之所以亂者，由父始死而亟改其道也。昭公之見弒，兹可以占矣。

戊子，晉人及秦人戰于令狐。晉先蔑奔秦。 公羊傳「先蔑」下有「以師」字，其説無據，今從二傳。蔑，公羊作「眛」。○令狐，晉地。今河中府猗氏縣有令狐城。○傳：「晉襄公之卒也，大子少，欲立長君。趙盾曰：『立公子雍，好善而長，且近於秦，秦，舊好也。』乃使先蔑如秦，逆公子雍。至是，秦康公送公子雍于晉，穆嬴日抱大子以啼于朝，趙盾與諸大夫患之，且畏偪，乃背先蔑而立靈公，以禦秦師。訓卒利兵，秣馬蓐食，潛師夜起。戊子，敗秦師于令狐。先蔑奔秦，士會從之。」○今按：如左氏説，則書法當云「晉人敗秦師于令狐」，今書「晉及秦戰」，又不言敗者，秦之納不正，與晉逆公子雍，既而悔之，又不謝秦，皆罪也。然二國之兵，晉曲尤甚，故秦伯、趙盾皆稱「人」，而特以「晉及」書，且不書秦之敗，深罪晉之置君而不定也。先蔑書「奔」，使秦而逆公子雍，罪之也；不書「出」，遂在外也。

狄侵我西鄙。間秦、晉之争。

秋，八月，公會諸侯、晉大夫，盟于扈。扈，鄭地，杜氏以爲滎陽卷縣西北有扈亭。卷縣，今之鄭州原武縣也。○傳：「齊侯、宋公、衛侯、鄭伯、許男、曹伯會晉趙盾，盟于扈，晉侯立故也。公後至，故不書所會。」○程子曰：「文公怠政，事多廢緩，既約晉盟而後至，故書往會而隱其不及，以不序諸侯與大夫之名者而見之也。」趙盾會諸侯，靈公少故也。

冬，徐伐莒。公孫敖如莒涖盟。涖，公、穀作「莅」。○傳：「莒人來請盟，而公孫敖往涖之。」○穀梁傳曰：「其曰莅，前定也。」

八年，春，王正月。

夏，四月。

秋，八月，戊申，天王崩。

冬，十月，壬午，公子遂會晉趙盾，盟于衡雍。衡雍，鄭地。後漢河南卷縣有垣雝城，古衡雍也，與扈相近。○晉以扈之盟後至來討，公子遂會盟以報之。自晉文翟泉之盟付之諸大夫，文公復以國事付之公子遂，而不知一國之禮樂征伐皆自公子遂出，此敬嬴所以得窺伺閒隙，私事之以肸胎殺適立庶之禍也。

乙酉，公子遂會雒戎，盟于暴。公羊作「伊雒戎」。○傳：「遂會伊雒之戎。」按：僖十一年，揚、拒、泉、皋、伊雒之戎同伐京師。○杜氏注：「雒戎居伊水、雒水間者。」暴，鄭地。○盟晉未幾，而遂會雒戎，不以「遂事」言之者，所以別夷狄於中國也。公子遂以見討而受盟于晉爲恥，遂會雒戎，以示服狄。春秋以戎狄尤不當與爲盟誓，故兩之，以示辨内外之法。

公孫敖如京師，不至而復。丙戌，奔莒。傳：「奔莒，從己氏也。」國君爲天子斬衰三年，公孫敖受命以赴天王之喪，而懷棄中之行，廢君命而徒返，已而淫奔。夫不至而復，已爲死誅不赦之罪，況奔莒從己氏乎？文公不能正典刑，聖人詳書其慢王棄君，忘哀廢命，容其復而後奔，深以著魯之無政刑也。

螽。

宋殺其大夫司馬。宋司城來奔。司城，司空也。宋以武公名司空，諱之曰司城。〇程子曰：「宋王者後，得自命官，故獨宋卿書官。」〇今按：昭公不禮襄夫人，故夫人因戴氏之族以殺大司馬公子卬。司城蕩意諸來奔。昭公初立，已欲去群公子，而致殺大夫之變。今又因不禮於君祖母，致大臣或死、或奔。春秋皆以官書，所以見六卿君所與圖政者，皆因君而死亡。故以國殺書之，以罪昭公也。

九年，春，毛伯來求金。毛伯，天子大夫。不稱「使」，天王崩未踰年，百官總己以聽冢宰之時，所以謹君臣之分，而明其責之所歸也。王喪未葬，喪紀所當令於諸侯者有常禮，非其道，則爲政者不當使出，使者不當承喪事求金。徵索非禮，特書以著其罪。

夫人姜氏如齊。歸寧也。

二月，叔孫得臣如京師。辛丑，葬襄王。

晉人殺其大夫先都。傳：「八〔一〕年，夷之蒐，晉侯將登箕鄭父、先都，而使士穀、梁益耳將中軍。先克曰：『狐、趙之勳，不可廢也。』從之。先克奪蒯得田于堇陰，故箕鄭父、先都、士穀、梁益耳、蒯得使賊殺先克。晉人殺先都、梁益耳。」○愚按：稱國者，君與大夫以政殺之也。然專殺大夫已有罪矣，加之以「人」，豈非賤人得以與謀，而政不出於一乎？故稱「晉人」，則殺之者不特君大夫而已，無政之甚也。

三月，夫人姜氏至自齊。夫人出而書「至」，蓋夫人與君一體，寧父母而告于廟，禮也。前此不書者，出不以禮，故不書。胡氏所謂「書之以見小君之重」者也。

晉人殺其大夫士縠及箕鄭父。書「晉人」，已見上，凡殺二大夫或三人；不書「及」者，其罪均也；書「及」者，因殺是人而并及之也，所以著罪輕而不當殺矣。○胡氏曰：「先都、士縠、箕鄭父挾私怨以作亂，固有罪矣。然不以討賊之詞書之者，靈公初立，主幼不君，政在趙盾，而中軍佐者，盾之黨也。若獄有所歸，此三人者，獨無可議從末減乎？而皆殺之，是大夫專生殺也。書『人』而不去士縠、箕鄭父之官，以示司賞刑者必本忠恕，無

〔一〕「八」，底本、華亭義塾本及通志堂本皆作「六」，據左傳改。

有偏黨之意。」

楚人伐鄭。公子遂會晉人、宋人、衛人、許人救鄭。傳：「范山言於楚子曰：『晉君少，不在諸侯，北方可圖也。』楚子師于狼淵以伐鄭，囚公子堅、公子尨及樂耳。鄭及楚平。公子遂會晉趙盾、宋華耦、衛孔達、許大夫救鄭，不及楚師。卿不書，緩也，以懲不恪。」○愚按：楚自城濮以來，不得志於中國，其君臣之心實未嘗一日忘也。趙盾爲政，無志於庇諸侯則已，今欲攘楚而大庇中夏，正當力懲其始，以振中國之威，乃視爲常役而緩不及事，諸大夫之師及鄭而楚已囚鄭公子而去，豈奉天討、拯焚溺之舉哉？楚子之聞宋殺申無畏也，投袂而起，屨及於窒皇，劍及於寢門之外，車及於蒲胥之市。嗚呼！夷狄之敏於猾夏如此，而趙盾自失攘却之幾乃如彼，此春秋所以悉人之也。

夏，狄侵齊。楚得氣去而狄交侵矣，故書以病晉也。

秋，八月，曹伯襄卒。

九月，癸酉，地震。陰盛陽微之異也。

冬，楚子使椒來聘。椒，穀梁作「萩」。○椒，鬬椒，鬬穀於菟之從子。○伐鄭而聘魯，亦遠交近攻之意也。

秦人來歸僖公、成風之禭。衣服曰禭。○杜氏謂：「秦慕諸夏，欲通於魯，因有翟泉之盟，故追禭僖公，并及成風。」○愚謂：當是時，秦、楚交聘〔一〕中國，秦欲伐晉，而歸禭于魯，猶楚欲圖北方而使椒來聘也。豈古者明王謹德足以賓之之比哉〔二〕！

葬曹共公。

十年，春，王三月，辛卯，臧孫辰卒。臧文仲自〔三〕莊公末已與聞國政，蓋魯之名大夫也。而四十餘年間，國政多疵，文公尤甚，由其知柳下惠之賢而不與立，故夫子尤譏其竊位。蓋仁者己欲立而立人，故不仁之罪，蔽賢爲首也。

夏，秦伐晉。傳：「晉人伐秦，取少梁。秦伯伐晉，取北徵。」秦以號舉，狄之也。春秋書兵，罪其報復不已，而狄之者三，秦、鄭、晉也。康公不紹其父悔過之謀，報復無已，故狄之。

〔一〕「聘」，原作「病」，據通志堂本改。
〔二〕「足以賓之」，通志堂本作「四夷咸賓」。
〔三〕「自」，原作「伯」，據通志堂本改。

楚殺其大夫宜申。傳：「宜申爲工尹，與子家謀弒穆王。五月，殺鬬宜申及仲歸。」〇今按：春秋於穆王之殺宜申，不以討賊之法書之者，用賢治不肖而不以亂易亂之義也。

自正月不雨，至于秋七月。著文公之志，不以雨爲念，故并三時而言之也。

及蘇子盟于女栗。不書「公」以盟天子之大夫，諱之也。

冬，狄侵宋。

楚子、蔡侯次于厥貉。胡氏曰：「伐而次者，其次爲善；次而伐者，其次爲貶。」蓋伐而次，則有抑鋒止鋭，以待其服之意；次而伐者，無故次止，久師藏禍，將以致毒於人也。下書「伐麇」，則此次爲欲猾夏審矣。然按左氏，陳、鄭、蔡、宋皆與，而止書蔡侯者，陳、鄭、宋出於畏而從楚，有不得已者，獨蔡侯從楚，得已不已，故免三國而止書蔡也。

十有一年，春，楚子伐麇。傳：「厥貉之會，麇子逃歸。春，楚子伐麇，成大心敗麇師于防渚。潘崇復伐麇，至于錫穴。」〇今按：楚侵伐書「子」始此，益彊盛也。

夏，叔彭生會晉郤缺于承匡。左氏本或作「叔仲」，陸德明云：「仲，衍字。」〇承匡，宋地，在陳留襄邑縣西，今拱州襄陵縣。〇傳：「會于承匡，謀諸侯之從於楚者。」〇杜氏

注：「九年，陳、鄭及楚平。十年，宋聽命于厥貉也。」

秋，曹伯來朝。傳曰：「文公即位而來見。」

公子遂如宋。傳：「襄仲聘于宋，且言司城蕩意諸而復之。」

狄侵齊。

冬，十月，甲午，叔孫得臣敗狄于鹹。傳：「鄋瞞侵齊，遂伐我。公卜，使叔孫得臣追之，吉。侯叔夏御莊叔，緜房甥爲右，富父終甥駟乘。敗狄于鹹，獲長狄僑如。富父終甥摏其喉，以戈殺之。」○杜氏注：「鄋瞞，狄國名，防風氏之後，漆姓。鹹，魯地。」

十有二年，春，王正月，郕伯來奔。郕，公羊作「盛」。○傳：「郕大子朱儒自安於夫鍾，國人弗徇。郕伯卒，郕人立君。大子以夫鍾與郕邽來奔。」○常山劉氏曰：「大子當立，郕人豈得而絶之！」故書曰「郕伯來奔」，春秋大居正之法也。

杞伯來朝。傳：「始朝公也。」○杜氏注：「舍夷禮，故稱『伯』。」

二月，庚子，子叔姬卒。文公女，故曰「子」，以别於先君之女也。

夏，楚人圍巢。杜氏注：「巢，廬江六縣東有居〔一〕巢城。」今無爲軍巢縣。

秋，滕子來朝。傳：「亦始朝公也。」

秦伯使術來聘。按傳，秦伯使西乞術來聘，且言將伐晉。并備載公子遂辭玉及賓答之詞。公子遂言：「不有君子，其能國乎？」而厚賄之。此足以見秦人以賄結魯，而魯亦厚賄答之。賓主相與以貨利，而坐視霸主之受兵，此比事以書，不待貶絶而惡見者也。

冬，十有二月，戊午，晉人、秦人戰于河曲。河曲，杜氏注：「在河東蒲坂縣南。」今河中府河東縣南有河曲。不書「及」，蓋言二國曲直之無以相尚，而黷兵殘民其罪均也。不書「敗績」，秦伯伐晉，而趙盾帥師禦之，欲待秦敝，而趙穿沮其謀，秦師遂遁，無勝敗也。秦伯、趙盾皆以「人」書，貶也。

季孫行父帥師城諸及鄆。鄆，公羊作「運」，後放此。○諸，見莊公二十九年注。鄆，魯之東鄆，今鄆州須城縣也。所謂莒、魯争鄆，蓋始于此。前此，莒未嘗與魯有争，且未嘗有事于鄆，今行父首帥師城二邑，以啓争端，魯自此與莒爲仇，而争由鄆始。書「帥師

〔一〕「居」，原作「古」，據左傳杜預注及通志堂本改。

城」，罪行父也。

十有三年，春，王正月。

夏，五月，壬午，陳侯朔卒。

邾子蘧蒢卒。蘧蒢，穀梁作「籧篨」。

自正月不雨，至于秋七月。

大室屋壞。大，公羊作「世」。○按：明堂位曰：「祀周公於大廟。」此大廟之室也。君子將營宮室，宗廟爲先，致孝享之敬，莫先於此，故穀梁氏曰：「爲社稷之主，而先君之廟壞，極稱之，志不敬也。」○胡氏曰：「不雨凡七月，而先君之廟壞，不恭甚矣。」書壞而不書其脩宗廟之事，不可不嚴且急也。

冬，公如晉。衛侯會公于沓。公羊「會」下無「公」字。

狄侵衛。

十有二月，己丑，公及晉侯盟。公還自晉。鄭伯會公于棐。「公還」，公、穀並無

「公」字。「棐」，公羊作「斐」。○傳：「公如晉，朝，且尋盟。衛侯會公于沓，請平于晉。公還，鄭伯會公于棐，亦請平于晉。公皆成之。」○杜氏注：「棐，鄭地。」

十有四年，春，王正月，公至自晉。公羊傳曰：「往黨，衛侯會公于沓，至得與晉侯盟；反黨，鄭伯會公于斐，善之也。」○今按：公羊氏之言，有舍爵策勳之意，故録之。

邾人伐我南鄙，叔彭生帥師伐邾。傳：「邾文公之卒也，公使弔焉，不敬。邾人來討，伐我南鄙，故惠伯伐邾。」○余氏曰：「居喪而伐人，與伐人之喪，其罪一也。」

夏，五月，乙亥，齊侯潘卒。傳：「子叔姬妃齊昭公，生舍。叔姬無寵，舍無威。公子商人驟施於國，而多聚士，盡其家，貸於公有司以繼之。昭公卒，舍即位。」

六月，公會宋公、陳侯、衛侯、鄭伯、許男、曹伯、晉趙盾。癸酉，同盟于新城。新城，宋地，杜氏注：「在梁國穀熟縣西。」今南京應天府也。○傳：「同盟于新城，從於楚者服，且謀邾也。」○今按：從楚者，宋、陳、鄭、許，宋、陳、鄭見十一年「承匡」注，許則自文公圍之不服，襄公又嘗伐之，今始與盟會也。同盟見莊公十六年。晉自襄公之末，楚再憑陵，趙盾得政，稍加和集。去歲，文公之朝衛，鄭求附，盾因此并招致，久負固之，許諸侯偕至，然後講同盟之禮，修復齊桓之故事。春秋以其僅能和集，不足以方首止、葵丘，況霸主不臨，政在大夫，故止書「癸酉，同盟于新城」而已。雞澤之盟，亦此例也。○胡氏曰：「考晉、楚行事，未有以大相遠也，而春秋與奪如此者，荆楚僭王，若與同好，是將代宗周爲共主，君臣之義滅矣，可不謹乎？」○愚謂：當是時，商臣有覆載不容之罪，不特僭王而已。春秋惡諸侯宗而事之，懼豺狼之逼人也。

秋，七月，有星孛入于北斗。孛，彗也。天之有彗，乃除穢布新之祥。其言入者，斗有環域，入其魁中也。○傳：「周内史叔服曰：『不出七年，宋、齊、晉之君皆將死亂。』」是後，齊弒君舍；十七年，宋弒昭公；十八年，齊又弒懿公；宣二年，晉弒靈公。劉歆云：「天之三辰，綱紀之星。宋、齊、晉，天子方伯，中國綱紀。斗七星，故曰不出七年。」○胡氏曰：「此三君，皆違道失德而死于亂，符叔服之言。天之示人顯矣，史之有占明矣。」

公至自會。

晉人納捷菑于邾，弗克納。捷，公羊作「接」。○邾文公元妃齊姜，生貜且；次妃晉姬，生捷菑。文公卒，邾人立貜且。趙盾新城之盟，謀立捷菑也，盾遂以師八百乘納捷菑于邾。邾人辭曰：「齊出貜且長。」盾曰：「辭順而不從，不祥。」乃還。○穀梁氏曰：「其曰

『人』，微之也。長轂五百乘，縣地千里，敻入人之國，欲變其主，至城下然後知，何知之晚也！曰『弗克納』，弗克其義也。」○陸淳曰：「書捷菑，與小白、去疾同。」廢置諸侯，王者之事，人臣專之，罪莫大焉。夫子善其聞義能徙，故爲之諱也。凡事不合理而心可嘉者，皆以諱爲善。○胡氏傳：「同人之九四曰：『乘其墉，弗克攻，吉。』象曰：『乘其墉，義弗克也。其吉，則困而反則也。』趙盾之謂矣。」

九月，甲申，公孫敖卒于齊。敖，八年如京師而奔莒者，其奔莒而從己氏也。魯立其子文伯穀。敖生二子於莒，而求復，穀以爲請。公子遂使無朝，聽命，復而不出，三年而盡室以復適莒。文伯疾，而請曰：「穀之子弱，請立難也。」文伯卒，立惠叔。敖請重賂以求復，難以爲請，許之。將來，九月，卒于齊。告喪，請葬，弗許。○愚按：人之所當謹者，始終之際也。夫子之論士曰：「行己有恥，使於四方，不辱君命，可謂士矣。」況大夫乎？公孫敖爲魯大夫，竄身於莒而無所容。歸從其子，爲大夫而不敢出，出入無詔於國，身死於旅而不獲歸，俯仰愧怍，無以立於天地之間。故特書「卒于齊」，以著其死而無所寧其身也。

齊公子商人弑其君舍。穀梁傳：「舍未踰年，其曰『君』，何也？成舍之爲君，所以重商人之弑也。」○陸淳曰：「聞之師曰：『聖人作春秋，以懲姦惡。若未踰年君被弑而不曰「君」，則逆亂之臣皆以未踰年而肆其凶惡，故原情立義，而以弑君書。』」○愚謹按：魯慶父之弑子般，公子遂之弑子惡，皆當從商人弑舍之例，惟奚齊以不正而特變書法。必如是，而後君臣適庶之分定矣。

宋子哀來奔。高哀爲蕭封人，以爲卿。不義宋公而出，遂來奔。書曰「宋子哀來奔」，貴之也。○今按：自宋昭公在位，始終無一善可稱，大臣死禍出奔者比比皆是，獨子哀潔身而去，不蹈隕身濡尾之悔。觀蕩意諸再歸而卒不免，則子哀之見幾而作，豈非既明且哲，仲山甫之流哉？故書字以與之。

冬，單伯如齊。單伯，魯大夫之命於天子者，自莊公元年至今已七十餘年，未必一人，或其子若孫與？

齊人執單伯。齊人執子叔姬。胡氏曰：「齊君舍，魯之甥也。商人弑舍，固忌魯矣。魯使單伯如齊，齊人意欲辱魯，故執單伯，并執子叔姬，而誣之以罪。不稱『行人』，公羊所謂『以己執之』者也。」○常山劉氏曰：「商人弑君之惡已顯，而執叔姬之事，聖人不獨罪商人也。齊人不討賊，俱北面事之，又執其君母，齊之人均有罪焉。故曰：『齊人執子叔姬。』」○愚謹按：執無罪而書「人」者，固春秋之例也，然其君無罪，則其臣當爲之用，而罪在上；其君當討之賊，而臣爲之用，則罪在下而不在上。夫篡弑之賊，人人得討之，商人既弑君矣，齊人不以爲不共戴天之讎，而相帥以爲之用，以至執鄰國之命卿與其君之母，則商人無責焉。所以致弑逆之人能執魯卿與君母者，不討賊之故也。胡氏論之已詳，其説出於劉質夫，質夫春秋之學，皆受於程子也，此義之精，非程子孰能發之？

十有五年，春，季孫行父如晉。爲單伯與子叔姬故也。魯不能閒暇明政刑，以義討齊，而反因晉以求於齊。行父爲大夫，不能請討弑君之賊，晉爲盟主，不能奉天討於商人，皆罪也。

三月，宋司馬華孫來盟。華耦之來，出於自請，故不稱「使」。結好合於事宜，能其官也。○高郵孫氏曰：「昭公闇亂，國事廢弛，大臣外奔。耦懼鄰國因間以謀其國，於是請來盟，以結好而紓難。宋大夫書於經多矣，惟三人以官舉，又皆在昭公之世，豈非節義之士因世亂而後顯與！」

夏，曹伯來朝。曹伯十一年來朝，今復至。

齊人歸公孫敖之喪。 敖以罪出奔，死于外，魯不許其歸葬。齊人使之飾棺置堂阜，其子難猶毁以爲請，立於朝以俟命。然後許其取殯葬視公子慶父。許其取葬者，以難爲大夫，且貴戚之卿也。趙鞅之誓師曰：「桐棺三寸，不設屬辟。素車樸馬，無入于兆。」此公孫敖之葬禮，孝子慈孫所不能改者與。

六月，辛丑，朔，日有食之。鼓，用牲于社。 注見莊二十五年。

單伯至自齊。 胡氏曰：「單伯，天子之命大夫，故逆王姬、會伐宋、使于齊皆書其字，致而不名，與意如、婼異者，無所書而不尊王命也。」〇愚謂：若如左氏之説，以單伯爲周大夫，則是齊人執王使。春秋既不書其自周來，魯又止書其至魯，而不復言其歸京師，是同之於魯之臣子，無復周、魯大夫之别，且無以明齊人之執王使，豈春秋辨上下、尊王室之義哉？

晉郤缺帥師伐蔡。戊申，入蔡。 傳：「新城之盟，蔡人不與。晉郤缺以上軍下軍伐蔡，曰：『君弱，不可以怠。』戊申，入蔡，以城下之盟而還。」〇愚謂：「君弱，不可以怠」，修德以來蔡，上也。缺乃以兵伐而入其國，徒示威武，暴及其都民，而蔡終不心服。謂之能輔霸主、服諸侯，可乎？言「伐」、言「入」，甚之也。

秋，齊人侵我西鄙。季孫行父如晉。傳：「齊人侵我西鄙，故季文子告于晉。」

冬，十有一月，諸侯盟于扈。傳：「晉侯、宋公、衛侯、蔡侯、陳侯、鄭伯、許男、曹伯盟于扈，尋新城之盟，且謀伐齊也。齊人賂晉侯，故不克而還。於是有齊難，是以公不會。書『諸侯盟于扈』，無能爲故也。」○胡氏曰：「八國之君不序，略之也。」夫夷狄然後略之，君臣同詞而不分爵號，曷爲略八國等於夷狄？弑君之賊，夫人之所得討也。故陳恒弑君，孔子沐浴而朝，告於哀公而請討。今商人弑君，晉與諸侯不奉天討，受賂而退，何以賢於夷狄哉？書「諸侯盟于扈」，皆當伏不能討賊之罪也。

十有二月，齊人來歸子叔姬。此齊商人既弑舍，而絶其母於齊，故不以出夫人之例書之。而書「齊人」者，亦若執單伯、執子叔姬之法，深罪其國人没於商人之私惠，反戴不共天之仇以爲君，而强出其君之母，莫之或正也。

齊侯侵我西鄙，遂伐曹，入其郛。郛，曹國之郭中也。○傳：「齊侯侵我西鄙，謂諸侯不能也。遂伐曹，入其郛，討其來朝也。」○襄陵許氏曰：「魯盡禮於晉而見侵莫恤，曹修禮於魯而被伐莫救，亂臣賊子肆行不忌，皆晉靈、趙盾失主盟之職也。」

十有六年，春，季孫行父會齊侯于陽穀，齊侯弗及盟。公有疾，使季文子會齊侯于陽穀，請盟，齊侯不肯，曰：「請俟君間。」商人無道，有弒君當討之罪，文公不能明政刑，舉大義，以致命使〔一〕執辱，邊鄙被兵，與國蒙伐，又使大夫自屈以請盟而不見答，可謂困心衡慮而無憤悱改圖之心。書此以見魯之衰，責文公之無志也。

夏，五月，公四不視朔。視朔，即朝廟而告朔也。今以疾，不行二月至五月之禮也。○公羊氏傳：「曷爲四不視朔？公有疾也。何言乎公有疾不視朔？自是公無疾不視朔也。然則曷爲不言公無疾不視朔？有疾，猶可言也；無疾，不可言也。」○今按：春秋微顯志晦之法無往不寓，以見諱國惡而不沒實之意。文公以疾不視朔，春秋書之，不用昭公有疾乃復之例，書「公有疾，四不視朔」，而特書「公四不視朔」，蓋文公自是因循，不講告朔之禮，以致餘公不復舉行，所以定、哀之時，聖人有「我愛其禮」之言。羊存而禮廢，其必始於此與！

六月，戊辰，公子遂及齊侯盟于郪丘。郪丘，公羊作「犀丘」，穀梁作「師丘」。公羊疏

〔一〕「使」，通志堂本作「卿」。

云：「正本作『菑丘』，故賈氏云：『公羊曰「菑丘」。』」齊地。○傳〔一〕：「公使遂納賂于齊侯，故盟于郪丘。」

秋，八月，辛未，夫人姜氏薨。僖公夫人，文公之母。

毁泉臺。傳：「有蛇自泉宫出，入于國，如先君之數。秋，聲姜薨，毁泉臺。」○臨江劉氏曰：「魯人以爲祥，而毁之，非明民之道。」○公羊傳：「先祖爲之，己毁之，不如勿居而已矣。」

楚人、秦人、巴人滅庸。傳：「楚大饑，戎伐其西南〔二〕，至于阜山，師于大林。又伐其東南，至于陽丘，以侵訾枝。庸人帥群蠻以叛楚，麇人率百濮聚於選，將伐楚。於是申、息之北門不啓，楚〔三〕謀徙於阪高，蔿賈曰：『不可。我能往，寇亦能往，不如伐庸。夫麇與百濮，謂我饑不能師，故伐我也。若我出師，必懼而歸。百濮離居，將各走其邑，誰暇謀人？』乃出師。旬有五日，百濮乃罷。自廬以往，振廩同食。次于句澨。使廬戢黎侵庸及庸方城。楚子乘馹，會師于臨品。分爲二隊，子越自石溪，子貝自仞，以伐庸。秦人、

〔一〕「傳」，原脱，據通志堂本補。
〔二〕「伐」，底本及華亭義塾本皆作「代」，據左傳及通志堂本改。
〔三〕左傳及通志堂本「楚」下有「人」字。

巴人從楚師。群蠻從楚子盟，遂滅庸。」○今按：庸乘饑饉，率蠻危楚，楚一畏徙，則〔一〕誠無以保其國矣。然禦變待敵，亦制服之而已，夷人宗社豈王法之所容乎？楚子克庸而遂滅之，其罪大矣，是以人楚子而罪其滅也。

冬，十有一月，宋人弒其君杵臼。 杵，公羊作「處」。○傳：「宋公子鮑禮於國人，宋饑，竭其粟而貸之，無日不數於六卿之門。國之材人，無不事也；親自桓以下，無不恤也。宋襄夫人助之施。昭公無道，國人奉公子鮑以因夫人。冬，十一月，甲寅，宋昭公將田孟諸。未至，夫人王姬使帥甸攻而殺之。司城蕩意諸死之。」○謹按：宋昭公爲無道，而書「宋人弒其君」者，見杵臼未至，如獨夫之可誅，而凡與於弒逆者皆當以輕重斷獄，所以辨上下、定民志也。○胡氏曰：「『君親無將，將而必誅』。諸侯無道，天子、方伯在焉，臣子、國人死於其職，自明於去就從違之義，斯可矣。蕩意諸亦死之，而不得與孔父、仇牧並書者，春秋無取焉爾。」○今按：蕩意諸君昏不能正危、不能救坐，待其死而與之同死，真所謂「匹夫匹婦之自經於溝瀆而莫之知」者也。

〔一〕「則」，通志堂本作「國」。

十有七年，春，晉人、衛人、陳人、鄭人伐宋。傳：「晉荀林父、衛孔達、陳公孫寧、鄭石楚伐宋，討曰：『何故弒君？』猶立文公而還。卿不書，失其所也。」○程子曰：「行天討而成其亂，故貶之。」

夏，四月，癸亥，葬我小君聲姜。聲，公羊作「聖」，謚也。九月乃葬。

齊侯伐我西鄙。西，傳作「北」。

六月，癸未，公及齊侯盟于穀。傳：「齊侯伐我，襄仲請盟。六月，盟于穀。」

諸侯會于扈。傳：「晉侯蒐于黃父，遂復合諸侯于扈，平宋也。公不與會，齊難故也。書曰『諸侯』，無功也。」○愚按：書「諸侯」，略之，與十五年盟于扈同。

秋，公至自穀。齊商人不足與會，書「至」，危之。

冬，公子遂如齊。拜穀之盟。

十有八年，春，王二月，丁丑，公薨于臺下。高郵孫氏曰：「薨非路寢，皆不正也。其曰『臺下』，蓋又甚焉。」

秦伯罃卒。康公也。

夏，五月，戊戌，齊人弒其君商人。傳：「齊懿公之爲公子也，與邴歜之父争田，弗勝。及即位，乃掘而刖之，而使歜僕。納閻職之妻，而使職驂乘。夏，五月，公遊于申池。二人弒懿公，納諸竹中。歸，舍爵而行。」○謹按：既書「齊公子商人弒其君舍矣」，則商人固當討之賊也，然齊人不以爲賊而討之，反北面稱臣而戴之以爲君者三年。以爲賊則不當事，以爲君則不可弒。今三年事之，一旦弒之，亂作於大分已定之後，故曰弒其君也。況商人驟施聚士，以成弒舍之謀。有王者作，則凡前日受施推戴之人，乃同惡之黨，其罪有不容貸者，所以邴歜、閻職同謀殺商人，而特以「齊人弒其君」書之也。

六月，癸酉，葬我君文公。

秋，公子遂、叔孫得臣如齊。傳：「六月，葬文公。秋，襄仲、莊叔如齊，惠公立故，且拜葬也。文公二妃敬嬴生宣公。敬嬴嬖，而私事襄仲。宣公長，而屬諸襄仲。襄仲欲立之，叔仲不可。仲見於齊侯而請之，齊侯新立，而欲親魯，許之。」○胡氏曰：「使舉上客，此春秋立文之常體。其變文書介副者，欲以起問者見事理也。子赤，夫人之子，今卒于弒，不著其實，是爲國諱惡，無以傳信於將來，而春秋之大義隱矣。故上書大夫並使，下書『夫人歸于齊』，中曰『子卒』，則見禍亂邪謀發於奉使之日，而公子遂弒立其君之罪著矣。」

冬，十月，子卒。 子之名，左氏曰「惡」，公羊曰「赤」，未知孰是。若如左氏，則亦晉師服所謂「異哉君之名子者」也。子般書名而此不書，文公已葬，故不名也。○傳：「公子遂殺大子惡及其弟視，而立宣公。書曰『子卒』，諱之也。遂矯太子惡之命，召叔仲惠伯，其宰公冉務人止之，曰：『入必死。』惠伯曰：『死君命可也。』公冉務人曰：『若君命，可死；非君命，何聽？』弗聽，乃入，殺而埋之馬矢之中。」○愚謂：私事公子遂，敬嬴奪嫡之心也。然其敢啓是心者，嬖故也。有夫人、太子而嬖寵妾，則文公所以怠於事霸、急於盟齊、簡於視朔者，有自來矣。人君昏於嬖寵，棄忘國政，故妾媵、大臣相與謀賊君嗣而不能察。身死之後，冢嗣二人遂見戕弑，所謂『前有讒而不見，後有賊而不知』者，文公之謂矣！叔彭生身爲大臣，既無以拯救文公，又不能知公子遂之邪謀，有公冉務人之忠言不能用，甘心就死，無一毫扶持之實，没而不書，有以也哉！

夫人姜氏歸于齊。 傳：「夫人姜氏歸于齊，大歸也。將行，哭而過市，曰：『天乎！仲爲不道，殺適立庶。』市人皆哭。魯人謂之哀姜。」○胡氏曰：「書『夫人』，則知其正；書『姜氏』，則知非見絶於先君；書『歸于齊』，則知其無罪，異於『孫于邾』〔一〕者。而魯臣子不能事主君、存適母之罪並見矣。」○愚按：胡氏於九年「夫人姜氏至自齊」傳曰：「出姜蓋至是始不安於魯」，於傳未有見之也，必要終原始而言之與。適庶之亂，未有不始於妾上僭，夫人失位而致之者，是以始知文公之首惡也。

季孫行父如齊。告宣公之立也。○沙隨程氏曰：「遂、得臣、行父三人皆與謀，以其前後如齊而知之也。」

莒弑其君庶其。凡稱國以弑者，蓋其君以無道爲國人所弑。而大臣坐視，不能討賊，皆當誅不赦之罪也。

春秋卷第五

〔一〕「邾」，底本及華亭義塾本皆作「齊」，據胡安國春秋傳及通志堂本改。

春秋卷第六

張洽集注

宣公

名倭，一名接，文公妾敬嬴之子。公子遂弒大子惡而立之。謚法：「善問周達曰宣。」

元年，春，王正月。宣公受弒賊之立而居其位，其罪同於桓公。而十八年之間皆書「王」，與桓公不同者，法已舉於前矣。天理不可以常亡，王法不可以久廢，故存「王」以舉大法，亦所以正宣公之罪也。

公即位。胡氏曰：「宣爲弒君者所立，受之而不討，故如其意而書『即位』。其與僖、文之立，一美一惡，不嫌於同也。」

公子遂如齊逆女。不貶喪中逆女者，與即位同，不待貶而罪惡見也。○胡氏曰：「宣公懼於見討，故結昏于齊爲自安計。越典禮以逆女，如此其亟而不顧者，必敬嬴、公子遂請齊立接之始謀也。」

三月，遂以夫人婦姜至自齊。公子遂、宣公之爲亂臣賊子明矣，不待貶絶也。書「婦」，著敬嬴之罪也。書「姜」不氏，責夫人不能以禮自防，行吉禮於斬焉衰絰之中也。○劉氏曰：「婦人不專行，在家制於父母，夫人有貶，則父母與有罪矣。」○胡氏曰：「敬嬴私事襄仲，以子屬之，殺世嫡兄弟，出主君夫人，援成風故事，即以子貴爲君母。衰絰中請昏納幣，其罪隱而未見也，故因夫人至，特書。夫人婦姜至自齊，而不書氏，所以深著宣公與敬嬴不可勝誅之罪也。」

夏，季孫行父如齊。納賂以請會也。文公世子之死，在官之當誅者，公子遂其首，而行父次之。觀春秋所書則知之矣。

晉放其大夫胥甲父于衛。傳：「十二年，河曲之戰，秦行人夜戒晉師，曰：『兩軍之士，皆未憖也，明日請相見也。』臾駢曰：『使者目動而言肆，懼我也，將遁矣。薄諸河，必敗之。』胥甲、趙穿當軍門呼曰：『死傷未收而棄之，不惠也。不待期而薄人於險，無勇也。』乃止。」自戰及今七年矣，討不用命者，放胥甲父于衛，罪久不治。而二人有罪，趙穿以盾之側室而獨免，刑之偏頗如此，非所以治有罪、主諸侯也。

公會齊侯于平州。平州，齊地，杜氏曰：「在泰山牟縣西。」後漢志：「琅邪國陽都故地有牟臺。」注：「平州在縣西。」今屬沂州沂水縣。○傳：「會于平州，以定公位。」○愚謂：凡亂臣賊子之所以不敢縱其欲者，以有伯主、大國能討之也。齊乃魯之鄰，其力足以正魯，而惠公不明於義利邪正之辨，始許仲遂，以亂魯之適庶，終會平州，以定賊子之位，則亂賊復何畏而不遑哉？會者，外爲志，魯宣欲求寵以定位，而書以齊惠之志，蓋誅亂賊而先治其黨之法，與桓公、鄭莊垂之會一也。晉爲盟主，諸侯所取正，而商人、宋人弑君，威弗能加，致魯亂不治，亦以見晉之無能爲也。

公子遂如齊。公子遂自去年三見於經，所以著其爲惡之首也。○胡氏曰：「遂一再見于經矣，如齊拜成，雖削之可也。又再書于策者，於以著其始終成就弑立之謀，以戒後世人臣。或內交宮禁以固其寵，或外結藩鎮以爲之援，至於殺生廢置皆出于其手，而人主不悟者，其慮深矣。凡此皆直書于策，而義自見也。」

六月，齊人取濟西田。爲立公故，以賂齊也。濟西田，魯之故也，僖三十一年取之於曹者。○程子曰：「宣公不義得國，賂齊以求助，齊受之以助不義，故書『取』。不義不能保其土，故不云『我』。非爲彼强取，故不諱。不能有而失者，皆諱。」○愚謂：桓公篡立，求援於鄭，而誘以許田。宣公奪嫡，主齊以自立，而賂以濟西。以利自固，前後一轍。使鄭莊、齊惠不貪其利，則桓、宣必不能以自立矣，故春秋曰「假」、曰「取」，蔽罪鄭、齊，深以誅其貪利而成亂也。大學論治國平天下之道而深戒以利爲利，孟子論先利後義者，必後其君、遺其親而不奪不饜，皆拔本塞源、知春秋之微意也與。

秋，郳子來朝。諸侯朝當討之人，不貶者，桓公已舉王法，從同同也。

楚子、鄭人侵陳，遂侵宋。傳：「宋人之弒昭公也，晉荀林父以諸侯之師伐宋，宋及晉平，宋文公受盟于晉。又會諸侯于扈，將爲魯討齊，皆取賂而還。鄭穆公曰：『晉不足與也。』遂受盟于楚。陳共公卒〔一〕，楚人不禮焉，陳靈公受盟于晉。故楚子侵陳、宋。」○今按：不討有罪，固晉之無義，而亦未至如僭王猾夏之罪大也。鄭舍晉而從楚，附無王之夷狄，以爲中國患，故人之。

晉趙盾帥師救陳。左傳：「晉趙盾帥師救陳、宋。」○今按：陳無罪而蒙伐，當救也，宋有弒君之罪，不當救，故略之也。

宋公、陳侯、衛侯、曹伯會晉師于棐林，伐鄭。胡氏曰：「鄭在王畿之内，而附蠻夷，

〔一〕通志堂本「卒」上有「之」字。

陳先代之後，而見侵逼，此門庭之寇，利用禦之者，故書『救』以與之。」○愚謂：與之，則見諸侯之來會者固義舉矣，然不曰「會趙盾」而曰「會晉師」，蓋鄭之從楚，亦盾不能治齊、宋有以致之，若再書其名，則書重複而予之大過矣。故止曰「會晉師」，而不再書盾。詳味書法，然後見聖人抑揚之當也。

冬，晉趙穿帥師侵崇。崇，公羊作「柳」。○杜氏曰：「崇，秦之與國。」○任公輔曰：「按：地譜商有崇國，在京兆鄠縣甘亭。」○傳：「晉欲求成於秦，趙穿曰：『我侵崇，秦急崇，必救之。吾以求成焉。』冬，穿侵崇，秦弗與成。」○胡氏曰：「求成大國，不以大義動之，而伐其與國，爲謏甚明。意者趙穿已有邪謀，欲得兵權，託於伐國以用其衆乎？不然，何謀之迂而當國者不能裁正也？弑君于桃園，而上卿以志同受惡名，其端見于此矣。」

晉人、宋人伐鄭。傳：「晉人伐鄭，以報北林之役。於是晉侯侈，趙盾爲政，驟諫而不入，故不競於楚。」○晉受宋賂，不行天討，鄭以是叛中國，而晉人復與宋伐之，不能服鄭，又致明年之師，故稱「人」罪之。

二年，春，王二月，壬子，宋華元帥師及鄭公子歸生帥師，戰于大棘。宋師敗績，

獲宋華元。大棘，杜氏注：「在陳留襄邑縣南。」今襄邑屬拱州。○傳：「鄭公子歸生受命于楚伐宋，宋華元、樂吕禦之。戰于大棘，宋師敗績，囚華元。宋人以兵車百乘、文馬百駟贖華元于鄭。半入，華元逃歸。」○宋以弑君致寇，而不服罪，故書「宋及」，猶曰華元爲志乎此戰也。書「師敗」，又書「獲華元」，師與將之輕重適等也。

秦師伐晉。以〔一〕報崇也，遂圍焦。晉趙盾救焦。○胡氏曰：「晉用大師於崇，乃趙穿私意而無名，故書『侵』；秦人爲是興師報怨，則問其無名之師，故書『伐』。」○愚謂：欲求成而反召兵，所以深著趙穿之妄動干戈而欲竊兵權，誅其意也。

夏，晉人、宋人、衛人、陳人侵鄭。傳：「趙盾救焦，遂自陰地及諸侯之師侵鄭，以報大棘之役。楚鬭椒救鄭，曰：『能欲諸侯而惡其難乎！』遂次于鄭，以待晉師。趙盾曰：『彼宗競于楚，殆將斃矣。姑益其疾。』乃去之。」○胡氏曰：「歸生受命于楚以伐宋，楚有辭矣。趙盾去之，以理曲故也。故去其名氏而稱『人』，書『侵』而不言『伐』也。」

秋，九月，乙丑，晉趙盾弑其君夷皋。皋，公羊作「獋」。○趙盾爲大臣，任一國之重，

〔一〕通志堂本「以」上有「傳」字。

無能改君之德，而君將殺之，惟去以全身，然後其義明。此盾接淅而行之時也，況鉏麑、提彌明皆爲靈公之欲殺盾而死矣，盾之去寧可後哉？趙穿平日好勇犯上，數干軍令，追秦軍之役，不待元帥之命而以其屬出，晉軍欲薄秦師，而穿當軍門呼，以沮成筭，盾保庇之，不黜不放。平日曲意容養，使之在位，及至靈公欲殺盾，而盾僞出奔，穿弑公于桃園，則未出山而歸復其位。若取穿，尸諸市朝，猶可以自明也；乃使穿逆公子黑臀而爲君，前日庇之，今日不討而用之，董狐「非子而誰」之言，是乃推見至隱而歸弑於盾，真至公之筆也，聖人豈得而易之哉？

冬，十月，乙亥，天王崩。匡王也，文十五年即位，在位凡六年。

三年，春，王正月，郊牛之口傷，改卜牛，牛死，乃不郊，猶三望。此又因事之變以明魯郊之非禮也，而僭禮之中，復有忘哀從吉之罪。郊牛者，本養以祀天之牛也。○公羊氏曰：「養牲者，養二：一郊牛，一稷牛也。然必卜而用之，卜帝牲不吉，則以稷牲卜用之。帝牛必在于滌三月，稷牛惟具。郊之必祭稷者，王者祀天，必以其祖配之故也。」○愚按：周公郊祀后稷以配天，爲成王制禮耳，非魯之所得用也。況有三年之喪，乃臣子斬衰奔赴之時，豈可僭天子越紼行事之禮？此春秋所以特書之，并書「猶三望」，以譏其可已而不已也。

葬匡王。胡氏曰：「四月而葬，王室不君，其禮略也。微者往會，魯侯不臣，其情慢也。」

楚子伐陸渾之戎。陸，公羊作「賁」。公、穀無「之」字。○陸渾子本允姓，居瓜州，僖公二十二〔一〕年晉惠公與秦遷之于伊川。在唐爲河南陸渾縣地，今河南府伊陽縣北二十里有陸渾縣故城。○傳曰：「楚子伐陸渾之戎，遂至于雒，觀兵于周疆。定王使王孫滿勞楚子，楚子問鼎之大小、輕重焉，對曰：『在德不在鼎。』」○胡氏曰：「夷狄相攻而特書于策者，陸渾在王都之側，楚子伐之，又觀兵周疆而問鼎，嚴猾夏之階也。」

夏，楚人侵鄭。傳：「春，晉侯伐鄭，及郔。鄭及晉平，士會入盟。夏，楚人侵鄭，鄭即晉故也。」○胡氏曰：「不書晉之伐、鄭之平者，仲尼削之也。鄭自宣元年以晉之受賂縱罪爲不足與似矣，而楚豈所當從乎？今晉成新立，背僭歸霸，則反之正也。春秋大改過遷善，故獨著楚人侵掠之罪。書『侵鄭』，則及晉平可知矣。」

〔一〕「二十二」，原作「二十」，據通志堂本補。

秋，赤狄侵齊。赤狄，狄之別種。○孔氏疏云：「謂之赤狄、白狄者，俗尚赤衣、白衣也。」地譜：「洺州，春秋赤狄之地。」○襄陵許氏曰：「楚、狄迭擾南北，此中國大過『棟橈』之時也。」

宋師圍曹。傳：「宋以母弟須及昭公子之亂逐武、穆之族。二族以曹師伐宋。宋師圍曹，報之也。」

冬，十月，丙戌，鄭伯蘭卒。葬鄭穆公。

四年，春，王正月，公及齊侯平莒及郯，莒人不肯。公伐莒，取向。向見隱二年注。○易曰：「貞吉，悔亡。憧憧往來，朋從爾思。」聖人所以感人心而天下和平者，此心之公正自足以感之也。今以宣公而平二小國，若出於公，不必假齊一言而彼已服。今挾齊爲重，而莒尚不肯，伐莒而齊不復與，復取向以自益。春秋深以著宣公此心之不公，而終之以爲利也。

秦伯稻卒。秦共公也，魯不會。

夏，六月，乙酉，鄭公子歸生弑其君夷。傳：「楚人獻黿於鄭靈公。公子宋與子家將見。子公之食指動，以示子家，曰：『他日我如此，必嘗異味。』及入，宰夫將解黿，相視而笑。公問之，子家以告。及食大夫黿，召子公而弗與也。子公怒，染指於鼎，嘗之而出。公怒，欲殺子公，子公與子家謀先。子家曰：『畜老，猶憚殺之，而況君乎？』反譖子家。子家懼而從之。夏，弑靈公。」○謹按：公子歸生位爲上卿，久執重權，國事由己，乃不能鎮服姦邪，遏絶萌蘖，又脅於邪謀，撓而從之。位尊責重，故春秋定爲戎首，以戒大臣不能持正而阿附惡人者。所以示國討之法，而明事君之義也。○胡氏曰：「歸生與宋並爲大夫，以貴戚之卿同執國政，嘗統大衆，久得兵權，聞宋逆謀，先事誅之，猶反掌耳。夫據生殺之柄，使人聽己猶犬羊之伏於虎也，何畏於人，懼而從之乎？計不出此，顧以畜老憚殺比方君父，何其悖也！春秋以爲逆之罪歸之歸生，若司馬亮、沈慶之等苟知此義，則能討賊，不至失身而爲人制矣。」

赤狄侵齊。

秋，公如齊。公至自齊。胡氏曰：「君行告至，常事不書。宣公比年如齊而皆至者，危之也。」○今按：此所謂危，與桓二年書「至自唐」同意。

冬，楚子伐鄭。傳：「鄭未服也。」○今按：楚自去年至十年，侵伐鄭者凡五，至十一年盟鄭于辰陵，而鄭又徼事晉，於是十二年圍鄭入之，遂敗晉于邲，而後鄭服楚。晉人之不振，有自來矣。

五年，春，公如齊。 傳：「公如齊。高固使齊侯止公，請叔姬焉。」

夏，公至自齊。 傳：「書，過也。」○杜氏注：「往朝見止，厭尊毀列，辱其先君，而於廟行飲至之禮，故書以示過。」

秋，九月，齊高固來逆子叔姬。 左氏作「叔姬」，無「子」字。據「高固及子叔姬來」有「子」字，當從公、穀二傳。○謹按：此著高固非君命而越境，特書以著其罪也。○胡氏曰：「稱『子』者，別於先公之女。其曰『來』者，以公自爲之主也。嫁女於大夫，而不使大夫主之，則厭尊毀列，卑朝廷、慢宗廟矣。鄭國褊小，楚公子圍貴驕强大，來娶于鄭，子産辭而却之，使館于外。宣公以國君而逼於高固，强委禽而請昏其女，不知以禮爲幹以守身，而取辱。春秋詳書，罪宣公也。」

叔孫得臣卒。 不書日，闕文也。

冬，齊高固及子叔姬來。 傳：「來，反馬也。」○胡氏曰：「禮，嫁女留其送馬，不敢自安，及廟見成婦，遣使反馬。高固親來，非禮也。況見逆未易歲，遽歸寧乎？故書『及』、書『來』，以著齊罪也。禮法之所禁，不可犯也。惠公許其臣越禮恣行而莫遏，高固委其君踰禮〔一〕而不忌，人欲肆矣，故以爲非常，特書爲後世戒。」

楚人伐鄭。傳：「楚子伐鄭，陳及楚平。晉荀林父救鄭，伐陳。」

六年，春，晉趙盾、衛孫免侵陳。傳：「晉、衛侵陳，陳即楚故也。」○胡氏曰：「按：傳稱『陳及楚平』、『林父伐陳』，而經不書者，以侵陳則平楚可知故也。己之有闕，不内省德，而以兵加之，故林父不書『伐』，而盾、免書『侵』，以正晉之所主盟者，非其道也。」○愚按：屢失幾會，大義不立，營營救鄭，以致楚人益陵，諸侯攜貳，茲晉之所以失道歟。

夏，四月。

秋，八月，螽。胡氏曰：「傳謂『螽爲穀災，虐取於民之效也。』先是伐莒取向，一再如齊，軍旅數起，賦斂既繁，戾氣應之矣。宣公遇災，不知遷善以補前愆，而用兵不息，國用空

〔一〕「踰禮」，通志堂本作「踰境自如」。

之〔一〕，卒改助法而税民，蓋自此始。經於螽、螟一物之變，必書于策，以示天人感應之理不可誣，當謹其所感也。」

冬，十月。

七年，春，衛侯使孫良夫來盟。傳：「孫桓子來盟，始通，且謀會晉也。」○穀梁曰：「來盟者，前定也。」○胡氏曰：「來盟所以爲前定者，嘗有約言矣。未足效信，又歃血以固結之也。衛欲爲晉致魯，而魯宣專於事齊，初未與晉通，必有疑焉，而衛侯任其無咎，故遣良夫來爲此盟，及公會晉，卒以見辱。盟非春秋所貴，義自見矣。」

夏，公會齊侯伐萊。秋，公至自伐萊。萊，杜氏注：「東萊黄縣地。」今登州黄縣有萊山。○胡氏曰：「平莒及郯，魯欲也，故書『及』；伐萊，齊志也，故書『會』。繼以伐萊致，則師行之危可知。見齊侯不務德，合黨連兵，恃强凌弱，而宣公惟命之從也。」

大旱。比年螽、旱，觀其所感，可見矣。

〔一〕「之」，華亭義塾本及通志堂本作「乏」。

冬，公會晉侯、宋公、衛侯、鄭伯、曹伯于黑壤。黑壤，晉地，一名黄父。○傳：「鄭及晉平，公子宋之謀也，故相鄭伯以會。冬，盟于黑壤。王叔桓公臨之，以謀不睦。晉侯之立也，公不朝焉，又不使大夫聘，晉人止公于會。公不與盟。以賂免。盟不書，諱之也。」○凡盟會，而不得見、不與盟，直書之者，曲不在公也。若夫見執且不與盟，而悉諱之，則其曲在公矣。宣公私昵於齊而不事盟主，故盟見執，而不得與幸〔一〕以賂而苟免，於是諱之，則宣公之罪可知〔二〕矣。

八年，春，公至自會。見執於晉，踰年乃至。

夏，六月，公子遂如齊，至黄乃復。黄，齊竟上地。○大夫奉君命出境，死生以之，未致使而死，以尸將事，禮也。書「至黄乃復」，與公孫敖不至而復同，罪其違君命也。

辛巳，有事于大廟。仲遂卒于垂。事，謂時祭也。垂，齊地，非魯竟，故書地。仲遂得

〔一〕「幸」，原作「罪」，據通志堂本改。
〔二〕「知」，通志堂本作「見」。

罪於文公，以公子翬不書卒之例，不當書卒，今特書其卒，以事之變卒之也。書「仲遂」，其字也。蓋宣公德之，與公子友之於僖公同，有輔立之恩，故亦用公子友例，生而賜氏，俾世其卿也。觀無駭之不氏，則知季友、仲遂以私恩而變前世命氏族之法，春秋特書，以示戒。故臨江劉氏云：「譏自是世仲氏也。」

壬午，猶繹，萬入，去籥。繹者，明日之祭，所以賓尸也。○呂氏曰：「萬舞，文武二舞之總名也；籥舞，文舞之别名也，文舞又謂之羽舞，蓋文舞吹籥，秉翟羽也。『萬入，去籥』者，文武二舞俱入於二舞中，去羽舞吹籥，以其有聲也。去其有聲而用其舞者，以仲遂之卒，知其不可而爲之也。此蓋正祭之日，仲遂卒于垂，則次日已聞之。股肱之痛，賓尸之祭爲可已也。行吉禮於方聞喪之時，雖用舞而僅去其有聲者，是知其不可而猶爲之也。」○喜怒哀樂發而中節謂之和。仲遂有殺嫡之罪，宣公以其私於己而愛之，生賜之氏；今出使未畢，中道擅返，不正其罪；其喜樂既不以正，聞喪當哀，又復心知其不可而故行吉禮：春秋謹書始末，以見其心不正而施之宗廟朝廷者謬戾如此。詳觀書法，可以見聖人格心之道矣。

戊子，夫人嬴氏薨。嬴，公、穀作「熊」。○宣公母敬嬴也。○胡氏曰：「成風屬僖公於季友，及僖公立，正夫人之位，嫡妾始亂。春秋於風氏始卒四貶之，禘致夫人，去其姓氏，秦檖不稱夫人，榮叔、召伯含賵會葬，王不書『天』，敬嬴視效，援例自立，而無貶，從同同也。」

晉師、白狄伐秦。白狄，今丹州、延州銀夏之地。○傳：「白狄及晉平。會晉伐秦。」○愚按：白狄、秦，同壤之國也。晉與秦自侵崇啓釁，七年而未已。晉與爲婚而結以伐秦，黨戎狄以擾中國也。自此至成公十三年吕相絶秦之詞，皆連兵之事。

楚人滅舒、蓼。蓼，穀梁作「鄝」。○杜氏注：「舒、蓼，二國名。」或曰：地譜上義陽之蓼，不與群舒近。蓼已滅於楚，見文五年。此即如舒鳩、舒庸，一國也。○傳：「楚伐舒、蓼，滅之。楚子疆之。及滑汭，盟吴、越而還。」○胡氏曰：「楚、夷自相攻滅，書而不削者，楚盟吴、越，勢益强大，經斯世者當以爲懼，有攘却之謀而不可忽也。」

秋，七月，甲子，日有食之，既。杜氏注：「月三十日食。」○此自文公以來二十年餘，中國、夷狄弑父與君幾遍之咎，晉敗于邲、宋圍析骸之徵也。

冬，十月，己丑，葬我小君敬嬴。雨，不克葬。庚寅，日中而克葬。敬嬴，公、穀作

「頃熊」。趙子曰：「頃，惡謚也，宣公必不以加於其母，誤也。」○穀梁傳〔一〕：「葬既有日，不爲雨止，禮也。雨不克葬，喪不以制也。」胡氏以爲敬嬴事襄仲而殺嫡立庶，逐去哀姜之咎證，雨不克葬，天理之不可誣也。又曰僖公享國八年，然後成風致于廟，敬嬴於宣公元年穆姜即稱「婦」，婦，有姑之詞，見敬嬴以子貴，援例亟立爲夫人也。貶於成風之賵葬，而此不復貶，謹其始也。

城平陽。杜氏注：「泰山平陽縣。」今襲慶府鄒縣有南平陽城。

楚師伐陳。傳：「陳及晉平，楚師伐陳，取成而還。」

九年，春，王正月。公如齊。泰山孫氏曰：「公有母喪而遠朝齊，無哀甚矣。」

公至自齊。

夏，仲孫蔑如京師。胡氏曰：「當歲首月朝齊，而夏使大夫聘京師，公享國九年，於是纔一聘，其於齊則又再朝矣，經於如齊，每行必致，不待貶絶而惡自見者也。」

〔一〕底本及華亭義塾本作「公羊傳」，據公羊傳、穀梁傳及通志堂本改。

齊侯伐萊。 襄陵許氏曰：「狄比侵而不報，萊不敢犯，亟伐之，畏强陵弱，可以觀惠公矣。」

秋，取根牟。 杜氏注：「根牟，東夷國，琅邪陽都縣東有牟鄉。」今屬密州安丘縣。

八月，滕子卒。 傳：「滕昭公卒。」

九月，晉侯、宋公、衛侯、鄭伯、曹伯會于扈。晉荀林父帥師伐陳。 傳：「會于扈，討不睦也。陳侯不會，晉荀林父以諸侯之師伐陳。」

辛酉，晉侯黑臀卒于扈。 卒于境外，故書地。

冬，十月，癸酉，衛侯鄭卒。 胡氏曰：「晉成公、衛成公皆不書葬，魯不會也。衛成事晉甚謹，而宣公獨深向齊，衛欲爲晉致魯，使孫良夫來盟以定之，及宣會黑壤而晉止公，是以扈之會魯獨不往。二國赴喪，皆不往會，以私怨廢禮忘親，其罪著矣。」

宋人圍滕。 傳：「因其喪也。」今按：不哀有喪，用兵圍之，比事以著其不仁也。

楚子伐鄭，晉郤缺帥師救鄭。 傳：「六年，厲之役，鄭伯逃歸。故楚子伐鄭，晉郤缺救鄭。鄭伯敗楚師于柳棼，鄭人喜，惟子良憂，曰：『是國之災也，吾死無日矣。』」○胡氏曰：「宣三年，晉成初立，鄭舍楚從中國，楚興師伐之，罪也，故稱『人』。次年歸生弑君，楚師致討，稱爵，與之也。然賊則不討，惟服鄭之爲事，故又次年傳稱『楚子伐鄭』，而經書「人」，亦貶之也。今此書爵，豈與之乎？下書郤缺之救，則知罪其親以重兵侵暴中華矣。故一字之褒貶，所以爲著明也。」

陳殺其大夫泄冶。 泄，左氏本作「洩」，今左傳本多因唐人諱「世」字雖偏傍亦然，故改「泄」爲「洩」也。○傳：「陳靈公與孔寧、儀行父通於夏姬，皆衷其衵服，以戲于朝。泄冶諫曰：『公卿宣淫，民無效焉，且聞不令。君其納之。』公曰：『吾能改矣。』以告二子，二子殺泄冶。」○胡氏曰：「稱國以殺者，君與用事大臣同殺之也。稱『大夫』，則不失其官守，而殺之者，有專殺之罪矣。冶無罪而書名者，冶以諫殺身者也。殺諫臣者，必有亡國喪身之禍從之，故書名，以爲徵舒弒君、滅陳之端，以垂後戒，此義繫於名而書名者也。」或曰：「泄冶以諫死而無褒詞，何也？愚謂：易曰：『君子見幾而作，不俟終日。』方靈公君臣驅馳於株林之時，泄冶知其不可諫，潔身而去之可矣。至於褻慢朝廷，衷服而戲，則立於其朝者雖欲默而不可得矣。泄冶失於不能知幾而早辨，是以不可與宋子哀同日而語也。

十年，春，公如齊。公至自齊。

齊人歸我濟西田。 傳：「齊人以我服，故歸濟西之田。」○今按：書歸田而言「我」者，言此田魯之舊封，而非齊之所得專也。不言「來歸」者，請而得之也。讙及闡歸於取之年，故不言「我」；今歸於十年之後，故書「我」也。特書曰「我」，則取之不以其道，而歸之不以其正，一出於相與之私爲可見矣。

夏，四月，丙辰，日有食之。

己巳，齊侯元卒。

齊崔氏出奔衛。傳：「齊惠公卒。崔杼有寵於惠公，高、國惡其偪也，公卒而逐之，奔衛。」○穀梁傳：「氏者，舉族而出之之辭也。」今按：特書其氏，見崔杼之宗强於齊，故勢足以偪高、國，雖今日逐之，而尚能復歸於齊也。如崔成之徒後日卒自遺滅宗之禍，豈非族大勢張而不知制節謹度，卒〔一〕凶于家、禍于國也與？

公如齊。五月，公至自齊。傳：「公如齊，奔喪。」○胡氏曰：「天王之喪不奔，而奔齊喪。天王之葬使微者會，而使公孫歸父會齊侯之葬，其不顧君臣上下尊卑之等，所謂肆人欲、滅天理而無忌憚者也。」

〔一〕通志堂本「卒」下有「至」字。

癸巳，陳夏徵舒弑其君平國。傳：「陳靈公與孔寧、儀行父飲酒于夏氏，公謂行父曰：『徵舒似女。』對曰：『亦似君。』徵舒病之，公出，自其廐射而殺之，二子奔楚。」○胡氏曰：「禍莫大於拒諫而殺直臣。泄冶不憚盡言，正以靈公君臣淫縱，恐其及禍，不忍坐視而言之。公不能納，又從而殺之，卒以見弑而亡其國，此萬世之大戒也。」○愚謂：古人以禮爲防閑，而人君之尊，有妃偶嬪御之侍，有居處出入之奉，有廉耻羞惡之限，所以養其尊貴者至矣，何至驅馳於株林以爲樂哉？泄冶之諫，夏南之詩皆以其捨人道而躬爲禽獸之行也。考之國語，前年單子如楚，過陳時，泄冶未死也。單子歸，而告王以陳侯帥其卿佐南冠以淫於夏氏。陳侯不有大咎，國必亡已。見之於三年之前矣，能無及乎？觀春秋之所書弑君，如陳平國、齊光、蔡固，以千乘之主而自儕於閭巷小人所不爲者，心術之惑，可不戒哉！

六月，宋師伐滕。傳：「滕人恃晉而不事宋，宋師伐滕。」○胡氏曰：「稱『師』，用衆也。鄰有弑逆，不能聲罪致討，乃用大師以伐當恤之小邦，故特稱『師』，以著其罪。」

公孫歸父如齊。葬齊惠公。胡氏曰：「歸父，仲遂之子也。宣公深德齊侯之能定其位，又以濟西歸之。故生則事之，不辭屈辱，殁則親往奔喪，使貴卿會葬。」○愚按：春秋書此，深著亂臣賊子不復明送終之正禮，故缺於天子而厚於强國。豈非九伐之威不行，而專征之討不加，以至於此與？

晉人、宋人、衛人、曹人伐鄭。傳：「鄭及楚平。諸侯之師伐鄭，取成而還。」○愚按：稱「人」者，貶其捨亂臣賊子之大惡，而輕動干戈，以討迫於强令、無所適從之小國。桓五年諸侯從王伐鄭之經詳言之矣。

秋，天王使王季子來聘。傳：「劉康公來報聘。」杜注：「康公即王季子，其後食邑於劉。」○謹按：宣公事周，簡慢極矣，僅遣一介，而重臣繼來，書以見王室之無政如此。故許翰曰：「自是王靈益亡，王聘益輕，春秋王聘不復録矣。」

公孫歸父帥師伐邾，取繹。繹，公羊作「蘱」。杜氏注：「魯國鄒縣有繹山。」○按詩：「保有鳧繹。」邾文公卜遷于繹皆此，今在襲慶府鄒縣，爲邾、魯二國之境。

大水。陰長陽消，夷狄乘釁之徵。

季孫行父如齊。

冬，公孫歸父如齊。傳：「季文子初聘于齊。冬，子家如齊，伐邾故也。」○胡氏曰：「齊侯嗣立，公往奔喪，卿共葬事矣，修聘宜可緩也，而季孫亟行，歸父繼往，宣公不知以禮爲國，而謂妄説可以免討也。歸父貪於取繹，畏齊而往，蓋理曲氣餒能無畏乎？故備書不削，以著其罪。」

齊侯使國佐來聘。傳：「國武子來報聘。」

饑。王政以民食爲重，故積貯天下之大命也。前此百有餘年，水、旱、螟、螽之災多矣，不以「饑」書，今大水之後特書饑者，著宣公煩於事外，國用無節，上下用〔一〕竭，故一遇水旱遂致乏食耳。荀卿論本末源流，賈誼論蓄積，皆明於爲民，而知春秋書「饑」之意者也。

楚子伐鄭。傳：「楚子伐鄭。晉士會救鄭，逐楚師于潁北。諸侯之師戍鄭。」○胡氏曰：「九年楚子伐鄭稱爵者，貶詞也。蓋下書『晉郤缺救鄭』，則罪楚可知矣。此年楚子伐鄭稱爵者，直詞也，以傳書『士會救鄭逐楚師』，而經削之，則責晉可知矣。」

十有一年，春，王正月。

夏，楚子、陳侯、鄭伯盟于辰陵。辰陵，穀梁作「夷陵」。杜氏注：「陳地，潁川長平縣東

〔一〕「用」，通志堂本作「困」。

南有辰亭。」今淮寧府西華縣。○傳：「楚子伐鄭，及櫟。子良曰：『晉、楚不務德而兵爭，與其來者可也。』乃從楚盟于辰陵，陳、鄭服也。」○楚莊於是合二國爲盟，而欲討陳夏徵舒也。春秋以晉、齊二大國方且用兵于莒、狄而不能討，獨楚莊合諸侯以討之，所以楚子書爵於陳侯、鄭伯之上，與之也。

公孫歸父會齊人伐莒。莒恃晉而不事齊，魯從齊而伐之。事齊，故聽命也。兵不討亂而附强凌弱，深著齊、魯之罪也。

秋，晉侯會狄于欑函。欑函，狄地。○傳：「晉郤克求成于衆狄。衆狄疾赤狄之役，遂服于晉。故會于欑函。」○今按：書「會狄」者，内中國而外狄也。晉侯爲盟主，而往與狄會，捨夏徵舒之罪以遺楚討，使楚舉大義以加於中國，又欲與楚爭鄭，楚直晉老，所以敗于邲也。

冬，十月，楚人殺陳夏徵舒。傳：「楚子爲陳亂故，伐陳。謂陳人『無動，將討于少西氏』。遂入陳，執夏徵舒，轘諸栗門。」○今按：楚子，夷狄也，能殺夏徵舒，而其書之也，與衛殺州吁、蔡殺陳佗一例書之者，所以明亂臣賊子人道共惡，人人得討，不間中國、夷狄，所以廣忠孝之路，而拯救三綱於大亂之日也。○孫氏曰：「與楚者，傷中國無人，喪亂陵夷之極也。」

丁亥，楚子入陳，納公孫寧、儀行父于陳。傳：「楚子入陳，殺夏徵舒，遂縣陳。中叔時使於齊反，復命而退。王使讓〔一〕之曰：『夏徵舒爲不道弒其君，寡人以諸侯討而戮之。諸侯、縣公皆慶寡人，汝獨不慶，何故？』對曰：『徵舒弒君，其罪大矣，戮之，義也。諸侯之從也，曰討有罪也。今縣陳，貪其富也。以討召諸侯，而以貪歸之，無乃不可乎？』王曰：『善哉！』乃復封陳。鄉取一人焉以歸，謂之夏州。」○陸氏微旨曰：「入人之國，又納淫亂之臣，邪也，故明書其爵，以示不正。春秋之義，彰善癉惡，纖芥無遺，稱事原情，瑕瑜不掩，斯之謂也。」○胡氏曰：「公孫寧、儀行父，此二臣者，從君於昏，宣淫于朝，誅殺諫臣，致君見弒，蓋致亂之臣。肆諸市朝，與衆同棄，然後足以終討亂之義而快於人心。今乃詭詞奔楚，託於討賊復讎，求脱其罪，楚莊不能察其反覆，又使陳人用之，猶人有飲酖而死者，幸而復生，又强以毒飲之也。聖人外此二人於陳，而特書曰『納』。納者，不受而强納之也。爲楚莊者，若能瀦夏氏之宮，封泄冶之墓，尸孔寧、儀行父于朝，謀於陳衆，置其君而去，其庶幾乎！」○愚按：孔寧、儀行父必因奔楚誘楚子以

〔一〕「讓」，原作「謂」，據左傳及通志堂本改。

利，故楚子殺徵舒而縣陳。徵申叔時之言，則陳遂亡矣。楚莊懷夷狄貪婪之心，而尚能以義自克，故封陳而不取。然見善不明，而非有改過不吝之公心，所以雖封陳，而終宥陳之亂臣，復納諸國。聖人予善之弘，待人之公，先旌其討賊之義，然後著其入陳且納亂臣之罪，使楚莊之善惡功罪顯然明白。詳味此編，則知非聖人莫能修，而游、夏不能與者矣。

十有二年，春，葬陳靈公。公羊傳：「討此賊者，非臣子也，何以書『葬』？君子詞也。」○胡氏曰：「天下之惡一也。臣子不能討，而有天子、方伯、四鄰、同盟、方域、諸侯、四夷君長與凡民皆得討之，所以明大倫、存天理也。徵舒雖楚討之，陳之臣子亦可以釋怨矣，故得書『葬』，君子詞也。」

楚子圍鄭。傳：「楚子圍鄭，三月克之，入自皇門，至于逵路。鄭伯肉袒牽羊以逆。王曰：『其君能下人，必能信用其民矣。』退三十里而許之平。潘尫入盟，子良出質。」○胡氏曰：「入皇門至逵路，即其國都矣。不書『入』而止書『圍』，蓋陳之亂，天子、方伯不能討，而楚能討之，故從末減，以見誅亂臣賊子之爲重也。」

夏，六月，乙卯，晉荀林父帥師及楚子戰于邲，晉師敗績。邲，鄭地。地譜：「鄭州城下管城縣有郯城在縣南。」〇公羊傳：「楚莊王圍鄭，三月克之，鄭伯肉袒，左執茅旌，右執鸞刀，以逆，曰：『寡人無良邊垂之臣，以干天〔一〕禍，是以使君王沛焉，辱到敝邑。君如矜此喪人，錫之不毛之地，使帥一二耋老而綏焉，請惟君王之命。』莊王曰：『君之不令臣交易爲言，是以使寡人得見君而微至乎此。』親自手旌，左右撝軍，退舍七里。將軍子重諫曰：『南郢之與鄭相去數千里，諸大夫死者數人，厮役扈養死者數百人，今君勝鄭而不有，無乃失臣民之力乎？』莊王曰：『古者杅不穿，皮不蠹，則不出於四方。是以君子篤於禮而薄於利，要其人不要其土。告從，不赦，不詳。吾以不詳道民，災及吾身，何日之有？』既則晉師之救鄭者至，曰：『請戰。』莊王許諾。將軍子重諫曰：『晉，大國也，王師淹病矣，君請勿許。』莊王曰：『弱者吾威之，强者吾避之，是以使寡人無以立乎天下。』令之還師而逆晉人。莊王鼓之，晉師大敗，晉衆之走者，舟中之指可掬矣。莊王曰：『嘻！吾兩君不相好，百姓何罪？』令之還師，而佚晉人。」〇傳：「夏，六月，晉師救鄭。荀林父將中軍，先縠佐之。士會將上軍，郤克佐之。趙朔將下軍，欒書佐之。及河，

〔一〕「天」，原作「大」，據公羊傳及通志堂本改。

聞鄭既及楚平，桓子欲還，曰：『無及於鄭而勦民，焉用之？楚歸而動，不後。』隨武子曰：『善。會聞用師，觀釁而動。楚君討鄭，怒其貳而哀其卑，叛而伐之，服而舍之，德、刑成矣。伐叛，刑也；柔服，德也。二者立矣。若之何敵之？見可而進，知難而退，軍之善政也。』先縠曰：『不可。晉所以霸，師武臣力也。今失諸侯，不可謂力；有敵而不從，不可謂武。由我失霸，不如死。且成師以出，聞敵强而退，非夫也。命爲軍帥，而卒以非夫，唯群子能，我弗爲也。』以中軍佐濟。楚子北師次于郔。將飲馬於河而歸。聞晉師既濟，王欲還，嬖人伍參欲戰，言於王曰：『晉之從政者新，未能行令。其佐先縠剛愎不仁，未肯用命。其三帥者，專行不獲。聽而無上，衆誰適從？此行也，晉師必敗。且君而逃臣，若社稷何？』王病之，告令尹改乘轅而北之，次于管以待之。楚少宰如晉師，曰：『寡君此行也，將鄭是訓定，豈敢求罪于晉？二三子無淹久！』隨季對曰：『昔平王命我先君文侯曰：「與鄭夾輔周室，毋廢王命！」今鄭不率，寡君使群臣問諸鄭，豈敢辱候人？』先縠以爲諂，使趙括從而更之，曰：『行人失詞，寡君使群臣遷大國之跡於鄭，曰：「無避敵！」群臣無所逃命。』楚子又使求成於晉，晉人許之，盟有日矣。楚許伯御樂伯，攝叔爲右，以致晉師。晉魏錡求公族未得而怒，欲敗晉師。請致師，弗許。請使，許之。遂往，請戰而還。趙旃求卿未得，且怒失楚之致師者。請挑戰，弗許。請召盟，許之。與魏錡皆命而往。晉人懼二子之怒楚師也，使以軘車逆之。潘黨望其塵，使騁而告曰：『晉師至矣！』楚人亦懼王之入晉軍也，遂出陳。孫叔曰：『進之！寧我薄人，無人薄我。』遂疾進師，車馳卒奔，桓子不知所爲，鼓於軍中曰：『先濟者有賞！』中軍、下軍争舟，舟中之指可掬也。及昏，楚師軍于邲，晉之餘師不能軍，宵濟亦終夜有聲。丙辰，楚重至于邲，遂次于衡雍。祀于河，作先君宫，告成事而還。」○今按：經書荀林父及之者，言林父之爲志乎此戰也。蓋晉不能討陳亂，已失三綱軍政之本，乃欲恃力以争鄭，不知楚莊既討陳亂，則師出有名，而所以施於鄭者，又進退得宜，勇怯中節。林父上不能輔君討亂，以行主盟之大義，而此行本爲救鄭，而鄭已服楚，軍政失於輿尸。士穀之徒，恃强專制，故林父雖知楚之不可敵，而不能止諸帥之從楚師。觀公羊之言，則知楚子之所以勝；觀左氏之言，則知晉之所以敗。此春秋所以不書晉之救鄭，而特以林父主此戰，著其敗師之罪也。

秋，七月。

冬，十有二月，戊寅，楚子滅蕭。蕭，宋附庸國也。○傳：「楚子伐蕭。宋華椒以蔡人救蕭。蕭人囚熊相宜僚及公子丙。王曰：『勿殺，吾退。』蕭人殺之。王怒，遂圍蕭。明曰，蕭潰。」○胡氏曰：「假討賊而滅陳，春秋以討夏氏之義重也，末減而書『入』；惡貳己而入鄭，春秋以退師之情恕也，末減而書『圍』，與人爲善之德宏矣。至是肆其强暴，滅人之國，不可赦也。故傳稱『蕭潰』，經以『滅』書，斷其罪也。」其日謹之也。

晉人、宋人、衛人、曹人同盟于清丘。清丘，衛地。地譜：「今濮州臨濮縣東南有清丘。」○傳：「晉原縠、宋華椒、衛孔達、曹人同盟于清丘。曰：『恤病討貳。』」○胡氏曰：「楚既入陳圍鄭，敗晉滅蕭，憑陵中國甚矣。爲諸侯計者，宜信任仁賢，修明政事，自强於爲善，則可以保其國耳。曾不是圖，而刑牲歃血，要質鬼神，求以禦楚，謀之不臧，孰大於是？故國卿貶而書『人』，譏失職也。原縠違命喪師，乃晉國罪人，而主茲盟約，所信任者可知也。」

宋師伐陳。衛人救陳。傳：「宋爲盟故，伐陳。衛人救之。孔達曰：『先君有約言焉。若大國討，我則死之。』」○胡氏曰：「陳有弑君之亂，宋不能討，而楚能討之，雖曰縣陳，尋復封之，其德於楚而不貳，未足責也。宋不能内自省德，遽以大衆伐之，非義舉矣。衛人救陳，背盟失信而以『救』書者，見陳未有罪而受宋師，爲可恤也。且謀國失圖，妄興師以怒强楚，自此始矣。其以『救』書，意在責宋也。若衛叛盟，則不待貶絶而〔一〕自見。」

十有三年，春，齊師伐莒。傳：「齊師伐莒，莒恃晉而不事齊故也。」

夏，楚子伐宋。傳：「以其救蕭也。」○今按：孟子曰：「天下無道，小役大，弱役强，天也。順天者存，逆天者亡。」宋不知屈伸消長之道，而欲以區區之力强中國，由此致伐。○胡氏曰：「楚滅蕭，將以脅宋，諸侯懼而同盟。爲宋人計者，恤民固本，輕傜薄賦，使民效死親其上，則可以待敵矣。計不出此，而急於伐陳攻楚，與國非策也，故楚有詞于伐而得書爵。」

秋，螽。

冬，晉殺其大夫先縠。傳：「赤狄伐晉。及清，先縠召之也。冬，晉人討邲之敗與清之師，歸罪於先縠而殺之，盡滅其族。」○胡氏曰：「先縠違命，大敗晉師，不能用鉞，已失刑矣。今又重有罪焉，晉人治其罪而戮之，義也，曷爲稱國以殺，而不去其官？夫兵者，安

〔一〕通志堂本「而」下有「惡」字。

危所係，有國之大事也。將非其人，則敗；雖得其人，使親信閒之，則敗；以剛愎不仁者參焉，而莫肯用命者，則敗。凡此三敗，君之過也。河曲之戰，趙穿獨出，而臾駢之謀不用；濟涇而次，欒黶欲東，而荀偃之令不行。今荀林父將中軍，乃以先縠佐之，使敵國謀臣知其從政者新，未能行令，誰之過與？稱國以殺，不去其官，罪累上也。」○愚謂：盡滅其族，必怒其召狄也。然越椒將攻王，而楚莊尚思子文治楚，而復克黄之所；先縠，先軫之孫，而滅其族，蓋晉之德、刑皆不足以敵楚矣。

十有四年，春，衛殺其大夫孔達。傳：「清丘之盟，晉以衛之救陳也討焉。使人不去，曰：『罪無所歸，將加而師。』孔達曰：『苟利社稷，請以我説。我則爲政，而抗大國之討，將以誰任？我則死之。』春，孔達縊而死。衛人以説于晉而免。」○蘇氏曰：「孔達則有罪矣，而衛人用其言以干盟主，故稱國以殺，罪累上也。」

夏，五月，壬申，曹伯壽卒。

晉侯伐鄭。傳：「晉侯伐鄭，爲邲故也。告於諸侯，蒐焉而還。中行桓子之謀也，曰：『示之以整，使謀而來。』鄭人懼，使子張代子良于楚。」○愚謂：屈而知伸，敗而能改，可以興矣。晉所以敗，由大義不明而爭與國也。今敗未兩歲，而復興爭鄭之師，故書「晉侯」以著其師之爲報怨也。

秋，九月，楚子圍宋。傳：「楚子使申舟聘于齊，曰：『無假道於宋。』亦使公子馮聘于晉，曰：『無假道於鄭。』申舟以孟諸之役惡宋，曰：『鄭昭宋聾，晉使不害，我則必死。』王曰：『殺汝，我伐之。』見犀而行。及宋，華元曰：『過我而不假道，鄙我也。鄙我，亡也。殺其使者，必伐我。伐我，亦亡也。亡一也。』乃殺之。楚子聞之，投袂而起，屨及於窒皇，劍及於寢門之外，車及於蒲胥之市。九月，楚子圍宋。」○胡氏曰：「經於宋伐陳，特書『救陳』以著宋罪，明見伐之由也。國必自伐，然後人伐之。凡事其作始也簡，其將畢也必巨。易於訟曰：『君子以作事謀始。』始而不謀，必至於訟，訟而不竟，必至於師，若宋是矣。」

葬曹文公。

冬，公孫歸父會齊侯于穀。胡氏曰：「夫禮，別嫌明微，制治于未亂，自天子出者也。列國之君自相會聚，是禮自諸侯出矣。以國君而降班以會外臣，以外臣而出位以抗諸侯，是禮自大夫出矣。君若贅旒，陪臣執命，豈一朝一夕之故哉？故易於坤之初六曰：

『馴致其道，至堅冰也。』易言其理，春秋見諸行事，若合符節，可謂深切著明矣。」以歸父會齊侯〔一〕，蓋魯素事齊，而宣公之立，公子遂主之，故其父子常親于齊，而齊亦不復計等列之不班，從而與之會也，非禮甚矣。

十有五年，春，公孫歸父會楚子于宋。 傳：「孟獻子言於公曰：『臣聞小國之免於大國也，聘而獻物，於是乎有庭實旅百；朝而獻功，於是乎有容貌采章，嘉淑而有加貨。謀其不免也，誅而薦賄，則無及也。今楚在宋，君其圖之。』公說。春，歸父會楚子于宋。」○胡氏曰：「楚不假道，以啓釁端而圍之，陵蔑中華甚矣。諸侯縱不能畏簡書、攘夷狄，存先代之後，嚴兵固圉以爲聲援，猶之可也。乃以周公之裔，千乘之國，謀其不免，至於薦賄，不亦鄙乎！比事以觀，則知中國夷狄盛衰之由，春秋經世之略矣。」

夏，五月，宋人及楚人平。 傳：「宋人使樂嬰齊告急于晉，晉侯欲救之。伯宗曰：『不可！古人有言曰：「雖鞭之長，不及馬腹。」天方授楚，未可與爭。雖晉之强，能違天乎？

〔一〕通志堂本「以歸父會齊侯」上有「愚謂」。

諺曰：「高下在心。」川澤納汙，山藪藏疾，瑾瑜匿瑕，國君含垢，天之道也。君其待之。』乃止。夏，五月，楚師將去宋。申犀稽首於王之馬前，曰：『毋畏知死而不敢廢王命，王棄言焉。』王不能答。申叔時僕，曰：『築室，反耕者，宋必聽命。』從之。」○公羊傳曰：「外平不書，此何以書？楚王圍宋，軍有七日之糧爾，於是使司馬子反乘堙而闚宋城，宋華元亦乘堙而出見之。子反曰：『子之國何如？』華元曰：『憊矣。』曰：『何如？』曰：『易子而食之，析骸而爨之。』子反曰：『是何子之情也？』華元曰：『吾聞君子見人之厄則矜之，是以告情于子也。』子反曰：『諾。勉之矣！吾軍亦有七日之糧耳，盡此不勝，將去而歸爾。』揖而去之，反于莊王。莊王曰：『何如？』曰：『易子而食之，析骸而炊之。』莊王曰：『嘻！甚矣憊。吾今取此而後歸耳。』子反曰：『不可。臣已告之矣，軍有七日之糧耳。』莊王怒曰：『吾使子往視之，子曷爲告之？』子反曰：『以區區之宋，猶有不欺人之臣，可以楚而無乎？是以告之也。』莊王曰：『諾。吾猶取此而後歸耳。』子反不可，乃引師而去之。此皆大夫也，其稱人何？貶。曷爲貶？平者在下也。」

六月，癸卯，晉師滅赤狄潞氏，以潞子嬰兒歸。潞氏，今潞州潞城縣。杜氏注：

「潞，赤狄之別種。潞氏國〔一〕，故稱氏。子，爵也。」○傳：「潞子嬰兒之夫人，晉景公之姊也。酆舒爲政而殺之，又傷潞子之目。六月，癸卯，晉荀林父敗狄于曲梁。辛亥，滅潞。」○胡氏曰：「上卿爲主將而稱『師』者，著其暴也。潞嬰兒不死社稷，比於中國而書爵者，免嬰兒之責詞也。酆舒爲政而殺其君之夫人，又傷其君之目，則酆舒者罪之在也，爲晉討者，執酆舒，轘諸市，立黎侯，定潞子，改紀其政，則諸狄服，疆域安矣。今乃以其君歸，何不仁之甚哉！春秋所以責晉而略狄也。」

秦人伐晉。

王札子殺召伯、毛伯。傳：「王孫蘇與召氏、毛氏爭政，使王子捷殺召戴公及毛伯衛，卒立召襄。」○杜氏注：「王子捷即王札子。」穀梁曰：「矯王命以殺之，非忿怒相殺也，故曰以王命殺也。爲天下主者，天也；繼天者，君也；君之所存者，命也。爲人臣而侵君之命而用之，是不臣也；爲人君而失其命，是不君也。君不君，臣不臣，此天下所以傾也。」○襄

〔一〕底本脱「潞」字，據左傳杜預注及通志堂本補。

陵許氏曰：「拓跋魏世，高歡覩張彝之變而生亂心。梁世，梁武〔一〕在位，王侯專殺，政法不施，遂以亂亡。無惑乎周之無以令天下也。」

秋，螽。 螽，公羊作「蝝」。○按：自六年至今，三遇蟲灾，而水旱未與焉，此宣公不修德、節用、愛人之所感也。

仲孫蔑會齊高固于無婁。 無婁，公羊作「牟婁」，恐當從之，聲之訛也，杞邑。○大夫相會，蓋始於此。

初稅畝。 傳：「初稅畝，非禮也。穀出不過藉，以豐財也。」○公羊傳：「初者何？始也。稅畝者何？履畝而稅也。何以書？譏始履畝而稅也。古者什一而藉，什一者，天下之中正也。多乎什一，大桀小桀；寡乎什一，大貉小貉。什一者，天下之中正也，什一行而頌聲作矣。」○穀梁傳：「古者什一，藉而不稅。初稅畝，非正也。古者三百步爲里，名曰井田。井田者，九百畝，公田居一。私田稼不善，則非吏；公田稼不善，則非民。初稅畝，以公之與民爲已悉矣。古者公田爲居，井竈葱韭盡取焉。」○胡氏曰：「孟子曰：『耕者

〔一〕「梁武」，通志堂本作「武帝」。

藉而不税，則天下之農皆悦而願耕于其野矣。』初税畝者，譏宣公廢助法而用税也。初者，志變法之始也。其後作丘甲，用田賦，二猶不足，皆宣公啓之也。」

冬，蝝生。蝝，螽子也。滋生而將爲害，是以記之也。

饑。宣兩書饑，一在大水之後，一在螽蝝之後，甚言國無蓄積，而民無以生也。

十有六年，春，王正月，晉人滅赤狄甲氏及留吁。傳：「晉士會帥師滅赤狄甲氏及留吁、鐸辰。」○按：晉自不得志於楚，而一意用武於狄，兼并其地。會書「人」，深貶之也。

夏，成周宣榭火。榭，公羊作「謝」；火，公、穀並作「災」。○成周者，周之東都，今之洛陽。宣榭者，廟無室曰榭。杜氏以爲講武屋。宣王南征北伐，講武於此。詩所謂復會諸侯于東都，因存其廟。蓋古者，祖有功，故百世不毁也。○胡氏曰：「吕大臨考古圖有郕敦，稱『王格于宣謝』，是知宣王之廟也。周衰，貴戚擅殺大臣而天子不討，王室不復中興矣。人火之，天所以見戒乎！」

秋，郯伯姬來歸。傳：「出也。」○胡氏曰：「詩記男女之際，易叙咸、恒爲下經首，春秋内女出、夫人歸詳書于策，所以使有國者謹於齊家之道，正人倫之本也。」

冬，大有年。宣公奪嫡而立，王誅不加，而天灾飢饉之禍屢降。今年大有年，亦所以記咎證常多，故曰記異也。

十有七年，春，王正月，庚子，許男錫我卒。

丁未，蔡侯申卒。

夏，葬許昭公，

葬蔡文公。胡氏曰：「日卒書名，赴，得禮也。葬不月，其略在内。宣公不知禮義邦交之實，送終獨厚於齊，而利害不切於身者皆薄。其禮大則君親，次則盟主，又其次秦、衛，若滕，雖赴告而不會葬。」考春秋之備書，而宣公不謹於事上交鄰之罪見矣。

六月，癸卯，日有食之。

己未，公會晉侯、衛侯、曹伯、邾子同盟于斷道。傳：「晉侯使郤克徵會于齊。齊頃公帷婦人，使觀之。郤子登，婦人笑於房。獻子怒，出而誓曰：『所不此報，無能涉河！』齊侯使高固、晏弱、蔡朝、南郭偃會。及斂盂，高固逃歸。夏，會于斷道，討貳也。盟于卷楚，辭齊人。晉人執晏弱于野王，執蔡朝于原，執南郭偃于溫。晉師還。」此蓋郤克怒齊之甚，假同盟之禮，約束諸侯共伐齊也。

秋，公至自會。

冬，十有一月，壬午，公弟叔肸卒。穀梁傳：「其曰『公弟叔肸』，賢之也。其賢之何也？宣弒而非之也。非之則胡爲不去也？曰：兄弟也，何去而之？與之財，則曰我足矣，織屨而食，終身不食宣公之食。君子以是爲通恩也，以取貴乎春秋。」○泰山孫氏曰：「不曰『公子』、『公孫』，以見肸無禄而卒也。」○胡氏曰：「公子爲正大夫而書卒，貴也；不爲大夫而特書卒，賢也。」

十有八年，春，晉侯、衛世子臧伐齊。傳：「晉侯、衛世子臧伐齊，至于陽穀。齊侯會晉侯盟于繒，以公子彊爲質於晉。晉師還，蔡朝、南郭偃逃歸。」

公伐杞。

夏，四月。

秋，七月，邾人戕鄫子于鄫。公羊傳：「戕鄫子于鄫者何？殘賊而殺之也。」范氏曰：「于鄫，惡臣子不能距難。」○胡氏曰：「邾人蓋嘗執鄫子用之，則不共戴天之世讎也，既不能復，又使邾人得造其國都而戕殺其君，曰『于鄫』者，所以深責鄫之臣子至此極也。」

甲戌，楚子旅卒。 旅，穀梁作「吕」。○公羊傳：「何以不書葬？吴、楚之君不書葬，辟其號也。」○胡氏曰：「不書葬者，恐民之惑而避其號，蓋仲尼削之也。」

公孫歸父如晉。 傳：「公孫歸父以襄仲之立公也，有寵，欲去三桓以張公室。與公謀而聘於晉，欲以晉人去之。」○胡氏曰：「宣公刻意事齊，易世猶未怠也。及頃公不能謹禮，怒晉、魯上卿，而郤克當國，決策討之。晉方强盛，齊少懦矣，於是背齊而事晉。其於邦交，以利爲向背者也。況欲以晉人去三桓，夫輕於背大國，易於謀大家，而不知其本末，未有能成而無悔者也。」

冬，十月，壬戌，公薨于路寢。

歸父還自晉，至笙，遂奔齊。 笙，公、穀並作「檉」。○傳：「公薨。季文子言於朝曰：『使我殺嫡立庶，以失大援者，仲也夫。』臧宣叔怒曰：『當其時不能治，後之人何罪？子欲去之，許請去之。』遂逐東門氏。子家還，及笙，壇帷，復命於介。既復命，袒、括髮，即位哭，三踊而出。遂奔齊。」○胡氏曰：「三年無改於父之道，可謂孝矣。孟莊子之孝，以其不改父之臣與父之政也。夫仁人孝子，於其父之臣，非有大不可赦，如晉悼公於夷羊五之屬，必存始終進退之禮而不遽也。歸父以君命出使，未返而君薨，在禮有『執圭復命于殯』之文，『升自西階，子臣皆哭』，情亦戚矣。宣公猶未殯，而東門氏逐，忍乎哉！書曰『歸父還自晉』者，已畢事之詞也。『至笙，遂奔齊』者，罪成公君臣死君而忘父，亟逐之也。比事以觀，則見當國者有無君之心，此春秋所以作，不可不察也。」

春秋卷第六

春秋卷第七

張洽集注

成公

名黑肱，宣公之子，母穆姜。諡法：「安民立政曰成。」

元年，春，王正月，公即位。雖無王命，而有父命，故書。

二月，辛酉，葬我君宣公。

無冰。建丑之月，夏之季冬，無冰，常燠也。○洪範曰：「豫，恒燠若。」○胡氏傳：「政事舒緩，紀綱廢弛之象。成公幼弱，政在三家，公室不張，其兆見矣。」

三月，作丘甲。傳：「爲齊難故，作丘甲。」○杜氏注：「周禮：『九夫爲井，四井爲邑，四邑爲丘。』丘十六井，四丘爲甸，出長轂一乘，甲士三人，步卒七十二人。此甸所賦，今魯使丘出之。」○胡氏傳：「唐太宗問李靖楚廣與周兵制，靖曰：『周制，一乘，步卒七十二人、甲士三人。以二十五人爲一甲。凡三甲共出七十五人。』然則一丘所出十有八人，積四丘而具一乘耳。今作丘甲者，即丘出一甲，是一甸之中，共百人爲兵矣。則未知其所作者，三甸增一乘乎，每乘增一甲乎？」二者蓋未可知。賦雖不同，皆爲益兵，皆增三之一耳。益兵禦敵，重困農民，非爲國之道也。○今按：甲士三人者，步卒七十二人之帥也。二十五人爲甲，故每甲士統二十四人，必無增甲士而不增步卒之理，故知李靖所謂二十五人爲一甲者，其考周制詳矣。胡氏以爲每甸增二十五人，而甸出四甲，實一丘出一甲，故曰「作丘甲」。其説信而有證，可以證古今之議，而知魯變法增賦之實矣。

夏，臧孫許及晉侯盟于赤棘。赤棘，晉地。○傳：「聞齊將出楚師，夏，盟于赤棘。」○胡氏傳：「行父以歸父之奔而齊人納之，又懼晉人之討，故往結此盟。書『及』，魯所欲也。成公初立，未有施舍、已責、逮鰥、救乏之事。既作丘甲，又遠與晉尋盟，豈固本保邦之道乎？憤懟君父，結盟主以挑鄰怨，罪可見矣。」

秋，王師敗績于茅戎。茅，公、穀並作「貿」。○傳：「晉侯平戎于王，單襄公如晉拜成。劉康公徼戎，將遂伐之。叔服曰：『背盟而欺大國，此必敗。背盟不祥，欺大國不義，神人弗助，將何以勝？』弗聽。遂伐茅戎。三月，癸未，敗績于徐吾氏。王人來告敗。」○程氏傳見桓五年。○劉氏傳：「茅戎者何？戎之别也。此敗績也，何以不言戰？王者無敵，天下莫敢當也。莫敢當，則其言敗績何？天下之勢大矣，非有能敗王之師者也，王自敗也。」○常山劉氏曰：「王者不能以義征四夷，迺徼戎以致敗，豈不曰自取之乎？聖人立法以垂後世，示之以意而已。一書『王師敗績于茅戎』，而尊王之義與王自取敗之道，咸得而見矣。」

冬，十月。

二年，春，齊侯伐我北鄙。傳：「元年，冬，臧宣叔令脩賦、繕完、具守備，曰：『齊、楚結好，我新與晉盟，晉、楚争盟，齊師必至。雖晉人伐齊，楚必救之，是齊、楚同我也。知難而有備，乃可以逞。』二年，齊侯伐我北鄙，圍龍。頃公之嬖人盧蒲就魁門焉，龍人囚之。齊侯曰：『勿殺！吾與而盟，無入而封。』弗聽。殺而膊諸城上。齊侯親鼓，士陵城。三日取龍。遂南侵，及巢丘。」

夏，四月，丙戌，衛孫良夫帥師及齊師戰于新築，衛師敗績。新築，衛地。○傳：「衛侯使孫良夫、石稷、甯相、向禽將侵齊，與齊師〔一〕遇。石子欲還，孫子曰：『不可！以師伐人，遇其師而還，將謂君何？若知不能，則如無出。今既遇矣，不如戰也。』戰于新築，衛師敗績。新築人仲叔于奚救桓子，桓子是以免。」○謹按：易曰：「師左次，無咎。」凡戰而不能勝者，聖人立全師愛民之法，所以重民命而存國體也。良夫不從石稷之言，必進而戰，致敗，君衆幾於喪身辱國。此春秋所以罪良夫，而以爲新築之戰主也。

六月，癸酉，季孫行父、臧孫許、叔孫僑如、公孫嬰齊帥師會晉郤克、衛孫良夫、曹公子首。首，公、穀作「手」。○傳：「孫桓子還於新築，不入，遂如晉乞師。臧宣叔亦如晉乞師。皆主郤獻子。晉侯許之七百乘。郤獻子請八百乘，許之。郤克將中軍以救魯、衛。臧宣叔逆晉師且道之。季文子帥師會之。」○胡氏傳：「大國三軍，次國二軍，此時魯之舊制猶存，尺土、一民皆屬公室，行父、僑如、嬰齊各將一軍會戰，臧孫許爲晉師之道，本不將兵，特往來謀議爾。成公初立，主幼國危，季孫一怒，舉國興師，四卿並出，雖無人乎成公之側而不恤，然後政自季氏出矣。四卿皆書，非特詳內，乃所以謹『履霜』

〔一〕「將侵齊與齊師」，華亭義塾本及通志堂本作「將侵齊師」。

之戒也。」

及齊侯戰于鞌，齊師敗績。鞌，齊地。◯傳：「師從齊師于鞌。齊侯使請戰，對曰：『晉與魯、衛，兄弟也，來告曰：「大國朝夕釋憾於敝邑之地。」寡君不忍，使群臣請於大國，無令輿師淹於君地。能進不能退，君無所辱命。』癸酉，師陳于鞌，齊侯曰：『余姑翦滅此而後朝食。』不介馬而馳之。郤克傷於矢，流血及屨，未絕鼓音，曰：『余病矣！』張侯曰：『師之耳目，在吾旗鼓，若之何其以病敗君之大事也？』左并轡，右援枹而鼓，馬逸不能止，師從之。齊師敗績。韓厥從齊侯。逢丑父與公易位。韓厥執縶馬前，丑父使公下，如華泉取飲。齊侯免，韓厥獻丑父。」◯謹按：兵法，爭恨小故、不忍忿怒者，謂之忿兵。今晉爲盟主，興師討齊，非有救亂誅暴之名，而起於郤克使齊一怒之憤，故春秋不以齊主是戰，而以晉、魯主之，見晉、魯、衛、曹之大夫爲志乎此戰。雖得一朝之勝，不足道也。

秋，七月，齊侯使國佐如師。己酉，及國佐盟于袁婁。袁婁，穀梁作「爰婁」。齊國治臨淄，去雒陽東千八百里，縣西有袁婁。◯晉師從齊師，入自丘輿，擊馬陘。齊侯使賓媚人賂以紀甗、玉磬與地。「不可，則聽客之所爲。」國佐致賂，晉人不可，曰：「必以蕭同叔子爲質，而使齊之封内盡東其畝。」對曰：「蕭同叔子非他，寡君之母也。若以匹敵，則亦晉君之母也，吾子布大命於諸侯，而曰：『必質其母以爲信。』其若王命何？且是以不孝令也。詩曰：『孝子不匱，永錫爾類。』若以不孝令諸侯，其無乃非德類乎？先王疆理天下，物土之宜而布其利，故詩曰：『我疆我理，南東其畝。』今吾子疆理諸侯，而曰『盡東其畝』而已，惟吾子戎車是利，無顧土宜，其無乃非先王之命乎？反先王則不義，何以爲盟主？不可，請一戰。一戰不勝，請再。再戰不勝，請三。三戰不勝，則齊國盡子之有也，何必以蕭同叔子爲質？」揖而去之，郤克眣魯、衛之使，以其辭爲之請，然後許之。逮乎袁婁，而與之盟。◎今按：晉所以令齊者，恃其戰勝强力，而以非義令之，故國佐得以正義直辭責之，而晉人至是義不勝而辭屈。故國佐之至，與屈完之來初若不異，然齊桓伸中國之大義，而屈完情屈而不敢校，故曰「來盟于師」、「盟于召陵」，見義在中國，而彼自服以求盟也。郤克挾主盟之勢以行其私憤，一旦戰勝，而以不義求多於齊，反爲國佐以理折之，而其氣遂餒。書曰「齊侯使國佐如師」，言齊非有誠服之心也。曰「及國佐盟于袁婁」，言汲汲在晉，齊不得已而盟也。王道曲直之繩墨，觀於召陵、袁婁之書，曉然見矣。

八月，壬午，宋公鮑卒。傳：「宋文公卒。」

庚寅，衛侯速卒。

取汶陽田。汶陽，按漢志，魯國汶鄉縣。顏師古曰：「即汶陽田」。今兖州泗水縣東南有汶陽故城。○公羊傳：「汶陽田者何？鞌之賂也。」○胡氏傳：「取者，非其有之稱。不曰復而曰取，何也？恃大國兵力，一戰勝齊，得其故壤，而不請於天王以正疆理，則取之不以其道，與得非其有何異？若在封域之中，則先王所錫，先祖所受，經界世守，不可亂也。不然，則侵小得之，固有興滅繼絶之義矣。魯在戰國時，地方五百里，孟子語慎子曰：『有王者作，則魯在所損乎，在所益乎？』經於汶陽書『取』，所損益可知矣。」

冬，楚師、鄭師侵衛。十有一月，公會楚公子嬰齊于蜀。蜀，杜氏注：「泰山博縣西北有蜀亭，魯地。」○傳：「宣公使求好于楚。莊王卒，宣公薨，不克作好。公即位，受盟于晉，會晉伐齊。衛人不行使于楚，而亦受盟于晉，從於伐齊。故令尹子重爲陽橋之役以救齊。將起師，子重曰：『君弱，群臣不如先大夫，師衆而後可。詩曰：「濟濟多士，文王以寧。」夫文王猶用衆，況吾儕乎？且先君莊王屬之曰：「無德以及遠方，莫如惠恤其民而善用之。」』乃大户，已責，逮鰥，救乏，赦罪。悉師，王卒盡行。彭名御戎，蔡景公爲左，許靈公爲右。二君弱，皆強冠之。冬，楚師侵衛，遂侵我，師于蜀。使臧孫往，辭曰：『楚遠而久，固將退矣。無功而受名，臣不敢。』楚侵及陽橋，孟孫請往賂之。以執斲、執鍼、織紝，皆百人，公衡爲質，以請盟。楚人許平。」○胡氏傳：「魯以中國降班失列，與夷狄之大夫會，恥也。此由季孫行父爲上卿，不能使其君安富尊榮，其民免於侵陵，特起於忿忮，肆其褊心，而不能忍也。辱逮君父，不亦憯乎！」

丙申，公及楚人、秦人、宋人、陳人、衛人、鄭人、齊人、曹人、邾人、薛人、鄫人盟于蜀。傳：「公及楚公子嬰齊、蔡侯、許男、秦右大夫説、宋華元、陳公孫寧、衛孫良夫〔一〕、鄭公子去疾及齊國之大夫盟于蜀。卿不書，匱盟也。於是畏晉而竊與楚盟，故曰『匱盟』。蔡侯、許男不書，乘楚車也。」○程氏傳：「楚爲强盛，陵轢中國，諸侯苟能保固疆圉，要結鄰好，豈有不能自存之理，乃懼而服從，與之盟約，故皆稱『人』，以見其衰弱。責諸侯，則魯可知也。」○蘇氏曰：「楚自城濮之敗，不競於晉。莊王雖入陳、圍鄭及宋，而未嘗合諸侯。及蜀之盟，諸侯從之者十一國，晉不敢争。然其盟十一國也，諸侯實畏晉而竊與之

〔一〕底本及華亭義塾本無「衛孫良夫」，據左傳及通志堂本補。

盟。其後四十三年，晉趙武、楚屈建合諸侯于宋，然後晉、楚之從得交相見。又八年楚靈王求諸侯于晉，晉人許之，然後諸侯始得從楚，皆蜀之盟啓之也。」

三年，春，王正月，公會晉侯、宋公、衛侯、曹伯伐鄭。傳：「諸侯伐鄭，次于伯牛，討邲之役也。遂東侵鄭，鄭公子偃帥師禦之，使東鄙覆諸鄤，敗諸丘輿。皇戌〔一〕如楚獻捷。」

○胡氏傳：「夫討邲之役，則復怨勦民，非觀釁也；遂東侵，則潛師掠境，非以律也；覆而敗諸，則專用詐謀，非正勝也。度彼參此，皆無善也。略而不紀，勝負微也。晉侯稱爵，而以伐書，何也？初爲是役，必以鄭之從楚也。附蠻夷，擾中國，則盟主有辭于伐耳。宋、衛未葬，曷爲稱爵？背殯越境，以吉禮從金革之事也。」

辛亥，葬衛穆公。

二月，公至自伐鄭。

甲子，新宮災。三日哭。新宮者，禰宮也。迫近不敢稱謚，不忍言也。三日哭，禮也。

〔一〕通志堂本「皇戌」上有「鄭」字。

何以書？記災也。

乙亥，葬宋文公。傳：「始厚葬，用蜃炭，椁有四阿，棺有翰檜。君子謂：『華元、樂舉於是乎不臣。臣，治煩去惑者也，是以伏死而争。今二子者，君生則縱其惑，死又益其侈，是棄君於惡也，何臣之爲？』」○胡氏傳：「天子七月而葬，爲禮之節，不可亂也。文公卒，七月而後葬，故知華元之益其侈爲無疑矣。文公在殯，而離次出境，從金革之事，哀戚之情亡矣。顧乃厚其葬送，此非有所不忍於死者，特欲誇耀淫侈無知之人耳。衰世浸侈，秦、漢之間窮民力以事丘壠，其禍有不可勝言者，豈不爲永戒哉？」

夏，公如晉。傳：「拜汶陽之田。」○謹按：汶陽之田特書曰「取」，足以見疆場之令不出於王矣。今爲取田，而往拜賜于霸國，晉偃然受之，而後年復使韓穿來言汶陽之田，歸之于齊，足以見私情之納侮于晉也。

鄭公子去疾帥師伐許。傳：「許恃楚而不事鄭，鄭子良伐許。」○愚謂：晉方怒鄭之不服，其爲國〔一〕未有底止也，乃怒許之不事己，而使大夫動大衆以伐之，特書大夫專伐之

〔一〕通志堂本「其爲國」下有「憂」字。

罪，所以見其興兵之不度德量力也。

公至自晉。胡氏傳：「宣公薨，至是三年之喪畢矣。宜入朝京師，見天子，受王命然後歸而即政可也。嗣守社稷而不朝于周，以拜汶陽田之故而往朝于晉，其行事亦悖矣。所以詳書告至，以著其罪也。」

秋，叔孫僑如帥師圍棘。棘，杜氏注：「汶陽之邑，在濟北蛇丘縣。」今兗州龔丘縣也。○傳：「取汶陽之田，棘不服，故圍之。」○臨江劉氏曰：「曷爲圍之？叛也。叛則何以不言叛？内不言叛。」以爲凡在己耳。季氏患盜，孔子曰：「苟子之不欲，雖賞之不竊。」曰：「如殺無道，以就有道，何如？」曰：「子爲政，焉用殺？子欲善而民善矣。」夫子以盜爲不足患，則叛未可誅；無道不可殺，則叛未足討也。○胡氏曰：「復故地而民不聽命，至命上將、用大師，蓋魯於是時初税畝、作丘甲，税役日重，棘所以雖歸故國，而不願爲之民也與。成公不知薄斂，修德以來之，而肆其兵力，雖得之，必失之矣。」

大雩。

晉郤克、衛孫良夫伐廧咎如。廧，穀梁作「墻」，公羊作「將」。○傳：「晉郤克、衛孫良夫伐廧咎如，討赤狄之餘。」廧咎如潰。○杜氏注：「晉滅赤狄，其餘民散入廧咎如，故討之。」

冬，十有一月，晉侯使荀庚來聘。衛侯使孫良夫來聘。丙午，及荀庚盟。丁未，及孫良夫盟。傳：「晉侯使荀庚來聘，且尋盟。衛侯使孫良夫來聘，且尋盟。公問諸臧宣叔曰：『中行伯之於晉也，其位在三；孫子之於衛也，位爲上卿，將誰先？』對曰：『次國之上卿，當大國之中，中當其下，下當其上大夫。小國之上卿，當大國之下卿，中當其上大夫，下當其下大夫。上下如是，古之制也。衛在晉，不得爲次國。晉爲盟主，其將先之。』丙午，盟晉；丁未，盟衛。」〇呂氏曰：「先晉後衛，視强弱云爾，非以其至有先後也。當是時，諸侯之班序先後例如是。」〇孫氏曰：「此公及荀庚、孫良夫盟也，不言公者，二子伉也。二子來聘，不能以信相親，反要公以盟，非伉而何？故言聘、言盟，以惡之。」

鄭伐許。程氏傳：「鄭附於楚，一年而再伐許，故夷之。」

四年，春，宋公使華元來聘。傳：「通嗣君也。」〇杜氏注：「蓋宋共公初即位故。」

三月，壬申，鄭伯堅卒。

杞伯來朝。傳：「歸叔姬故也。」○杜氏注：「將出叔姬，先修朝禮，言其故。」

夏，四月，甲寅，臧孫許卒。

公如晉。傳：「晉侯見公，不敬。季文子曰：『晉侯必不免。詩曰：「敬之敬之！天維顯思，命不易哉！」夫晉侯之命在諸侯矣，可不敬乎！』」○愚按：晉景公勝齊而驕，魯欲叛之也。

葬鄭襄公。

秋，公至自晉。傳：「公至自晉，欲求成于楚而叛晉，季文子曰：『不可！』乃止。」

冬，城鄆。鄆，公羊作「運」，後同。○任公輔曰：「魯西邑，東郡廩丘東有鄆城，即西鄆。」後漢志屬廩丘，今濟南府鄆城縣。○杜氏注：「公欲叛晉，故城而爲備。」

鄭伯伐許。傳：「冬，十一月，鄭公孫申帥師疆許田，許人敗諸展陂。鄭伯伐許，取鉏任、泠敦之田。」○程氏傳：「稱鄭伯，見其不復爲喪，以吉禮從戎。」○何氏注：「喪未踰年稱伯者，時樂成君位，親自伐許，故如其意以著其惡。」

五年，春，王正月，杞叔姬來歸。出曰來歸。杞叔姬嫁不書，蓋嫁時杞伯未爲君也。嫁而得罪於夫家，則有七出之義。書曰「來歸」，雖諸侯之尊，當謝不教而受之也。

仲孫蔑如宋。報華元也。

夏，叔孫僑如會晉荀首于穀。首，公羊作「秀」。○穀，齊地。○傳：「晉荀首如齊逆女，故宣伯餫諸穀。」

梁山崩。梁山，見詩韓奕篇，今同州韓城縣有禹貢梁山。○傳：「梁山崩，晉侯召伯宗。伯宗問絳人，曰：『將若之何？』對曰：『山有朽壤而崩，可若何？國主山川，故山崩川竭，君爲之不舉，降服，乘縵，徹樂，出次，祝幣，史辭，以禮焉。其如此而已。』伯宗以告而行之。」○公羊傳：「梁山者何？河上之山也。梁山崩，何以書？記異也。何異爾？大也。何大爾？梁山崩，壅河，三日不流。外異不書，此何以書？爲天下記異也。」○胡氏曰：「絳人之言，於禮文備矣。古人遭變異而外爲此文者，必有恐懼修省之心主於內。若成湯以六事檢身，高宗克正厥事，宣王側身修行，欲銷去之是也。徒舉其文而無實以先之，何足以弭災變乎？夫國主山川，至於崩竭，當時諸侯未聞有戒心而修德也。故自是而後六十年間，弒君十有四，亡國三十二，其應亦憯矣。春秋不明著其事應，而事應具存，其可忽諸？」

秋，大水。山崩、大水，陰盛之徵。

冬，十有一月，己酉，天王崩。定王也，魯不會，不書葬。

十有二月，己丑，公會晉侯、齊侯、宋公、衛侯、鄭伯、曹伯、邾子、杞伯同盟于蟲牢。蟲牢，鄭地，杜氏注：「陳留封丘縣北有桐牢。」○傳：「同盟於蟲牢，鄭服也。諸侯謀復會，宋公使向爲人辭以難。」○泰山孫氏曰：「天王崩，晉合諸侯同蟲牢之盟，不顧甚矣。」○胡氏傳：「聞天王之訃，不以所聞先後而奔喪，而九國諸侯會盟不廢，見其皆不臣。春秋惡盟誓，於惡之中又有惡焉者，此類是也。」

六年，春，王正月，公至自會。

二月，辛巳，立武宫。武公名敖，周公九世孫，成公之十一世祖也。○公羊傳：「武宫者何？武公之宫也，立者何？立者不宜立也。立武宫，非禮也。」○常山劉氏曰：「王制曰：『諸侯五廟，二昭二穆，與太祖之廟爲五。』祭法曰：『諸侯立五廟、一壇、一墠。曰考廟，曰王考廟，曰皇考廟，皆月祭之。顯考廟，祖考廟，享嘗乃止。去祖爲壇，去壇爲墠。有禱焉祭之，無禱乃止。去墠爲鬼。』然則諸侯宗廟，古有彝制，過則毁之，不可復立也。

武宫之毁已久，而輒立之，非禮明矣。」○劉氏曰：「魯，諸侯也，僭天子之禮，雖欲尊其祖，鬼神不享也。而學者習於魯之故，更大而稱之，曰：魯公之廟，文世室也；武公之廟，武世室也。人之迷固久矣，夫其以僭爲典也。此乃春秋所由作也。」○愚謂：觀春秋之書法與祭法之論廟制，則武宫之立與煬宫同於失禮違制斷爲可知。明堂位之言，其爲俗儒之論明矣。甚矣，其亂聖制而誤後學也。

取鄟。穀梁傳：「鄟，國也。」○胡氏傳：「鄟，微國也。書『取』者，滅之也。滅而書『取』，爲君隱也。」

衛孫良夫帥師伐宋。傳：「晉伯宗、夏陽説衛孫良夫、甯相、鄭人、伊雒之戎、陸渾、蠻氏侵宋，以其辭會也。」○蘇氏曰：「晉將復會諸侯，宋人辭以難，故使衛與魯更侵之。」

夏，六月，邾子來朝。

公孫嬰齊如晉。傳：「子叔聲伯如晉，命伐宋。」

壬申，鄭伯費卒。鄭悼公也。

秋，仲孫蔑、叔孫僑如帥師侵宋。傳：「晉命也。」○胡氏傳：「魯遣二卿爲主將，動大衆焉。有事於宋而以『侵』書者，潛師侵掠，無名之意，蓋陋之也。上三年嘗同伐鄭，次年華元來聘，又次年仲孫蔑報華元矣。今而有事於宋，上卿授鉞，大衆就行，而師出無名，可乎？故特書『侵』以罪之也。○左氏載此師晉命也。後二年宋來納幣，請伯姬焉，則此師爲晉而舉，非魯志明矣。兵戎，有國之重事；邦交，人道之大倫。聽命於人，不得已焉，將能立乎？春秋所以罪之也。」

楚公子嬰齊帥師伐鄭。傳：「楚子重伐鄭，鄭從晉故也。」○胡氏傳：「楚僭王號，聖人偕諸夷狄而不赦者，大一統以存周，使民著於君臣之義也。鄭能背夷即華，是改過遷善，出幽谷而遷喬木也。嬰齊爲是帥師，又因其喪而伐之，不義甚矣，經所以深惡之也。書卿帥師伐鄭，無貶詞，何以知其深惡楚也？下書『欒武子帥師救鄭』，則知之矣。凡書『救』者，未有不善之也，而伐者之罪著矣。」

冬，季孫行父如晉。傳：「晉遷于新田。季文子如晉，賀遷也。」

晉欒書帥師救鄭。救，公羊作「侵」。○傳：「晉欒書救鄭，與楚師遇于繞角。楚師還，晉師遂侵蔡。楚公子申、公子成以申、息之師救蔡，禦諸桑隧。趙同、趙括欲戰，請於武子，武子將許之。知莊子、范文子、韓獻子諫，乃遂還。於是軍帥之欲戰者衆，或謂武子曰：『子之佐十一人，其不欲戰者，三人而已，欲戰者可謂衆矣。書曰：「三人占，從二人。」衆故也。』武子曰：『善鈞，從衆。夫善，衆之主也。三卿爲主，可謂衆矣。從之，不亦可乎？』」○胡氏傳：「此春秋所以善欒書也。兩軍相加，兵刃既接，折馘執俘，計功受賞，此非仁人之心、王者之事。故次陘而屈完服者，齊桓也；會蕭魚而鄭不叛者，晉悼也；武子之能不遷戮而知還也，亦庶幾哉！」

七年，春，王正月，鼷鼠食郊牛角。改卜牛，鼷鼠又食其角，乃免牛。孔氏曰：「李巡云：『鼱鼩〔一〕一名鼷鼠。』孫炎曰：『有螫毒。』如鼠狼。免，放牛也。」○穀梁傳：「過有司也。郊牛日，展斛角而知傷，展道盡矣。其所以備災之道不盡也。改卜牛，鼷鼠又食其角。又，有繼之辭也。其，緩辭也。曰亡乎人矣，非人之所能也，以免有司之過也。」○許氏曰：「小害大，下賊上，食而又食，三桓子孫相繼之象也。宣公有虞，三桓之志，至成始弗戒矣。亂象已著，國將無以事天也。」

吴伐郯。吴國，杜氏注：「吴郡也。」○今按：吴郡是爲平江府。郯，己姓國，秦有郯郡，漢

〔一〕「鼩」，原作「鮈」，據通志堂本改。

屬東海郡，故城今在淮陽軍下邳縣北。○傳：「吴伐郯。郯成。季文子曰：『中國不振旅，蠻夷入伐而莫之或恤，無弔者也夫！』」○胡氏傳：「稱國以伐，狄之也。吴本大伯之後，以族屬言，則周之伯父也，何以狄之？爲其僭天子之大號也。按國語云：『命圭有命，固曰吴伯，不曰吴王。』然則吴本伯爵也，後雖益熾，寖與中國會盟，進而書爵，不過曰子，亦不以本爵與之，故紀於禮書曰：『四夷雖大皆曰子。』皆春秋之制，仲尼之法也。」○許氏曰：「吴自壽夢得申公巫臣而爲楚患。夷狄相攻，不志也。伐郯之役，兵連上國，於是始見於春秋。志『入州來』，著十五年之所以會鍾離也。」

夏，五月，曹伯來朝。曹宣公也。

不郊，猶三望。見僖三十一年、宣三年注。

秋，楚公子嬰齊帥師伐鄭。傳：「楚子重伐鄭，師于氾。」

公會晉侯、齊侯、宋公、衛侯、曹伯、莒子、邾子、杞伯救鄭。傳：「諸侯救鄭。鄭共仲、侯羽軍楚師，囚鄖公鍾儀，獻諸晉。」○胡氏傳：「楚人軍旅數起，頻年伐鄭，所謂不待貶絶而罪自見也。晉合八國之君，親往救鄭，則攘夷狄、安中國之師也，欲著其善，故特書『救』以美之。」

八月，戊辰，同盟于馬陵。同盟，義見莊十六年。晉以齊、鄭之服，故舉同盟之禮也。

公至自會。

吴入州來。杜氏注：「州來，淮南下蔡縣是。」今屬壽州。○傳：「楚圍宋之役，師還，子重請取於申、吕以爲賞田，王許之。申公巫臣曰：『不可。』子重是以怨巫臣。子反欲取夏姬，巫臣止之，遂取以行，子反亦怨之。及共王即位，子重、子反殺巫臣之族。巫臣自晉遺二子書，曰：『爾以讒慝貪惏事君，而多殺不辜，余必使爾罷於奔命以死！』巫臣請使於吴，晉侯許之。吴子壽夢説之。乃通吴於晉，以兩之一卒適吴，舍偏兩之一焉。與其射御，教吴乘車，教之戰陳，教之叛楚。置其子狐庸焉，使爲行人於吴。吴始伐楚、伐巢、伐徐，子重奔命。馬陵之會，吴入州來，子重自鄭奔命。子重、子反於是乎一歲七奔命。蠻夷屬於楚者，吴盡取之，於是始大，通吴於上國。」○愚按：吴之始大，豈特楚之患哉？僭王而病中國，亦晉有以啓之也。

冬，大雩。

衛孫林父出奔晉。傳：「衛定公惡孫林父。冬，孫林父出奔晉。衛侯如晉，晉反戚焉。」

八年，春，晉侯使韓穿來言汶陽之田，歸之于齊。

傳：「季文子餞之，私焉，曰：『大國制義，以爲盟主，是以諸侯懷德畏討，無有貳心。謂汶陽之田，敝邑之舊也，而用師於齊，使歸諸敝邑。今有二命，曰「歸諸齊」。信以行義，義以成命，小國所望而懷也。信不可知，義無所立，四方諸侯其誰不解體？詩曰：「女也不爽，士貳其行。士也罔極，二三其德。」七年之中，一與一奪，二三孰甚焉？士之二三，猶喪妃耦，而況霸主？霸主將德是以，而二三之，其何以長有諸侯乎？詩曰：「猶之未遠，是用大簡。」行父懼晉之不遠猶而失諸侯也，是以敢私言之。』」○泰山孫氏曰：「汶陽之田，齊所侵魯地也，故二年用師于齊而歸之。今又使穿言歸于齊，非正也。魯之土地，天子所封，非晉侯所可得而制也。晉侯使歸之于齊，是魯國之命制在晉也，故曰『晉侯使韓穿來言汶陽之田，歸之于齊』以惡之。」○常山劉氏曰：「『歸之于』者，歸不以道。與執衛侯歸之于京師同義。」○愚按：前此取汶陽田，出於晉命矣，不曰「使來言」，又嘗爲杞取成矣；不曰「使來言」，蓋歸所當得、取所當有，皆義也。制命以義，霸主之常事也。諸侯之所以宗晉以爲盟主，亦曰以義制其予奪而已。今汶陽之歸，徇私而不公，比强而陵弱，反已成之制命而自亂之，故書「來言」，以著其不得爲制命；書「歸之于」，以著其不當予，而晉與魯之罪咸見矣。

晉欒書帥師侵蔡。傳：「晉欒書侵蔡，遂侵楚，獲申驪。」○許氏曰：「侵蔡，報伐鄭也。大國争衡，而小國受敗，春秋之所矜也。」

公孫嬰齊如莒。

宋公使華元來聘。聘共姬也。

夏，宋公使公孫壽來納幣。杜氏注：「無主昏者，自命之，故稱『使』也。」○胡氏傳：「禮不可略，亦不可過。略則輕大倫，過則溺私愛。公孫壽，卿也，使來納幣，過於厚矣。魯侯致厚其女，而不知越禮踰制，非所以重大昏也。故經悉書之，以爲後戒。」

晉殺其大夫趙同、趙括。傳：「晉趙嬰通于趙莊姬。五年，原屏放諸齊。今年，莊姬爲趙嬰之亡，譖于晉侯，曰：『同、括將爲亂。』欒、郤爲徵。六月，晉討趙同、趙括。」○謹按：晉侯聽讒，殺二大夫，故稱國以殺而不去其官。同、括爲大夫，不能閑有家，以致生亂，又不能防閑莊姬，使其譖得行，以殺身喪家，失以知御人之道，故書名。

秋，七月，天子使召伯來賜公命。賜，公、穀並作「錫」。書天子，則以加賜，當從左氏。○臨江劉氏曰：「或言錫命，或言賜命。錫命者，爵也；有加而賜，所謂賜命者也。古者，制：三公一命卷，若有加，則賜也，不過九命；次國之君，不過七命；小國五命。故賜者謂有加也。以義觀之，錫命者，其世世相襲，袞不廢矣。賜命者服過其爵，所以章有德也。成公未有大功明德，而服過其爵，譏僭賞也。」

冬，十月，癸卯，杞叔姬卒。陸氏曰：「外諸侯夫人書卒者，適諸侯，則尊同，以吾爲之變，卒之也。内女之不書卒者，時魯君非其兄弟及兄弟之子，諸侯無大功以下之服故也，杞叔姬雖出猶書，爲喪歸杞故也。」

晉侯使士燮來聘。叔孫僑如會晉士燮、齊人、邾人伐郯。傳：「晉士燮來聘，言伐郯也，以其事吴故。公賂之，請緩師。燮不可，曰：『君命無貳，失信不立，禮無加貨，事無二成。』季孫使宣伯會伐郯。」○河東薛氏曰：「吴伐郯而不能救，服吴則伐之，諸侯無所措手足矣。」○胡氏曰：「晉不足以主諸侯矣。魯知其不可而從伐，亦見其不能自立也。」

衛人來媵。杜氏注：「古者諸侯取適夫人及左右媵，各有姪娣，皆同姓之國，國三人，凡九女，所以廣繼嗣也。魯將嫁伯姬於宋，故衛來媵之。」○程氏傳：「媵，小事，不書。伯姬之嫁，諸侯皆來媵之，故書以見其賢。女子之賢尚聞於諸侯，況君子乎？或曰：魯女之賢，安能聞於遠乎？曰：古者庶女與非敵者，則求爲媵，固爲之擇賢小君，則諸侯賢女當自聞也。」○公羊莊十九年傳曰：「諸侯娶一國，則二國往媵之，以姪娣從。」夫諸侯一娶九女，今衛、晉、齊三國來媵，則是娶十二女，故備書之，以見踰制。○胡氏曰：「經有因貶以見褒者，『來媵』是也。諸國争媵，豈非伯姬不妬忌之行已信於人哉？故此書譏三國之踰制，而因以著伯姬之以賢聞也。」

九年，春，王正月，杞伯來逆叔姬之喪以歸。公羊傳：「杞伯曷爲來逆叔姬之喪以歸？内辭也。脅而歸之也。」○啖氏曰：「出婦未反而逆其喪，非禮也。」○陸淳曰：「禮有婦既練而反，未練而出，然則出婦有反歸之禮，但女嫁未三月而死，猶歸葬於女氏之黨。今叔姬生未反於杞，而死反葬，故曰非禮也。」

公會晉侯、齊侯、宋公、衛侯、鄭伯、曹伯、莒子、杞伯同盟于蒲。蒲，衛地，今開封府長垣縣，古蒲邑。○傳：「爲汶陽之田故，諸侯貳於晉。晉人懼，會於蒲，以尋馬陵之盟。季文子謂范文子曰：『德則不競，尋盟何爲？』范文子曰：『勤以撫之，寬以待之，堅彊以御之，明神以要之，柔服而伐貳，德之次也。』是行也，將始會吴。吴人不至。」○今按：此晉因諸侯之貳，不自反其失信，反汶陽之非，而復假同盟之禮，以威制而約束之。然自此鄭、魯俱有叛晉之心。執鄭、盟魯，紛紛甚矣。治人不治反其智，同盟豈所以一諸侯哉？

公至自會。

二月，伯姬歸于宋。

夏，季孫行父如宋致女。何氏曰：「婦人三月而廟見，稱婦，擇日而祭於禰，成婦之義也。父母使人操禮致之。」○傳：「季文子如宋致女復命，公享之。賦韓奕之五章。穆姜出于房，再拜，曰：『大夫勤辱，不忘先君以及嗣君，敢拜大夫之重勤。』」○孫氏曰：「致女使卿，非禮也。」○今按：納幣、致女，皆過乎厚。伯姬雖賢，而禮有常法，不可過也。觀左氏載穆姜之辭，則前後越禮，皆穆姜之意與？

晉人來媵。注見衛人來媵。

秋，七月，丙子，齊侯無野卒。

晉人執鄭伯。晉欒書帥師伐鄭。傳：「楚人以重賂求鄭，鄭伯會楚公子成于鄧。秋，鄭伯如晉，晉人討其貳於楚也，執諸銅鞮。欒書伐鄭，鄭人使伯蠲行成，晉人殺之，非禮也。兵交，使在其間可也。楚子重侵陳以救鄭。」○胡氏曰：「稱人以執者，既不以王命，又不歸諸京師，則非伯討也。殺伯蠲不書者，既執其君矣，則行人爲輕，亦不足紀也。楚子重侵陳以救鄭而不書者，鄭既背夷即華，今以重賂故，又與楚會，是利之從也。故鄭無可救之善，楚不得有能救之名。」

冬，十有一月，葬齊頃公。

楚公子嬰齊帥師伐莒。庚申，莒潰。楚人入鄆。杜氏注：「鄆，莒別邑。」任公輔曰：「東鄆也。」○傳：「晉侯使申公巫臣如吳，假道于莒，與渠丘公立于池上，曰：『城已惡。』莒子曰：『辟陋在夷，其孰以我爲虞？』對曰：『夫狡焉思啓封疆以利社稷者，何國蔑有？唯然，故多大國矣，唯或思或縱也。勇夫重閉，況國乎？』十一月，楚子重自陳伐莒，圍渠丘。渠丘城惡，衆潰，奔莒。戊申，楚入渠丘，莒人囚楚公子平。楚人曰：『勿殺，吾歸而俘。』莒人殺之。楚師圍莒。莒城亦惡。庚申，莒潰。楚遂入鄆，莒無備故也。」○胡氏曰：「孟子曰：『鑿斯池也，築斯城也，與民守之，效死而民不去，是則可爲也。』夫鑿池築城者，爲國之備，所謂事也；效死而民不去者，爲國之本，所謂政也。莒恃其陋，不修城郭，信無備矣。然兵加而民逃其上，不能使民效死而不去，則昧於爲國之本也。雖隆莒之城，何益乎？故經於莒潰特書日以謹之者，以明固本安民爲政之急也。」

秦人、白狄伐晉。傳：「諸侯貳故也。」○胡氏曰：「經所謹者，華夷之辨也。晉嘗與白狄伐秦，秦亦與白狄伐晉，族類不復分矣。其稱人，貶辭也。晉既失信，復聽婦人讒說，殺其世臣，而諸侯皆貳。秦、狄交伐，比事以觀，可謂深切著明矣。」

鄭人圍許。傳：「示晉不急君也。是則公孫申謀之，曰：『我出師以圍許，爲將改立君者，而紓晉使，晉必歸君。』」○愚按：君在外，而興師以復怨，大臣之罪也。

城中城。中城在東海廩丘縣西南。○胡氏曰：「經世安民，視道之得失，不倚城郭溝池以爲固也。穀梁子謂：『凡城之誌，皆譏。』其説是矣。莒雖恃陋不設備，至使楚人入鄆，苟有令政，使民效死而不潰，寇亦豈能入也？城非春秋所貴，而書『城中城』，其爲備守益微矣。」

十年，春，衛侯之弟黑背帥師侵鄭。傳：「衛子叔黑背侵鄭，晉命也。」○胡氏曰：「其曰『弟』者，子叔黑背生公孫剽，孫林父、甯殖出衛侯衎而立剽，亦以其弟有寵愛之私，故得立耳。此與齊之夷仲年無異，其特書『弟』，以爲後戒，可謂深切著明矣。」

夏，四月，五卜郊，不從，乃不郊。穀梁傳：「夏，四月，不時也。五卜，强也。」○公羊傳：「其言乃不郊何？不免牲，故言乃不郊也。」○師氏曰：「卜至於五，其瀆甚矣。皇天饗道，果可以僭而徼其吉邪？」

五月，公會晉侯、齊侯、宋公、衛侯、曹伯伐鄭。傳：「鄭公子班聞叔申之謀。三月，立公子繻。夏，四月，鄭人殺繻立髡頑。公子班奔許。欒武子曰：『鄭人立君，我執一人焉，何益？不如伐鄭而歸其君，以求成焉。』諸侯伐鄭，鄭子罕賂以襄鐘，子然盟于脩澤，子駟爲質。辛巳，鄭伯歸。」

齊人來媵。公羊傳：「三國來媵，非禮也。」

丙午，晉侯獳卒。

秋，七月，公如晉。傳：「公如晉。晉人止公，使送葬。於是糴茷未反。冬，葬晉景公，公送葬，諸侯莫在。魯人辱之，故不書諱之也。」〇胡氏曰：「如傳之説，假令諸侯皆在，魯人不以爲辱，而可書乎？」〇臨江劉氏曰：「曷爲不言葬晉侯？不與葬晉侯也。曷爲不與？天子之喪，動天下，屬諸侯。公之葬晉侯，非禮也，以謂唯天子之事焉可也。」

冬，十月。公羊無此三字。

十有一年，春，王三月，公至自晉。泰山孫氏曰：「公留晉凡九月。」

晉侯使郤犫來聘。己丑，及郤犫盟。犫，公羊作「州」，後同。〇傳：「公至自晉，晉人以公爲貳於楚，故止公。公請受盟，而後使歸。郤犨來聘，且涖盟。」

夏，季孫行父如晉。傳：「季文子如晉，且涖盟也。」謹按：公之至自晉也，既受盟矣；及季文子之聘也，亦且涖盟焉。春秋皆不書，而獨書郤犨之涖盟，何也？蓋成公自汶陽之歸齊，欲貳晉而不果，然嫌隙竟章，無以自明，晉因公之朝而止之。數月，公請受盟，而後使歸，又使郤犨來聘，既聘而涖盟。魯使行父往，則又從而盟之。據强大之勢，要君臣之盟，皆魯之恥也。惟犨聘而盟，春秋以荀庚、孫良夫之例而書之，若成公之受盟，與行父之涖，豈能得晉君而盟之乎？亦大夫盟之耳。不書而諱，皆魯之恥故也。

秋，叔孫僑如如齊。傳：「宣伯聘于齊，以脩前好。」○襄陵許氏曰：「魯蓋激於晉之德禮不施，將貳于齊而未能者與。」○愚按：僑如之聘，蓋謝戰鞌之師捐歸汶陽之憤，而行之迫於晉之辱而不能已者也。

冬，十月。

十有二年，春，周公出奔晉。傳：「周公楚惡惠、襄之偪也，且與伯與争政，不勝，怒而出。及陽樊，王使劉子復之，盟于鄄而入。三日，復出奔晉。」○穀梁子曰：「周無出。其曰出，上下一見之也，言其上下之道無以存也。上雖失之，下孰敢有之？今上下皆失之矣。」○范氏曰：「上謂襄王出居于鄭，下謂今周公出奔也。」○許氏曰：「平、桓之詩，夷於國風，是以春秋王公書『出』也。雖然，各一見而已，後不復書，以存周也。」○愚按：盟誓，衰世之事。劉子奉王命以復周公而盟之，於君臣之道兩失之矣。周公復背盟而出奔，故書「出」以絶之。

夏，公會晉侯、衛侯于瑣澤。瑣澤，公羊作「沙澤」，地闕。○傳：「七年，鄭軍、楚師囚鄖公鍾儀，獻于晉。晉使歸，求成于楚。華元因是合晉、楚之成。晉士燮、楚公子罷盟于宋西門之外。曰：『晉、楚無相加戎。』鄭伯如晉聽成。會于瑣澤，成故也。」

秋，晉人敗狄于交剛。交剛，地闕。○傳：「狄人間宋之盟，侵晉，而不設備。秋，晉人敗狄于交剛。」○穀梁傳：「中國與夷狄不言戰，皆曰敗之。」○臨江劉氏曰：「夷狄者，春秋之所外也，所外者，將以力治之。中國，禮義之邦，故不結日，不偏陳，雖有道，猶惡之；夷狄，不可教以禮義，其來爲寇，能勝之而已矣，雖不結日，不偏陳，無譏也。」

冬，十月。

十有三年，春，晉侯使郤錡來乞師。自齊桓以來，召兵侵伐雖不出於王命，然攘夷討罪、爲中國舉，猶足以令諸侯也。今晉以私怨報秦，則其義不足以令諸侯矣，故懼其不從，而卑詞以乞之。聖人直書，以見其舉事不公，自貶霸體也。

三月，公如京師。

夏，五月，公自京師，遂會晉侯、齊侯、宋公、衛侯、鄭伯、曹伯、邾人、滕人伐秦。

傳：「公如京師，及諸侯朝王，遂從劉康公、成肅公伐秦。晉侯使呂相絶秦。秦桓公與晉厲公爲令狐之盟，既而又召狄與楚，欲道以伐晉。諸侯是以睦於晉。五月，丁亥，晉師以諸侯之師及秦師戰于麻隧，秦師敗績。」○杜氏注：「伐秦，道過京師，因朝王也。」○程氏傳：「不書朝王，因會伐而行也，故不成其朝。」○愚按：諸侯朝王之禮，載於儀禮之覲禮詳矣，自隱以來，未始行也，諸侯已絶迹於京師者一百餘年。今魯從諸侯伐秦，未有不由周者。秦之伐鄭，過周北門，則晉、鄭與魯可知也，故魯與諸侯因講朝禮於京師，而後同劉子、成子爲伐秦之行。春秋以諸侯事周之禮久闕，而因行於伐秦之役，若没而不書，是盡廢其僅存之禮也；若書以爲朝于京師，則是舉百年之墜典，亦非其實也。故書「如京師」而不言朝，以見其行禮之不專；書「自京師會諸侯伐秦」，以見諸侯之行止爲伐秦，而不爲京師也。而劉子、成子之在會，亦削而不書，則晉無請命之實意、朝王之專禮，而霸主違典禮以遂私意，摟諸侯以輕王室之罪具見矣。○泰山孫氏曰：「周官六年五服一朝，王時巡諸侯朝于方岳，未有因諸侯伐國過京師朝王之事。故書『晉使來乞師』、『公如京師』、『自京師遂伐秦』，以惡之也。」

曹伯廬卒于師。廬，陸德明云：「左氏本亦作『盧』。」○傳：「曹宣公卒于師。曹人使公子負芻守，使公子欣時逆曹伯之喪。秋，負芻殺其大子而自立也。諸侯乃請討之。晉人以其役之勞，請俟他年。」○劉氏曰：「諸侯卒于師曰師，卒于會曰會，正也。」

秋，七月，公至自伐秦。上書「如京師」，而以伐秦爲遂事，春秋所以明朝王之當重也。今書以「伐秦」致，明諸侯以伐秦爲重也。

冬，葬曹宣公。傳：「宣公既葬，子臧將亡，國人皆將從之。成公乃懼，告罪，且請焉。乃反，而致其邑。」

十有四年，春，王正月，莒子朱卒。莒，季佗也。○徐邈曰：「葬稱謚，而莒行夷禮，君終無謚，故例之於楚，不書葬，終春秋也。」

夏，衛孫林父自晉歸于衛。傳：「衛侯如晉。晉侯强見孫林父焉，不可。衛侯歸，晉侯使郤犨送孫林父而見之。衛侯欲辭，定姜曰：『不可。是先君宗卿之嗣也，大國又以爲請。不許，將亡。雖惡之，不猶愈於亡乎？』衛侯見而復之。」○襄陵許氏曰：「人臣不惟義之爲安，而介恃大國，使之反己，此能爲逐君之惡者也。惟辨之不早，是以衛獻至於出奔，禍兆此矣。歸，易辭也，自晉奉之故也。」愚謂：此非特罪衛之不早辨，晉之政在大夫亦自此矣。

秋，叔孫僑如如齊逆女。逆公夫人也。

鄭公子喜帥師伐許。傳：「鄭子罕伐許。戊戌，鄭伯復伐許，許人平以叔申之封。」○襄陵許氏曰：「鄭偪許、楚，困鄭，以國大小、力强弱更相吞噬，夷夏一道而人理盡矣。」

九月，僑如以夫人婦姜氏至自齊。僑如不氏，一事再見者，卒名也。稱婦，宣公夫人穆姜尚存故也。

冬，十月，庚寅，衛侯臧卒。傳：「衛侯有疾，立敬姒之子衎爲大子。定公卒，夫人姜氏既哭而息，見大子之不哀也，不納勺飲，歎曰：『是夫也，將不惟衛國之敗，其必始於未亡人。嗚呼！吾不獲鱄也使主社稷。』大夫聞之，無不聳懼，孫文子自是不敢舍其重器於衛，盡置諸戚，而甚善晉大夫。」

秦伯卒。

十有五年，春，王二月，葬衛定公。

三月，乙巳，仲嬰齊卒。公羊傳：「公孫嬰齊也，曷爲謂之仲嬰齊？爲兄後也。爲兄後則曷爲謂之仲嬰齊？爲人後者爲之子也。然則嬰齊孰後？後歸父也。歸父走之齊，魯人徐傷其無後也，於是使嬰齊後之也。」〇胡氏傳：「此可謂亂昭穆之序，失父子之親。以後歸父，則弟不可以爲兄後；以後襄仲，則以父字爲氏，亦非禮也。故書『仲嬰齊』以罪之。」

癸丑，公會晉侯、衛侯、鄭伯、曹伯、宋世子成、齊國佐、邾人，同盟于戚。晉侯執曹伯，歸于京師。傳：「會于戚，討曹伯負芻也。執而歸諸京師。」〇程氏傳：「負芻弒世子自立。既三年，諸侯與之盟矣。方執之，稽天討也。」〇蘇氏曰：「稱侯以執，執有罪也。歸于京師，禮也。春秋執諸侯多矣，惟是爲得禮。」〇愚按：春秋書「執曹伯」而爵厲公，又書「歸于」以見其事之順然，猶不揜曹伯之與盟者，以爲先執曹伯以令諸侯，然後盟之，乃盡善也。觀曹人請君于晉，曰：「若有罪，則君列諸會矣。」由一舉措之不當，遂開釋姦之門，此豈小失哉！

公至自會。

夏，六月，宋公固卒。共公。

楚子伐鄭。傳：「楚將北師。子囊曰：『新與晉盟而背之，不可。』子反曰：『敵利則進，何盟之有？』申叔時聞之，曰：『子反必不免。信以守禮，禮以芘身。信、禮之亡，欲免得乎？』楚子侵鄭，及暴隧，遂侵衛，及首止。欒書欲報楚，韓厥曰：『無庸，使重其罪，民將叛之。無民，孰戰？』」

秋，八月，庚辰，葬宋共公。三月而葬。

宋華元出奔晉。宋華元自晉歸于宋。宋殺其大夫山。傳：「葬宋共公。於是華元爲右師，魚石爲左師，蕩澤爲司馬，華喜爲司徒，公孫師爲司城，向爲人爲大司寇，鱗朱爲少司寇，向帶爲大宰，魚府爲少宰。蕩澤弱公室，殺公子肥。華元曰：『我爲右師，君臣之訓，師所司也。今公室卑，而不能正，吾罪大矣。不能治官，敢賴寵乎？』乃出奔晉。二華，戴族也。司城，莊族也。六官皆桓族也。魚石將止華元，魚府曰：『右師反，必討，是無桓氏也。』魚石曰：『右師苟獲反，雖許之討，必不敢。且多大功，國人與之，不反，懼桓氏之無祀於宋也。』魚石自止華元于河上。請討，許之，乃反。使華喜、公孫師帥國人以攻蕩氏，殺子山。書曰『宋殺其大夫山』，言背其族也。魚石、向爲人、鱗朱、向帶、魚府出奔楚。」○蘇氏曰：「元將討山，而力不能討，故出奔。奔而國人許之討，然後歸。故其討之也，族人莫救。書法如此，言其出入之正，是以能討山也。使元懷禄顧寵，重於出奔，必不能討矣。山實有罪，而稱國以殺，何也？殺一大夫而國幾於亂，非政也。」○愚案：春秋襄三十年良霄〔一〕之奔，其奔而歸也，逆順與華元不同，而書法亦異。良霄之入，不再序，而曰「入逆」也；華元再序以與之，又書曰「歸」，則其或出或處之正，從可知矣。故例外通類，而後例中之法可見也。

宋魚石出奔楚。傳：「魚石、向爲人、鱗朱、向帶、魚府出舍睢上，華元止之，不可。乃反。而決睢澨，閉門登陴。左師、二司寇、二宰遂出奔。」○劉氏曰：「魚氏、蕩氏、向氏、鱗氏，皆桓族也。蕩氏汰而驕，共公已葬，欲逐華元。元自晉歸，使國人攻桓氏，殺蕩山，黜魚石，國然後定。」

冬，十有一月，叔孫僑如會晉士燮、齊高無咎、宋華元、衛孫林父、鄭公子鰌、邾人會吴于鍾離。鍾離，楚邑，淮南縣，今濠州城下縣。故鍾離國，嬴姓後，爲楚邊邑。○傳：「始通吴也。」○杜氏注：「吴未嘗通中國，今始來通，晉帥諸侯之大夫會之，故殊

〔一〕通志堂本「良霄」上有「鄭」。

會。」○程氏傳：「吴益强大，求會于諸侯。諸大夫往而從之，故書諸國往與之會，以見夷狄盛而中國衰也。時中國病楚，故與吴親。」○穀梁傳：「會又會，外之也。」○胡氏曰：「殊會有二義，會王世子，意在尊王室，不敢與世子同也；會吴意在賤夷狄，而罪諸侯與之會也。以太伯至德，實始有吴，以族言之，則周室之伯父也。至後世遂以號舉者，以其竊僭王號，不能居中國之爵耳。成、襄之間，中國無霸，齊、晉亦俯首南向親吴。聖人傷之，故特殊會，可謂深切著明矣。」

許遷于葉。 葉，今汝州葉縣。○傳：「許靈公畏偪于鄭，請遷于楚。楚公子申遷許于葉。」○今按：葉近楚，而楚遷之以自近。中國之盟主不能安小國，而使之昵夷蠻以求安，春秋深以著小國之失所也。

十有六年，春，王正月。雨木冰。 公羊傳：「雨而木冰也。」○何休注：「木者，少陽，幼君大臣之象。冰者，凝陰。冰脅木者，君臣將困於兵之徵。」

夏，四月，辛未，滕子卒。 傳：「滕文公卒。」

鄭公子喜帥師侵宋。 傳：「楚子自武城使公子成以汝陰之田求成于鄭。鄭叛晉，子駟從楚子盟于武城。夏，鄭子罕伐宋，宋將鉏、樂懼敗諸汋陂。退，舍於夫渠，不儆。鄭人覆之，敗諸汋陵，獲將鉏、樂懼。」

六月，丙寅，朔，日有食之。

晉侯使欒黶來乞師。傳：「晉侯將伐鄭。使郤犨如衛，遂如齊，皆乞師焉。欒黶來乞師。」○程子曰：「時以穆姜、叔孫僑如將作難，故師出後期。」

甲午，晦，晉侯及楚子、鄭伯戰于鄢陵。楚子、鄭師敗績。鄢陵，鄭地，後漢郡國志：「潁川鄢陵，晉敗楚之地〔一〕。」今東京開封府鄢陵縣。○傳：「晉侯將伐鄭，乃興師。楚子救鄭。司馬子反將中軍，過申，入見申叔時，曰：『師其何如？』對曰：『德、刑、詳、義、禮、信，戰之器也。民生厚而德正，用利而事節，時順而物成，上下和睦，周旋不逆，民生敦厖，和同以聽。此戰之所由克也。今楚内棄其民，而外絕其好；瀆齊盟，而食話言；干時以動，而疲民以逞。民不知信，進退罪也。人恤所底，其誰致死？子其勉之！吾不復見子矣。』晉師濟河。聞楚師將至，范文子欲反，郤至曰：『韓之戰，惠公不振旅；

〔一〕「地」，原作「也」，據通志堂本改。

箕之役，先軫不反命；邲之師，荀伯不復從：皆晉恥也。今我辟楚，又益恥也。』文子曰：『吾先君之亟戰也有故，秦、狄、齊、楚皆强，不盡力，子孫將弱。今三强服矣，敵楚而已。惟聖人能内外無患。自非聖人，外寧必有内憂，盍釋楚以爲外懼乎？』甲午晦，楚晨壓晉軍而陳。苗賁皇言於晉侯曰：『楚之良，在其中軍王族而已。請分良以擊其左右，而三軍萃於王卒，必大敗之。』及戰，吕錡射共王，中目。王召養由基，與之兩矢，使射吕錡。中項，伏弢。以一矢復命。韓厥、郤至從鄭伯，石首御〔一〕，曰：『衛懿公惟不去其旗，是以敗於熒。』乃内旌於弢中。石首以鄭伯免，唐苟死之。子反命軍吏察夷傷，補卒乘，雞鳴而食，晉人患之。苗賁皇徇曰：『蒐乘補卒，秣馬利兵，明日復戰！』王聞之，召子反，醉而不能見。王曰：『天敗楚也夫！予不可以待。』乃宵遁。晉入楚軍，三日穀。范文子立於戎馬之前，曰：『君幼，諸臣不佞，何以及此，君其戒之！周書曰：「惟命不于常。」有德之謂。』」○穀梁傳：「日事遇晦曰晦。楚不言師，君重於師也。」○公羊傳〔二〕：

〔一〕左傳無「御」。
〔二〕「公羊傳」，原脱，據通志堂本補。

「楚何以不言師？王痍也。王痍者何？傷乎矢也。」○劉氏傳：「戰而言及者，主是戰者也，猶曰晉侯爲志乎此戰也云爾。」○胡氏傳：「當是時，兩君相抗，勝負未決。晉之捷也，亦幸焉爾。幸，非持勝之道。范文子所以有立軍門之戒也。楚雖敗，而勢益張，晉遂怠而君驕國亂。此見諸行事之深切著明者也。」

楚殺其大夫公子側。傳：「楚師還。王使謂子反曰：『先大夫之覆師徒者，君不在。子無以爲過，不穀之罪也。』子重使謂子反曰：『初隕師徒者，而亦聞之矣。盍圖之！』對曰：『側亡君師，敢忘其死？』王使止之，弗及而卒。」○蘇氏曰：「公子側，鄢陵之敗帥也。楚以一敗殺之，故稱國以殺。」

秋，公會晉侯、齊侯、衛侯、宋華元、邾人于沙隨。不見公。沙隨，宋地。○杜氏注：「梁國寧陵縣北有沙隨亭。」今按：寧陵，本朝熙寧間撥屬拱州。○傳：「戰之日，齊國佐至于師，衛侯出于衛，公出于壞隤。宣伯通於穆姜，欲去季、孟而取其室。將行，穆姜送公，使逐二子。公以晉難告，曰：『請反而聽命。』姜怒，公子偃、公子鉏趨過，曰：『女不可，是皆君也。』公待於壞隤，申宫儆備，設守而後行，是以後。使孟獻子守公宫。會于沙隨，謀伐鄭也。宣伯使告郤犨曰：『魯侯待于壞隤，以待勝者。』郤犨主東諸侯，取貨於宣伯，而訴公於晉侯。晉侯不見公。」○穀梁傳：「不見公者，可以見也。可以見而不見，譏在諸侯也。」○程氏傳：「晉侯聽譖，怒公後期，故不見公。君子正己而無恤乎人。魯之後期，國難故也。晉不見爲非矣。彼曲我直，不足爲耻也。」○常山劉氏曰：「夫子於魯事，有可恥者，必爲之諱，君臣之禮也。若我無失道，而横逆所加，則不諱。今晉怙强而不見公，我何罪？故直書以罪諸侯也。」

公至自會。内有穆姜之難，外不見於霸主，故危之。

公會尹子、晉侯、齊國佐、邾人伐鄭。傳：「公會尹武公及諸侯伐鄭。將行，姜又命公如初，公又申守而行。諸侯之師次于鄭西，我師次于督揚，不敢過鄭。子叔聲伯使叔孫豹請逆于晉師，爲食於鄭郊。師逆以至。聲伯四日不食以待之，食使者而後食。諸侯遷于制田。知武子以諸侯之師侵陳，遂侵蔡，諸侯遷于潁上。鄭子罕宵軍之，宋、齊、衛皆失軍。」

曹伯歸自京師。傳：「曹人請于晉曰：『自我宣公即世，國人曰：「若之何？憂猶未弭。」而又討我寡君，以亡曹國社稷之鎮公子，先君無乃有罪乎？若有罪，則君列諸會矣。君惟不遺德、刑，以伯諸侯，豈獨遺諸敝邑？』晉侯謂子臧：『反，吾歸而君。』子臧反，曹伯歸。子臧盡致其邑與卿而不出。」○陸淳曰：「曹之罪大矣，晉侯討而執之，以歸京師，王不能定其罪，失政刑也。」○程氏曰：「王未嘗絶其位，故書『歸自京師』，王命也。」

九月，晉人執季孫行父，舍之于苕丘。苕，公羊作「招」，苕丘，晉地。○傳：「宣伯使告郤犨曰：『魯之有季、孟，猶晉之有欒、范也，政令於是乎成。今其謀曰：「晉政多門，不可從也。」若欲得志於魯，請止行父而殺之，我斃蔑也。而事晉，蔑有貳矣。』九月，晉人執季文子于苕丘，公還，待于鄆，使子叔聲伯請于晉。」○程氏傳：「置之于苕丘也。」○杜氏注：「舍之于莒丘，明不以歸。」○臨江劉氏曰：「稱人以執者，非伯討也。此其爲非伯討奈何？晉侯用叔孫僑如之譖，不見公，執季孫行父。」「執之者，以歸也。歸而未至，故不可言以歸，而著『舍之于苕丘』焉。此春秋別嫌明微、慎用獄之意也。」○謹按：舍，去聲，或作「捨」，非也。下書行父盟郤犨，則著其釋行父矣。

冬，十月，乙亥，叔孫僑如出奔齊。十有二月，乙丑，季孫行父及晉郤犨盟于扈。傳：「范文子謂欒武子曰：『季孫於魯，相二君矣。妾不衣帛，馬不食粟，可不謂忠乎？信讒慝而棄忠良，若諸侯何？』乃許魯平，赦季孫。出叔孫僑如而盟之，僑如奔齊。」

公至自會。君臣同出，以君致也。伐鄭不致，而致以會，著公之危不在於伐而在於會也。

乙酉，刺公子偃。杜氏注：「偃與鉏俱爲姜所指，而獨殺偃，偃與謀。」○謹按：同刺大夫也，公子買言不卒戍，言非其罪而加之也，偃止言刺，言當其罪也。此内殺大夫有罪、無罪之别也。

十有七年，春，衛北宫括帥師侵鄭。括，公羊作「結」，誤。○傳：「鄭子駟侵晉虚、滑。衛北宫括救晉侵鄭，至于高氏。」

夏，公會尹子、單子、晉侯、齊侯、宋公、衛侯、曹伯、邾人伐鄭。傳：「五月，鄭大子髡頑、侯獳爲質於楚。楚公子成、公子寅戍鄭。公會尹武公、單襄公及諸侯伐鄭，自戲童至于曲洧。」○杜氏注：「晉未能服鄭，故假天子威，周使二卿會之。」

六月，乙酉，同盟于柯陵。傳：「同盟于柯陵，尋戚之盟也。楚子重救鄭，師于首止。諸侯還。」○陸淳曰：「不重言諸侯，譏尹子、單子與盟。」○蘇氏曰：「齊、晉之盛，天子之大夫會而不盟，尊周也。柯陵之會，尹子、單子始與諸侯之盟，自是習以爲常，非禮也。」○謹按：晉厲公憤鄭之不服，而假同盟之禮以約束諸侯，然不知無益於鄭之叛，而自取盟王官之罪。此同盟之所以書也。

秋，公至自會。不以伐致而以會致，蓋公之得罪於晉未久，而晉侯自是益驕，則公之危不在於伐而在於會。會以得免於霸主爲幸，則致必以會録也。

齊高無咎出奔莒。傳：「齊慶克通于靈公母聲孟子，與婦人蒙衣乘輦而入于閎。鮑牽見之，以告國武子，武子召慶克而謂之。慶克久不出，而告夫人曰：『國子謫我。』夫人怒。國子相靈公以會，高、鮑處守。及還，將至，閉門而索客。孟子訴之曰：『高、鮑將不納君，而立公子角。國子知之。』秋，七月，壬寅，刖鮑牽而逐高無咎。無咎奔莒，高弱以盧叛。」○襄陵許氏曰：「靈公不公，其聽自沈帷墻，奔其世臣以長禍亂。詩曰：『萋兮斐兮，成是貝錦。』『哆兮侈兮，成是南箕。』悲夫！唯巧言能使閉門索客者爲將不納君也！」

九月，辛丑，用郊。公羊傳：「用者何？用者，不宜用也。九月，非所用郊也。」○高郵孫氏曰：「王者春郊正月以祈穀，秋郊九月以報功。春曰圓丘，秋曰明堂。后稷，圓丘之配；文王，明堂之配。魯之郊，配后稷，而不曰文王焉。蓋其郊止於祈穀，而報功之郊不行也。春秋卜牛於正月，三月在滌，則春秋之正月，夏時之十一月也。十一月而養牛，則二月可以郊矣。然則魯之郊用夏時之二月，不敢並天子之時，又殺之也。春秋之九月，夏時之七月，以爲祈穀則已晚，以爲報功則太早，又魯之不當行者，故特書『用』以譏之。」

晉侯使荀罃來乞師。師氏曰：「請王命以討有罪，宜糾合諸侯，以尊王命，奉辭以往，無敢或後可也，乃使大夫乞師於魯邪。以盟主而乞師，已爲卑辱，況以王之卿士主兵，乃言乞師，其卑王室以誤寵諸侯也甚矣。夫欲仗天子之威以討叛伐貳，而乃先爲此卑辱，欲望鄭畏威，得乎哉？」

冬，公會單子、晉侯、宋公、衛侯、曹伯、齊人、邾人伐鄭。傳：「諸侯伐鄭。十月，庚午，圍鄭。楚公子申救鄭，師于汝上。十一月，諸侯還。」○泰山孫氏曰：「鄭與楚比周，晉侯再假王命，三合諸侯伐之，不能服，中國不振可知也。」

十有一月，公至自伐鄭。

壬申，公孫嬰齊卒于貍脤。脤，公羊作「軫」，穀梁作「蜃」，貍脤，地闕。○蘇氏曰：「嬰齊從於伐鄭，還而道卒。大夫卒不地，其地，在外也。○按下『十有二月，丁巳，朔』，則壬申非十一月，失之矣。」○劉氏曰：「春秋故史也，有所不革。子曰：『其事則齊桓、晉文，其文則史，其義則丘竊取之矣。』」

十有二月，丁巳，朔，日有食之。

邾子貜且卒。

晉殺其大夫郤錡、郤犨、郤至。傳：「晉厲公侈，多外嬖。反自鄢陵，欲盡去群大夫而立其左右。胥童以胥克之廢也，怨郤氏，而嬖於厲公。郤錡奪夷陽五田，郤犨與長魚矯争田，執而梏之，五與矯亦嬖於厲公。欒書怨郤至，以其不從己而敗楚師也，欲廢之。使楚公子茷譖諸公，公怨郤至。厲公將作難，胥童曰：『必先三郤，族大，多怨。去大族，不偪，敵多怨，有庸。』公曰：『然！』壬午，胥童、夷羊五帥甲八百，將攻郤氏。長魚矯請無用衆，公使清沸魋助之，殺駒伯、苦成叔。温季逃，矯又殺之，皆尸諸朝。胥童以甲劫欒書、中行偃於朝。矯曰：『不殺二子，憂必及君！』公曰：『一朝而尸三卿，余不忍益也！』對曰：『人將忍君。臣聞亂在外爲姦，在内爲軌。御姦以德，御軌以刑。不施而殺，不可謂德；臣偪而不討，不可謂刑。德、刑不立，姦、軌並至。臣請行。』遂出，奔狄。公使辭於二子，乃皆歸。公使胥童爲卿。公遊于匠麗氏，欒書、中行偃遂執公焉。」○謹按：郤氏雖多怨，而既爲大夫，則君之股肱也。厲公不正名其有罪、無罪，而用嬖幸胥童、長魚矯之計，一朝殺三卿，又劫欒書、中行偃，能無及乎？此春秋所以列書而深罪之也。或曰：晉至此時，六卿之執已成矣，厲公之討，將以强公室也。縱而不治，則臣强君弱，將若之何？不知事有機括，政有要領，正君道以御其臣，初不在於多殺也。我太祖皇帝舉五代總兵專國之强臣，使之辭兵柄、解重權於一夕，指麾之間，蓋得其機。據其要而彼之心説誠服，自不容已也，何乃以多殺立威而求安乎？春秋罪厲公之殺三卿而卒以自及，其示後世御臣之法至矣。

楚人滅舒庸。舒庸，任公輔曰：「東夷偃姓之國。」地譜：「廬州城下舒城。」○傳：「舒庸人以楚師之敗也，道吴人圍巢，伐駕，圍釐、虺，恃吴而不設備。楚公子櫜師襲舒庸，滅之。」

十有八年，春，王正月，晉殺其大夫胥童。傳：「欒書、中行偃殺胥童。」○愚謂：三郤之死，皆胥童道厲公爲之，故以累上之辭書也。

庚申，晉弑其君州蒲。愚聞之師曰：稱國以弑者，衆弑其君之辭也。孰弑之？晉之大臣欒書、中行偃也。曷爲不言二臣弑之？孟子論貴戚之卿曰：「君有大過則諫；反覆之而不聽，則易位。」厲公之過大矣，昵用小人，殺戮無罪，舉朝諸卿不保首領。書、偃，晉之世臣，以社稷爲心，尚可以行易位之權而遽弑之。夫二人嘗以君事之矣，故稱國以弑，分其惡於衆也。悼公逐不臣者七人，而不誅書、偃，非里克、甯喜之比故也。

齊殺其大夫國佐。傳：「十七年，齊侯使崔杼爲大夫，慶克佐之，帥師圍盧。國佐從諸侯圍鄭，以難請而歸，遂如盧師，殺慶克，以穀叛。齊侯與之盟于徐關而復之。十二月，盧降，使國勝告難于晉，待命于清。今年正月，甲申，晦，齊侯使士華免以戈殺國佐于内宫之朝。師逃于夫人之宫。書曰『齊殺其大夫國佐』，棄命、專殺，以穀叛故也。」〇愚謂：無咎奔於去年之秋，而鮑牽刖，齊靈公可以省母言之是非矣。國佐叛，而後復之，意靈公非不知國佐之直而慶克等之内亂宫闈也，卒殺國佐，則靈公之知又下魯成公數等矣。保姦如此，因慶克以成慶封黨賊之禍，慶封逐而政卒歸於陳氏，靈公蔽塞聰明，惟婦言是用所致也。國佐不能見幾而去，以邑叛君，又仕危亂之朝，身死宫闈，非不幸矣。

公如晉。

夏，楚子、鄭伯伐宋。宋魚石復入于彭城。彭城，宋邑，今徐州彭城縣。〇傳：「鄭伯侵宋，及曹門外。遂會楚子伐宋，取朝郟。楚子辛、鄭皇辰〔一〕侵城郜，取幽丘，同伐彭城，納魚石、向爲人、鱗朱、向帶、魚府焉。宋人患之。西鉏吾曰：『楚、鄭〔二〕崇諸侯之姦，

〔一〕「皇辰」，底本及華亭義塾本作「皇戌」，據左傳及通志堂本改。
〔二〕「楚鄭」，通志堂本作「楚今將」。

以塞吴、晉往來之夷庚〔一〕。逞姦而攜服，毒諸侯而懼吴、晉，非吾憂也。晉必恤之。』」○胡氏傳：「言『復入』者，已絶而復入。惡之甚者，欒盈、魚石是也。」○蘇氏曰：「公孫寧、儀行父言『納』而魚石不言『納』，蓋楚莊誅陳之罪人，疑若無罪，故書『納』以正其罪。魚石之書『復入』而先言楚、鄭之伐已，著其納亂臣也，故不言自楚，而特書『復入』。然不言叛者，復入而將以亂國，非直叛君而已，故魚石、欒盈之罪重於趙鞅、宋辰也。」

公至自晉，晉侯使士匃來聘。傳：「公至自晉。晉范宣子來聘，且拜朝也。君子謂晉於是乎有禮。」

秋，杞伯來朝。傳：「杞桓公來朝，且問晉故，公以晉君語之，杞伯於是乎驟朝于晉，而請爲昏。」

八月，邾子來朝。傳：「邾宣公即位而來見也。」

築鹿囿。杜氏注：「築墻爲鹿苑。」○穀梁傳：「山林藪澤之利，所以與民共也。虞之，非正也。」○許氏曰：「大夫擅國，威福日去，而公務自娱於鳥獸草木，是謂『冥豫在上』，何可

〔一〕「以塞吴晉往來之夷庚」，左傳及通志堂本作「而披其地以塞夷庚」。

長也？』」○謹按：孟子謂齊宣王曰：「臣聞郊關之内有囿方四十里，殺其麋鹿者如殺人之罪，則是方四十里爲穽於國中。」成公之鹿囿雖未至此，然後日之築郎囿、蛇淵囿，亦師師非度，至戰國而極耳。勞民以獨樂，此春秋之所謹也。

己丑，公薨于路寢。正也。

冬，楚人、鄭人侵宋。傳：「宋老佐、華喜圍彭城。老佐卒焉。楚子重救彭城，伐宋。宋華元如晉告急。韓厥爲政，曰：『欲求得人，必先勤之。成霸安疆，自宋始矣。』晉侯師于台谷以救宋。遇楚師于靡角之谷，楚師還。」

晉侯使士魴來乞師。魴，公羊作「彭」。○傳：「晉士魴來乞師。季文子問師數於臧武仲，對曰：『伐鄭之役，知伯實來，下軍之佐也。今彘季亦佐下軍，如伐鄭可也。』從之。」○襄陵許氏曰：「悼公復興霸業，而乞師，猶循厲之故事，元年而後遂無乞師，則召兵而已矣。」

十有二月，仲孫蔑會晉侯、宋公、衛侯、邾子、齊崔杼，同盟于虚朾。虚朾，地闕。○傳：「謀救宋也，宋人辭諸侯而請師以圍彭城。」○襄陵許氏曰：「襄公不會，在喪故也。悼之所以仁諸侯也。」

丁未，葬我君成公。傳：「書，順也。」○杜氏注：「薨于路寢，五月而葬，國家安静，世適承嗣，故曰『書，順也』。」

春秋卷第七

春秋卷第八

張洽集注

襄公

名午，成公之子，定姒所生。謚法：「因事有功曰襄。」

元年，春，王正月，公即位。於是襄公始生四歲即位。

仲孫蔑會晉欒黶、宋華元、衛甯殖、曹人、莒人、邾人、滕人、薛人圍宋彭城。

按：楚已取彭城，封魚石。今彭城非復宋地，尚繫之宋。傳曰：「諸侯爲宋討魚石，故稱宋，且不登叛人也。」○臨江劉氏曰：「楚爲不道，奬亂助惡，雖得其地，春秋不與也。」石氏曰：「齊國夏、衛石曼姑圍蒯聵于戚，不曰『衛戚』，不與齊、衛大夫助子圍父也。此仲孫蔑會晉、宋諸國大夫圍彭城，則繫之宋，不與夷狄取中國之地以與叛臣也。此春秋微意之見於筆削者也。」○傳：「彭城降晉。晉人以宋五大夫在彭城者歸，置諸瓠丘。齊人不會彭城，晉人以爲討。二月，齊太子光爲質於晉。」

夏，晉韓厥帥師伐鄭。仲孫蔑會齊崔杼、曹人、邾人、杞〔一〕人次于鄫。秋，楚公子壬夫帥師侵宋。韓厥，公羊作「韓屈」，下同。鄫，公羊作「合」。○鄫，鄭地，杜氏注：「在陳留襄邑縣東南。」○傳：「晉韓厥、荀偃帥諸侯之師伐鄭，入其郛。敗其徒兵于洧上。於是東諸侯之師次于鄫，以待晉師。晉師自鄭以鄫之師侵楚焦、夷及陳。晉侯、衛侯次于戚，以爲之援。楚子辛救鄭，侵宋。鄭子然侵宋，取犬丘。」○胡氏曰：「楚人釋君助臣，事已悖矣，晉於是降彭城，以魚石等歸，遂伐鄭，而諸侯次鄫援之，放義而行者也。楚子辛救鄭，而經不書，鄭本爲楚，以其君故，集矢於目，是以不貳于楚。棄華從夷，不能裁之以義，惟私欲之從，則鄭無可救之善，楚不得有能救之名，故削而不書。」

九月，辛酉，天王崩。

邾子來朝。

冬，衛侯使公孫剽來聘。

晉侯使荀罃來聘。泰山孫氏曰：「天王崩，邾子、晉、衛之來朝聘，皆不臣也。」

〔一〕「杞」，底本及華亭義塾本作「莒」，據春秋經及通志堂本改。

二年，春，王正月，葬簡王。五月葬，速也。

鄭師伐宋。楚令也。杜氏注：「以彭城故。」

夏，五月，庚寅，夫人姜氏薨。成公夫人齊姜也。○傳：「齊姜薨。初，穆姜擇美檟，以自爲櫬與頌琴。季文子取以葬，非禮也。婦，養姑者也。虧姑以成婦，逆莫大焉。」

六月，庚辰，鄭伯睔卒。傳：「鄭成公疾，子駟請息肩于晉。公曰：『楚君以鄭故，親集矢於其目，非異人任，寡人也。若背之，是棄力與言，其誰昵我？免寡人，惟二三子。』」○胡氏論鄭從楚見上「公子壬夫侵宋」注。

晉師、宋師、衛甯殖侵鄭。傳：「晉師侵鄭。於是子罕當國，子駟爲政，子國爲司馬。諸大夫欲從晉。子駟曰：『官命未改。』」○杜氏注：「宋雖非卿，師重，故序衛上。」晉伐喪，非禮也。」愚謹按：士匄侵齊，聞喪而還，春秋與之，則兹伐喪之罪不待貶而見矣。

秋，七月，仲孫蔑會晉荀罃、宋華元、衛孫林父、曹人、邾人于戚。傳：「會于戚，謀鄭故。孟獻子曰：『請城虎牢以偪鄭。』知武子曰：『善！鄫之會，吾子聞崔子之言，今不來矣。滕、薛、小邾之不至，皆齊故也。寡君之憂不唯鄭。罃將復於寡君，而請於齊。得請而告，吾子之功也。若不得請，事將在齊。吾子之請，諸侯之福也，豈惟寡君賴之！』」

己丑，葬我小君齊姜。杜氏注：「齊，謚也。三月而葬，速。」

叔孫豹如宋。叔孫豹，僑如之弟。○傳：「通嗣君也。」

冬，仲孫蔑會晉荀罃、齊崔杼、宋華元、衛孫林父、曹人、邾人、滕人、薛人、小邾人于戚，遂城虎牢。虎牢，故東虢之邑，鄭滅虢，爲制邑。秦、漢爲成皋，東有汜水。今孟州汜水縣有故虎牢城。○傳：「復會于戚，齊崔武子及滕、薛、小邾之大夫皆會，知武子之言故也。遂城虎牢，鄭人乃成。」○陸淳曰：「諸侯之大夫取他國之邑，相與城之，非正也。城虎牢，可以安中國、息征伐，故聖人許之，不繫於鄭也。」○愚謹按：虎牢所以不繫鄭者，鄭人背華即夷，黨楚以爲中國患，悼公動天下之諸侯以討之，而負固自若，故從孟獻子之謀，城其巖邑以制之。以伯主而討不服從之國，地非鄭之所可私有，故彭城非宋有也，伯主爲宋討則繫之宋；虎牢，鄭地也，以中國當討鄭，而不繫之鄭：皆春秋明王制，以示予奪之正也。

楚殺其大夫公子申。傳：「公子申爲令尹，多受小國之賂，以逼子重、子辛。楚人殺之。」○劉氏傳：「嬰齊、壬夫畏其偪而殺之也。」

三年，春，楚公子嬰齊帥師伐吴。傳：「楚子重伐吴，爲簡之師。使鄧廖帥組甲三百、被練三千以侵吴。吴人要而擊之，獲鄧廖。其能免者，組甲八十、被練三百而已。子重歸，吴人伐楚，取駕。子重病之，遇心疾而卒。」○許氏曰：「大臣相殘，又外結吴怨，共王之所以不振也。」

公如晉。傳：「始朝也。」

夏，四月，壬戌，公及晉侯盟于長樗。公至自晉。長樗，近晉之地。○蘇氏曰：「晉侯修禮於諸侯，故去其國都，與公盟于長樗。」○傳：「孟獻子相。公稽首，知武子曰：『天子在，而君辱稽首，寡君懼矣。』孟獻子曰：『以敝邑介在東表，密邇仇讎，寡君將君是望，敢不稽首？』」○愚謂：孟獻子，魯之賢大夫，尚不知君臣之義以相其君。所謂不知先立乎其大者，春秋諸賢之同病也。

六月，公會單子、晉侯、宋公、衛侯、鄭伯、莒子、邾子、齊世子光。己未，同盟于雞澤。雞澤，杜氏注：「在廣平曲梁縣西南。」任公輔曰：「按地譜，一名雞丘。」今洛州永平縣。○傳：「晉爲鄭服故，且欲修吴好，將合諸侯。使士匄告齊曰：『寡君以歲之不易，願與一二兄弟相見，以謀不協。請君臨之。』齊侯欲勿許，而難爲不協，乃盟於耏外。

六月，己未，同盟于雞澤。晉侯使荀會逆吴子于淮上。吴子不至。」○今按：晉悼公始合諸侯，尊王室而盟單子，與桓公首止、葵丘異矣。故書諸侯會，而己未同盟于雞澤，所以譏其儕王官於諸侯，俾下同於歃血，其事不足乎揚。故不再言雞澤，而例之於新城同盟之書也。

陳侯使袁僑如會。戊寅，叔孫豹及諸侯之大夫及陳袁僑盟。傳：「楚子辛爲令尹，侵欲於小國。陳成公使袁僑如會求成。晉侯使和組父告于諸侯。秋，叔孫豹及諸侯之大夫及陳袁僑盟，陳請服也。」○穀梁傳：「諸侯盟，又大夫相與私盟，是大夫張也。故雞澤之會，諸侯始失正矣。」○泰山孫氏曰：「諸侯既盟，而袁僑至，無盟可也。己未，諸侯盟，戊寅，大夫又盟。是大夫彊，諸侯始失政也。至溴梁之盟，曰大夫盟，而不復言諸侯之大夫，則政在大夫矣。」○胡氏曰：「陳久叛中國而從楚，不堪其侵欲，然後求盟于晉。悼公立已四年，復修霸業，其從之也不已晚乎？悼公盍亦增修德政，而謂袁僑曰：『諸侯之盟事畢矣。而吾子始來，若再刑牲歃血，要質鬼神，是瀆之也。且吾子以帝王之胄，習於禮義，害楚之政，背夷即華，此諸侯之願、寡君之欲也。雖微盟誓，天地鬼神實照臨之，其惟同心糾逖王慝。』厚禮遣之，使往報焉，足矣，奚必汲汲使大夫盟之哉？書『大夫及袁僑盟』，罪晉也。」

秋，公至自會。

冬，晉荀罃帥師伐許。 傳：「許靈公事楚，不會于雞澤。冬，晉知武子帥師伐許。」○荀罃，悼公之賢大夫也。偶見陳人之服不能輔悼公，益修德以保陳。陳固，則許何患其不來？今遽帥師以問罪於許，規撫欲速，宜其并陳不能保也。

四年，春，王三月，己酉，陳侯午卒。 傳：「春，楚師爲陳叛故，猶在繁陽。韓獻子患之，言於朝，曰：『文王帥殷之叛國以事紂，唯知時也。今我易之，難哉。』三月，陳成公卒。楚人將伐陳，聞喪，乃止。陳人不聽命。夏，楚彭名侵陳。」

夏，叔孫豹如晉。 傳：「如晉，報知武子之聘也。」

秋，七月，戊子，夫人姒氏薨。 姒，公羊作「弋」，下同。杜氏注：「成公妾，襄公母。姒，杞姓。」○傳：「定姒薨，不殯于廟，無櫬，不虞。匠慶謂季文子曰：『子爲正卿，而小君之喪不成，君長，誰受其咎？』初，季孫爲己樹六檟於蒲圃東門之外，匠慶請木，季孫曰：『略。』匠慶用蒲圃之檟，季孫不御。」

葬陳成公。

八月，辛亥，葬我小君定姒。襄陵許氏曰：「傳載季文子欲不以夫人禮葬定姒，志復古也，而不得已於人言，卒夫人之。觀此踰月而葬，蓋禮略也。」

冬，公如晉。傳：「公如晉聽政。晉侯享公，公請屬鄫，晉侯不許。孟獻子曰：『以寡君之密邇於仇讎，而願固事君，無失官命。鄫無賦於司馬，爲執事朝夕之命敝邑，敝邑褊小，闕而爲罪，寡君是以願借助焉。』晉侯許之。」

陳人圍頓。傳：「楚人使頓間陳而侵伐之，故陳人圍頓。」

五年，春，公至自晉。

夏，鄭伯使公子發來聘。傳：「鄭子國來聘，通嗣君也。」○按：子國即子產之父，鄭僖公初即位。

叔孫豹、鄫世子巫如晉。傳：「穆叔覿鄫大子于晉，以成屬鄫。書曰『叔孫豹、鄫世子巫如晉』，言比諸魯大夫也。」○劉氏傳：「此鄫世子巫也，曷爲與叔孫豹如晉？鄫屬於魯，爲之附庸，故相與往見于晉也。鄫曷爲爲附庸於魯？鄫不勝莒、魯之患，求爲附庸以自定。諸侯死社稷，正也。不能守其國，以卑其宗廟，鄫失正矣。天子建附庸，非天子命而私有之，魯失正矣。臣不能以矯其君，子不能以正其父，故曰『叔孫豹、鄫世子巫如晉』，猶吾大夫焉，交譏之。」○襄陵許氏曰：「天下無道，小役大、弱役强如此，春秋蓋傷之也。」

仲孫蔑、衛孫林父會吴于善道。道，公、穀作「稻」。善道，吴地，穀梁曰：「吴謂善伊，謂稻緩。」○杜氏注：「魯、衛俱受命於晉，故不言『及』。二大夫往會之，故曰『會吴』。」○傳：「吴子使壽越如晉，辭不會于雞澤之故，且請聽諸侯之好。晉人將爲之合諸侯，使魯、衛先會吴，且告會期。故孟獻子、孫文子會吴于善道。」○襄陵許氏曰：「晉、楚争衡，權之在吴，故晉急吴如此。」按：成九年爲蒲之會，將以會吴而吴不至，故十五年諸侯之大夫會之于鍾離。前三年，悼公盟雞澤，使荀會逆吴子，而又不至，故此年使魯、衛先會之于善道，凡此皆往會之也。至秋戚之會，序吴於列而不復殊者，因其來會也。由此觀之，則凡序吴者，來會我也，殊吴者，往會之也。悼公初立，其風聲所及，遠人慕之，故吴有志於親中國，辭謝雞澤之不會，而請聽後會之期，悼公告以會戚之期，而聽其自來足矣，至使魯、衛特往會之，則是以中國大邦而爲蠻夷屈，此二大夫會吴之所以特書也。

秋，大雩。傳：「旱也。」

楚殺其大夫公子壬夫。傳：「楚子討陳叛故，曰：『由令尹子辛實侵欲焉。』乃殺之。書曰『楚殺其大夫公子壬夫』，貪也。君子謂『楚共王於是乎不刑。己則無信，而殺人以逞，不亦難乎？』」杜氏注：「共王伐宋，封魚石，背盟敗于鄢陵，殺子反及公子申、壬夫，八年之中，殺三卿，故君子以爲不可。」

公會晉侯、宋公、陳侯、衛侯、鄭伯、曹伯、莒子、邾子、滕子、薛伯、齊世子光、吴人、鄫人于戚。傳：「九月，丙午，盟于戚，會吴，且命戍陳也。穆叔以屬鄫爲不利，使鄫大夫聽命于會。楚子囊爲令尹，范宣子曰：『我喪陳矣，楚人討貳而立子囊，必改行而疾討陳。陳近於楚，民朝夕急，能無往乎？有陳，非吾事也；無之而後可。』」○愚謂：戚之會，因吴之來而命戍陳。自桓、文以來，所以服陳者，未聞以兵守之也。士匄知戍陳之非長策，是以有喪陳之嘆。孔子曰：「遠人不服，則修文德以來之。既來之，則安之。」晉爲安陳之計如此，何以能保陳乎？

公至自會。

冬，戍陳。傳：「諸侯戍陳。」公羊曰：「曷爲不言諸侯戍之？離至不可得而序，故言我也。」

楚公子貞帥師伐陳。公會晉侯、宋公、衛侯、鄭伯、曹伯、齊世子光救陳。穀梁「曹伯」下有「莒子邾子滕子薛伯」八字。○傳：「子囊伐陳。十一月，甲午，會于城棣以救之。」

十有二月，公至自救陳。書，勞也。

辛未，季孫行父卒。傳：「季文子卒，大夫入斂，公在位。宰庀家器爲葬備，無衣帛之妾，無食粟之馬。」

六年，春，王三月，壬午，杞伯姑容卒。傳：「杞桓公卒。」

夏，宋華弱來奔。傳：「宋華弱與樂轡少相狎，長相優，又相謗也。子蕩怒，以弓梏華弱于朝。平公見之，曰：『司武而梏於朝，難以勝矣。』遂逐之。司城子罕曰：『同罪異罰，非刑也。專戮於朝，罪孰大焉。』亦逐子蕩。」

秋，葬杞桓公。

滕子來朝。

莒人滅鄫。傳：「鄫恃賂也。」杜氏注：「鄫有貢賦之賂在魯，恃之而慢莒，故滅之。」○按：呂氏以爲「鄫、莒小國而自相滅亡。蓋是時禮義衰絶，滅國之大惡以爲常事，皆目見之熟而莫之顧也」。愚謂：子産嘗對晉人何故侵小之問〔一〕，以爲武、獻以下兼國多矣，誰或〔二〕治之？然則晉蓋吞滅之首也，固無以正諸侯之相滅，豈特目見之常事哉？宜晉悼雖賢，終無以戢諸侯之相滅也。

冬，叔孫豹如邾。傳：「穆叔如邾，聘且脩平。」

季孫宿如晉。宿，行父之子。○傳：「晉人以鄫故來討，曰：『何故亡鄫？』季武子如晉，見且聽命。」○愚按：晉人不討莒而討魯，可謂偏矣。宜其無以正小國之罪也。○襄陵許氏曰：「魯既世卿，而大夫無復三年之喪，哀典廢於下矣。」

十有二月，齊侯滅萊。傳：「萊恃謀也。初，二年，齊侯伐萊。萊人使正輿子賂夙沙衛以索馬牛，皆百匹，齊師乃還。五年四月，晏弱城東陽，而遂圍萊。甲寅，堙之環城，傅於堞。今年三月，王湫帥師及正輿子、棠人軍齊師。齊師大敗之。萊共公奔棠。晏弱圍棠，十一月，丙辰，而滅之。」○公羊傳：「國滅君死之，正也。」

〔一〕「子産嘗對晉人何故侵小之問」，通志堂本作「晉女叔齊對平公治杞田之問」。
〔二〕「或」，通志堂本作「得」。

七年，春，郯子來朝。傳：「始朝公也。」

夏，四月，三卜郊，不從，乃免牲。傳：「孟獻子曰：『吾乃今而後知有卜、筮。夫郊，祀后稷，以祈農事也。是故啓蟄而郊，郊而後耕。今既耕而卜郊，宜其不從也。』」

小邾子來朝。傳：「小邾穆公亦始朝公也。」

城費。費，今沂州費縣，季氏之邑。○傳：「南遺爲費宰。叔仲昭伯爲隧正，欲善季氏而求媚於南遺。謂遺：『請城費，吾多與而役。』故季氏城費。」○胡氏傳：「行父相三君而無私積，固忠於公室，而不顧所食之邑也。行父卒，宿之不忠，遂專魯國之政。群小媚之，無故勞民，妄興是役，季氏益張。其後孔子行乎季孫，三月不違，至於帥師墮費，其越禮不度可知矣。然則書『城費』，乃『履霜』之戒，强私家、弱公室之萌，據事直書，而義自見矣。用人不惟其賢惟其世，豈不殆哉！」

秋，季孫宿如衛。傳：「季武子如衛，報子叔之聘，且辭緩報，非貳也。」

八月，螽。

冬，十月，衛侯使孫林父來聘。壬戌，及孫林父盟。傳：「衛孫文子來聘，且拜武子之言，而尋孫桓子之盟。」

楚公子貞帥師圍陳。十有二月，公會晉侯、宋公、陳侯、衛侯、曹伯、莒子、邾子于鄬。鄬，穀梁或作「隖」，鄭地。○傳〔一〕：「楚子囊圍陳，會于鄬以救之。」杜氏注：「謀救陳。陳侯逃歸，故不書『救』。」

鄭伯髡頑如會，未見諸侯。丙戌，卒于鄵。公羊、穀梁「頑」作「原」、「鄵」作「操」。○公羊傳：「操者何？鄭之邑也。鄭伯將會諸侯于鄬，其大夫欲與楚，鄭伯曰：『不可。』於是弑之。曷爲不言大夫弑之？爲中國諱也。未見諸侯，其言如會何？致其意也。」○穀梁傳：「諸侯不生名，此其生名何？卒之名也。卒之名，則曷爲加之『如會』之上？見以如會卒也。鄭伯將會中國，其臣欲從楚，不勝其臣，弑而死。其不言弑，何也？不使夷狄之民加乎中國之君也。其地，於外也。」○襄陵許氏曰：「辭繁而不殺曰如會，曰未見諸侯，善其志在於見諸侯也。」謹按：左氏傳：「子駟使賊夜弑僖公，而以瘧疾赴於諸侯。」考三傳之説，則鄭僖公之爲弑也明矣。弑而書卒，若如左氏所言，而從其僞赴以隱之，是春秋之作，乃爲亂臣賊子之地，而非章善癉惡之書也。獨公羊以爲爲中國諱，而穀梁以

〔一〕「傳」，原脱，據通志堂本補。

爲不使夷狄之民加乎中國之君者，其諸聖人之意蓋出於此乎！天下之大分，中國、夷狄，君子、小人是也。春秋爲賢者諱，蓋因其志於中國之善類，不幸而無臣以輔佐之，至於不得其死。聖人爲之隱其不幸，而成其考終命，所以垂世立教，廣爲善之門也。

陳侯逃歸。傳：「陳人患楚。慶虎、慶寅謂楚人曰：『吾使公子黄往而執之。』楚人從之。二慶使告陳侯于會曰：『楚人執公子黄矣。君若不來，群臣不忍社稷宗廟，懼有二圖。』陳侯逃歸。」○胡氏傳：「諸侯戍陳，令楚令尹來伐，諸侯又救之，亦既勤矣。爲陳侯計者，下令國中，大申儆備，立大子以固守，親聽命於諸侯，謀禦敵之策。當是時，晉君方明，八卿和睦，諸侯聽命，必能致力於陳矣。不此之顧，棄儀衛而逃歸，此匹夫之事耳。夫義，路也；禮，門也。輕棄中國，惟蠻夷之懼，是不能由是路出入是門，故書『逃歸』以罪之。」

八年，春，王正月，公如晉。傳：「公如晉朝，且聽朝聘之數。」

夏，葬鄭僖公。

鄭人侵蔡，獲蔡公子燮。燮，穀梁作「濕」。○傳：「鄭子國、子耳侵蔡，獲蔡司馬公子燮。鄭人皆喜，唯子產不順，曰：『小國無文德而有武功，禍莫大焉。楚人來討，能勿從乎？從之，晉師必至。晉、楚伐鄭，自今鄭國不四五年弗得寧矣。』」○謹按：僖公方葬，楚方睥睨鄭人之不服，而欲討之。今乃不能遠圖，先侵蔡以挑楚。故書人以貶之。

季孫宿會晉侯、鄭伯、齊人、宋人、衛人、邾人于邢丘。邢丘，任公輔曰：「故邢國河內平皋縣也。邢自邢丘遷襄國，又遷夷儀。」○傳：「會于邢丘，以命朝聘之數，使諸侯之大夫聽命。季孫宿、齊高厚、宋向戌、衛甯殖、邾大夫會之。鄭伯獻捷于會，故親聽命。」○穀梁傳：「見魯之失正也。公在而大夫會也。」○泰山孫氏曰：「邢丘之會，公在晉也。晉侯不與公會而與季孫宿會者，襄公微弱，政在季氏故也。晉爲盟主，棄其君而與臣，何以宗諸侯？此晉侯之惡亦可見矣。」○胡氏傳：「大夫稱人，貶也。昔周公戒成王以『繼自今我其立政立事』，夫不自爲政而委於臣下，是以國之利器示人而不知寶也。朝聘，事之大者，重煩諸侯而使大夫聽命，無乃以姑息愛人而不由德乎？使政在大夫而諸侯失國，又豈所以愛之也？後此八年，溴梁之會，悼公初沒，諸侯皆在而大夫獨盟，君若贅旒，夫豈一朝一夕之故哉？故貶諸大夫，以謹之也。」○謹按：會而使大夫聽命，自齊桓北杏始。春秋之法，必辨等列，以大夫而會諸侯，未有不人之者，所以嚴君臣之分、謹上下之交，而革霸者苟且之政也。

公至自晉。

莒人伐我東鄙。傳：「莒人伐我東鄙，以疆鄫田。」○謹按：莒人滅鄫，而魯不敢争，霸主不討，所以興伐魯、疆鄫田之師也。

秋，九月，大雩。傳：「旱也。」

冬，楚公子貞帥師伐鄭。傳：「楚子囊伐鄭，討其侵蔡也。子駟、子國、子耳欲從楚，子孔、子蟜、子展欲待晉。子駟曰：『民急矣，姑從楚以紓吾民。晉師至，吾又從之。犧牲玉帛，待於二竟，以待彊者而庇民焉。』子展曰：『小所以事大，信也。五會之信，今將背之，雖楚救我，將安用之？親我無成，鄙我是欲，不可從也。』子駟曰：『詩云：「謀夫孔多，是用不集。」請從楚，騑也受其咎。』乃及楚平。」○胡氏傳：「鄭介大國之間，若能任仁賢，明政刑，以禮法自守而親比四鄰，必能保國。楚雖大，何畏焉？乃加兵于蔡以怒楚，所謂不修德而有武功也。故國人皆喜而子産獨不順，是以獲公子燮特書『侵蔡』以罪之，而公子貞來伐鄭，及楚平，不復書矣。平而不書，見鄭之屈服於楚而不信也。」

晉侯使士匄來聘。傳：「晉范宣子來聘，且拜公之辱，告將用師于鄭。」

九年，春，宋災。災，公羊作「火」。天火曰災，來告，故書。

夏，季孫宿如晉。傳：「報宣子之聘。」

五月，辛酉，夫人姜氏薨。宣公夫人，成公母穆姜。

秋，八月，癸未，葬我小君穆姜。

冬，公會晉侯、宋公、衛侯、曹伯、莒子、邾子、滕子、薛伯、杞伯、小邾子、齊世子光伐鄭。十有二月，己亥，同盟于戲。戲，鄭地。○傳：「諸侯伐鄭。甲戌，師于汜。令曰：『脩器備，盛餱糧，歸老幼，居疾于虎牢，肆眚，圍鄭。』鄭人恐，乃行成。中行獻子曰：『遂圍之，以待楚人之救也，而與之戰。不然，無成。』知武子曰：『許之盟而還師，以敝楚人。吾三分四軍，與諸侯之鋭，以逆來者。於我未病，楚不能矣。猶愈於戰。暴骨以逞，不可以爭。大勞未艾。君子勞心，小人勞力，先王之制也。』乃許鄭成。同盟于戲。晉爲載書，曰：『自今日既盟之後，鄭國不唯晉命是聽，而或有異志者，有如此盟。』公子騑趨進，曰：『天禍鄭國，使介居二大國之間，大國不加德音，而亂以要之，無所底告。自今日既盟之後，鄭國不唯有禮與彊可以庇民者是從，而敢有異志者，亦如之。』晉人不得志於鄭，以諸侯復伐之。門其三門。次于陰口而還。」○胡氏傳：「善爲國者不師，善師者不陳，善陳者不戰。知武子明於善陳之法，以佐晉悼公，屢與諸侯伐鄭，楚輒救之，而不與之戰，得善勝之之道矣。」

楚子伐鄭。 傳：「楚子伐鄭，子駟、子展曰：『吾盟固云「惟强是從」。』乃及楚平。」

十年，春，公會晉侯、宋公、衛侯、曹伯、莒子、邾子、滕子、薛伯、杞伯、小邾子、齊世子光會吴子柤。 柤，楚地，後漢彭城國傳：「陽縣有柤水。」○杜氏注：「吴子在柤，晉以諸侯往會之，故曰會吴。」

夏，五月，甲午，遂滅偪陽。 偪，穀梁作「傅」。○偪陽，杜氏注：「彭城傅陽縣。」今徐州沛縣。○傳：「晉荀偃、士匄請伐偪陽，而封宋向戌焉〔一〕。荀罃曰：『城小而固，勝之不武，弗勝爲笑。』固請。丙寅，圍之，弗克。諸侯之師久於偪陽，荀偃、士匄請於荀罃曰：『水潦將降，懼不能歸，請班師。』知伯怒，投之以机，出於其間，曰：『女成二事，而後告余。余恐亂命，以不女違。七日不克，必爾乎取之！』五月，庚寅，荀偃、士匄帥卒攻偪陽，親受矢石。甲午，滅之。以與向戌，向戌辭，乃予宋公。以偪陽子歸，獻于武宫，謂之

〔一〕「焉」，華亭義塾本作「子」。

夷俘。偪陽，妘姓也。使周内史選其族嗣，納諸霍人。」○襄陵許氏曰：「晉之威德未能服遠，躬率諸侯涉楚、會吴，而因道用師，滅人之國，恃衆剽利，無復伯討，則中國之禮義盡矣。夫何以昭格荒服甚之？故日而志之也。」

公至自會。穀梁傳：「會夷狄不致，惡事不致，此其致何也？存中國也。中國有善事則并焉，無善事則異之，存之也。汲鄭伯，逃歸陳侯，致柤之會，存中國也。」范氏注：「有善事，則并焉。猶侵蔡，蔡潰，遂伐楚，是并也。」無善事，則異之，謂如今年會吴，甲午遂滅偪陽，若會與遂異也。

楚公子貞、鄭公孫輒帥師伐宋。傳：「楚子囊、鄭子耳伐宋師于訾毋。圍宋，門于桐門。」

晉師伐秦。傳：「九年，秦景公使士雅乞師于楚，將以伐晉。楚子許之。秋，楚子師於武城，以爲秦援。秦人侵晉。晉饑，弗能報也。今年，晉荀罃伐秦，報其侵也。」

秋，莒人伐我東鄙。傳：「莒人間諸侯之有事也，故伐我東鄙。」

公會晉侯、宋公、衛侯、曹伯、莒子、邾子、齊世子光、滕子、薛伯、杞伯、小邾子伐鄭。傳：「諸侯伐鄭，齊崔杼使大子光先至于師，故長于滕。」○吕氏曰：「齊世子光序諸侯上，主會者爲之也。春秋不改，所以示譏。言上下之無禮文，專以彊弱事勢爲先後也。」

冬，盜殺鄭公子騑、公子發、公孫輒。騑，公羊、穀梁作「斐」。○傳：「初，子駟與尉止有爭，子駟爲田洫，司氏、堵氏、侯氏、子師氏皆喪田焉，故五族聚群不逞之人，因公子之徒以作亂。於是子駟當國，子國爲司馬，子耳爲司空，子孔爲司徒。冬，十月，戊辰，尉止、司臣、侯晉、堵女父、子師僕帥賊以入。晨，攻執政於西宮之朝，殺子駟、子國、子耳。子孔知之，故不死。」○程氏傳：「不稱大夫，失卿職也。」愚謂：鄭之從楚以勞中國，皆公子騑之罪也。鄭成公卒之初，諸大夫欲從晉矣，公子騑以官命未改止之；及鄬之役，僖公如會，以從中國，而騑弒之；及楚子囊伐鄭，子展欲堅守以待晉，而騑請從楚以任其咎。故公子騑者，從夷之人、弒君之賊也。而公子發、公孫輒，惟騑是從，惡積而不可掩，鄭不能討，而盜得殺之，所謂「上慢下暴而致寇至」，孔子以爲盜之招也。此所以不稱「殺其大夫」也與。

戍鄭虎牢。傳：「諸侯之師城虎牢而戍之。晉師城梧及制，士魴、魏絳戍之。鄭及晉平。」○胡氏傳：「虎牢之城不繫鄭者，責在鄭也；戍而繫鄭者，罪諸侯也。」愚謂：罪諸侯者，責霸主之寡謀，前年戍陳，不能制楚以保陳矣；又踵前轍，而勞諸侯以戍守，罷敝中國，恃力逼小，豈霸主服人之道乎？故反繫之鄭以罪之。

楚公子貞帥師救鄭。傳：「楚子囊救鄭。十一月，諸侯之師還鄭而南，至於陽陵。楚師不退。知武子欲退，曰：『今我逃楚，楚必驕，驕則可與戰矣。』欒黶曰：『逃楚，晉之恥也。合諸侯以益恥，不如死，我將獨進。』師遂進。與楚師夾潁而軍。子蟜曰：『諸侯既有成行，必不戰矣。從之將退，不從亦退。退，楚必圍我，猶將退也。不如從楚，亦以退之。』宵涉潁，與楚人盟。欒黶欲伐鄭師，荀罃不可，曰：『我實不能禦楚，又不能庇鄭。鄭何罪？不如致怨焉而還。今伐其師，楚必救之。戰而不克，爲諸侯笑。克不可命，不如還也。』丁未，諸侯之師還，侵鄭北鄙而歸。楚人亦還。」○胡氏曰：「以救許楚，所以深罪諸侯不能保鄭，肆其陵逼，曾荆楚之不若也。」

公至自伐鄭。襄陵許氏曰：「書楚救鄭而致公，知諸侯之避楚也。」

十有一年，春，王正月，作三軍。杜氏注：「增立中軍。萬二千五百人爲軍。」○傳：「季武子將作三軍，告叔孫穆子曰：『請爲三軍，各征其軍。』穆子曰：『政將及子，子必不能。』武子固請之，穆子曰：『然則盟諸。』乃盟諸僖閎，詛諸五父之衢。正月，作三軍。三分公室，而各有其一。三子各毁其乘。季氏使其乘之人，以役邑入者無征，不入者倍征。

孟氏使半爲臣，若子若弟。叔孫氏使盡爲臣，不然不舍。」正義曰：「往前民皆屬公家，若非征伐，不屬三子，故三子自以其邑之民爲己之車乘。今既三分公室，所分得者，即是己有，故三家各自壞舊時車乘部伍，以足成三軍也。季氏使所分得國内三分有一之人，以其役與邑皆來入季氏者，則無公征；若不以役邑入季氏，則使公家倍征之。役，今之丁也，邑，賦税也，設利害以驅民，使入己耳。民畏倍征，則盡歸季氏。所分得者，無一入公也。孟氏於子弟之中課取其一，又分半以歸公也。叔孫氏使子弟盡爲己臣，唯以父兄歸公耳。故昭五年傳云：『季氏盡征之，叔孫氏臣其子弟。』言不臣父兄，取二分，而二分歸公也，孟氏取其半，又如叔孫所取其中止取其半，以半歸公，取一分而三歸公也。」○吕氏曰：「孟氏稍弱，所以只使半爲臣；季氏强，直欲盡無公室也。」○胡氏傳：「詩頌復古言：『公車千乘。』又曰：『公徒三萬。』則臣下無私民。若有侵伐，諸卿更帥以出，事畢則將歸於朝，車復於甸，甲散於丘，卒還於邑，將皆公家之臣，兵皆公家之衆，不相繫也。文、宣以來，政在私門，襄公幼弱，季氏益張，廢公室之三軍，而三家各有其一，季氏盡征焉。而舊法亡矣，是以謂之『作』。明年，季孫宿救台，遂入鄆，又其後享范獻子，而公臣不能具三耦，民不屬公可知矣。春秋書其『作』、『舍』，以見昭公失國，定公無正，以示兵權不可去公室，有天下國家者之所宜鑒也。」

夏，四月，四卜郊，不從，乃不郊。穀梁傳：「夏，四月，不時也。四卜，非禮也。」

鄭公孫舍之帥師侵宋。傳：「鄭人患晉、楚之故，諸大夫曰：『不從晉，國幾亡。楚弱於晉，晉不吾疾也。晉疾，楚將避之。何爲而使晉師致死於我？楚弗敢敵，而後可固與也。』子展曰：『與宋爲惡，諸侯必至，吾從之盟。楚師至，吾又從之，則晉怒甚矣。晉能驟來，楚將不能，吾乃固與晉。』大夫説之，使疆埸之司惡於宋。宋向戌侵鄭，大獲。子展曰：『師而伐宋可矣。若我伐宋，諸侯之伐我必疾，吾乃聽命焉，且告於楚。楚師至，吾又與之盟，而重賂晉師，乃免矣。』夏，鄭子展侵宋。」

公會晉侯、宋公、衛侯、曹伯、齊世子光、莒子、邾子、滕子、薛伯、杞伯、小邾子伐鄭。秋，七月，己未，同盟于亳城北。亳，公羊、穀梁作「京」。○亳，任氏云：「即鄭地偃師也，故湯都。」○傳：「諸侯會于北林，師于向。觀兵于南門，西濟于濟隧。鄭人懼，乃行成。同盟于亳城北〔一〕。范宣子曰：『不慎，必失諸侯。諸侯道敝而無成，

〔一〕左傳無「城北」。

能無貳乎？』乃盟。載書曰：『凡我同盟，毋蘊年，毋壅利，毋保姦，毋留慝，救災患，恤禍亂，同好惡，獎王室。或間兹命，司慎、司盟，名山、名川，群神、群祀，先王、先公，七姓十二國之祖，明神殛之，俾失其民，隊命亡氏，踣其國家。』」○胡氏曰：「既同而又叛，從子展之謀，欲致晉師而後與之也，故其載書雖有『隊命亡氏，踣其國家』之言，渝之而不顧。噫！慢鬼神至此，而盟猶足恃乎？」

公至自伐鄭。穀梁傳：「不以後致，盟後復伐鄭也。」

楚子、鄭伯伐宋。傳：「楚子囊乞旅于秦。秦右大夫詹帥師從楚子，將以伐鄭。鄭伯逆之。丙子，伐宋。」

公會晉侯、宋公、衛侯、曹伯、齊世子光、莒子、邾子、滕子、薛伯、杞伯、小邾子伐鄭，會于蕭魚。傳：「九月，諸侯悉師以復伐鄭。鄭人使良霄、大宰石㚟如楚，告將服于晉，曰：『孤以社稷之故，不能懷君。君若能以玉帛綏晉，不然則武震以攝威之，孤之願也。』楚人執之。諸侯之師觀兵于鄭東門。鄭人使王子伯駢行成。甲戌，晉趙武入盟鄭伯。冬，十月，丁亥，鄭子展出盟晉侯。十二月，戊寅，會于蕭魚。庚辰，赦鄭囚，皆禮而歸之。納斥候，禁侵掠。晉侯使叔肸告于諸侯。」○蘇氏曰：「鄭與會也，自八年後晉、楚争鄭，三年之間，晉人四以諸侯伐鄭，楚輒救之。晉用知罃之謀，未嘗與楚人戰。至是楚不能應，遂全師以服鄭，於是鄭固與晉二十餘年，楚不能争。雖城濮之克，不能過也。」○程氏傳：「鄭不可信，而悼公推誠以待之，不疑至哉，誠之能感人也。自此鄭不背晉者二十四年。」○臨江劉氏曰：「悼公之服鄭也有道。其信義著於諸侯，非一日之積，此善之可嘉者也。鄭伯之欲從中國也，亦非一日之積，逼於楚之强而未果，此不能之可矜者也。然則晉之取鄭，鄭之下晉，不始于會蕭魚之日，其信已在前矣。至其會也，諸侯以小息，中國以小安，是乃有貴乎約信者也。其義不言而諭，不盟而一，故略其文以見其實，蓋春秋成人之美之意也。不以戰伐爲善，不以盟誓爲信，示以救災患、恤禍亂、同好惡、獎王室而遠人服矣。爲天下豈可以詐力哉！」

公至自會。穀梁傳：「伐而後會，不以伐鄭致，得鄭伯之辭也。」○程子曰：「兵不加鄭，故書『至自會』。」

楚人執鄭行人良霄。霄，穀梁作「宵」。○陸淳曰：「稱行人而執，以其事執也。不稱行人而執，以己執也。」○許氏曰：「書楚執良霄，見楚之力盡於是矣。」

冬，秦人伐晉。傳：「秦庶長鮑、庶長武帥師伐晉以救鄭。鮑先入晉地。士魴禦之，少秦師而不設備。秦、晉戰于櫟。晉師敗績，易秦故也。」

十有二年，春，王三月，莒人伐我東鄙，圍台。季孫宿帥師救台，遂入鄆。台，穀梁作「邰」，杜氏注：「琅邪費縣有台亭。」○公羊傳：「大夫無遂事，此其言遂何？公不得爲政爾。」○穀梁傳：「受命而救邰，不受命而入鄆，惡季孫宿也。」○胡氏傳：「台在邦域之中，而專行之，非有無君之心者不敢爲也。」

夏，晉侯使士魴來聘。傳：「晉士魴來聘，且拜師。」

秋，九月，吴子乘卒。傳：「吴子壽夢卒，臨于周廟。」○泰山孫氏曰：「不書葬，以其稱王，罪大惡重，貶之也。」

冬，楚公子貞帥師侵宋。傳：「楚子囊、秦庶長無地伐宋師于揚梁，以報晉之取鄭也。」

公如晉。傳：「公如晉朝，且拜士魴之辱。」

十有三年，春，公至自晉。

夏，取邿。邿，公羊作「詩」。○杜氏注：「邿，小國也，任城亢父縣有邿亭。」○傳：「邿亂，分爲三。師救郜，遂取之。」

秋，九月，庚辰，楚子審卒。

冬，城防。傳：「於是將早城，臧武仲請俟畢農事。」○許氏曰：「鄭役既息，魯政有裕，則知取郜以爲利，城防以爲安而已矣。」

十有四年，春，王正月，季孫宿、叔老會晉士匄、齊人、宋人、衛人、鄭公孫蠆、曹人、莒人、邾人、滕人、薛人、杞人、小邾人，會吴于向。蠆，公羊作「囆」。○傳：「吴侵楚。養由基奔命，子庚以師繼之。養叔曰：『吴乘我喪，謂我不能師也，必易我而不戒。子爲三覆以待我，我請誘之。』子庚從之，戰于庸浦，大敗吴師。吴告敗于晉，會于向，爲吴謀楚故也。范宣子數吴之不德也，以退吴人。」○襄陵許氏曰：「四卿帥師，自成公始；二卿列會，自襄公始。大夫張也。」

二月，乙未，朔，日有食之。

夏，四月，叔孫豹會晉荀偃、齊人、宋人、衛北宫括、鄭公孫蠆、曹人、莒人、邾人、滕人、薛人、杞人、小邾人伐秦。傳：「諸侯之大夫從晉侯伐秦，以報櫟之役也。

晉侯待于竟，使六卿帥諸侯之師以進。及涇，不濟。衛北宫懿子見諸侯之師，而勸之濟。濟涇而次。秦人毒涇上流，師人多死。至于棫林，不獲成焉。荀偃令曰：『雞鳴而駕，塞井夷竈，唯余馬首是瞻。』欒黶曰：『晉國之命未是有也。余馬首欲東。』乃歸。伯游曰：『吾令實過，悔之何及，多遺秦禽。』乃命大還。晉人謂之『遷延之役』。」

己未，衛侯出奔齊。「衛侯」下公羊有「衎」字。○傳：「衛獻公戒孫文子、甯惠子食，皆服而朝。日旰不召，而射鴻於囿。二子從之，不釋皮冠而與之言。二子怒。孫文子如戚。孫蒯入使。公飲之酒，使大師歌巧言之卒章。大師辭，師曹請爲之。初，公有嬖妾，使師曹誨之琴，師曹鞭之。公怒，鞭師曹三百，故師曹欲怒孫子以報公。公使歌之，遂誦之。蒯懼，告文子。文子曰：『君忌我矣。弗先，必死。』并帑於戚，而入見蘧伯玉，曰：『君之暴虐，子所知也。大懼社稷之隕，將若之何？』對曰：『君制其國，臣敢奸之？』遂行，從近關出。公使子蟜、子伯、子皮與孫子盟于丘宫，孫子皆殺之。公出奔齊，孫氏追之，敗公徒于阿澤。及竟，公使祝宗告亡，且告無罪。定姜曰：『無神，何告？若有，不可誣也。有罪，若何告無？舍大臣而與小臣謀，一罪也。先君有冢卿以爲師、保，而蔑之，二罪也。余以巾櫛事先君，而暴妾使余，三罪也。告亡而已，無告無罪。』衛人立公孫剽，孫林父、甯殖相之，以聽命於諸侯。師曠侍於晉侯。晉侯曰：『衛人出其君，不亦甚乎？』對曰：『或者其君實甚。夫君，神之主而民之望也。若困民之主，匱神乏祀，百姓絶望，社稷無主，將安用之？天生民而立之君，使司牧之，勿使失性。有君而爲之貳，使師保之，勿使過度。自王以下，各有父兄子弟以補察其政。天之愛民甚矣，豈其使一人肆於民上，以縱其淫，而棄天地之性？必不然矣。』」○杜氏注：「諸侯之策書孫、甯逐君。春秋以衛侯自取奔亡之禍，故諸失國者，皆不書逐之賊也。」○襄陵許氏曰：「逐君之惡，未有若林父者矣。鄭厲、衛惠猶以禮去者也，春秋之季，君弱臣强，衛獻出奔不名，所以抑强臣、定常君而存大義也。」

莒人侵我東鄙。

秋，楚公子貞帥師伐吴。傳：「楚子爲庸浦之役故，子囊師于棠，以伐吴。吴不出而還。」

冬，季孫宿會晉士匄、宋華閲、衛孫林父、鄭公孫蠆、莒人、邾人于戚。傳：「晉侯問衛故於中行獻子，對曰：『不如因而定之。衛有君矣，伐之，未可以得志而勤諸侯。史佚有言曰：「因重而撫之。」君其定衛以待時乎！』冬，會于戚，謀定衛也。范宣子假羽毛於齊而弗歸，齊人始貳。」○襄陵許氏曰：「衛人立剽，非正也；而謀定之，則正弗勝矣。林父在位，是以知其謀定剽也。」○愚按：前書衛侯之奔，此列孫林父於會，足見晉爲霸主，抑君而臣是助，具書于策，則晉大夫之黨孫林父，罪惡具見，左氏所載師曠、中行偃之言，專罪其君，情可見矣。

十有五年，春，宋公使向戌來聘。二月，己亥，及向戌盟于劉。劉，魯地。○傳：「宋向戌來聘，且尋盟。」○襄陵許氏曰：「不盟于國而盟于劉，崇向戌故，公弱甚矣。」

劉夏逆王后于齊。杜氏注：「劉，采邑；夏，名。」劉夏，天子之士也。○傳：「官師從單靖公逆王后于齊。卿不行，非禮也。」○常山劉氏曰：「昏姻者，人倫之本；王后者，天下之母。劉夏非三公而逆后，是不重人倫之本，不尊天下之母，禮何以興而風化何以成乎？」○胡氏曰：「或曰：天子必親迎，信乎？太上無敵於天下，雖諸父昆弟莫不臣。適四方諸侯，莫敢有其室。若屈萬乘之尊，遠行親迎之禮，則何無敵於天下之有？或曰：王后，所與共事天地宗廟、繼萬世之重者，其禮當如何？使同姓諸侯主其詞，命卿往逆，公監之。父母之國諸卿皆送至於京師，舍而止。然後天子親迎以入，其納王后之禮乎！」

夏，齊侯伐我北鄙，圍成。公救成，至遇。傳：「齊侯圍成，貳於晉故也。於是乎城成郛。」○公羊傳：「其言『至遇』何？不敢進也。」○常山劉氏曰：「武備不謹，成郛見圍，救患當速，乃復畏避，公之所爲可知矣。」

季孫宿、叔孫豹帥師城成郛。常山劉氏曰：「由不能救成，故成郛見壞而城也。」愚謂：待事之無及，敵去而後城，亦已晚矣。詩曰：「迨天之未陰雨，徹彼桑土，綢繆牖户。」孔子曰：「爲此詩者，其知道乎！能治其國家，誰敢侮之？」

秋，八月，丁巳，日有食之。悼公卒，政逮大夫之徵也。

邾人伐我南鄙。傳：「邾人伐我南鄙，使告于晉。晉將爲會以討邾、莒。晉侯有疾，乃止。」○襄陵許氏曰：「政在君則民一，民一則國强；政在臣則民二，民二則國弱。魯自文、襄失政，大夫益竊國靈〔一〕，齊與邾、莒交伐其國，不競甚矣。則是無他故，民分於三桓故也。」

冬，十有一月，癸亥，晉侯周卒。傳：「冬，晉悼公卒，遂不克會。」

〔一〕「靈」，通志堂本作「柄」。

十有六年，春，王正月，葬晉悼公。踰月而葬，速也。

三月，公會晉侯、宋公、衛侯、鄭伯、曹伯、莒子、邾子、薛伯、杞伯、小邾子于湨梁。戊寅，大夫盟。湨，水名，杜氏注：「出河内軹縣東南，至温入河。」○蘇氏曰：「衛侯，剽也；二十五年，衛侯入于夷儀，衎也。二君皆稱衛侯，猶鄭突及忽〔一〕皆稱鄭伯也。」○傳：「葬晉悼公。平公即位，羊舌肸爲傅，張君臣爲中軍司馬，祁奚、韓襄、欒盈、士鞅爲公族大夫，虞丘書爲乘馬御。改服、脩官，烝于曲沃。警守而下，會于湨梁。晉侯與諸侯宴于温，使諸大夫舞，曰：『歌詩必類。』齊高厚之詩不類。荀偃怒，且曰：『諸侯有異志矣，使諸大夫盟高厚。』高厚逃歸。於是叔孫豹、晉荀偃、宋向戌、衛甯殖、鄭公孫蠆、小邾之大夫盟，曰：『同討不庭。』」○公羊傳：「諸侯在是，其言大夫盟何？信在大夫也。何言乎信在大夫？徧刺天下之大夫也。曷爲徧刺天下之大夫？君若贅旒然。」○穀梁傳：「湨梁之會，諸侯失正矣。諸侯會而曰『大夫盟』，正在大夫也。諸侯在而不曰諸侯之大夫，大夫不臣也。」○胡氏傳：「上二年春會于向，十有三國之大夫也。夏會伐秦，

〔一〕「忽」，原作「儀」，據通志堂本改。

亦十有三國之大夫也。冬會于戚，七國之大夫也。此三會，皆國之大事也，而使大夫皆專之，而諸侯不與焉，是列國之君不自爲政，弗躬弗親，禮樂征伐已自大夫出矣。況悼公既没，晉平初立，無先公之明也。君若贅旒而大夫張亦宜矣，夫豈一朝一夕之故哉！善惡積於至微而不可揜，常情忽於未兆而弗預謀。荀偃怒，大夫盟，而晉靖公廢，趙籍、韓虔、魏斯爲諸侯之勢見矣。有國〔一〕者，謹於禮而不敢忽。此春秋以待後世之意也。」愚按〔二〕：孔子曰：「天下有道，則禮樂征伐自天子出；無道，則禮樂征伐自諸侯出。」春秋之初，已自諸侯出矣，然莊十三年之前，皆諸侯出，而權未一也。自齊桓既立，晉文繼霸，中國之政，齊、晉專之，然猶在諸侯也。至今年以後，則皆自大夫出矣。故於此書「大夫盟」，著世變之益降也。

晉人執莒子、邾子以歸。傳：「命歸侵田。以我故，執邾宣公、莒犂比公，且曰：『通齊、楚之使。』」○臨江劉氏曰：「前此者，邾、莒交伐，魯、晉將討焉，未及而悼公卒，平公即

〔一〕「國」，原作「固」，據胡安國春秋傳及華亭義塾本改。

〔二〕華亭義塾本及通志堂本「愚按」在下條。

位，會于溴梁，於是執邾、莒之君。此執有罪，何以不得爲伯討？古之君子正己而物正，先自治而後治人。晉侯之正，未能以行其國而執人，固所以非伯討也。何氏注：『諸侯有罪，當歸京師，不得自治之。』録以歸惡其專也。」○愚按：孔子曰：「天下有道，則禮樂征伐自天子出；無道，則禮樂征伐自諸侯出。」春秋之初，已自諸侯出矣。然莊十三年之前，皆諸侯出而權未一也。自齊桓既立，晉文繼霸，中國之政，齊、晉專之，然猶在諸侯也。至今年以後，則皆自大夫出矣。故於此書大夫盟，著世變之益降也。〔一〕

齊侯伐我北鄙。

夏，公至自會。

五月，甲子，地震。叔老會鄭伯、晉荀偃、衛甯殖、宋人伐許。傳：「許男請遷于晉，諸侯遂遷許。許大夫不可，晉人歸諸侯。鄭子蟜聞將伐許，遂相鄭伯，以從諸侯之師。穆叔從公。齊子帥師會晉荀偃。六月，次于棫林。伐許，次于函氏。」○襄陵許氏曰：「晉卿主兵而先鄭伯，臣不可過君也。」○愚謂：許男有從中國之志，而大夫沮之，足

〔一〕「愚按」至「降也」，底本闕，據華亭義塾本及通志堂本補。

以見一時之俗矣。

秋，齊侯伐我北鄙，圍成。傳：「齊侯圍成。孟孺子速徼之。齊侯曰：『是好勇，去之以爲之名。』速遂塞海陘而還。」

大雩。

冬，叔孫豹如晉。傳：「穆叔如晉聘，且言齊故。晉人曰：『以寡君之未禘祀與民之未息，不然，不敢忘。』穆叔曰：『以齊人之朝夕釋憾於敝邑之地，是以大請。敝邑之急，朝不及夕，引領西望，曰：「庶幾乎！」比執事之間，恐無及也。』見中行獻子，賦圻父。獻子曰：『偃知罪矣。敢不從執事以同恤社稷，而使魯及此！』見范宣子，賦鴻鴈之卒章。宣子曰：『匄在此，敢使魯無鳩乎？』」

十有七年，春，王二月，庚午，邾子牼卒。牼，公羊、穀梁並作「瞯」，宣公也。○泰山孫氏曰：「前年晉人執邾子以歸，此書邾子牼卒者，晉人尋赦之也。」

宋人伐陳。傳：「宋莊朝伐陳，獲司徒卬。」

夏，衛石買帥師伐曹。傳：「衛孫蒯田于曹隧，飲馬于重丘，毀其瓶。重丘人閉門而詢之，曰：『親逐而君，爾父爲厲。是之不憂，而何以田爲？』夏，衛石買、孫蒯伐曹，曹人愬于晉。」

秋，齊侯伐我北鄙，圍桃。高厚帥師伐我北鄙，圍防。桃，公羊作「洮」，公、穀「高厚」上並有「齊」字。○桃，杜氏注：「弁縣東南有桃虛。」○傳：「齊人以其未得志于我故，秋，齊侯伐我北鄙，圍桃。高厚圍臧紇于防。師自陽關逆臧孫，至于旅松。郰叔紇、臧疇、臧賈帥甲三百，宵犯齊師，送之而復。齊師去之。」○泰山孫氏曰：「三年之中，君臣加兵于魯者四，齊之不道可知也。」

九月，大雩。

宋華臣出奔陳。傳：「宋華閱卒。華臣弱皋比之室，使賊殺其宰華吳。賊六人以鈹殺諸盧門合左師之後。左師懼，曰：『老夫無罪。』賊曰：『皋比私有討於吳。』遂幽其妻，曰：『畀余而大璧。』宋公聞之，曰：『臣也，不唯其宗室是暴，大亂宋國之政，必逐之。』華臣出奔陳。」

冬，邾人伐我南鄙。傳：「爲齊故也。」

十有八年，春，白狄來。公羊傳：「白狄者何？夷狄之君也。何以不言朝？不能乎朝也。」○劉氏傳：「夷狄於中國無事焉，其於天子世一見，則諸侯雖善其交際，不得而通也，是以春秋亦不與其朝。不與其朝者，所以懲淫慝、一内外也。周公致太平，越裳氏九譯而獻白雉。公曰：『君子德不及焉，不享其贄。』此乃天子而讓也，況列國之君、守藩之臣乎？」

夏，晉人執衛行人石買。傳：「晉人執衛行人石買于長子，執孫蒯于純留，爲曹故也。」○劉氏傳：「石買以君命聘於晉，晉人執之。晉能知石買之伐曹爲惡矣，而未能知孫氏逐君之爲惡也。蒯者，孫林父之子也。」○愚謹按：石買之執，有三失焉：舍大而治小，一也；行人非所執，二也；不歸于京師，三也。三者有一，不得爲伯討，而況於兼而有之乎？

秋，齊師伐我北鄙。穀梁作「齊侯」。○襄陵許氏曰：「四年之中，六伐鄙而四圍邑，又從邾、莒以助其虐，諸侯之陵暴，未有若是者也。是以動天下之兵，幾亡其國。」

冬，十月，公會晉侯、宋公、衛侯、鄭伯、曹伯、莒子、邾子、滕子、薛伯、杞伯、小邾子，同圍齊。傳：「齊侯伐我北鄙。晉侯伐齊。冬，十月，會于魯濟，尋湨梁之言，同伐齊。齊侯禦諸平陰，塹防門，而守之廣里。夙沙衛曰：『不能戰，莫如守險。』弗聽。諸侯之士門焉，齊人多死。范宣子告析文子曰：『吾知子，敢匿情乎？魯人、莒人皆請以車千乘自其鄉入，既許之矣。若入，君必失國。』子家以告公，公恐。齊侯登巫山以望晉師。晉人使司馬斥山澤之險，雖所不至，必旆而疏陳之。使乘車者左實右僞，以旆先，輿曳柴而從之。齊侯見之，畏其衆也，乃脱歸。丙寅，晦，齊師夜遁。十一月，丁卯，朔，入平陰，遂從齊師。晉人欲逐歸者，魯、衛請攻險。己卯，荀偃、士匄以中軍克京茲。乙酉，魏絳、欒盈以下軍克邿。趙武、韓起以上軍圍盧，弗克。十二月，戊戌，及秦周，伐雍門之萩。己亥，焚雍門及西郭、南郭。劉難、士弱率諸侯之師焚申池之竹木。壬寅，焚東郭、北郭，齊侯駕，將走郵棠。太子與郭榮諫。太子抽劍斷鞅，乃止。甲辰，東侵濰，南及沂。」○孫氏曰：「齊爲不道，數侵諸侯，言同者，諸侯同心疾齊也。」○程氏傳：「書『同圍』，見諸侯之惡齊。」○襄陵許氏曰：「環而攻之，焚其四郭，故謂之圍。曰『同圍齊』，言得罪於天下也。」

曹伯負芻卒于師。襄陵許氏曰：「負芻之惡，不容於堯、舜之世。春秋書卒與葬，以刺王政之不行，著世之亂也。」

楚公子午帥師伐鄭。傳：「鄭子孔欲去諸大夫，將叛晉而起楚師以去之。使告子庚，子庚弗許。楚子聞之，使揚豚尹宜告子庚曰：『國人謂不穀主社稷而不出師，死不從禮。不穀即位，於今五年，師徒不出，人其以不穀爲自〔一〕逸而忘先君之業矣。大夫圖之，其

〔一〕「自」，原作「目」，據左傳及通志堂本改。

若之何？』子庚歎曰：『君王其謂午懷安乎！吾以利社稷也。』見使者，稽首而對曰：『諸侯方睦於晉，臣請嘗之。若可，君而繼之；不可，收師而退，可以無害，君亦無辱。』子庚帥師治兵于汾。於是子蟜、伯有、子張從鄭伯伐齊，子孔、子展、子西守。二子知子孔之謀，完守入保。子孔不敢會楚師。楚師伐鄭，次于魚陵。右師城上棘，遂涉潁，次于旃然。蔿子馮、公子格率鋭師侵費滑、胥靡、獻于、雍梁，右回梅山，侵鄭東北，至于蟲牢而反。子庚門于純門，信于城下而還。涉于魚齒之下，甚雨及之，楚師多凍，役徒幾盡。」

十有九年，春，王正月，諸侯盟于祝柯。柯，公羊作「阿」。杜氏注：「祝柯縣今屬濟南郡。」後漢志：「平原郡祝柯。」地譜：「齊州禹城縣，齊邑。」○傳：「諸侯還自沂上，盟于督揚，曰：『大毋侵小。』」○按：諸侯不序，同圍之諸侯也。

晉人執邾子。傳：「執邾悼公，以其伐我故，遂次于泗上，疆我田。取邾田，自漷水歸之于我。」○愚謂：政自大夫出，故前年執邾子以歸，以伐魯故也。邾人宜有所懲戒，而伐魯無忌如此。霸威之不足以令諸侯，可以自反矣。○臨江劉氏曰：「此其爲非伯討奈何？邾人伐魯，晉人疾之，執其君以劫其地。然則曷爲不言以歸？釋之也。曷爲釋之？

未得其地，故劫之；已得其地，故釋之。執君取地，不以王命，而皆出於大夫，何以服人心而正其罪乎？」

公至自伐齊。 胡氏傳：「同圍齊以伐，致何也？見齊靈無道，宜得諸侯之伐，而免其圍齊之罪辭也。春秋於此有沮橫逆、抑强暴之意。孟子曰：『國必自伐，然後人伐之。』自作孽，不可逭。』齊侯環之謂矣！」

取邾田，自漷水。 杜氏注：「取邾田以漷水爲界也。漷水出東海合鄉縣，西南經魯國，至高平湖陸縣入泗。」○傳見上文注。○按：言「取邾田」，則非魯之舊可知，異於濟西、汶陽之取，而恃霸威以强取明矣。魯肆强奪，邾失漷水田，而庶其、畀我相繼來奔，邾自是始衰亂矣。

季孫宿如晉。 傳：「如晉拜師。」

葬曹成公。

夏，衛孫林父帥師伐齊。 傳：「晉欒魴帥師，從衛孫文子伐齊。」謹按：欒魴不書，孫林父并將也。夫討强暴之罪，而使逐君之大夫尸其事，則晉何以服齊？故特書林父主兵以罪之。

秋，七月，辛卯，齊侯環卒。 環，公羊作「瑗」。

晉士匄帥師侵齊。至穀，聞齊侯卒，乃還。傳：「士匄侵齊，及穀，聞喪而還，禮也。」公羊傳：「還者何？善辭也。何善爾？大其不伐喪也。」杜氏注：「詳録所至及還者，明其得禮。」○愚謂：將在軍，君命有所不受。三軍之進退，將實司之。總殺伐之柄以臨有喪，君子所不忍，尚何墠帷？請命以自累，其作止乎。

八月，丙辰，仲孫蔑卒。曾子言孟莊子不改父之臣與政。臣者，使半爲臣之類。故傳、記多稱獻子之言〔一〕有足法也。

齊殺其大夫高厚。傳：「齊侯娶于魯，曰顔懿姬，無子。其姪鬷聲姬生光，以爲大子。諸子仲子、戎子。戎子嬖，仲子生牙，屬諸戎子。戎子請以爲大子。仲子曰：『不可！廢常，不祥；間諸侯，難。光之立也，列於諸侯矣。今無故而廢之，是專黜諸侯，而以難犯不祥也。君必悔之！』公曰：『在我而已。』遂東大子光。使高厚傅牙以爲大子，夙沙衛爲少傅。齊侯疾，崔杼微逆光。疾病，而立之。光殺戎子，尸諸朝。靈公卒，莊公即位。執公子牙於句瀆之丘。以夙沙衛易己，衛奔高唐以叛。八月，崔杼殺高厚於灑藍，而兼

〔一〕「言」，通志堂本作「賢」。

其室。」○謹按：殺高厚者，崔杼也。杼雖擅生殺之柄，亦莊公之所欲也，以累上之詞言之，可謂著明矣。

鄭殺其大夫公子嘉。嘉，公羊作「喜」。○傳：「鄭子孔之爲政也專，國人患之，乃討西宮之難與純門之師。子孔當罪，甲辰，子展、子西帥國人伐之，殺子孔而分其室。」○胡氏傳：「嘉則有罪矣。子展、子西不能正以王法，肆諸市朝，與衆同棄，乃利其室而分之，有私意焉。故稱國以殺，而不去其官。此春秋原情定罪之意。」

冬，葬齊靈公。

城西郛。傳：「懼齊也。」

叔孫豹會晉士匄于柯。杜氏注：「魏郡内黄縣東北有柯城。」○傳：「齊及晉平，盟于大隧，故穆叔會范宣子于柯。穆叔見叔向，賦載馳之四章。叔向曰：『肸敢不承命！』」

城武城。杜氏注：「泰山南武城縣。」○傳：「穆叔歸，曰：『齊猶未也，不可以不懼。』乃城武城。」

二十年，春，王正月，辛亥，仲孫速會莒人盟于向。傳：「春，及莒平。孟莊子會莒人，盟于向，督揚之盟故也。」杜氏注：「莒數伐魯，前年盟督揚，故二國復自盟結好。」

夏，六月，庚申，公會晉侯、齊侯、宋公、衛侯、鄭伯、曹伯、莒子、邾子、滕子、薛伯、杞伯、小邾子盟于澶淵。杜氏注：「澶淵在頓丘縣南，一名繁汙。衛地。」按：唐置澶州，今屬開德府臨河縣。○傳：「盟于澶淵，齊成故也。」○襄陵許氏曰：「自文十四年新城之役，諸侯參盟則書同，同盟云者，名生於不足也。平公祝柯、澶淵之盟不書同，此悼公之遺烈也與！」

秋，公至自會。

仲孫速帥師伐邾。傳：「邾人驟至，以諸侯之事弗能報也。秋，孟莊子伐邾以報之。」○襄陵許氏曰：「祝柯之會，既執邾子，又取其田，報亦足矣。而復伐之，譏已甚也。且澶淵在彼，何以盟爲？」

蔡殺其大夫公子燮。燮，穀梁作「濕」。

蔡公子履出奔楚。傳：「初，蔡文侯欲事晉，曰：『先君與於踐土之盟，晉不可棄，且兄弟也。』畏楚，不能行而卒。楚人使蔡無常，公子燮求從先君以利蔡，蔡人殺之。公子履，其母弟也，故出奔楚。」○胡氏傳：「公子燮謀國之合於義者也，國人乃不順焉而殺燮，此何罪矣！故稱國以殺，而不去其官。履，其母弟，進不能正國〔一〕，退不能遠害，懼禍而奔，從於夷狄，書者，罪之也。」

陳侯之弟黄出奔楚。黄，公羊、穀梁作「光」。○傳：「陳慶虎、慶寅畏公子黄之偪，愬諸楚曰：『與蔡司馬同謀。』楚人以爲討。公子黄出奔楚。書曰『陳侯之弟黄出奔楚』，言非其罪也。公子黄將奔，呼于國曰：『慶氏無道，求專陳國，暴蔑其君，而去其親，五年不滅，是無天也。』」○襄陵許氏曰：「二慶執陳之權，外介大國，以奔其君之弟，而哀公力不能正，則國何恃而不亡？」

叔老如齊。傳：「齊子初聘于齊。」

冬，十月，丙辰，朔，日有食之。

季孫宿如宋。傳：「季武子如宋，報向戌之聘也。」

二十有一年，春，王正月，公如晉。傳：「公如晉，拜師及取邾田也。」

〔一〕「國」，底本及華亭義塾本作「身」，據胡安國春秋傳及通志堂本改。

邾庶其以漆、閭丘來奔。杜氏注：「二邑在高平，南平陽縣東北有漆鄉，西北有顯閭亭。」任公輔曰：「兖州鄒縣即南平陽也，後漢山陽南平鄉有漆亭，山陽南平陽有閭丘亭。」○傳：「邾庶其以漆、閭丘來奔。季武子以公姑姊妻之，皆有賜於其從者。於是魯多盗。季孫謂臧武仲曰：『子盍詰盗？』武仲曰：『不可詰也，紇又不能。』季孫曰：『我有四封，而詰其盗，何故不可？子爲司寇，將盗是務去，若之何不能？』武仲曰：『子召外盗而大禮焉，何以止吾盗？庶其竊邑於邾以來，子以姬氏妻之，而與之邑，是賞盗也。賞而去之，其或難焉。紇也聞之，在上位者，洒濯其心，壹以待人，軌度其信，可明徵也，而後可以治人。夫上之所爲，民之歸也。上所不爲，而民或爲之，是以加刑罰焉，而莫敢不懲。若上之所爲，而民亦爲之，乃其所也，又可禁乎？』庶其非卿也，以地來，雖賤必書，重地也。」○陸淳曰：「以地來，即叛也。不言叛，爲内諱也。諱受叛臣也。」○劉氏傳：「漆，一邑也，閭丘，一邑也，曷爲不言及？公邑言及，私邑不言及。私邑者，所受於君食之者也；公邑者，非食之者也。」○胡氏傳：「小國之大夫不書，其姓氏微也。其以事接我，則書，謹之也。莒慶以大夫即魯而圖昏，接我不以禮者也；邾庶其以地叛其君而來奔，接我不以義者也。書『來奔』，而魯受叛臣、納其地之罪亦見矣。」

夏，公至自晉。

秋，晉欒盈出奔楚。傳：「欒黶娶於范宣子，生盈。范鞅以其亡也，怨欒氏，故與欒盈爲公族大夫而不相能。桓子卒，欒祁與其老州賓通，幾亡室矣。懷子患之。祁懼其討也，愬諸宣子曰：『盈將爲亂，以范氏爲死桓主而專政矣，曰：「吾父逐鞅也，不怒而以寵報之，又與吾同官而專之。吾父死而益富。死吾父而專於國，有死而已，吾蔑從之矣。」其謀如是，懼害於主，吾不敢不言。』范鞅爲之徵。懷子好施，士多歸之。宣子畏其多士也，信之。懷子爲下卿。宣子使城著而遂逐之。秋，欒盈出奔楚。」〇劉氏意林：「不以范匄逐之爲文，而以盈之自出爲説，使盈無可逐之釁，則匄不得逐矣。匄之罪易見，盈之失難知。此春秋所以深探其情而大正其本也。道莫難於治天下，而天下之治在國，國之治在家，家之治在身。身不治，國家不可得而治也。詩之首二南，書之首堯、舜，皆原於此矣。春秋，述堯、舜者也，是以謹於人道之始，閨門之内。易曰：『閑有家，悔亡。』家之不閑，悔不亦宜乎！」

九月，庚戌，朔，日有食之。

冬，十月，庚辰，朔，日有食之。襄陵許氏曰：「比年食，今又比月食，蓋此八年之間而日七食，禍變重矣。」

曹伯來朝。曹武公來朝，即位而來見也。

公會晉侯、齊侯、宋公、衛侯、鄭伯、曹伯、莒子、邾子于商任。傳：「會于商任，錮欒氏也。」○襄陵許氏曰：「欒氏之出，非其罪也，徒以權臣私相忌惡，何有於國乎？公受其激怒，勤動諸侯，以逞范鞅之積憾，必欲使盈無所容於世，故盈發憤，卒興禍亂。此皆以私敗公，足以爲古今之至戒也。」

二十有二年，春，王正月，公至自會。

夏，四月。

秋，七月，辛酉，叔老卒。

冬，公會晉侯、齊侯、宋公、衛侯、鄭伯、曹伯、莒子、邾子、薛伯、杞伯、小邾子于沙隨。公羊、穀梁「邾子」下有「滕子」。○傳：「秋，欒盈自楚適齊。晏平仲言於齊侯曰：『商任之會，受命於晉。今納欒氏，將安用之？小所以事大，信也。失信，不立。君其圖之！』弗聽，退而告人曰：『君人執信，臣人執共，忠信篤敬，上下同之，天之道也。

君自棄也，弗能久矣。』冬，會于沙隨，復錮欒氏也。欒盈猶在齊，晏子曰：『禍將作矣！齊將伐晉，不可以不懼。』」○胡氏傳：「古者，大夫去國，君不掃其社稷，不係纍其子弟，不收其田邑，使人導之出疆，又先於其所往，敕五典，厚人倫也。今晉不念欒氏世勳而逐盈，又將搏執之而命諸侯無得納焉，何其已甚也。楚逐申公巫臣，子反請以重幣錮之。楚子曰：『止。彼若能利國家，雖重幣，晉將可乎；若無益於晉，晉將棄之，何勞錮焉？』其賢於商任、沙隨之謀遠矣。」

公至自會。

楚殺其大夫公子追舒。傳：「楚觀起有寵於令尹子南，未益祿而有馬數十乘。楚人患之，王將討焉。子南之子棄疾爲王御士，王每見之，必泣。棄疾曰：『君三泣臣矣，敢問誰之罪也？』王曰：『令尹之不能，爾所知也。國將討焉，爾其居乎？』對曰：『父戮子居，君焉用之？泄命重刑，臣亦不爲。』王遂殺子南於朝，轘觀起於四竟。子南之臣謂棄疾：『請徙子尸於朝。』曰：『君臣有禮，唯二三子。』三日，棄疾請尸，王許之。既葬，其徒曰：『行乎？』曰：『吾與殺吾父，行將焉入？』曰：『然則臣王乎？』曰：『棄父事讎，吾不忍也！』遂縊而死。」○劉氏傳：「追舒之爲人臣也，足以殺其身矣，然而楚子與人之子謀其父，其刑已甚，不可以行乎天下，故稱國以殺，罪累上也。」

二十有三年，春，王二月，癸酉，朔〔一〕**，日有食之。**

三月，己巳，杞伯匄卒。傳：「杞孝公卒。」

夏，邾畀我來奔。畀，公羊作「鼻」。○杜氏注：「畀我，庶其之黨。」○泰山孫氏曰：「書『畀我來奔』，惡內也。惡鄉受邾叛人邑，今又納邾叛人也。」

葬杞孝公。

陳殺其大夫慶虎，及慶寅。陳侯之弟黃自楚歸于陳。傳：「陳侯如楚。公子黃愬二慶於楚，楚人召之。使慶樂往，殺之。慶氏以陳叛。夏，屈建從陳侯圍陳。陳人城，板隊而殺人。役人相命，各殺其長，遂殺慶虎、慶寅。楚人納公子黃。」○穀梁傳：「稱國以殺，罪累上也。及慶寅，慶寅累也。」○呂氏曰：「慶虎、慶寅之罪不等，故言『及』也。」○胡氏傳：「人君擅一國之利勢，使權臣暴蔑其身而不能遠，欲去其親而不能保，譖愬之於

〔一〕「朔」，原脱，據春秋經及通志堂本補。

大國而不能辨，至因夷狄之力，然後能克，則非君人之道也。故二慶之死，稱國以殺。公子黃之出，特以『弟』書者，譏歸陳侯也。」

晉欒盈復入于晉，入于曲沃。曲沃在河東聞喜縣。○劉氏傳：「曲沃，欒氏之邑也。然則曷爲不言叛？非叛者也。劫衆以敵君，直亂而已矣。」○傳：「晉將嫁女于吳，齊侯使析歸父媵之，以藩載欒盈及其士，納諸曲沃。欒盈夜見胥午而告之。許諾。伏之，而觴曲沃人，樂作，午言曰：『今也得欒孺子何如？』對曰：『得主而爲之死，猶不死也！』四月，欒盈帥曲沃之甲，因魏獻子以晝入絳。初，欒盈佐魏莊子於下軍，獻子私焉，故因之。欒王鮒侍坐於范宣子。或告曰：『欒氏至矣！』宣子懼。欒王鮒曰：『奉君以走固宮，必無害也。且欒氏多怨，子爲政，欒氏自外，子在位，其利多矣。既有利權，又執民柄，將何懼焉？欒氏所得，其惟魏氏乎，而可强取也。夫克亂在權，子無懈矣。』公有姻喪，王鮒使宣子墨縗冒絰，二婦人輦以如公，奉公以如固宮。范鞅逆魏舒，則成列既乘，將逆欒氏矣。趨進，曰：『欒氏帥賊以入，鞅之父與二三子在君所矣，使鞅逆吾子。鞅請驂乘。』持帶，遂超乘，右撫劍，左援帶，命驅之出。僕請，鞅曰：『之公。』宣子逆諸階，執其手，賂之以曲沃。范氏之徒在臺後，欒氏乘公門。宣子謂鞅曰：『矢及君屋，死之。』鞅用劍以帥卒，欒氏退，欒盈奔曲沃，晉人圍之。」○蘇氏曰：「欒盈自齊入于曲沃，不言自齊，何也？齊之納欒盈，非以兵納之也。譬如盜賊私納之耳。」○胡氏傳：「復入者，甚逆之詞，爲其既絶而復入也。曲沃者，所食之地。當是時，權寵之臣各以利誘其下，使爲之用，至於殺身而不避，莫知有君臣之分者也。故聞語欒孺子者，則或歎或泣，而樂爲之死。盈從之，遂入絳，乘公門。若非天棄欒氏，又有范鞅之謀，晉亦殆矣。原其失，在於錮之甚急，使無所容，是以至此極。春秋備書，以見人而不仁，疾之已甚，亂也。其爲後世鑒，豈不深切著明也哉！」

秋，齊侯伐衛，遂伐晉。傳：「齊侯伐衛。自衛將遂伐晉。晏平仲曰：『君恃勇力以伐盟主，若不濟，國之福也。不德而有功，憂必及君。』崔杼諫曰：『不可！臣聞之：小國間大國之敗而毀焉，必受其咎。君其圖之！』弗聽。陳文子見崔武子，曰：『將如君何？』武子曰：『吾言於君，君弗聽也。以爲盟主，而利其難。群臣若急，君於何有？子姑止之。』文子退，告其人曰：『崔子將死乎！謂君甚，而又過之，不得其死。過君以義，猶自抑也，況以惡乎？』齊侯遂伐晉，取朝歌。爲二隊，入孟門，登大行，張武軍於熒庭，戍郫邵，封少水，以報平陰之役，乃還。」○襄陵許氏曰：「齊間欒氏之難，故能得志於晉，而莊公禍亂之成，著於此矣。書『齊侯』，本其惡也。」

八月，叔孫豹帥師救晉，次于雍榆。 榆，公羊、穀梁作「渝」，杜氏曰：「汲郡朝歌縣東有雍城。」○常山劉氏曰：「晉有欒盈之難，重以齊侯之伐，魯命豹帥師救之，斯義事也。豹反怠棄君命，不恤同姓之憂，次于雍榆，卒不克救，豹罪明矣。」○蘇氏曰：「聶北之役，先言次而後言救。按兵待時，卒能救邢，故以救終之也。雍榆之役，先言救而後言次，以救晉出兵而盤桓於雍榆，不及於事，故以『次』終之也。」

己卯，仲孫速卒。 杜氏注：「孟莊子也。」

冬十月，乙亥，臧孫紇出奔邾。 傳：「季武子無適子，公彌長，而愛悼子，欲立之。訪于申豐，申豐趨退，訪於臧紇，紇曰：『飲我酒，吾爲子立之。』季氏飲大夫酒，臧紇爲客。既獻，臧孫命北面重席，新樽絜之。召悼子，降，逆之。及旅，而召公鉏，使與之齒，季孫失色。季氏以公鉏爲馬正。孟孫惡臧孫，季孫愛之。孟氏之御騶豐點好羯也，曰：『從吾言，必爲孟孫。』豐點謂公鉏：『苟立羯，請讎臧氏。』公鉏謂季孫曰：『孺子秩固其所也。若羯立，則季氏信有力於臧氏矣。』弗應。己卯，孟孫卒，公鉏奉羯立于户側。季孫至，曰：『秩焉在？』公鉏曰：『羯在此矣！』季孫曰：『孺子長。』公鉏曰：『何長之有？惟其才也。且夫子之命也。』遂立羯。秩奔邾。臧孫入，哭，甚哀，多涕。出，其御曰：『孟孫之惡子也，而哀如是！季孫若死，其若之何？』臧孫曰：『季孫之愛我，疾疢也；孟孫之惡我，藥石也。美疢不如惡石。夫石猶生我，疢之美，其毒滋多。孟孫死，吾亡無日矣！』孟氏閉門，告於季孫曰：『臧氏將爲亂，不使我葬。』季孫不信。臧孫聞之，戒。冬，十月，孟氏將辟，藉除於臧氏。臧孫使正夫助之，除於東門，甲從己而視之。孟孫又告季孫。季孫怒，命攻臧氏。乙亥，臧紇斬鹿門之關以出，奔邾。」杜氏注：「阿順季氏，爲之廢長立少，以取奔亡，書『奔』，罪之。」

晉人殺欒盈。傳：「晉人克欒盈于曲沃，盡殺欒氏之族黨。」○公羊傳：「曷爲不言殺其大夫？非其大夫也。」○泰山孫氏曰：「不言其大夫者，欒盈出奔楚，當絶也。稱人以殺，從討賊詞。」

齊侯襲莒。杜氏注：「輕行，掩其不備曰襲。」○傳：「齊侯還自晉，不入，遂襲莒，門于且于，傷股而退。明日，將復戰，期于壽舒。杞殖、華還載甲，夜入且于之隧，宿于莒郊。明日，先遇莒子於蒲侯氏。莒子親鼓之，從而伐之，獲杞梁。莒人行成。」○高郵孫氏曰：「以强攻弱，又掩其不備焉。書曰『齊侯襲莒』，蓋侵伐之中而罪之尤者也。」

二十有四年，春，叔孫豹如晉。

仲孫羯帥師侵齊。傳：「孟孝伯侵齊，晉故也。」

夏，楚子伐吳。傳：「楚子爲舟師以伐吳，不爲軍政，無功而還。」

秋，七月，甲子，朔，日有食之，既。襄陵許氏曰：「春秋三書日食既。桓三年以周桓敗，宣八年以楚莊興，至是而中國諸侯皆受盟于楚矣。」

齊崔杼帥師伐莒。傳：「齊侯既伐晉而懼，將欲見楚子。楚子使薳啓彊如齊聘，且請期。秋，齊侯聞將有晉師，使陳無宇從薳啓彊如楚，辭，且乞師。崔杼帥師送之，遂伐莒，侵介根。」

大水。襄陵許氏曰：「夷儀之會，以水不克伐齊，則知水之所被廣矣，非特魯之災也。」

八月，癸巳，朔，日有食之。漢五行志曰：「董仲舒以爲比食，又既，象陽將絶。夷狄主上國之象也。後六君弒，楚子伐鄭，滅舒鳩，魯侯朝之，卒主中國。」

公會晉侯、宋公、衛侯、鄭伯、曹伯、莒子、邾子、滕子、薛伯、杞伯、小邾子于夷儀。夷儀，見僖元年注。○傳：「會于夷儀，將以伐齊。水，不克。」

冬，楚子、蔡侯、陳侯、許男伐鄭。傳：「楚子伐鄭，以救齊，門于東門，次于棘澤。諸侯還救鄭。楚子自棘澤還，使薳啓彊帥師送陳無宇。」○襄陵許氏曰：「夷儀之師不能正齊之亂，而徒致棘澤之役，以爲鄭難，則其救不足録矣。」

公至自會。

陳鍼宜咎出奔楚。傳：「陳人復討慶氏之黨，鍼宜咎出奔楚。」○襄陵許氏曰：「鍼宜咎之事無聞焉爾，而以慶氏黨逐，則其人亦可知矣。易曰：『比之匪人，不亦傷乎！』」

叔孫豹如京師。傳：「齊人城郟，穆叔如周聘，且賀城。王嘉其有禮也，賜之大路。」○襄陵許氏曰：「自宣九年仲孫蔑如京師，其後五十餘年乃始有叔孫豹，以罕書也。蓋自是不書聘王矣。」

大饑。穀梁傳：「五穀不升爲大饑。一穀不升謂之嗛，二穀不升謂之饑，三穀不升謂之饉，四穀不升謂之康，五穀不升謂之大侵。大侵之禮，君食不兼味，臺榭不塗，弛侯，庭道不除，百官布而不制，鬼神禱而不祀。此大侵之禮也。」○胡氏傳：「古有救荒之政，若國凶荒，或發廩以賑之，或移粟以通用，或徙民以就食，或爲粥溢以救餓莩，或興工作以聚失業之人，緩刑舍禁，弛力薄征，索鬼神，除盜賊，殺禮物而不備。雖有旱乾水溢，民無菜色，所以備之者如此其至。是年秋有陰沴之災，而冬大饑，蓋所以賑業之者有不備矣，故書之以爲戒。」

二十有五年，春，齊崔杼帥師伐我北鄙。傳：「崔杼伐我北鄙，報孝伯之師也，公患之，使告于晉。孟公綽曰：『崔子將有大志，不在病我，必速歸，何患焉？其來也不寇，使民不嚴，異於他日。』齊師徒歸。」

夏，五月，乙亥，齊崔杼弑其君光。傳：「齊棠公之妻，東郭偃之姊也。棠公死，偃御武子以弔焉。見棠姜而美之，使偃取之。莊公通焉，驟如崔氏。崔子因是，又以其間伐晉也，曰：『晉必將報。』欲弑公以説于晉，而不獲間。公鞭侍人賈舉，而又近之，乃爲崔子間公。夏，五月，莒爲且于之役故，莒子朝于齊。甲戌，饗諸北郭。崔子稱疾不視事。乙亥，公問崔子，遂從姜氏。姜入于室，與崔子自側户出。侍人賈舉止衆從者而入，閉門。甲興，公登臺而請，弗許。請自刃于廟，弗許，皆曰：『君之臣杼疾病，不能聽命。陪臣干掫有淫者，不知二命。』公踰墻，又射之，中股，反隊，遂弑之。賈舉、州綽、邴師、公孫敖、封具、鐸父、襄伊、僂堙皆死。晏子立于崔氏之門外，其人曰：『死乎？』曰：『獨吾君也乎哉？吾死也。』曰：『行乎？』曰：『吾罪也乎哉？吾亡也。』曰：『歸乎？』曰：『君死，安歸？君民者，豈以陵民？社稷是主。臣君者，豈爲其口實？社稷是養。故君爲社稷死，則死之；爲社稷亡，則亡之。若爲己死而爲己亡，非其私暱，誰敢任之？且人有君而弑之，吾焉得死之，而焉得亡之？將庸何歸？』門啓而入，枕尸股而哭之，興，三踊而出。盧蒲癸奔晉，王何奔莒。丁丑，崔杼立景公而相之，慶封爲左相。盟國人于大宮，曰：『所不與崔、慶者。』晏子仰天歎曰：『嬰所不唯忠於君、利社稷者是與，有如上帝！』乃歃。大史書曰：『崔杼弑其君。』崔子殺之。其弟嗣書，而死者二人。其弟又書，乃舍之。南史氏聞大史盡死，執簡以往。聞既書矣，乃還。」○胡氏傳：「莊公見弑，賈舉、州綽十人皆死之，而不得以死節稱，何也？所謂死節者，以義事君，責難陳善，有所從違而不苟者也。雖在屬車後乘，必不肯同入崔氏之宮矣。若此十人者，獨以勇力聞，皆逢君之惡，從於昏亂，而莊公嬖之者，死非其所，比諸匹夫匹婦自經於溝瀆而莫之知者，猶不逮也。雖殺身不償責，安得以死節許之哉？」○襄陵許氏曰：「齊莊勢陵大邦，衆暴小國，而又躬亂巨室，淫肆不君，故使崔杼因民不忍以與敵市，此足以爲世鑒矣。」

公會晉侯、宋公、衛侯、鄭伯、曹伯、莒子、邾子、滕子、薛伯、杞伯、小邾子于夷儀。

傳：「晉侯濟自泮，會于夷儀，伐齊，以報朝歌之役。齊人以莊公説，使隰鉏請成。慶封如師，男女以班。賂晉侯以宗器、樂器。自六正、五吏、三十帥、三軍之大夫、百官之正長、師旅及處守者皆有賂。晉侯許之，使叔向告於諸侯。」○泰山孫氏曰：「晉再合諸侯，將伐齊，齊人懼，弑莊公以求成。晉侯許之。八月，己巳，諸侯同盟于重丘是也。莊公復背澶淵之盟，加兵晉、衛，信不道矣。然齊人弑莊公以求成，逆之大者，晉侯不能即而討之，以正齊國之亂，曷以宗諸侯哉？宜乎大夫日熾，自是卒不可制也。故先書崔杼之弑，以著其惡。」○胡氏傳：「夫晉，本爲報朝歌之役來討。及會夷儀，既聞崔杼之弑，則宜下令三軍建而復旆，問齊人以莊公之故，執崔杼而戮之，謀於齊衆，置君以定其國，示天討之義，則方伯連帥之職修矣。今乃知罪不討，而受其賂，則是與之同情也。故春秋治之，如下文所貶云。」

六月，壬子，鄭公孫舍之帥師入陳。傳：「初，陳侯會楚子伐鄭。當陳隧者，井堙木刊，鄭人怨之。六月，鄭子展、子産帥車七百乘伐陳。宵突陳城，遂入之，陳侯扶其太子偃師奔墓。子展命師無入公宮，與子産親御諸門。陳侯使司馬桓子賂以宗器。陳侯免，擁社，使其衆男女別而纍，以待於朝。子展執縶而見，再拜稽首，承飲而進獻。子産〔一〕入，數俘而

〔一〕「子産」，左傳及通志堂本作「子美」。

出，祝祓社，司徒致民，司馬致節，司空致地，乃還。」

秋，八月，己巳，諸侯同盟于重丘。重丘，在曹州乘氏縣有故城。○傳：「同盟于重丘，齊成故也。」○胡氏傳：「崔杼既弒其君，晉侯受其賂而許之成，故盟于重丘特書曰『同』。」○或曰：同盟之書，自幽以來皆假王制以約束諸侯，何獨此盟罪之之深？如胡氏之言乎？愚按：二幽之盟，合諸侯以共尊周，而諸侯聽命也；重丘之盟，合諸侯將以討齊，乃受賂而釋之，且列弒君之齊於盟也。天下之惡，孰大於是？即其所同之實而觀之，晉侯之罪，亦一齊也。故曰：一美一惡，無嫌於同。

公至自會。

衛侯入于夷儀。杜氏注：「夷儀，本邢地，衛滅邢，而爲衛邑。晉閔衛衎失國，使衛分之一邑。」○傳：「晉侯使魏舒、宛没逆衛侯，將使衛與之夷儀。崔杼止其帑，以求五鹿。八月，衛獻公入于夷儀。」○胡氏傳：「鄭伯突入于櫟，衛侯入于夷儀，其入則一。或名或不名者，何也？鄭伯奪正以立，而國人君之，諸侯助之，不知其義，不可以有國也，故特書其名，著王法以絶之。衛侯蔑其冢卿，失國出奔，固不爲無罪矣。然有世叔儀以守，有母弟鱄以出，或撫其內，或營其外，有歸道焉，其義猶未絶也，故止書其爵而不名。及甯喜弒剽，復歸于衛，然後書名，此聖人俟其改過遷善，不輕絶人之意。」

楚屈建帥師滅舒鳩。 傳：「二十四年，吴人爲舟師之役故，召舒鳩人。舒鳩人叛楚。楚子師于荒浦，使沈尹壽與師祁黎讓之。舒鳩子敬逆二子，而告無之，且請受盟。二子復命，王欲伐之。薳子曰：『不可。彼告不叛，且請受盟，而又伐之，伐無罪也。姑歸息民，以待其卒。卒而不貳，吾又何求？若猶叛我，無辭有庸。』乃還。二十五年，楚薳子馮卒，屈建爲令尹。舒鳩人卒叛。令尹子木伐之，及離城。吴人救之，大敗。遂圍舒鳩。八月，楚滅舒鳩。」

冬，鄭公孫夏帥師伐陳。 夏，公羊作「囆」。○傳：「鄭子産獻捷于晉，晉人受之。十月，鄭伯如晉，拜陳之功。子西復伐陳，陳及鄭平。」

十有二月，吴子遏伐楚，門于巢，卒。 遏，公羊、穀梁並作「謁」。○傳：「吴子諸樊伐楚，以報舟師之役，門于巢。巢牛臣曰：『吴王勇而輕，若啓之，將親門。我獲射之，必殪。』從之。吴子門焉，牛臣隱於短墻以射之，卒。」○穀梁傳：「諸侯不生名，取卒之名，加之伐楚之上者，見以伐楚卒也。其見以伐楚卒何也？古者大國過小邑，小邑必飾城而請罪，禮也。吴子謁伐楚至巢，入其門，門人射吴子而卒。古者雖有文事，必有武備，非巢之不飾城而請罪，非吴子之自輕也。」

二十有六年，春，王二月，辛卯，衛甯喜弑其君剽。傳：「二十年，衛甯殖疾，召其子喜曰：『吾得罪於君，悔而無及也。名藏在諸侯之策，曰「孫林父、甯殖出其君」。君入，則掩之。若能掩之，則吾子也。不然，吾有餒而已，不來食矣。』喜許諾，殖卒。二十五年，冬，衛獻公自夷儀使與甯喜言，甯喜許之。大叔文子聞之，曰：『詩曰：「夙夜匪懈，以事一人。」今甯子視君不如弈棋，其何以免乎？弈者舉棋不定，不勝其耦。而況置君而弗定乎？九世之卿族，一舉而滅之，可哀也哉！』二十六年，衛獻公使子鮮爲復，辭。敬姒强命之，對曰：『君無信，臣懼不免。』敬姒曰：『雖然，以吾故也。』許諾。初，獻公使與甯喜言，甯喜曰：『必子鮮在，不然必敗。』故公使子鮮。子鮮不獲命於敬姒，以公命與甯喜言曰：『苟反，政由甯氏，祭則寡人。』甯喜告蘧伯玉，伯玉曰：『瑗不得聞君之出，敢聞其入？』遂行，從近關出。告右宰穀，右宰穀曰：『不可。獲罪於兩君，天下誰畜之？』悼子曰：『吾受命於先人，不可以貳。』穀曰：『我請使焉而觀之。』遂見公于夷儀。反，曰：『君淹恤在外十二年矣，而無憂色，亦無寬言，猶夫人也。若不已，死無日矣。』悼子曰：『子鮮在。』右宰穀曰：『子鮮在，何益？多而能亡，於我何爲？』悼子曰：『雖然，不可以已。』孫文子在戚，孫嘉聘於齊，孫襄居守。二月，庚寅，甯喜、右宰穀伐孫氏，不克。伯國傷。甯喜出舍於郊。伯國死，孫氏夜哭。國人召甯子，甯子復攻孫氏，克之。辛卯，殺子叔及大子角。」○或問：甯喜弑衛侯剽，既有其父之命矣，經於衎之出，不以名書，是其位未嘗絶也，曷爲書喜之罪，不從末減乎？愚以爲，人臣夙夜匪懈，以事一人，不可以二者也。殖既從林父之逐衎，共立剽而臣事之十餘年矣，其可以反易天常而命其子乎？君臣之分，如天冠地屨，不可一日易者也。殖之命其子，可謂悖矣，故太叔儀責其視置君不如弈棋，而知其身之不免，以及其宗也。喜也輕徇父命而不知諫，躬犯大惡，書以弑君辭而不可得矣。故春秋者，聖人所以定天下之大分，而示萬世臣子之法，不可不審思而明辨之也。○襄陵許氏曰：「君臣之分，一正而不可復易，此聖人所以定天下之經也。」○劉氏曰：「季子然問：『仲由、冉求，可謂大臣與？』孔子曰：『所謂大臣者，以道事君，不可則止。今由與求也，可謂具臣矣。』季子然曰：『然則從之者與？』曰：『弑父與君，亦不從也。』自此論之，其任重，其責厚，小從罪也，大從惡也。夫據國之位而享其禄，臨禍不死，聞難不圖，偷得自存之計，使篡弑因己而立，後雖悔之，不可及已。里克、趙盾、甯殖之貶，不亦宜乎！夫三子之罪，方諸商人、陳乞，則輕重有間矣，然而春秋不别也。以謂君臣之間，義不容失，故其文一施之，所以教天下之爲人臣者也。」

衛孫林父入于戚以叛。傳：「孫林父以戚如晉。書曰：『入于戚以叛。』罪孫氏也。臣之禄，君實有之。義則進，否則奉身而退，專禄以周旋，戮也。」○杜氏注：「衎雖未居位，林父專邑背國，猶爲叛也。」

甲午，衛侯衎復歸于衛。傳：「衛侯入，大夫逆於竟者，執其手而與之言。道逆者，自車揖之；逆于門者，頷之而已。」○胡氏傳：「衛侯出奔，入于夷儀，皆以爵稱。今既復歸而得國矣，乃書其名，何也？人之有德慧術知者，恒存乎疢疾。衛侯淹恤在外，十有二年，困於心，衡於慮久矣。此生於憂患之時，而一旦得國，失信無刑，猶夫人也，則是困而弗革，雖復得國，猶非其國也。」○愚按：春秋名衎，與衛侯鄭殺叔武、公子瑕名之同意。然甯喜以納君而見殺，則方之成公，衎爲甚矣。

夏，晉侯使荀吴來聘。公會晉人、鄭良霄、宋人、曹人〔一〕于澶淵。杜氏注：「澶淵，衛地，又近戚田。」○傳：「衛人侵戚東鄙，孫氏愬于晉，晉戍茅氏。殖綽伐茅氏，殺晉戍三百人。復愬于晉。晉爲孫氏故，召諸侯，將以討衛也。中行穆子來聘，召公也。六月，

〔一〕底本及華亭義塾本「曹人」下有「會」字，據春秋經及通志堂本删。

公會晉趙武、宋向戌、鄭良霄、曹人〔一〕于澶淵，取衛懿氏六十，以與孫氏。」〇胡氏曰：「趙武貶稱人，助孫氏也。鄭良霄獨不貶者，按左氏，鄭伯爲衛侯故如晉，則知其不助孫氏矣。」

秋，宋公殺其世子痤。傳：「初，宋芮司徒生女子。共姬納諸御，嬖，生佐，惡而婉。大子痤美而很，寺人惠墻伊戾爲大子内師而無寵。秋，楚客聘于晉，過宋。大子知之，請野享之。公使往，伊戾請從之。至，則欿，用牲，加書徵之，而馳告公，曰：『大子將爲亂，既與楚客盟矣。』公曰：『爲我子，又何求？』對曰：『欲速。』公使視之，則信有焉。問諸夫人與左師，則皆曰：『固聞之。』公囚大子。大子曰：『唯佐也能免我。』召而使請，曰：『日中不來，吾知死矣。』左師聞之，聒而與之語。過期，乃縊而死。佐爲大子。公徐聞其無罪也，乃亨伊戾。」〇泰山孫氏曰：「稱君以殺世子，甚之也。」〇胡氏傳：「賊世子痤者，寺人之譖也，而獨罪宋公，何哉？譖言之得行也，必有嬖妾配適以惑其心，又有小人欲結内援者以爲之助，然後愛惡一移，父子夫婦之間不能相保者衆矣。尸此者，其誰乎？直稱君者，春秋正其本之意。」

〔一〕底本及華亭義塾本「曹人」下有「會」字，據左傳及通志堂本删。

晉人執衛甯喜。傳：「晉人執甯喜、北宫遺，使女齊以先歸。」○公羊傳：「此執有罪，何以不得爲伯討？不以其罪執之也。」○劉氏傳：「曷爲不以討賊之辭言之？甯喜如晉，晉人執之，曰『爾曷爲納君而伐孫氏也』云爾，非伯討也。」

八月，壬午，許男甯卒于楚。冬，楚子、蔡侯、陳侯伐鄭。葬許靈公。傳：「許靈公如楚，請伐鄭，曰：『師不興，孤不歸矣。』八月，卒于楚。楚子曰：『不伐鄭，何以求諸侯？』冬，十月，楚子伐鄭。鄭人將禦之，子産曰：『晉、楚將平，諸侯將和，楚王是故昧於一來。不如使逞而歸，乃易成也。』子展説，不禦寇。十二月，乙酉，入南里，墮其城。涉于樂氏，門于師之梁。縣門發，獲九人焉。涉于汜而歸，而後葬許靈公。」

二十有七年，春，齊侯使慶封來聘。傳：「齊慶封來聘，其車美。孟孫謂叔孫曰：『慶季之車，不亦美乎？』叔孫曰：『豹聞之：「服美不稱，必以惡終。」美車何爲？』叔孫與慶封食，不敬。爲賦相鼠，亦不知也。」

夏，叔孫豹會晉趙武、楚屈建、蔡公孫歸生、衛石惡、陳孔奂、鄭良霄、許人、曹人于宋。奂，公羊作「瑗」。○傳：「宋向戌善於趙文子，又善於令尹子木，欲弭諸侯之兵以爲名。如晉，告趙孟。趙孟謀於諸大夫，韓宣子曰：『兵，民之殘也，財用之蠹，小國之大災也。將或弭之，雖曰不可，必將許之。弗許，楚將許之，以召諸侯，則我失爲盟主矣。』晉人許之。如楚，楚亦許之。如齊，齊人難之，陳文子曰：『晉、楚許之，我焉得已？』齊人許之。如秦，秦亦許之。皆告於小國，爲會于宋。五月，甲辰，晉趙武至于宋。壬戌，楚公子黑肱先至，成言於晉。丁卯，宋向戌如陳，從子木成言於楚。子木謂向戌：『請晉、楚之從交相見也。』庚午，向戌復於趙孟。趙孟曰：『晉、楚、齊、秦匹也，晉之不能於齊，猶楚之不能於秦也。楚君若能使秦君辱於敝邑，寡君敢不固請於齊！』壬申，左師復言於子木。子木使馹謁諸王。王曰：『釋齊、秦，他國請相見也。』秋，七月，戊寅，左師至。庚辰，子木至自陳。陳孔奂、蔡公孫歸生、曹、許之大夫皆至。以藩爲軍。晉、楚各處其偏。」○泰山孫氏曰：「隱、桓之際，天子失道，諸侯擅權；宣、成之間，諸侯僭命，大夫專國；至宋之會，則又甚矣。何哉？宋之會，諸侯日微，天下之政、中國之事，皆大夫專持之也。故二十九年城杞、三十年會澶淵、昭元年會虢，諸侯莫有見者。此天下之政、中國之事，皆大夫專持之可知也。」

衛殺其大夫甯喜。衛侯之弟鱄出奔晉。鱄，穀梁作「專」。○傳：「衛甯喜專，公患之。公孫免餘請殺之，公曰：『微甯子，不及此。吾與之言矣。事未可知，祇成惡名，止也。』對曰：『臣殺之，君勿與知。』乃與公孫無地、公孫臣謀，使攻甯氏，弗克，皆死。公曰：『臣也無罪，父子死余矣。』夏，免餘復攻甯氏，殺甯喜及右宰穀，尸諸朝。石惡將會宋之盟，受命而出，欲斂以亡，懼不免，且曰：『受命矣。』乃行。子鮮曰：『逐我者出，納我者死，賞罰無章，何以沮勸？君失其信，而國無刑，不亦難乎！且鱄實使之。』遂出奔晉。公使止之，不可。及河，又使止之，止使者而盟於河。託於木門，不鄉衛國而坐。終身不仕。」○高郵孫氏曰：「喜弒剽而立衎。衎反國而復用之，既而以其私殺之。喜雖有罪，而衛侯殺之不以其罪矣。昔里克弒奚齊而立夷吾，夷吾殺之。二君之殺其大夫，皆以其私。里克、甯喜之見殺，皆不以其罪。故春秋皆曰『殺其大夫』也。」○穀梁傳：「專其曰『弟』何也？專有是信者，故出奔晉。織絇邯鄲，終身不言衛。專之去，合乎春秋。」○劉氏意林：「衛侯忌小忿以誅有功，捐大信以疑至親。使鱄至於去國逃死者，無人君之道故也。當此之時，鱄以全身不離於惡名，爲智；以毋使其兄有誅弟之惡，爲義；以不翹世以自絜，爲忠；以不仕〔一〕，爲廉：可謂重己乎！是乃君子之所貴。」

〔一〕通志堂本「不仕」下有「而能矯國之失」。

秋，七月，辛巳，豹及諸侯之大夫盟于宋。傳：「辛巳，將盟于宋西門之外。楚人衷甲。伯州犂曰：『合諸侯之師，以爲不信，無乃不可乎？』固請釋甲。子木曰：『晉、楚無信久矣，事利而已。苟得志焉，焉用有信？』趙孟患之，以告叔向。叔向曰：『匹夫一爲不信，猶不可，若合諸侯之卿，以爲不信，必不捷矣！夫以信召人，而以僭濟之，必莫之與也，安能害我？又不及是。曰弭兵以召諸侯，而稱兵以害我。吾庸多矣，非所患也。』乃盟，晉、楚争先。晉人曰：『晉固爲諸侯盟主，未有先晉者也。』楚人曰：『子言晉、楚匹也，若晉常先，是楚弱也。且晉、楚狎主諸侯之盟也久矣，豈專在晉？』叔向謂趙孟曰：『諸侯歸晉之德，只非歸其尸盟也。子務德，毋争先！』乃先楚人。書先晉，晉有信也。」○劉氏傳：「豹何以名？一事而再見者，卒名也。地于宋，以宋爲主也。」○胡氏曰：「此一地也，曷爲再言宋？書之重，詞之複，其中必有大美惡焉。宋之盟，向戌欲弭諸侯之兵，以爲名。而楚屈建請晉、楚之從交相見，自是中國諸侯南向而朝楚。及申之會，蠻夷之君、簒弑之賊大合十有一國之衆，而用齊桓召陵之禮〔一〕。聖人至此哀人倫之滅，傷中

〔一〕「禮」，原作「事」，據胡安國春秋傳及通志堂本改。

國之衰，而其事自宋之盟始也。故會盟同地而再言宋者，貶之也。」○呂氏曰：「晉、楚之從交相見，夷、夏之分自此不復辨矣。」

冬，十有二月，乙亥，朔，日有食之。

二十有八年，春，無冰。

夏，衛石惡出奔晉。傳：「衛人討甯氏之黨，故石惡出奔晉。衛人立其從子圃以守石氏之祀。」

邾子來朝。傳：「邾悼公來朝，時事也。」

秋，八月，大雩。傳：「旱也。」

仲孫羯如晉。傳：「告將爲宋之盟故如楚也。」

冬，齊慶封來奔。傳：「二十七年，齊崔杼生成及彊而寡，娶東郭姜，生明。東郭姜以孤入，曰棠無咎，與東郭偃相崔氏。崔成有疾而廢之，而立明。成請老於崔，崔子許之。偃與无咎弗予，曰：『崔，宗邑也，必在宗主。』成與彊怒，將殺之，告慶封。慶封告盧蒲嫳。盧蒲嫳曰：『彼，君之讎也，天或者將棄彼矣。崔之薄，慶之厚也。』他日又告慶封曰：

『苟利夫子，必去之。難，吾助女。』九月，庚辰，崔成、崔彊殺東郭偃、棠無咎於崔氏之朝。崔子怒而出，遂見慶封。慶封使盧蒲嫳帥甲以攻崔氏，殺成與彊，而盡俘其家，其妻縊。嫳復命於崔子，且御而歸之。至，則無歸矣，乃縊。慶封當國。二十八年，慶封好田而嗜酒，與慶舍政。則以其内實遷於盧蒲嫳氏，易内而飲酒。數日，國遷朝焉。使諸亡人得賊者，以告而反之。故反盧蒲癸。癸臣子之，有寵，言王何而反之。二人皆嬖。冬，十月，慶封田于萊。十一月，乙亥，嘗于太公之廟，慶舍涖事。盧蒲癸自後刺子之，王何以戈擊之，死。慶封歸，遇告亂者。丁亥，伐西門，弗克。還伐北門，克之。入伐内宫，弗克。反，陳于嶽，請戰，弗許，遂來奔。既而齊人來讓，奔吴。吴句餘與之朱方，富於其舊。」

十有一月，公如楚。傳：「爲宋之盟故，公及宋公、陳侯、鄭伯、許男如楚。」○泰山孫氏曰：「公朝楚者，桓、文既死，夷狄日熾，中國日微，故公遠朝强夷也。」

十有二月，甲寅，天王崩。靈王也。

乙未，楚子昭卒。康王也。○胡氏曰：「甲寅，天王崩。乙未，楚子昭卒。相距四十二日，則閏月之驗也。然不以閏書，見喪服之不數閏也。」○吕氏曰：「此明閏月之驗。然不書閏者，閏承前月而受其餘日，故書閏月之日繫前月之下，史策常體，又有定例，故不必每月發傳。此范甯之説也。然杜預以十二月無乙未日誤，蓋預專據左氏説經，以二十七年十二月辰在申，司曆再失閏；二十八年春頓置兩閏，故此年正月得以無冰爲災而書；孔穎達又以爲甲寅、乙未不得同月：是皆不知閏月之日繫前月之下，史策常體之法也。」

二十有九年，春，王正月，公在楚。傳：「公在楚，楚人使公親襚。夏，四月，葬楚康王。公及陳侯、鄭伯、許男送葬，至于西門之外。諸侯之大夫皆至于墓。公還，及方城。季武子取卞，使公冶問，璽書追而與之，曰：『聞守卞者將叛，臣帥徒以討之。既得之矣，敢告。』公曰：『欲之而言叛，祇見疏也。』公問公冶曰：『吾可以入乎？』對曰：『君實有國，誰敢違君？』公欲無入，榮成伯賦式微，乃歸。」○公羊傳：「何言乎公在楚？正月以存君也。」○胡氏傳：「歲之首月，公如他國者有矣。此獨書『公在楚』者，外爲夷狄所制，以俟其葬而不得歸；内爲强臣所逼，欲擅其國而不敢入。故特書所在，以存君也。使後世臣子戴天履地，視君父之危且困，必有天威不違顔咫尺，食坐見於羹墻之意，而不以頃刻忘也。此義一行，豈敢有顧其家與身而不恤國，附權臣以圖富貴而其背君者乎？」○劉氏意林曰：「有公則無所復存，存公則疑於失國，在易坤之剥曰：『龍戰于野，其血玄黄。』夫嫌於無陽而後稱陽，猶嫌於無君而後稱公，安可弗察邪？」

夏，五月，公至自楚。穀梁傳：「公在楚，閔公也。公至自楚，喜之也。致君者，殆其往而喜其反，此致君之義也。」

庚午，衛侯衎卒。

閽弑吴子餘祭。傳：「吴人伐越，獲俘焉，以爲閽，使守舟。吴子餘祭觀舟，閽以刀弑之。」○公羊傳：「閽者何？門人也，刑人也。刑人則曷爲謂之閽？刑人非其人也。君子不近刑人，近刑人，則輕死之道也。」○穀梁傳：「閽，門者也，不稱姓名，閽不得齊於人。不稱其君，閽不得君其君也。禮，君不使無恥，不近刑人，不狎敵，不邇怨，賤人非所貴也，貴人非所刑也，刑人非所近也。舉至賤而加之吴子，吴子近刑人也。閽弑吴子餘祭，仇之也。」

仲孫羯會晉荀盈、齊高止、宋華定、衛世叔儀、鄭公孫段、曹人、莒人、邾人、滕人、薛人、小邾人城杞。儀，公羊作「齊」。左氏無「邾人」。○傳：「晉平公，杞出也，故治杞。六月，知悼子合諸侯之大夫以城杞，鄭子太叔與伯石往。子太叔見大叔文子，與之語。文子曰：『甚乎，其城杞也！』子太叔曰：『若之何哉？晉國不恤周宗之闕，而夏肆是屏。其棄諸姬，亦可知也已。諸姬是棄，其誰歸之？吉也聞之，棄同即異，是謂離德。詩曰：「協比其鄰，婚姻孔云。」晉不鄰矣，其誰云之？』」○胡氏傳：「古之建國立家者，必親九族。然有父族而後及母族，有母族而後及妻族，此葛藟之詩所爲刺也。晉主夏盟，令行中國，平公不能修文、襄之業，獎王室，而夏肆是屏，可謂知本乎？平王惟不撫其民，而遠屯戍于母家，周人怨思而作詩，此揚之水所以降爲國風也。城杞之役，亦不待貶絶而可見矣。」○襄陵許氏曰：「齊桓城衛，而諸侯歸心焉者，桓公之志，公天下也。晉平城杞，而人疾其役，其志私也，動又不時，能無攜乎！」

晉侯使士鞅來聘。傳：「范獻子來聘，拜城杞也。」

杞子來盟。傳：「杞文公來盟，書曰子，賤之也。」

吳子使札來聘。傳：「吳公子札來聘，通嗣君也。」○公羊傳：「謁也，餘祭也，夷眛也，與季子同母者四。季子弱而才，兄弟皆愛之，同欲立之以爲君。謁曰：『季子不受也，請無與子而與弟，兄弟迭爲君，而致國乎季子。』皆曰諾。故謁也死，餘祭也立；餘祭也死，夷眛也立；夷眛也死，則國宜之季子者也。季子使而亡焉。僚者，長庶也，即之。季子至而君之爾。闔廬曰：『先君之所以不與子國，而與弟者，凡爲季子故也。將從先君之命與，則國宜之季子者也；如不從先君之命與，則我宜立者也。僚惡得爲君乎？』於是使專諸刺僚，而致國乎季子。季子不受，曰：『爾弑吾君，吾受爾國，是吾與爾爲篡也。爾殺吾兄，吾又殺爾，是父子兄弟相殺，終身無已也。』去之延陵，終身不入吴國。」○常山劉氏曰：「札何以不稱公子？辭國而生亂者，札爲之也。吴子壽夢有四子，季則札也。壽夢欲立札，札辭而去。遏緣先君之志，約以次，必致國於札。夷昧之卒，札宜受命以安社稷，而徇匹夫之節，辭位以逃，夷昧之子僚於是代立，遏之子光乃弑僚而代之，是以吴之亂，札實爲之也。故春秋因札來聘，去其『公子』，以示貶焉。」○愚謹按：春秋之書季札，無以異於秦術、楚椒，然則聖人不貴讓乎？曰：辭讓之心，人皆有之。至於義之所當受，分之所當處，而不得辭，雖聖人不敢徇小節而以退讓爲安。舜、禹之受天下，季歷、武王之受國，皆擇乎時中，當其可而居之者也。季子者，其父命之，其兄遜之，受之則父兄之意慊，而國家安榮；不受則父兄之命塞，而適以長亂。君子於此將何處而可哉？況身爲貴戚，古之聖賢未有視社稷之安危若是恝者。微子、箕子、比干之在商，反覆詔告，自靖自獻，以求無愧於先王。孔子曰：「殷有三仁焉。」蓋必若是，而後心德始全，而吾可以有辭于永世矣。季子爲其父之所立，其兄之所屬，違父兄之命，而徒以潔身而去，爲高觀宗國之危亂，僚與光之相殘賊，若秦人視越人之肥瘠，正夫子所謂「果哉，末之難矣」者。其復位而待之言曰：「非我生亂，君子殆未之信也。」劉質夫之傳，得聖人之旨矣。

秋，九月，葬衛獻公。

齊高止出奔北燕。 杜氏注：「高止，高厚之子。」北燕，燕國薊縣。愚按：南燕，見桓十二年注。北燕，召公奭之後，姬姓之國，至此始見於經。○傳：「齊公孫蠆、公孫竈放其大夫高止於北燕。乙未，出。書曰『出奔』，罪高止也。高止好以事自爲功，且專，故難及之。」○襄陵許氏曰：「按傳，子尾、子雅實放高止，而經書『出奔』，君子以爲大夫，而放于君，可也。臣放大夫，是無君也，不可以訓，故以『出奔』書也。」

冬，仲孫羯如晉。 傳：「孟孝伯如晉，報范叔也。」

三十年，春，王正月，楚子使薳罷來聘。 罷，公羊作「頗」，下同。○傳：「楚子使薳罷來聘，通嗣君也。」○愚按：魯以君朝，而楚以大夫聘，此齊桓、晉文所以行乎列國者。故自宋之盟，夷夏不辨，楚人行霸主之禮於中國，非晉平、趙武之責而誰責哉？

夏，四月，蔡世子般弑其君固。傳：「蔡景侯爲大子般娶于楚，通焉。大子弑景侯。」

五月，甲午，宋災。宋伯姬卒。「伯姬」上公羊、穀梁無「宋」字。○傳：「甲午，宋大災。宋伯姬卒，待姆也。」○穀梁傳：「取卒之日加之災上者，見以災卒也。其見以災卒奈何？伯姬之舍失火，左右曰：『夫人少辟火乎？』伯姬曰：『婦人之義，傅母不在，宵不下堂。』左右又曰：『夫人少辟火乎？』伯姬曰：『婦人之義，保母不在，宵不下堂。』遂逮乎火而死。婦人以貞爲行者也，伯姬之婦道盡矣。詳其事，賢伯姬也。」○劉氏意林曰：「使共姬避火而全生，未足以害其貞也。然而不以己之可以全其生之故而違天下之常義，此安乎性命者乃能之。故審乎死生之度，辨乎榮辱之境，知禮之重重於生，辱之甚甚於死，伯夷、叔齊餓于首陽之下，何以過乎？詩曰：『彼己之子，舍命不渝。』」○襄陵許氏曰：「王化始於正家，春秋撥亂謹禮，以宋共姬爲婦道之表，故詳録焉。」

天王殺其弟佞夫。王子瑕奔晉。佞夫，公羊作「年夫」。○傳：「初，王儋季卒，其子括將見王而歎。單公子愆期〔一〕爲靈王御士，過諸廷，聞其歎，而言曰：『必有此夫！』入

〔一〕「期」，底本及華亭義塾本作「旗」，據左傳及通志堂本改。

以告王，且曰：『必殺之。不慼而願大，視躁而足高，心在他矣。』王曰：『童子何知？』及靈王崩，儋括欲立王子佞夫。佞夫弗知。戊子，儋括圍蔿，逐成愆。成愆奔平時。五月，癸巳，尹言多、劉毅、單蔑、甘過、鞏成殺佞夫。括、瑕、廖奔晉。書曰『殺其弟佞夫』，罪在王也。」○穀梁傳：「甚之也。」○愚按：王者之道，親親而及天下，則治有序；別嫌疑以明賞罰，則政有經。周景王初立，儋括謀亂而免，佞夫不知而死，所厚者薄，本心亡矣。所以終欲黜嫡立庶，而致子朝之亂也。

秋，七月，叔弓如宋，葬宋共姬。 穀梁無下「宋」字。○公羊傳：「外夫人不書葬，此何以書？隱之也。其稱謚何？賢也。」

鄭良霄出奔許，自許入于鄭。鄭人殺良霄。 傳：「二十九年，鄭伯有使公孫黑如楚，辭曰：『楚、鄭方惡，而使余往，是殺余也。』伯有曰：『世行也。』子皙曰：『可則往，難則已，何世之有？』伯有將强使之。子皙怒，將伐伯有氏。大夫和之。十二月，己巳，鄭大夫盟于伯有氏。三十年，伯有耆酒，爲窟室，而夜飲酒，擊鐘焉。朝至，未已。朝者曰：『公焉在？』其人曰：『吾公在壑谷。』皆自朝布路而罷。既而朝，則又將使子皙如楚，歸而飲酒。庚子，子皙以駟氏之甲伐而焚之。伯有奔雍梁，醒而後知之，遂奔許。乙巳，鄭伯及其大夫盟于大宮，盟國人于師之梁之外。伯有聞鄭人之盟己也，怒。聞子皮之甲不與攻己也，喜，曰：『子皮與我矣。』癸丑，晨，自墓門之瀆入，因馬師頡介于襄庫，以伐舊北門。駟帶率國人以伐之。伯有死于羊肆，子産襚之，枕之股而哭之，斂而殯諸伯有之臣在市側者，既而葬諸斗城。」○穀梁傳：「不言大夫，惡之也。」○劉氏傳：「曷爲不言復入？位未絶也。曷爲不言殺其大夫？非其大夫也。討賊之辭也。」○愚謂：良霄之出，公孫黑蓋有罪焉。春秋舍公孫黑專伐之罪，而罪良霄，何也？曰：耆酒而不恤政，汰侈而好争，伯有之所爲有喪家亡身之道焉。雖微公孫黑其能免於死乎？既亡而不自省，又入伐君而大亂其國，此春秋所以正名以討賊之辭也。春秋於喪國失家者，皆不書所逐之人，以明其身之有罪，使有國有家者兢兢自謹，而求所以保身也。知所以反身自修之道，則奔亡之禍遠矣，此春秋之大義也。孟子曰：「愛人不親反其仁，治人不治反其智。行有不得者，皆反求諸己。」非深於春秋者，其孰能知之？

冬，十月，葬蔡景公。晉人、齊人、宋人、衛人、鄭人、曹人、莒人、邾人、滕人、薛人、杞人、小邾人會于澶淵，宋災故。澶淵，衛地。○胡氏傳：「春秋大法，君弑賊不討則不書葬，況世子之於君父乎？蔡景公何以獨書葬？遍刺天下之諸侯也。葬送之禮，在春秋時，視人情之疏密而爲之者也。有嘗同盟，卒而不赴者，有雖同姓，赴而不會者，則以哀死而致襚爲輕，弔生而歸賻爲重必矣。今蔡世子般弑其君，藏在諸侯之策，而往會其葬，是恩義情禮之篤於世子般，不以爲賊而討之也。世子弑君，是夷狄禽獸之不若也，而不知討，豈不廢人倫、滅天理乎？故春秋大法，君弑賊不討則不書葬。而蔡景公特書葬者，聖人深痛其所爲，遍刺天下之諸侯也。」○傳：「爲宋災故，諸侯之大夫會，以謀歸宋財。冬，十月，叔孫豹會晉趙武、齊公孫蠆、宋向戌、衛北宮佗、鄭罕虎及小邾之大夫，會于澶淵。不書魯大夫，諱之也。」○劉氏傳：「會未有言其所爲者，此言其所爲何？譏。何譏爾？晉人與諸侯十二國之大夫會于澶淵，凡爲宋災，故謀之也。曰：更宋之所喪。雖死者不可復生，其財復矣，非務也。何言乎非務？會者，講禮、正刑、一德，紀天下也。蔡侯弑其君而不謀，宋災而謀之，微矣。陳恒弑其君，孔子沐浴而朝，告於哀公，請討之，公曰：『告夫三子者。』之三子告，不可。孔子曰：『以吾從大夫之後，不敢不告也。』」又意林曰：「天下之事不一也，君子慮所遠，而小人恤所近。夫災，雖諸侯所當救，然而一時之變、一國之禍也，財足以周其乏，粟足以濟其用則已矣，非所以爲天下之憂也。彼天下之憂者，臣弑君一，子弑父二。如是則夷狄矣，雖有粟，吾得而食諸？故孔子論天下之信，則曰寧『去食』；論陳恒之變，則曰『請討之』。其察於道之輕重、緩急、大小、先後也審矣，豈以姑息愛人哉！」○胡氏傳：「叔孫豹、晉趙武而下，皆諸侯上卿，執國之政者也。三綱，軍〔一〕政之本，至於淪絶，無父無君，禽獸逼人，雖得天下，弗能一朝居矣。昔者伯禹過門不入，放龍蛇也；周公坐以待旦，驅猛獸也。今世子弑君，與之同群而不恤，有國者不戒于火，自亡其財，苟其來告，弔之可也，則合十二國之大夫，而謀更其所喪，尚爲知類也乎？蔡之亂，猶人有腹心之疾，而宋之災，譬諸桐梓雞犬之亡失也。以爲未之察也，可謂不智；苟察之而不謀，亦不仁矣。是故諸國之大夫貶而稱人，魯卿諱而不書，又特言會之所爲，以垂戒後世，其欲人之自别於禽獸之害也，可謂深切著明矣。」○愚謹按：父子君臣之變，自文元年楚以商臣書，此猶夷狄之事也。及是年，蔡以中國之臣子爲之，而魯會其葬，晉合諸侯爲會，而所恤者，宋之火災而已。故於此章三致意焉。既變例書蔡景公之葬，又人諸侯之大夫而諱魯卿，又特書曰「宋災故」，而閔中國之胥爲夷狄，以見深傷之意者爲可知矣。

〔一〕「軍」，胡安國春秋傳作「國」。

三十有一年，春，王正月。

夏，六月，辛巳，公薨于楚宫。傳：「公作楚宫。六月，辛巳，薨于楚宫。」○杜氏注：「公適楚，好其宫，歸而作之。不居先君之路寢，而安所樂，失其所也。」○襄陵許氏曰：「公還自楚，不能增修政德，而反勤民傷財，務作楚宫，公之志亦荒矣，其何振之有？又況變夏從夷，亂國經常，所以爲不祥之道也。」

秋，九月，癸巳，子野卒。傳：「立胡女敬歸之子子野，次于季氏。秋，九月，癸巳，卒，毁也。立敬歸之娣齊歸之子公子裯。穆叔不欲，曰：『太子死，有母弟則立之，無則立長，年鈞擇賢，義鈞則卜，古之道也。非嫡嗣，何必娣之子？且是人也，居喪而不哀，在慼而有嘉容，是謂不度。不度之人，鮮不爲患。若果立之，必爲季氏憂。』武子不聽，卒立之。比及葬，三易衰，衰衽如故衰。於是昭公十九年矣，猶有童心。君子是以知其不能終也。」

○泰山孫氏曰：「襄公大子，未踰年之君也。名，未葬也。不薨不地，降成君也。」○胡氏傳：「般、赤弑而書卒，子野過毁亦書卒，何以辨乎？曰：閔公内無所承，不書即位，則般之弑可知。下書『夫人姜氏歸于齊』，上書『公子遂、叔孫得臣如齊』，則子赤之弑可知，與子野異矣。」○杜氏注：「不書葬，未成君也。」

己亥，仲孫羯卒。 傳：「孟孝伯卒。」

冬，十月，滕子來會葬。癸酉，葬我君襄公。 傳：「滕成公來會葬。癸酉，葬襄公。」○襄陵許氏曰：「子大叔曰：『先王之制，諸侯之喪，士弔，大夫送葬。』滕子會葬，非禮也。」

十有一月，莒人弑其君密州。 傳：「莒犂比公生去疾及展輿，既立展輿，又廢之。犂比公虐，國人患之。十一月，展輿因國人以攻莒子，弑之，乃立。去疾奔齊，齊出也。展輿，吴出也。」○陸氏辯疑曰：「據傳，則展輿弑其父，不當不書，恐傳是『展輿因國人之攻莒子弑之，乃立』。誤以『之』爲『以』字。」

春秋卷第八

春秋卷第九

張洽集注

昭公

名裯，襄公之子，齊歸所生。諡法：「威儀恭明曰昭。」

元年，春，王正月，公即位。胡氏傳：「子野有命，立昭公，故穆叔雖不欲，而不能止也。」

叔孫豹會晉趙武、楚公子圍、齊國弱、宋向戌、衛齊惡、陳公子招、蔡公孫歸生、鄭罕虎、許人、曹人于虢。公羊「弱」作「酌」，「齊惡」作「石惡」，「罕虎」作「軒虎」，後及「罕達」同。虢，公羊作「漷」，穀梁作「郭」。○傳：「會于虢，尋宋之盟也。楚令尹圍請用牲，讀舊書，加于牲上而已，晉人許之。三月，甲辰，盟。楚公子圍設服離衛。」○劉氏傳：「此陳侯之弟招也，何以不稱弟？諸侯之尊，弟兄不得以屬通也。諸侯之尊，則弟兄曷爲不得以屬通？諸侯非始封之君，臣諸父昆弟，其在朝廷爵以德，齒以官，體異姓也。族人不得以其戚戚君，尊尊也。」○謹按：會虢，尋宋之盟，而春秋不書者，當是時，公子圍恐晉之狎主盟約，於是請讀舊書，加于牲上，而不復歃。春秋正夷夏之分，以宋之盟楚欲争先，而晉不與較；今虢之役，又以計讀書加牲上，則是以夷狄而争勝也。夷夏之分，不可亂也，故二役皆先趙武焉。

三月，取鄆。傳：「季武子伐莒，取鄆。莒人告于會。楚告于晉，曰：『尋盟未退，而魯伐莒，瀆齊盟，請戮其使。』樂桓子相趙文子〔一〕，欲求貨於叔孫而爲之請，使請帶焉，弗與。梁其踁曰：『貨以藩身，子何愛焉？』叔孫曰：『諸侯之會，衛社稷也。我以貨免，魯必受師，是禍之也，何衛之爲？雖怨季孫，魯國何罪？叔出季處，有自來矣，吾又誰怨？然鮒也賄，弗與，不已。』召使者，裂裳帛而與之，曰：『帶其褊矣。』趙孟聞之，乃請於楚曰：『魯雖有罪，其執事不避難。子若免之，以勸左右，可也。封疆之削，何國蔑有？主齊盟者，誰能辯焉？莒、魯争鄆，爲日久矣，苟無大害於其社稷，可無亢也。』固請諸楚，楚人許之，乃免叔孫。」○程子曰：「乘莒之亂而取之，故隱辟其辭。」○胡氏曰：「不曰『伐莒取鄆』，爲内諱也。」

〔一〕「趙文子」，底本及華亭義塾本作「趙武子」，據左傳及通志堂本改。

夏，秦伯之弟鍼出奔晉。傳：「秦后子有寵於桓，如二君於景。其母曰：『弗去，懼選。』癸卯，鍼適晉，其車千乘。書曰『秦伯之弟鍼出奔晉』，罪秦伯也。」〇公羊傳：「秦無大夫，此何以書？仕諸晉也。曷爲仕諸晉？有千乘之國，而不能容其母弟，故君子謂之『出奔』也。」〇穀梁傳：「諸侯之尊，弟兄不得以屬通。『其弟』云者，親之也。親而奔之，惡也。」〇胡氏傳：「夫后子出奔，其父禍之，而罪秦伯，何也？春秋以均愛望人父，而以能友責人兄。父母有愛妾，猶終身敬之不衰，況兄弟乎？兄弟翕而後父母順矣，故不曰『公子』，而特稱『秦伯之弟』云。」

六月，丁巳，邾子華卒。

晉荀吳帥師敗狄于大鹵。公羊、穀梁作「大原」。杜氏注：「大鹵，大原晉陽縣。」公羊疏云：「按古文及夷狄人皆謂之大鹵，而今經及師讀皆謂之大原。」說文：「西方謂之鹵。」易曰：「兑爲剛鹵，西方之澤也。」春秋「大原」爲「大鹵」，亦西方也。〇傳：「晉中行穆子敗無終及群狄于大原，崇卒也。將戰，魏舒曰：『彼徒我車，所遇又阨，以什共車，必克。困諸阨，又克。請皆卒，自我始。』乃毁車以爲行，五乘爲三伍。荀吳之嬖人不肯即卒，斬以徇。爲五陳以相離，兩於前，伍於後，專爲右角，參爲左角，偏爲前拒，以誘之，狄人笑之，未陳而薄之，大敗之。」○胡氏傳：「詩：『薄伐玁狁，至于大原。』而詩人美之者，謂不窮追遠討，及封境而止也。然則大原在禹服之内，而狄人來侵，攘斥宜矣。其過在毀車崇卒，以詐誘狄人而敗之，非王者之師耳。使後世車戰法亡，崇尚步卒，以詐變相高，日趨苟簡，皆此等啓之矣。書『敗狄』，譏之也。」

秋，莒去疾自齊入于莒。莒展輿出奔吴。公羊、穀梁無「輿」字。陸德明注左傳云：「一本無『輿』字。」○傳：「莒展輿立而奪群公子秩。公子召去疾于齊。秋，公子鉏納去疾，展輿奔吴。」○程氏傳：「去疾假齊之力以入莒，討展輿之罪，正也，故稱莒。遂自立，無所禀命，故不稱『公子』，自以爲公子可立也。展輿爲弑君者所立，而以國氏者，罪諸侯也。號之會，雖國亂未與，然諸侯與其立矣，故欲執叔孫也。稱『莒展輿』，見諸侯之與其立也。」

叔弓帥師疆鄆田。傳：「因莒亂也。」○杜氏注：「春取鄆，今正其封疆。」○趙氏曰：「凡疆田而書帥師，皆有難也。」○劉氏傳：「何以書？譏。何譏爾？以亂爲利也。」

葬邾悼公。

冬，十有一月，己酉，楚子麇卒。麇，公、穀作「卷」。○傳：「冬，楚公子圍將聘于鄭，伍舉爲介，未出竟，聞王有疾而還。伍舉遂聘。十一月，己酉，公子圍至，入問王疾，縊而弑之，遂殺其二子幕及平夏。葬王于郟，謂之郟敖。使赴于鄭。伍舉問應爲後之辭焉，對曰：『寡大夫圍。』伍舉更之曰：『共王之子圍爲長。』」○胡氏傳：「公子圍弒郟敖而以疾赴諸侯，曷爲因而不革乎？曰：圍弒君以立，中國力所不加，而莫能致討，則亦已矣；大合諸侯于申，與會者凡十有三國，其臣舉六王二公之事，其君用齊桓召陵之禮，宋向戌、鄭子産，諸侯之良也，而皆有獻焉，不亦傷乎？若革其僞赴而正以弒君，將恐天下後世以弒君之賊非獨不必致討，又可從之以主盟會而無惡矣。聖人至此，閔中國之衰微而不振，懼人欲之横流而莫遏，是故察微顯，權輕重，因諸侯之策書而不正其簒弒之罪，所以扶中國、存天理也。」○謹按：隱公弒而書薨，爲魯諱也；楚麇弒而書卒，爲中國諱也；鄭僖、齊悼弒而書卒，爲賢者諱也。考是三者，足以見聖人微顯志晦之法矣。

楚公子比出奔晉。 傳：「公子圍弒楚子。右尹子干出奔晉。宮廐尹子晳出奔鄭。」

二年，春，晉侯使韓起來聘。 傳：「晉侯使韓宣子來聘，且告爲政而來見〔一〕也。觀書於

〔一〕左傳及通志堂本「來見」下有「禮」字。

太史氏，見易象與魯春秋，曰：『周禮盡在魯矣。吾乃今知周公之德與周之所以王。』」

夏，叔弓如晉。傳：「報宣子也。」

秋，鄭殺其大夫公孫黑。傳：「元年，鄭徐吾犯之妹美，公孫楚聘之矣，公孫黑又使强委禽焉。犯懼，告子產。子產曰：『是國無政，非子之患。唯所欲與。』適子南氏。子皙怒，既而櫜甲以見子南，欲殺之而取其妻。子南知之，執戈逐之，及衝，擊之以戈。子皙傷而歸，告大夫曰：『我好見之，不知其有異志也，故傷。』大夫皆謀之。子產曰：『直鈞，幼賤有罪，罪在楚也。』乃執子南，放之于吳。六月，丁巳，鄭伯及其大夫盟于公孫段氏。罕虎、公孫僑、公孫段、印段、游吉、駟帶私盟于閨門之外，實薰隧。公孫黑强與於盟，使太史書其名，且曰『七子』。子產弗討。二年，秋，鄭公孫黑將作亂，欲去游氏而代其位，傷疾作而不果。駟氏與諸大夫欲殺之。子產在鄙聞之，懼弗及，乘遽而至。使吏數之曰：『伯有之亂，以大國之事，而未爾討也。爾有亂心無厭，國不女堪。專伐伯有，而罪一也。兄弟爭室，而罪二也。薰隧之盟，女矯君位，而罪三也。有死罪三，何以堪之？不速死，大刑將至。』再拜稽首，辭曰：『死在朝夕，毋助天爲虐。』子產曰：『人誰不死？凶人不終，命也。不速死，司寇將至。』七月，壬寅，縊，尸諸周氏之衢，加木焉。」○劉氏傳：「稱國以殺大夫者，罪累上也。黑有罪，其以累上言何？惡鄭伯也。何惡乎鄭伯？言不能討有罪以放乎亂也。其放乎亂奈何？公孫黑伐良霄而逐之，君弗誅也，以爲大夫。又與公孫楚爭娶徐吾氏，徐吾氏歸于楚，君放楚也，而盟諸大夫，黑於是自以爲卿。又將爲亂，疾作而卧。子産使吏數諸其家，則幸而勝之爾。」

冬，公如晉，至河乃復。 傳：「晉少姜卒。公如晉，及河。晉侯使士文伯來辭曰：『非伉儷也，請君無辱。』公還，季孫宿遂致服焉。」○泰山孫氏曰：「公如晉至河乃復者六。唯二十三年書『有疾』，明有疾而反，餘皆譏。公數如晉見距，不能以禮自重，大取困辱也。」○常山劉氏曰：「凡人君，動止有度，豈可非禮而行、無故而復哉？蓋進退皆非禮義也。」

季孫宿如晉。 穀梁傳：「公如晉而不得入，季孫宿如晉而得入，惡季孫宿也。」○泰山孫氏曰：「公如晉而距之，季孫宿如晉而納之，是昭公季孫宿之不若也。此晉侯之惡亦可見矣。」○胡氏傳：「書『公如晉，至河乃復，季孫宿〔一〕如晉』，而昭公失國之因，季氏逐君之漸，晉人下比之迹，不待貶絶而皆見矣。」

〔一〕「宿」，原脱，據胡安國春秋傳及通志堂本補。

三年，春，王正月，丁未，滕子原卒。公羊「原」作「泉」。

夏，叔弓如滕。五月，葬滕成公。傳：「叔弓如滕，葬成公。」○襄陵許氏曰：「以吾之大夫往，報成公之會襄葬也。春秋卒葬諸侯，有小大之體，有褒貶之義，有盛衰之變，有施報之情，無非教也。」

秋，小邾子來朝。傳：「小邾穆公來朝，季武子欲卑之。穆叔曰：『不可。曹、滕、二邾實不忘我好，敬以逆之，猶懼其貳，又卑一睦，焉逆群好也？其如舊而加敬焉。』季孫從之。」

八月，大雩。傳：「旱也。」

冬，大雨雹。張氏正蒙曰：「雹，戾氣也。」此中國不振而夷狄會諸侯之兆也。

北燕伯款出奔齊。傳：「燕簡公多嬖寵，欲去諸大夫而立其寵人。冬，燕大夫比以殺公之外嬖。公懼，奔齊。書曰『北燕伯款出奔齊』，罪之也。」○胡氏傳：「君雖不君，臣不可以不臣。燕伯欲去諸大夫，固不君矣，而大夫相與比以殺其外嬖，是威脅其主而出之也，與鬻拳之兵諫無異，而獨罪燕伯，何哉？大夫，國君之陪貳，以公心選之而不可私也，以誠意委之而不可疑也，以隆禮待之而不可輕也，以直道馭之而不可辱也，否則，是忽其陪貳以自危矣。晉厲公殺三郤，立胥童而弑于匠麗氏；漢隱殺楊、史，立郭允明，而弑於蘇村；衛獻公蔑冢卿，而信其左右，亦奔夷儀：故人主不尊陪貳，而與賤臣圖柄臣者，事成則失身而見弑，事不成則失國而出奔。此有國之大戒也。春秋凡見逐於臣者，皆以自奔爲文，正其本之意。」

四年，春，王正月，大雨雹。公、穀「雹」作「雪」。范氏注云：「或作雹。」○胡氏傳：「雹者，陰脅陽，臣侵君之象。當是時，季孫宿襲位世卿，將毁中軍，專執兵權，以弱公室，故數月之間再有大變。申豐者，季氏之孚也，不肯端言其事，故暴揚于朝，歸咎藏冰之失。夫山谷之冰，藏之也周，用之也徧，亦古者本末備舉燮調之一事爾。謂能使四時無愆伏淒苦之變，雷出不震，無菑霜雹，則亦誣矣。意者昭公遇災而懼，以禮爲國，行其政令，無失其民，雹之災也，庶可禦也。不然，雖得藏冰之道，合於豳風七月之詩，其將能乎？」

夏，楚子、蔡侯、陳侯、鄭伯、許男、徐子、滕子、頓子、胡子、沈子、小邾子、宋世子佐、淮夷會于申。胡，杜氏曰：「汝陰縣西北有胡城。」淮夷，孔安國曰：「淮浦之夷也。」後漢志下邳國有淮浦縣。申，姜姓之國，杜氏曰：「在南陽宛縣。」○傳：「正月，楚子使椒舉如晉求諸侯。晉侯欲弗許，司馬侯曰：『晉、楚唯天所相，不可與争。君其許之。』乃許楚使。楚子問於子産曰：『晉其許我諸侯乎？』對曰：『許君。晉君少安，不在諸侯。其大夫多求，莫匡其君。在宋之盟，又曰如一。若不許君，將安用之？』夏，諸侯如楚，魯、衛、曹、邾不會。鄭伯先待于申。六月，丙午，楚子合諸侯于申。椒舉言於楚子曰：『夏啓有鈞臺之享，商湯有景亳之命，周武有孟津之誓，成有岐陽之蒐，康有酆宫之朝，穆有塗山之會，齊桓有召陵之師，晉文有踐土之盟。君其何用？』宋向戌、鄭公孫僑在，諸侯之良也，君其選焉。』王曰：『吾用齊桓。』王使問禮於左師與子産。左師曰：『小國習之，大國用之，敢不薦聞。』獻公合諸侯之禮六。子産曰：『小國共職，敢不薦守。』獻伯、子、男會公之禮六。楚子示諸侯侈，椒舉曰：『夫六王、二公之事，皆所以示諸侯禮也。今君以汰，無乃不濟乎？』王弗聽。」○何氏曰：「不殊淮夷者，楚子主會，故君子不殊其類。」○程氏傳：「晉平不在諸侯，楚於是强爲霸者之事。」○胡氏傳：「申之會，楚子爲主，而不殊淮夷，是在會之諸侯皆狄也。其意也何？楚虔弑麇以立，而求諸侯於晉，晉人許之，中國從之，執徐子，圍朱方，遷賴於鄢，城竟莫校。畏其强盛，則曰『晉、楚惟天所相』；滅陳不能救，則曰『陳亡而楚克有之，天道也』；滅蔡而又不能救，則曰『天將棄蔡以壅楚，盈而降之罰也』。至使窮凶極惡，師潰於訾梁，身竄於棘里，而縊於申亥氏。人不致討而天自討之，是責命於天，以人事爲無益而弗爲也，而可乎？弑君之賊，在春秋時有臣子討之，則衛人殺州吁是也；有四鄰討之，則蔡人殺陳佗是也。臣子不能討之於内，四鄰不能討之於外，有與之會以定其位，則齊侯及魯宣公會于平州是也；有受其賂以免於討，則晉侯及諸國會于扈是也。然至此極矣，則未有不以爲賊而又推爲盟主，相與朝事之，以聽順其所爲而不敢忤者也。故申之會不殊淮夷者，以在會諸侯皆爲夷狄之行，皆王法所當斥，而不使夏變於夷之意也。」○愚謹按：春秋不書楚子虔之弑君者爲會于申，而中國諸侯皆宗之，故用魯君見弑之法，而楚子麇書卒，爲中國諱也。然淮夷不殊會，以見其類之同，則在會諸侯之胥變於夷亦不可掩矣。志而晦，微而顯，婉而成章，其斯之謂歟！

楚人執徐子。傳：「徐子，吴出也，以爲貳焉，故執諸申。」

秋，七月，楚子、蔡侯、陳侯、許男、頓子、胡子、沈子、淮夷伐吴。傳：「秋，七月，楚子以諸侯伐吴。宋太子、鄭伯先歸，宋華費遂、鄭大夫從。」

執齊慶封，殺之。傳：「使屈申圍朱方。八月，甲申，克之，執齊慶封而盡滅其族。將戮慶封，椒舉曰：『臣聞無瑕者可以戮人。慶封惟逆命，是以在此，其肯從於戮乎？播于諸侯，焉用之？』王弗聽，負之斧鉞，以徇於諸侯，使言曰：『無或如齊慶封弑其君，弱其孤，以盟其大夫。』慶封曰：『無或如楚共王之庶子圍弑其君兄之子麇而代之，以盟諸侯。』王使速殺之。」○穀梁傳：「慶封其以齊氏，何也？爲齊討也。慶封弑其君，而不以弑君之罪罪之者，慶封不爲靈王服也，不與楚討也。春秋之義，用貴治賤，用賢治不肖，不以亂治亂也。孔子曰：『懷惡而討，雖死不服。』其斯之謂與！」○愚按：春秋書殺他國大夫之法有二：凡有罪而當誅者，書曰「某人殺某」，若「楚人殺陳夏徵舒」是也；無罪而不服者，書「執而殺之」，若「執蔡世子有以歸，用之」、「楚人執行人干徵師殺之」是也。慶封有與弑其君之罪，楚子殺之宜也。不曰「殺齊慶封」而曰「執齊慶封殺之」者，楚靈有諸己而非諸人，是以慶封不服，而春秋亦不得純以討賊之法書之也。

遂滅賴。賴，公羊、穀梁作「厲」。○賴國，今蔡州褒信縣有賴亭。○傳：「遂以諸侯滅賴。遷賴于鄢。楚子欲遷許於賴，使鬬韋龜及公子棄疾城之而還。申無宇曰：『楚禍之首，將在此矣。召諸侯而來，伐國而克，城竟莫校，王心不違，民其居乎？民之不處，其誰堪之？不堪王命，乃禍亂也。』」○襄陵許氏曰：「惡其因義而爲利，以惡終也。」

九月，取鄫。傳：「莒亂，著丘公立而不撫鄫，鄫叛而來。」○孫氏曰：「按襄六年莒人滅鄫，此言取鄫者，蓋莒滅鄫以爲附庸，今魯取之。」

冬，十有二月，乙卯，叔孫豹卒。傳：「初，穆子去叔孫氏，及庚宗，遇婦人，使私爲食而宿焉。問其行，告之故，哭而送之。適齊，娶於國氏，生孟丙、仲壬。及宣伯奔齊，魯人召之，歸。既立，所宿庚宗之婦人獻以雉。問其姓，對曰：『余子長矣，能奉雉而從我矣。』召而見之，名之曰牛。遂使爲豎，有寵，長使爲政。叔孫田於丘蕕，遂遇疾焉。豎牛欲亂其室，殺孟，逐仲。疾急，命召仲，牛許而弗召。杜泄見，告之飢渴，授之戈。對曰：『求之而至，又何去焉？』豎牛曰：『夫子疾病，不欲見人。』使置饋于个而退。牛弗進，則置虛命徹。十二月，癸丑，叔孫不食。乙卯，卒。牛立昭子而相之。五年，仲至自齊。豎牛攻之，死。昭子即位，朝其家，衆曰：『豎牛殺嫡立庶，必速殺之。』豎牛懼，奔齊，孟、仲之子殺諸塞關之外。」

五年，春，王正月，舍中軍。傳：「季孫謀去中軍，豎牛曰：『夫子固欲去之。』正月，舍中軍，卑公室也。毀中軍于施氏，成諸臧氏。初，作三軍〔一〕，三分公室，而各有其一。季氏

〔一〕「三軍」，左傳作「中軍」。

盡征之，叔孫氏臣其子弟，孟氏取其半焉。及其舍之也，四分公室，季氏擇二，二子各一，皆盡征之，而貢于公。以書使杜泄告於叔孫之殯，曰：『子固欲毀中軍，既毀之矣，故告。』杜泄曰：『夫子唯不欲毀也，故盟諸僖閎，詛諸五父之衢。』受其書而投之，帥士而哭之。」○正義曰：「初，作中軍〔一〕，季氏盡征之，並不入公室也。叔孫氏臣其子弟，以一家之内有父子兄弟四品，以父兄之税入公，子弟之税入己。大率半屬公，半入己。孟氏則於子弟中取其半，或取子，或取弟，大率三分歸公，一分入己。十二分其國民，三家得七，公得五。國民不盡屬公，公室已卑矣。今舍中軍，四分公室，三家自取其税，而各貢于公，公室彌卑矣。初云『作三軍』，今不云『舍三軍』者，初作時，舊有二軍，今更增一軍，人數不足，故各毀其乘，足成三軍。今此則唯舍中軍之衆，屬上下二軍，季氏因叔孫家禍退之，使同孟孫。獨取其半，爲專已甚，又擇取善者，是專之極。故傳言『擇二』以見之。」○胡氏傳：「三軍作、舍，皆自三家，公不與焉。公室益卑，而魯國之兵權悉歸于季氏矣。兵權，有國之司命；三綱，軍政之本原。書其作、舍，而公孫于齊、薨于乾侯，定公無正，

〔一〕「中軍」，通志堂本作「三軍」。

必至之理也。書曰『舍中軍』，微辭以著其罪。」○愚謂：季孫自承行父爲政，即城費，以保障私家，爲竊兵權之計。自作三軍之初，叔孫豹已知其必改，而以盟詛要之。今叔孫豹死纔未期年，而改更前制，蔑公室以歸私家。利昭公之猶有童心，而叔孫既卒，魯遂無人。春秋「舍中軍」之書，殆著堅冰之已成也。

楚殺其大夫屈申。傳：「楚子以屈申爲貳於吴，乃殺之。以屈生爲莫敖。」○劉氏傳：「稱國以殺大夫者，罪累上也。屈申之累上奈何？楚人仇吴而疑屈申，謂屈申貳於吴也而殺之。然則屈申之罪何？屈申之爲人臣也，君弑則不能討，國亂則不能去，北面而事寇讎，足以殺其身而已矣。」

公如晉。傳：「公如晉，自郊勞至于贈賄，無失禮。晉侯謂女叔齊曰：『魯侯不亦善於禮乎？』對曰：『是儀也，不可謂禮。禮，所以守其國，行其政令，無失其民者也。今政令在家，不能取也。有子家羈，弗能用也。奸大國之盟，陵虐小國，利人之難，不知其私。公室四分，民食於他。思莫在公，不圖其終。爲國君，難將及身，不恤其所。禮之本末，將於此乎在，而屑屑焉習儀以亟，言善於禮，不亦遠乎？』」

夏，莒牟夷以牟婁及防、兹來奔。防、兹，杜氏注：「城陽平昌縣西南有防亭。姑幕縣東北有茲亭。」地譜：「密州安丘縣有平昌故城。莒縣有姑幕故城。」○傳：「莒牟夷以牟婁及防、茲來奔。牟夷非卿而書，尊地也。」○范氏曰：「竊地之罪重，故不得不録其人。」○胡氏傳：「邾、莒之大夫，名姓不登於史策，微也。牟夷，莒大夫，曷爲以姓氏通？重地也。以地叛，雖賤必書。地以名其人，終爲不義，弗可滅矣。其書『來奔』，是接我以利，而我入其利，兩譏之也。爲國以義不以利，如以利，則上下交征，而國危矣。爲己以義不以利，如以利，則患得患失，亦無所不至矣。春秋於三叛人，雖賤，必書其名，以懲不義，懼淫人，爲後戒也。」○襄陵許氏曰：「卿會楚，方盟而伐莒取鄆；公如晉，未返而受莒牟婁及防、茲：惡季氏之專也。」

秋，七月，公至自晉。傳：「莒人愬于晉。晉侯欲止公，范獻子曰：『不可。人朝而執之，誘也。討不以師，而誘以成之，惰也。爲盟主而犯此二者，無乃不可乎？請歸之，間而以師討焉。』乃歸公。秋，七月，公至自晉。」

戊辰，叔弓帥師敗莒師于蚡泉。蚡，公羊作「濆」，穀梁作「賁」。○蚡泉，杜氏曰：「魯地。」地譜：「魯東境之地。」○傳：「莒人來討，不設備。戊辰，叔弓敗諸蚡泉，莒未陳也。」○愚按：晉人方欲止公，而叔弓受牟夷、敗莒人，大夫之專，不顧霸討君辱，比書而罪大夫之專可見矣。

秦伯卒。 傳：「秦后子復歸于秦，景公卒故也。」

冬，楚子、蔡侯、陳侯、許男、頓子、沈子、徐人、越人伐吴。 越始見經，姒姓，夏后少康之庶子封於越，其先也。杜氏注：「越國，會稽山陰縣。」○傳：「四年，冬，吴伐楚，入棘、櫟、麻，以報朱方之役。五年，冬，十月，楚子以諸侯及東夷伐吴，以報棘、櫟、麻之役。薳射以繁揚之師會於夏汭。越大夫常壽過帥師會楚子于瑣。聞吴師出，薳啓彊帥師從之，遽不設備，吴人敗諸鵲岸。楚子以馹至於羅汭。吴子使其弟蹶由犒師，楚人執之。楚師濟羅汭，沈尹赤會楚子，次于萊山。薳射帥繁揚之師先入南懷，楚師從之，及汝清，吴不可入。楚子遂觀兵於坻箕之山。是行也，吴早設備，楚無功而還，以蹶由歸。楚子懼吴，使沈尹射待命于巢，薳啓彊待命于雩婁。」○胡氏傳：「越始見經，而與徐皆得稱人，何也？吴以朱方處齊慶封而富於其舊，崇惡也。楚圍朱方，執齊慶封殺之，討罪也。吴不顧義入棘、櫟、麻以報朱方之役，狄道也。楚於是以諸侯伐吴，則比吴爲善，而師亦有名，其從之者，進而稱人可也。或者以辭爲主，而謂不可云『沈子、徐、越伐吴』，故特稱人，誤矣。以不可爲文辭而進人於越，一字褒貶，義安在乎？」

六年，春，王正月，杞伯益姑卒。傳：「杞文公卒，弔如同盟，禮也。」○杜氏注：「魯怨杞因晉取其田，不廢喪紀，故禮之。」

葬秦景公。

夏，季孫宿如晉。傳：「拜莒田也。」

葬杞文公。

宋華合比出奔衛。傳：「宋寺人柳有寵，太子佐惡之，華合比曰：『我殺之。』柳聞之，乃坎，用牲埋書，而告公曰：『合比將納亡人之族，既盟于北郭矣。』公使視之，有焉，遂逐華合比。合比奔衛。」○襄陵許氏曰：「經書『宋公殺其世子痤』、『宋華合比出奔衛』，皆著寺人讒慝敗國，以爲世戒。而秦、漢以來，庸君衰季，溺心嬖習，遠去忠良，亂亡相屬，若出一軌。春秋惡可一日而不開明哉？」○胡氏傳：「宋公寵信閹寺，殺世適痤，而父子之恩絶；逐華合比，而君臣之義睽。刑人之能敗國亡家，亦可畏矣。猶有任趙高以亡秦，信恭、顯、十常侍以亡漢，寵王守澄、田令孜以亡唐，而不知鑒覆車之轍者，不亦悲夫！凡此類，直書而義自見矣。」

秋，九月，大雩。旱也。

楚薳罷帥師伐吳。傳：「徐儀楚聘于楚，楚子執之，逃歸。懼其叛也，使薳泄伐徐。吳人救之。令尹子蕩帥師伐吳，師于豫章，而次于乾谿。吳人敗其師于房鍾，獲宮廄尹棄疾。子蕩歸罪於薳泄而殺之。」○襄陵許氏曰：「敗楚師者，非薳泄也，而泄伏其誅，故書薳罷伐吳以正之。楚再不競於吳，乃弭〔一〕兵鋒，有事陳、蔡，至復伐徐而國亂矣。吳蓋自是休兵息民，國始寖强。」

冬，叔弓如楚。傳：「叔弓如楚，聘且弔敗也。」○愚按：楚與吳，仇敵之國，而昭公素婚吳而遠楚，故申之會，魯不與焉。今楚復伐吳，而其惡益遠。昭公非能以中國自尊而遠夷狄者，今始通好于楚，蓋不待薳啓彊之召，已服楚而將朝之矣。

齊侯伐北燕。傳：「十一月，齊侯如晉，請伐北燕也。晉侯許之。十二月，齊侯遂伐北燕，將納簡公。晏子曰：『不入。燕有君矣，民不貳。吾君賄，左右諂諛，作大事不以信，未嘗可也。』七年，正月，癸巳，齊侯次于虢，燕人行成，曰：『敝邑知罪，敢不聽命？先君之敝器，請以謝罪。』二月，戊午，盟于濡上。燕人歸燕姬，賂以瑶罋、玉櫝、斝耳。不克

〔一〕「弭」，通志堂本作「移」。

而還。」

七年，春，王正月，暨齊平。穀梁傳：「平者，成也。暨，猶暨暨也。暨，不得已也。」按：禮記曰：「戎容暨暨。」注云：「果毅貌。」詳此即知魯與齊平書「暨」之意。「猶暨暨」者，若魯以果毅之氣迫而得其平也。○襄陵許氏曰：「襄公之世，齊數伐魯，至齊景公一使慶封來聘，而不書魯報。至是，乃暨齊平。」○劉氏意林曰：「齊大魯小，魯爲齊弱久矣，然而能暨齊以平者，介於楚也。夫不自計德之厚薄、勢之利害，而借人之威以憑諸侯，是以遠者不服，近者不親，此最得失之機也。崇夷狄、侮中國，昭公之棄其國，死於外，諸侯莫之救也，從此生矣。」

三月，公如楚。傳：「楚子成章華之臺，願與諸侯落之。大宰薳啓彊曰：『臣能得魯侯。』薳啓彊來召公，辭曰：『昔先君成公命我先大夫嬰齊曰：「吾不忘先君之好，將使衡父照臨楚國。」嬰齊受命于蜀，我先君共王，引領北望，日月以冀，傳序相授，於今四王矣。嘉惠未至，唯襄公之辱臨我喪。今君若步玉趾，辱見寡君，寵靈楚國，以信蜀之役，是寡君既受貺矣，何蜀之敢望？君若不來，使臣請問行期，寡君將承質幣而見于蜀，以請先君之貺。』三月，公如楚。」

叔孫婼如齊涖盟。婼，公羊作「舍」，後同。涖，公羊、穀梁作「莅」。○穀梁傳：「莅，位也。內之前定之辭謂之莅，外之前定之辭謂之來。」○襄陵許氏曰：「始暨齊平，故盟以結好。」

夏，四月，甲辰，朔，日有食之。

秋，八月，戊辰，衛侯惡卒。

九月，公至自楚。

冬，十有一月，癸未，季孫宿卒。

十有二月，癸亥，葬衛襄公。

八年，春，陳侯之弟招殺陳世子偃師。夏，四月，辛丑，陳侯溺卒。傳：「陳哀公元妃鄭姬生悼太子偃師，二妃生公子留，下妃生公子勝。二妃嬖，留有寵，屬諸司徒招與公子過。哀公有廢疾。三月，甲申，公子招、公子過殺悼太子偃師，而立公子留。夏，四月，辛亥，哀公縊。」○泰山孫氏曰：「其曰『陳侯之弟招殺陳世子偃師』，親之者，所以甚招之惡也。招以叔父之親，不顧宗社之重，殞冢嗣以立庶孽，致楚滅陳，招之由也。」○胡氏傳：「此公子招特以『弟』稱者，著招憑寵稔惡而陳侯失親親之道也。招固有罪矣，陳侯信愛其弟，何以爲失親親乎？尊賢者，親親之本。不能擇親之賢者厚加尊寵，以表公族，而徇其私愛，施於不令之人，以至亡國敗家，豈不失親親之道乎！其曰『陳侯之弟招殺陳世子偃師』，交貶之也。」○襄陵許氏曰：「陳哀寵其庶子，資以强輔而濟之權，以軋太子，使之失職，至於亂作，躬受其禍。惟其暱愛，法不勝私也，悲夫！」

叔弓如晉。傳：「晉侯築虒祁之宮。叔弓如晉，賀虒祁也。游吉相鄭伯以如晉，亦賀虒祁也。史趙見子大叔曰：『甚哉，其相蒙也！可弔也，而又賀之。』」○襄陵許氏曰：「財費廣侈則國貧，力役煩勞則民敝。締構雕琢輪奐之功盛，則恭儉純茂之德衰矣。此之謂可弔者也。而諸侯賀之，是以人君得意海內，則安於亂亡而不自知，蓋諛之者衆也，志叔弓如晉是已。當楚之隆，勢專諸夏，而晉弗慮圖，惟宮室之崇，以爲安榮，平公其可謂志卑矣。」

楚人執陳行人干徵師，殺之。陳公子留出奔鄭。傳：「干徵師赴于楚，且告有立君。公子勝愬之于楚，楚人執而殺之。公子留奔鄭。書曰『楚人執陳行人干徵師，殺之』，罪不在行人也。」○劉氏傳：「稱人以執者，非伯討也。此其爲非伯討奈何？楚人惡公子招而殺干徵師，非其罪也。古者，兵交，使在其間可也。」○蘇氏曰：「楚將討陳，故留出奔，留既爲君矣，不曰陳留而曰公子留，何也？留立於招耳，未成爲君也。」

秋，蒐于紅。 紅，杜氏注：「魯地。沛國蕭縣西有紅亭，遠，疑。」○劉氏傳：「蒐，春事也，秋興之，非正也。蒐有常地矣，于紅，亦非正也。然則曷爲不言公？公不得與於蒐爾。公曷爲不得與於蒐？三家者專魯而分之，政令出焉，公民食焉爾。」又意林曰：「紅之蒐，吾見其反天時矣、易地理矣、悖人倫矣。」

陳人殺其大夫公子過。 傳：「陳公子招歸罪於公子過而殺之。」

大雩。

冬，十月，壬午，楚師滅陳，執陳公子招，放之于越，殺陳孔奐。 傳：「九月，楚公子棄疾帥師奉孫吳圍陳，宋戴惡會之。十一月，壬午，滅陳。」○穀梁傳：「惡楚子也。」○杜氏注：「招復稱公子，兄已卒。」○泰山孫氏曰：「招，殺世子之賊也，楚子執而放之。陳孔奐，無罪之人也，楚子殺之。吁！楚靈暴虐無道，滅人之國，又爲淫刑也如此。」○今按：杜氏注云：「奐，招之黨。」他無所見。蓋杜氏意料之辭耳。然自宋之盟見於經，執陳國之政久矣，視君之亂，從君於昏，而無所正救，蓋不能爲有無者也。雖有罪，必不加於招矣。録楚之放招而殺奂，以見楚子滅人之國，而私意放殺其臣，初不問其罪之輕重。穀梁子所謂「惡楚」者，得其旨矣。

葬陳哀公。 穀梁傳：「不與楚滅，閔之也。」○泰山孫氏曰：「十月，壬午，楚師滅陳。葬陳哀公，如不滅之辭者，楚子葬之也。不言楚子葬之者，不與楚子滅陳葬哀公，故以陳人自葬爲文，所以存陳也。」

九年，春，叔弓會楚子于陳。 傳：「叔弓、宋華亥、鄭游吉、衛趙黶會楚子于陳。」○襄陵許氏曰：「楚既滅陳，威震諸夏，是以無所號召而諸國之大夫會之。」

許遷于夷。 傳：「二月，庚申，楚公子棄疾遷許于夷，實城父。取州來淮北之田以益之。」○杜氏注：「許畏鄭，欲遷，故以自遷爲文。」

夏，四月，陳災。 災，公羊、穀梁並作「火」。○公羊傳：「陳已滅矣，其言陳火何？存陳也。曰：存陳，悕矣。滅人之國，執人之罪人，殺人之賊，葬人之君，若是，則存陳悕矣。」

○胡氏傳：「凡外災，告則書。今楚已滅陳，夷於屬縣，使穿封戌爲公矣，必不使告於諸侯，言亡國之有天災也，何以書於魯國之策乎？當是時，叔弓與楚子會于陳，則目擊其事矣。雖彼不來告，此不往弔，叔弓使畢而歸，語陳故也，魯史遂書之耳。如叔鞅至自京師，言王室亂，春秋承其言，遂書于策。仲尼作經，存而弗革者，蓋興滅國、繼絕世，以堯、舜、三代公天下之心爲心，異於孤秦罷侯置守，欲私一人以自奉者，所以歸民心、合天德也。公羊、穀梁以爲存陳，得其旨矣。」

秋，仲孫貜如齊。傳：「孟僖子如齊殷聘，禮也。」○杜氏注：「自叔老聘齊，至今二十年，禮意久曠，今脩盛聘，以無忘舊好，故曰禮。」

冬，築郎囿。傳：「築郎囿。季平子欲其速成也，叔孫昭子曰：『詩曰：「經始勿亟，庶民子來。」焉用速成？其以勦民也。無囿猶可，無民其可乎？』」○襄陵許氏曰：「公内制於强臣，外輕於大國，亂亡危辱兆矣。是之弗慮，而築郎囿，不時孰甚焉。蒐田、築囿，知公之志日以荒也。」○愚按：以左傳觀之，有以見季孫意如逢其君以耳目之娛，而日竊其權，昭公安之而不悟也。人君於此，可不戒哉！

十年，春，王正月。

夏，齊欒施來奔。齊，公羊作「晉」，非也。○傳：「齊惠欒、高氏皆耆酒，信内多怨，彊於陳、鮑氏而惡之。夏，有告陳桓子曰：『子旗、子良將攻陳、鮑。』亦告鮑氏。桓子授甲而如鮑氏，遭子良醉而騁，遂見文子，則亦授甲矣。使視二子，則皆將飲酒。桓子曰：『彼雖不信，聞我授甲，則必逐我。及其飲酒也，先伐諸。』陳、鮑方睦，遂伐欒、高氏。子良曰：『先得公，陳、鮑焉往？』遂伐虎門。公卜，使王黑以靈姑銔率，吉，請斷三尺焉而用之。五月，庚辰，戰于稷，欒、高敗，又敗諸莊。國人追之，又敗諸鹿門。欒施、高彊來奔。」

秋，七月，季孫意如、叔弓、仲孫貜帥師伐莒。意如，公羊作「隱如」，後同。○傳：「季平子伐莒，取郠。獻俘，始用人於亳社。臧武仲在齊，聞之，曰：『周公其不饗魯祭乎！』」○杜氏注：「取郠不書，公見討於平丘，故諱之。」○胡氏傳：「前已舍中軍矣，曷爲猶以三卿並將乎？季氏毁中軍，四分公室擇其二，二家各有其一。至是季孫身爲主將，二子各率一軍爲之副，則三軍固在。其曰舍之者，特欲中分魯國之衆爲己私耳，以爲復古，則誤矣。襄公以來，既作三軍，地皆三家之土，民皆三家之兵，每一軍出，各將其所屬，而公室無與焉，是知雖舍中軍，而三卿並將，舊額固存矣。」

戊子，晉侯彪卒。傳：「晉平公卒。鄭伯如晉，及河，晉人辭之。游吉遂如晉。」

九月，叔孫婼如晉，葬晉平公。傳：「九月，叔孫婼、齊國弱、宋華定、衛北宮喜、鄭罕虎、許人、曹人、莒人、邾人、滕人、薛人、杞人、小邾人如晉，葬平公也。」

十有二月，甲子，宋公成卒。杜氏注：「無冬，闕文。」〇成，公羊作「戍」。

十有一年，春，王二月，叔弓如宋。葬宋平公。二月，公羊作「正月」。

夏，四月，丁巳，楚子虔誘蔡侯般，殺之于申。楚公子棄疾帥師圍蔡。傳：「楚子在申，召蔡靈侯。靈侯將往，蔡大夫曰：『王貪而無信，唯蔡於感，今幣重而言甘，誘我也，不如無往。』蔡侯不可。三月，丙申，楚子伏甲而饗蔡侯于申，醉而執之。夏，四月，丁巳，殺之，刑其士七十人。公子棄疾帥師圍蔡。韓宣子問於叔向曰：『楚其克乎？』對曰：『克哉！蔡侯獲罪于其君，而不能其民，天將假手于楚以斃之，何故不克？然肸聞之：「不信以幸，不可再也。」楚王奉孫吳以討于陳曰：「將定而國。」陳人聽命，而遂縣之。今又誘蔡而殺其君，以圍其國，雖幸而克，必受其咎，弗能久矣。』」〇公羊傳：「楚子虔何以名？絶。曷爲絶之？爲其誘討也。此討賊也，雖誘之，則曷爲絶之？懷惡而討不義，君子不與也。」陸淳曰：「蔡侯之罪，自不容誅；楚子之惡，亦已甚矣。故聖人名之，言其非人君也。」○胡氏傳：「般弒君父，諸侯與通會盟十有三年矣，是中國變爲夷狄而莫覺也。楚子若以大義奉辭討罪，殘身瀦宮，謀於蔡衆，置君而去，雖古之征暴亂不越是矣。今虔本心欲圖其國，又挾欺毁信，重幣甘言，詐誘執殺，肆行無道，貪得一時，流毒於後。棄疾以是殺戎蠻，商鞅以是紿魏將，秦人以是劫懷王，傾危成俗，天下大亂。劉、項之際，死者十九。聖人深惡楚虔而名之，其慮遠矣。後世誅討亂臣者，或畏其强，或幸其弱，不以大義興師，至用譎謀詐力徼倖勝之。若事之捷，反側皆懼，苟其不捷，適足長亂。如代宗之圖思明，憲宗之紿王弁，昧於春秋垂戒之旨矣。」

五月，甲申，夫人歸氏薨。杜氏注：「昭公母，胡女，歸姓。」

大蒐于比蒲。比蒲，地譜云：「是魯南鄙之地。」○劉氏傳：「此何以書？譏。何譏爾？夫人歸氏薨，大蒐于比蒲，非禮也。」○胡氏傳：「大蒐，越禮也。君有重喪，國不廢蒐，不忌君也。三綱，軍政之本，君執此以馭其下，臣執此以事其上，政之大本于是乎在。君有三年之慼，而國不廢一日之蒐，則無本矣。」

仲孫貜會邾子，盟于祲祥。祲祥，地闕，公羊作「侵羊」。○傳：「齊歸薨，大蒐于比蒲，非禮也。孟僖子會邾子，盟于祲祥，修好，禮也。」

秋，季孫意如會晉韓起、齊國弱、宋華亥、衛北宮佗、鄭罕虎、曹人、杞人于厥慭。厥慭，公羊作「屈銀」。○傳：「楚師在蔡，晉荀吳謂韓宣子曰：『不能救陳，又不能救蔡，物以無親，晉之不能，亦可知也已。爲盟主而不恤亡國，將焉用之？』秋，會于厥慭，謀救蔡也。鄭子皮將行，子産曰：『行不遠，不能救蔡也。蔡小而不順，楚大而不德，天將棄蔡以壅楚，盈而罰之，蔡必亡矣。且喪君而能守者，鮮矣。』晉人使狐父請蔡于楚，弗許。」○襄陵許氏曰：「蔡能嬰城，堅不下楚，此易助也。而厥慭合天下之兵，畏不能救，遣使請命，示之不能，使楚益驕，有以量中國之力而卒取之。此韓起之罪也。」○胡氏傳：「文十五年，盟扈之役，八國諸侯略而不序，謀伐齊，受賂而不克也。澶淵之會〔一〕，十二國大夫稱人，魯卿諱而不書者，貶蔡亂不能討而謀宋財也。略諸侯，所以責其亡義利之分；貶大夫，所以罪其失輕重之別。亡義利之分爲不仁，失輕重之別爲不智。今晉與諸侯心欲捄蔡，而力弗加焉，則其無能可知，而其情則無惡也。故諸國猶序，而大夫無

〔一〕通志堂本「澶淵之會」前有「襄三十年」。

貶，此足以見聖人待人明義利、審輕重之權衡矣。」

九月，己亥，葬我小君齊歸。齊，謚也。○傳：「葬齊歸，公不慼。叔向曰：『魯公室其卑乎！君有大喪，國不廢蒐。有三年之喪，而無一日之慼。國不恤喪，不忌君也；君無慼容，不顧親也。國不忌君，君不顧親，能無卑乎？』」

冬，十有一月，丁酉，楚師滅蔡，執蔡世子有以歸，用之。有，穀梁作「友」。○傳：「楚子滅蔡，用隱太子于岡山。」○劉氏傳：「世子，猶世世子也。靈公弒其君，其子非正也，曷爲與之繼世？春秋之設辭也，非其人之謂也，蓋其道之謂也。楚子虔誘蔡侯般殺之，世子友守國，楚師圍之，八月而克之，不能服，於是乎虐用之。古者，父母之仇不與共天下，寢苫枕戈終身，則友之爲者，盡於世子矣。」○胡氏傳：「内入國而以其君來，外滅國而以其君歸，皆服而以之，易辭也。既書『滅蔡』矣，又書『執世子有』者，世子無降服之狀，强執以歸，而虐用之也。世子，繼世以有國之稱，必以此稱蔡有者，父母之仇不與共天下，與民守國，效死不降，至於力屈就擒，虐用其身而不顧也，則有之爲世子之道得矣。」○師氏曰：「春秋書滅國多矣，未有如此其暴者。聖人詳其始末而記之，書『誘』、書『圍』、書『執』，蓋以傷中國之微，而深惡夷狄之暴也。」

十有二年，春，齊高偃帥師納北燕伯于陽。傳：「高偃納北燕伯款于唐，因其衆也。」杜氏注：「三年，燕伯出奔。齊今因唐衆欲納之，故得先入唐。不言于燕，未得國都也。高偃，高傒玄孫。陽即唐，燕别邑。中山有唐縣。」○愚按：燕伯出奔名，而納之不名者，其罪未至如衛朔、鄭突。諸侯失國，諸侯納之，正也。

三月，壬申，鄭伯嘉卒。簡公也。

夏，宋公使華定來聘。傳：「通嗣君也。」

公如晉，至河乃復。傳：「取郠之役，莒人愬于晉。晉有平公之喪，未之治也，故辭公。」

五月，葬鄭簡公。

楚殺其大夫成熊。熊，公羊作「然」，穀梁作「虎」。○傳：「楚子謂成虎，若敖之餘也，遂殺之。或譖成虎於楚子，成虎知之而不能行。書曰『楚殺其大夫成虎』，懷寵也。」

秋，七月。

冬，十月，公子憖出奔齊。憖，公羊作「整」，字之誤也。○傳：「季平子立，而不禮於南蒯。南蒯謂子仲：『吾出季氏，而歸其邑於公，子更其位，我以費爲公臣。』子仲許之。叔仲小、南蒯、公子憖謀季氏。憖告公，而遂從公如晉。南蒯懼不克，以費叛，如齊。子仲還，及衛，聞亂，逃介而先。及郊，聞費叛，遂奔齊。」

楚子伐徐。傳：「楚子狩于州來，次于潁尾，使蕩侯、潘子、司馬督、囂尹午、陵尹喜帥師圍徐，以懼吳。楚子次于乾谿，以爲之援。」

晉伐鮮虞。杜氏注：「鮮虞，白狄別種，在中山新市縣。」按地譜：「中山在戰國爲中山國新樂縣。漢志新市縣也。古鮮虞國，子姓。」○傳：「六月，晉荀吳僞會齊師者，假道於鮮虞，遂入昔陽。秋，八月，滅肥，以肥子緜皋歸。冬，晉伐鮮虞，因肥之役也。」○穀梁傳：「其曰晉，狄之也。」○蘇氏曰：「晉獻公假道於虞以滅虢也，書『晉師』；其執虞公也，書『晉人』；今伐鮮虞，書『人』若『師』可也，特書『晉』，深罪之也。楚滅陳、蔡而晉不救，力誠不能，君子不罪也。能伐鮮虞而不救陳、蔡，非力不足也，棄諸侯也，故以夷書之。」○常山劉氏曰：「夫惇信明義，中國之道也；懷利尚詐，夷狄之道也。晉，中國也，鮮虞，夷狄也，晉悖中國之道，反行夷狄之事，故書曰『晉伐鮮虞』以狄之。噫！人之所以遠於夷狄者何哉？惟在於義利誠僞之間耳，中國一失，則遂入於夷狄，可不慎哉！故春秋之法，尤謹嚴於此也。」

十有三年，春，叔弓帥師圍費。費，見襄七年注。○杜氏注：「南蒯以費叛故。」○傳：「叔弓圍費，弗克，敗焉。平子怒，令見費人執之以爲囚俘。冶區夫曰：『非也。若見費人，寒者衣之，飢者食之，爲之令主，而共其乏困，費來如歸，南氏亡矣。民將叛之，誰與居邑？若憚之以威，懼之以怒，民疾而叛，爲之聚也。若諸侯皆然，費人無歸，不親南氏，將焉入矣？』平子從之。費人叛南氏。十四年，南蒯奔齊，司徒老祁、慮癸來歸費。齊侯使鮑文子致之。」○陸氏曰：「凡家臣以邑叛，悉不書叛，但書大夫圍之，則邑叛可知矣。且罪大夫無政，而使家臣得專邑而叛也。克之不書，本非他國之邑也。」○胡氏傳：「費，内邑也，命上卿爲主將，舉大衆圍其城，若敵國然者，家臣强，大夫弱也。語不云乎：『有一言而可以終身行之者，其恕矣夫！己所不欲，勿施於人。』所惡於下者，無以事上也，所惡於上者，無以使下也，然後家齊而國治矣。季孫意如以所惡於下者事上，而不忠於其君，以所惡於上者使下，而不禮於其臣。出乎爾者反乎爾，宜南蒯之及此也。春秋之法，不書内叛，反求諸己而已矣。其書『圍費』，欲著其實，不没之也。」○愚按：圍棘之與圍費，皆爲國内之人叛，而以兵將制服之也。汶陽之不服，南蒯、叔仲小之爲亂，其要不過曰正其本而已。遠人不服，則修文德以來之，治人不治反其智，天下之理未有先於此者。

故曰：其身正而天下歸之。制人之道，豈有二理哉？○劉氏意林曰：『使周之王必無廢文、武之法，無過天之道，諸侯雖大國，孰敢慢其上？諸侯必無僭天子，其大夫孰陵？大夫必無脅其君，其陪臣孰叛？故南蒯雖以費入齊，而春秋未以叛誅蒯，非寬蒯弗誅也。事有本末，法有原省，季氏未得以叛名蒯，則魯亦未得以强討季氏，魯未得以强討季氏，則周亦未得以僭絶魯。其不正相承，非一日之積矣。』

夏，四月，楚公子比自晉歸于楚，弑其君虔于乾谿。谿，穀梁作「溪」。乾谿，杜氏注：「在譙國城父縣東竟。」○傳：「楚薳氏之族及薳居、許圍、蔡洧、蔓成然，皆王所不禮也，因群喪職之族，啓越大夫常壽過作亂，圍固城，克息舟，城而居之。觀起之死也，其子從在蔡，事朝吴，曰：『今不封蔡，蔡不封矣。我請試之。』以蔡公之命召子干、子皙，及郊而告之情，彊與之盟，入襲蔡。蔡公將食，見之而逃。觀從使子干食，坎，用牲，加書，而速行。己徇於蔡曰：『蔡公召二子，將納之，與之盟而遣之矣，將師而從之。』蔡人聚，將執之。辭曰：『失賊成軍，而殺余，何益？』乃釋之。朝吴曰：『二三子若能死亡，則如違之，以待所濟。若求安定，則如與之，以濟所欲。且違上，何適而可？』衆曰：『與之。』乃奉蔡公，召二子而盟于鄧，依陳、蔡人以國。楚公子比、公子黑肱、公子棄疾、蔓成然、蔡朝吴帥陳、蔡、不羹、許、葉之師，因四族之徒，以入楚。及郊，蔡公使須務牟與史猈先入，因正僕人殺太子禄及公子罷敵。公子比爲王，公子黑肱爲令尹，次于魚陂。公子棄疾爲司馬，先除王宫，使觀從從師于乾谿，而遂告之。且曰：『先歸復所，後者劓。』師及訾梁而潰。王聞群公子之死也，自投于車下，曰：『人之愛其子也，亦如余乎？』侍者曰：『甚焉。小人老而無子，知擠于溝壑矣。』王曰：『余殺人子多矣，能無及此乎？』右尹子革曰：『請待于郊，以聽國人。』王曰：『衆怒不可犯也。』曰：『若入于大都，而乞師於諸侯。』王曰：『皆叛矣。』曰：『若亡於諸侯，以聽大國之圖君也。』王曰：『大福不再，祗取辱焉。』然丹乃歸于楚，王沿夏，將欲入鄢。芋尹無宇之子申亥求王，遇諸棘闈以歸。夏，五月，癸亥，王縊于芋尹申亥氏。」○或謂：公子比聞楚虔之弑君，即自楚奔晉，以至今年。因國人之叛而自立，未嘗在臣位也，經以『弑其君』書，何哉？愚謂：比之出奔，懼罪而亡也。楚靈君其國十有三年，比也爵禄有列於朝，出入有詔於國，晉人以羈定其位，以國底其禄。而比之歸，亦惟觀從之命是聽，下令國中，使之先歸復，所後者有刑，遂立乎其位。則弑君之罪，觀從爲從，而比實爲首，非比尸之而誰哉？春秋以比首弑，明於君臣之義，所以定名實也。故公羊子曰：「比之義，宜乎效死不立。」

楚公子棄疾殺公子比。殺，公羊作「弒」。○傳：「觀從謂子干曰：『不殺棄疾，雖得國，猶受禍也。』子干曰：『余不忍也。』從曰：『人將忍子，吾不忍俟也。』乃行。國每夜駭曰：『王入矣！』乙卯，夜，棄疾使周走而呼曰：『王至矣！』國人大驚。使蔓成然走告子干、子晳曰：『王至矣！國人殺君司馬，將來矣！君若早自圖也，可以無辱。衆怒如水火焉，不可爲謀。』又有呼而走至者曰：『衆至矣。』二子皆自殺。丙辰，棄疾即位。」○胡氏傳：「棄疾立比爲王，而己爲司馬，固君比矣，而殺之，則宜書曰『棄疾弒其君比』，而曰『殺公子比』，何也？初，子干歸自晉，觀從假棄疾命而召之來則來，坎牲加書而强之盟則盟，帥四族衆而使之入楚則入，殺太子禄而立之爲王則王，周走而呼於國中，謂衆怒如水火而逼之自殺則自殺。其行止久速，去就死生，皆觀從與國人所爲，而比未嘗可否之也，安得爲棄疾之君乎？然比兄也，黑肱弟也，棄疾其季弟也。立比爲王，肱爲令尹，疾爲司馬，蓋國人以長幼之序立之也，則宜書曰『楚人殺比』，而春秋變文歸罪棄疾者，誅其本意在於代比，而非討之也。」○夫公子比已爲王，棄疾爲司馬，則君臣若已定矣。及棄疾殺比，乃不以弒君書者，君臣之分未定，而棄疾譎殺之，固不得以弒書也。春秋定罪，毫釐必察，比不能效死不立，而貪爲君之利，不得不服首惡之罪。若夫分未正，而以譎殺之於曖昧之中，目之以兩下相殺可矣，未可謂之弑君也。

秋，公會劉子、晉侯、齊侯、宋公、衛侯、鄭伯、曹伯、莒子、邾子、滕子、薛伯、杞伯、小邾子于平丘。平丘，今開封府封丘縣，在東漢志尚爲平丘縣。○傳：「晉成虒祁，諸侯朝而歸者，皆有貳心。爲取鄆故，晉將以諸侯來討。叔向曰：『諸侯不可以不示威。』乃並徵會，告于吳。秋，晉侯會吳子于良。水道不可，吳子辭，乃還。七月，丙寅，治兵于邾南，革車四千乘，遂合諸侯于平丘。晉人將尋盟，齊人不可。晉侯使叔向告劉獻公曰：『抑齊人不盟，若之何？』對曰：『盟以底信，君苟有信，諸侯不貳，何患焉？告之以文辭，董之以武師，雖齊不許，君庸多矣。天子之老，請帥王賦，「元戎十乘，以先啓行」。遲速惟君。』叔向告于齊曰：『諸侯求盟，已在此矣。今君弗利，寡君以爲請。』對曰：『諸侯討貳，則有尋盟。若皆用命，何盟之尋？』叔向曰：『明王之制，使諸侯歲聘以志業，間朝以講禮，再朝而會以示威，再會而盟以顯昭明。志業於好，講禮於等，示威於衆，昭明於神，自古以來，未之或失也。存亡之道，恒由是興。晉禮主盟，懼有不治，奉承齊犧，而布諸君，求終事也。君曰：「余必廢之，何齊之有？」惟君圖之，寡君聞命矣！』齊人懼，對曰：『小國言之，大國制之，敢不聽從？』叔向曰：『諸侯有間矣，不可以不示衆。』八月，辛未，治兵，建而不旆。壬申，復旆之。諸侯畏之。」○愚按：當時晉平主盟，内惑於寵嬖，以女色蠱其心，外崇建宫室，以侈麗夸諸侯，故楚虔盡召諸侯，而肆爲宗主，吞滅親姻，坐視不救。及平公卒，昭公立，而楚虔死，乃幸楚亂，欲立威以服諸侯，而不知大勢已去，徒治親昵，本末倒置，内外離心，諸侯益貳。此平丘之會所以益隳霸業也。○胡氏傳：「方是時，楚人暴横，陵蔑中華，乃敵國外患，當臨深履薄、恐懼省戒之時，其君當倚於法家拂士，以德修國政，其臣當急于責難陳善，以禮格君心，内結夏盟，外攘夷狄，復悼公之業若未暇也，今乃安於不競，無自强之志，欲示威徵會，而以兵甲耀之，不亦末乎？是以深惡此會，如下文所貶也。」

八月，甲戌，同盟于平丘。公不與盟。 傳：「邾人、莒人愬于晉，曰：『魯朝夕伐我，幾亡矣。我之不共，魯故之以。』晉侯不見公，使叔向來辭，曰：『諸侯將以甲戌盟，寡君知不得事君矣，請君無勤。』子服惠伯對曰：『君信蠻夷之訴，以絶兄弟之國，棄周公之後，亦唯君。寡君聞命矣。』叔向曰：『寡君有甲車四千乘在，雖以無道行之，必可畏也。况其率道，其何敵之有？牛雖瘠，僨於豚上，其畏不死？南蒯、子仲之憂，其庸可棄乎？若奉晉之衆，用諸侯之師，因邾、莒、杞、鄫之怒，以討魯罪，間其二憂，何求而不克？』魯人懼，聽命。甲戌，同盟于平丘。」○程氏傳：「楚棄疾立，諸侯懼之，故同盟。公不與盟，晉罪公，使不與盟。雖欲辱公，然不得與同盟之罪，實爲幸也。」○胡氏傳：「會與盟同地，再書平丘者，書之重，詞之複，其間必有美惡焉。再書平丘，惡之也。」○杜氏注：「公不與盟，非國惡，故不諱。」

晉人執季孫意如以歸。傳：「晉人執季孫意如以歸。子服湫從。」○胡氏傳：「稱人以執，非伯討也。自文公以來，公室微弱，三家專魯，而季氏罪之首也。宿及意如尤爲强逼不臣，何以非伯討乎？晉人若按莒、邾有無之狀，究南蒯、子仲奔叛之因，告于諸侯，以其罪執之，請於天子，以大義廢之，選於魯卿，更意如之位，收斂私邑，爲公室之民，使政令在君，三家臣順，則方伯之職修矣。今晉徒以邾、莒之言曰：『我之不共，魯故之以。』遂辭魯君而執意如，則是意在貨財，而不責其無君臣之義也，何得爲伯討乎？稱人以執，罪晉之偷也。」

公至自會。

蔡侯廬歸于蔡，陳侯吴歸于陳。傳：「楚之滅蔡也，靈王遷許、胡、沈、道、房、申於荆焉。平王即位，既封陳、蔡，而皆復之。隱大子之子廬歸于蔡。悼大子之子吴歸于陳。」

○公羊傳：「此皆滅國也，其言歸何？不與諸侯專封也。」○泰山孫氏曰：「楚靈暴滅二國，楚平既立，將矯楚靈之惡，以説中國也，故復二國之後。然則楚靈滅之，楚平復之，善與非善也。聖王不作，諸侯不振，二國之命制在夷狄故也。孔子以陳、蔡自歸爲文，所以抑强夷而存中國也。」○常山劉氏曰：「陳、蔡者，先王之建國，非楚可滅，非楚可復也。故書爵、書歸，言二國之嗣位其所固有，國其所宜歸也。二君名者，素非諸侯，至此始立也。」○胡氏曰：「棄疾封之，可謂有奉矣。不言自楚者，不與楚子之得封也。陳，列聖之後；蔡，王室之親。見滅於楚虔，而諸侯不能救，復封於棄疾，而諸侯不能與，是以夷狄制諸夏也。聖人至是懼之甚，蓋有不得已焉。制春秋爲後法，大要皆天子之事也，其事則以公天下爲心，興滅國、繼絶世，異於自私其身、欲擅而有之者，故書法如此。爲天下國家而不封建，欲望先王之治，難矣。」

冬，十月，葬蔡靈公。陸氏纂例曰：「國復乃葬，凡三十一月。」○穀梁傳：「變之不葬有三：失德不葬，弒君不葬，滅國不葬。然且葬之，不與楚滅也。」

公如晉，至河乃復。傳：「公如晉。荀吴謂韓宣子曰：『諸侯相朝，講舊好也。執其卿而朝其君，有不好焉，不如辭之。』乃使士景伯辭公于河。」

吴滅州來。傳：「吴滅州來。楚令尹子期請伐吴，王弗許，曰：『吾未撫人民〔一〕，未事鬼神，未修守備，未定國家，而用民力，敗不可悔。州來在吴，猶在楚也。子姑待之。』」

十有四年，春，意如至自晉。○傳：「季孫猶在晉，子服惠伯私於中行穆子曰：『魯事晉，何以不如夷之小國？魯，兄弟也，土地猶大，所命能具。若爲夷棄之，使事齊、楚，其何瘳於晉？』穆子告韓宣子，且曰：『楚滅陳、蔡，不能救，而爲夷執親，將焉用之？』乃歸季孫。惠伯曰：『寡君未知其罪，合諸侯而執其老。若猶有罪，死命可也。若曰無罪，而惠免之，諸侯不聞，是逃命也，何免之爲？請從君惠於會。』宣子患之，使叔魚見季孫曰：『鮒也聞諸吏，將爲子除館於西河。』平子懼，先歸。惠伯待禮。」○泰山孫氏曰：「不稱氏，前見也。」○胡氏傳：「其始執之，爲乏邾、莒之供，而非有扶弱擊强之義；其終歸之，爲土地猶大，所命能具，而非有不能救蔡，爲夷執親之悔也。然則晉人喜怒皆以利發，其勸沮皆以利行，違道甚矣。故平丘之會，深加貶斥。自是而後，諸侯不合二十餘年。至

〔一〕「人民」，左傳及通志堂本皆作「民人」。

于召陵，又以賄貶十有八國之諸侯，而書『侵楚』以譏之。於是晉日益衰，外攜内叛，不復振矣。利之能敗人國家如此，春秋之深戒也。」

三月，曹伯勝卒。

夏四月。

秋，葬曹武公。

八月，莒子去疾卒。襄陵許氏曰：「昭公以來，微國皆葬，而莒著丘公不葬者，莒卒無謚，其號夷也，春秋不以夷亂華也。」

冬，莒殺其公子意恢。傳：「莒著丘公卒，郊公不慼，國人弗順，欲立著丘公之弟庚輿。蒲餘侯惡公子意恢，而善於庚輿；郊公惡公子鐸，而善於意恢。公子鐸因蒲餘侯而與之謀，曰：『爾殺意恢，我出君而納庚輿。』許之。冬，十二月，蒲餘侯茲夫殺莒公子意恢。郊公奔齊。公子鐸迎庚輿于齊。」○高郵孫氏曰：「公、穀之説，皆以爲曹、莒無大夫。蓋曹、莒小國，其君之爵才當大國之大夫，其大夫之位才當大國之士。春秋諸侯之士皆不書名，故曹、莒大夫之名不得見於經也。其有事繫懲勸，法當書者，則雖賤而名之。郲庶其、黑肱，莒牟夷、意恢是也。」○襄陵許氏曰：「公子鐸首亂而無見焉者，韓愈曰：『春秋書王法，不誅其人身〔一〕。』此類〔二〕皆所以表見王道，若鐸不書者多矣。」

十有五年，春，王正月，吴子夷末卒。公羊作「夷昧」。

二月，癸酉，有事于武宫。籥入，叔弓卒。去樂，卒事。傳：「禘于武宫。叔弓涖事，籥入而卒。去樂，卒事，禮也。」○胡氏傳：「有事於宗廟，聞大夫之喪，則去樂而祭，可乎？按曾子問，君在祭不得成禮，夫子語之詳矣，而無有及大臣者，是知祭而去樂不可也。有事于宗廟，遭大夫之變，則以聞可乎〔三〕？按禮，衛太史柳莊寢疾，君曰：『若疾亟，雖當祭，必告是。』知祭而以聞不可也。禮莫重於當祭，大夫有變而不以聞，則内得盡其誠敬之心於宗廟，外全隱恤之意於大臣，是兩得之也。然則有事于宗廟，大臣涖事，籥入而卒於其所，則如之何？禮雖未之有，可以義起也。有事于宗廟，大臣涖事，籥入而卒

〔一〕通志堂本無「身」。
〔二〕「此類」上，通志堂本有「凡」字。
〔三〕「則以聞可乎」，原作「則可以聞乎」，據胡安國春秋傳及通志堂本改。

於其所，去樂卒事，其可也。緣先祖之心，見大臣之卒，必聞樂不樂；緣孝子之心，視已設之饌，必不忍輕徹，故去樂而卒事，其可也。宗廟合禮者，常事不書。苟以爲可，則春秋何書乎？此記禮之變而書之者也。」○高郵孫氏曰：「武宫，廢廟也，成六年立之，事所不當有者，春秋因變禮而推言之。」

夏，蔡朝吳出奔鄭。朝，公羊作「昭」，無「出」字。○傳：「楚費無極害朝吳之在蔡也，欲去之，乃謂之曰：『王唯信子，故處子於蔡。子亦長矣，而在下位，辱。必求之，吾助子請。』又謂其上之人曰：『王唯信吳，故處諸蔡，二三子莫之如也，而在其上，不亦難乎？弗圖，必及於難。』夏，蔡人逐朝吳，朝吳出奔鄭。王怒曰：『余唯信吳，故置諸蔡，且微吳，吾不及此。女何故去之？』無極對曰：『臣豈不欲吳？然而前知其爲人之異也。吳在蔡，蔡必速飛；去吳，所以翦其翼也。』」○胡氏傳：「楚子棄疾以朝吳忠於舊君而信之，使居舊國，可謂知所信矣。然費無極害其寵，使之出奔，而楚子不能察，遂致無極屏王之耳目，使不聰明，去朝吳，出蔡侯朱，殺連尹奢，喪太子建，卒使吳師入郢，辱及宗廟，可不畏乎？爲國有九經而尊賢爲上，勸賢有四事而去讒爲首。志朝吳出奔，而入郢之師兆矣。然朝吳居舊國，處危疑之地，不能以忠信自任，杜讒慝之謀，而聽無極之計，欲爲之請，以名利累其心而莫覺，不智甚矣。特書其出奔，亦罪吴也。」

六月，丁巳，朔，日有食之。

秋，晉荀吴帥師伐鮮虞。傳：「晉荀吴帥師伐鮮虞，圍鼓。鼓人或請以城叛，穆子弗許，曰：『或以吾城叛，吾所甚惡也。人以城來，吾獨何好焉？不可以欲城而邇姦。』使鼓人殺叛人而繕守備。圍鼓三月，鼓人或請降，使其民見，曰：『猶有食色，姑脩而城。』鼓人告食竭力盡，而後取之，以鼓子鳶鞮歸。」○胡氏傳：「晉滅潞氏、甲氏，及再伐鮮虞，皆用大夫將，而或稱人，或稱國，或書名氏，何也？以殄滅爲期，而無惻隱之心，則稱人；見利忘義，以欺詐狄道行之，則稱國；以正兵加敵，而不納其叛臣，則稱名氏。稱名氏者，非褒之也，纔免貶耳，於此可見春秋用兵禦狄之略矣。」

冬，公如晉。傳：「平丘之會故也。」

十有六年，春，齊侯伐徐。傳：「齊侯伐徐。二月，丙申，齊師至于蒲隧。徐人行成。徐子及郯人、莒人會齊侯〔一〕于蒲隧，賂以甲父之鼎。叔孫昭子曰：『諸侯之無伯，害哉！齊君

〔一〕左傳及通志堂本「齊侯」下有「盟」字。

之無道也，興師而伐遠方，會之有成而還，莫之亢也。無伯也夫！』」○愚按：景公立二十餘年矣，自崔、慶相殘賊之後，委政二惠及欒高，敗乃始。親政不能收權修德，明政刑以强其國，故於晉將衰而般樂嗜利，及晉既亂，而欲以無政之國爭强圖霸，宜其遂不振，而國爲陳氏之有也。晏子雖隨事諷諫，而於此已無術以格其心，所謂以其君顯者亦末矣。

楚子誘戎蠻子，殺之。 蠻，公羊作「曼」。○杜氏注：「河南新城縣有蠻城。」今伊闕縣即新城也。○傳：「楚子聞蠻氏之亂也與蠻子之無質也，使然丹誘戎蠻子嘉殺之，遂取蠻氏。」○蘇氏曰：「楚子誘蔡侯殺之，名而書地，以夷狄害中國，疾之也。誘殺戎蠻，不名不地，夷狄相殘，略之也。戎蠻不名告，略也。」

夏，公至自晉。 傳：「正月，公在晉。晉人止公，不書，諱之也。夏，公至自晉。」○胡氏傳：「按傳言『晉人止公』，不書，諱之也。昭公數朝于晉，三至于河而不得入，兩得見晉侯，又欲討其罪而止旃，其困辱亦甚矣。在易之困曰『困亨』，困窮而致亨也。夫困於心，衡於慮，而後作；徵於色，發於聲，而後喻。此正憤悱自强之時，而夏少康、衛文公、越勾踐、燕昭王四君子者，由此其選也。今昭公安於危辱，無激昂勉厲之志，即所謂自暴自棄，不可與有爲，而人亦莫之告矣，不亦悲乎！諱而不書，貶之深也。」

秋，八月，己亥，晉侯夷卒。

九月，大雩。旱也。

季孫意如如晉。冬，十月，葬晉昭公。

十有七年，春，小邾子來朝。傳：「小邾穆公來朝。」

夏，六月，甲戌，朔，日有食之。傳：「祝史請所用幣，叔孫婼曰：『日有食之，天子不舉，伐鼓於社，諸侯用幣於社，伐鼓於朝，禮也。』平子禦之，曰：『止也，唯正月朔，慝未作，日有食之，於是乎有伐鼓用幣。其餘則否。』大史曰：『在此月也。』平子弗從。昭子退，曰：『夫子將有異志，不君君矣。』」○杜氏曰：「正月，謂建巳正陽之月也，於周爲六月，於夏爲四月。」

秋，郯子來朝。

八月，晉荀吳帥師滅陸渾之戎。陸，公羊作「賁」。「之」字公、穀並無。○傳：「晉侯使屠蒯如周，請有事於雒與三塗。九月，丁卯，晉荀吳帥師涉自棘津，使祭史先用牲于雒。陸渾人弗知，師從之。庚午，遂滅陸渾，數之以其貳於楚也。陸渾子奔楚，其衆奔甘鹿。」

○胡氏傳：「林父之於潞氏，士會之於甲氏，荀吴之於陸渾戎，皆〔一〕滅之也。而林父、士會稱人，荀吴舉其名氏，何哉？夷不亂華，陸渾之戎而縱之雜處，則非膺戎狄、别内外之義也，與闢土服遠、以圖强霸則異矣。然舉其名氏，非褒辭也，纔得無貶耳。」

冬，有星孛于大辰。公羊傳：「孛者何？彗星也。大辰者何？大火也。」○傳：「有星孛于大辰，西及漢。申須曰：『彗，所以除舊布新也。天事恒象，今除於火，火出必布焉。諸侯其有火災乎！』鄭裨竈言於子産曰：『宋、衛、陳、鄭將同日火，若我用瓘斝玉瓚，鄭必不火。』子産弗與。」○胡氏傳：「大辰，心也，爲明堂天子之象，其前星太子，後星庶子。孛星加心，象天子嫡庶將分争也。後五年，景王崩，王室亂，劉子、單子立王猛，尹氏、召伯立子朝，歷數載而後定。至哀十三年，有星孛于東方。不言宿名者，不加于宿也。當是時，吴人僭亂，憑陵上國，日敝於兵，暴骨如莽，其戾氣所感，固將重吴而降之罰也，故氛祲所指在于東方。假手越人，吴國遂滅，天之示人顯矣，史之有占明矣。」○許氏曰：「星孛大辰，火災應之，天地之符也。大辰，明堂當宋之分，故王室亂，宋亦亂，衛、陳、鄭，

〔一〕「皆」，華亭義塾本作「者」。

災氣所溢也。衛亂君奔，陳敗卿獲，惟鄭有令政而無後災，是知禍福之可轉矣。」

楚人及吳戰于長岸。長岸，楚地。地譜曰：「水戰也。」○傳：「吳伐楚。令尹陽匄、司馬子魚戰于長岸。子魚先死，楚師繼之，大敗吳師，獲其乘舟餘皇。吳公子光請於其衆曰：『喪先王之乘舟，豈唯光之罪，衆亦有焉。請藉取之，以救死。』使長鬣者三人潛伏於舟側，曰：『我呼餘皇，則對。』師夜從之。三呼，皆迭對。楚人從而殺之，楚師亂。吳人大敗之，取餘皇以歸。」○胡氏傳：「言戰不言敗，勝負敵也。楚地五千里，帶甲數十萬，戰勝諸侯，威動天下，本非吳敵也。惟不能去讒賤貨，使費無極以讒勝，囊瓦以貨行，而策士奇才爲敵國用，故日以侵削，至雞父之師七國皆敗，柏舉之戰國破君奔，幾於亡滅。吳日益强而楚削矣。是故爲國，必以得賢爲本，勸賢必以去讒賤貨爲先。不然，雖廣土衆民，不足恃也。考其所書本末强弱之由，其爲後世戒明矣。」

十有八年，春，王三月，曹伯須卒。

夏，五月，壬午，宋、衛、陳、鄭災。傳：「夏，五月，火始昏見。丙子，風。戊寅，風甚。壬午，大甚。宋、衛、陳、鄭皆火。火作，子産辭晉公子、公孫于東門，使司寇出新客，禁舊客勿出於宮。使子寬、子上巡群屏攝，至于大宮。使府人、庫人各儆其事，司馬、司寇列居火道。城下之人，伍列登城。明日，使野司寇各保其徵。書焚室而寬其征，與之材。三日哭，國不市。使行人告於諸侯。宋、衛皆如是。陳不救火，許不弔災。君子是以知陳、許之先亡也。」○公羊傳：「何以書？記異也。何異爾？異其同日而俱災也。外異不書，此何以書？爲天下記異也。」

六月，邾人入鄅。鄅，妘姓國，在琅邪開陽縣，今屬沂州臨沂縣。○傳：「六月，鄅人藉稻。邾人襲鄅。鄅人將閉門，邾人羊羅攝其首焉，遂入之，盡俘以歸。鄅子曰：『余無歸矣。』從帑於邾。邾莊公反鄅夫人，而舍其女。」

秋，葬曹平公。

冬，許遷于白羽。白羽，一名析，楚邑，今鄧州内鄉縣。○傳：「楚左尹王子勝言於楚子曰：『許於鄭，仇敵也，而居楚地，以不禮於鄭。晉、鄭方睦，鄭若伐許，而晉助之，楚喪地矣。君盍遷許？』冬，楚子使王子勝遷許于析。」

十有九年，春，宋公伐邾。傳：「鄅夫人，宋向戌之女也，故向寧請師。二月，宋公伐邾，圍蟲。三月，取之，乃盡歸鄟俘。」○胡氏傳：「此所謂聲罪執言之師也，故書『伐邾』而釋其取邑之罪。此亦善善長、惡惡短之義。」

夏，五月，戊辰，許世子止弒其君買。傳：「許悼公瘧。五月，戊辰，飲大子止之藥，卒。大子奔晉。書曰：『弒其君。』」○穀梁傳：「止不弒也，不弒而曰弒，責止也。止曰：『我與夫弒者。』不立乎其位，以與其弟虺。哭泣，歠飦粥，嗌不容粒，未踰年而死。故君子即止自責而責之也。」○愚按：藥劑所以致人之死者，非一端。姑以瘧言之，今之治瘧，以砒煅而餌之多愈，然煅不得法而反殺人者多矣。悼公之死，必此類也。然止以弒書之，何也？孟子曰：「殺人以梃與刃，有以異乎？」曰：「無以異也。」「以刃與政，有以異乎？」曰：「無以異也。」進藥而藥殺，可不謂之弒哉？其所以異於商臣、蔡般者，過與故不同耳。心雖不同，而春秋之文一施之者，以臣子之於君父，不可過也。

己卯，地震。

秋，齊高發帥師伐莒。傳：「齊高發帥師伐莒。莒子奔紀鄣。使孫書伐之。初，莒有婦人，莒子殺其夫，已爲嫠婦。及老，託於紀鄣，紡焉以度而去之。及師至，則投諸外。或獻諸子占，子占使師夜縋以登。登者六十人，縋絶。師鼓譟，城上之人亦譟。莒共公懼，啓西門而出。七月，丙子，齊師入紀。」

冬，葬許悼公。 公羊傳：「賊未討，何以書葬？不成乎弒也。曷爲不成乎弒？止進藥而藥殺，是以君子書弒焉爾。曰『許世子止弒其君買』，是君子之聽止也。葬許悼公，是君子之赦止也。赦止者，免止之罪詞也。」○穀梁傳：「何以書葬？不使止爲弒父也。曰：子既生，不免乎水火，母之罪也。羈貫成童，不就師傅，父之罪也。就師問學無方，心志不通，身之罪也。心志既通，而名譽不聞，友之罪也。名譽既聞，有司不舉，有司之罪也。有司舉之，王者不用，王者之過也。許世子止不知嘗藥，累及許君也。」范甯注：「許君不授子以師傅，使不識嘗藥之義，故曰累及之也。」○胡氏曰：「觀止自責，可謂有過人之質矣。乃至以弒君獲罪，此爲人臣子而不知春秋之義者也。」

二十年，春，王正月。

夏，曹公孫會自鄸出奔宋。 鄸，穀梁作「夢」。今興仁府乘氏縣有大饗城，古老云：「古鄸城也。」○劉氏傳：「奔未有言自者，此其言自何？待放也。大夫有罪，待放于境三年，君賜之環則復，賜之玦則去。逾境，則爲位鄉國而哭，素衣素裳，素冠徹緣，鞮屨素蔑，乘髦馬，不蚤翦，不祭食，不説人以無罪，婦人不當御，三月而復服。此去國之禮也。」○胡氏傳：「曹無大夫，其曰公孫，賢之也。待放而賢之，爲公子喜時之後，賢之也。喜時能以國讓，以其賢者之後，苟有善焉，斯進之矣。」

秋，盗殺衛侯之兄縶。

縶，公羊、穀梁並作「輒」。○傳：「衛公孟縶狎齊豹，奪之司寇與鄄，有役則反之，無則取之。公孟惡北宫喜、褚師圃，欲去之。公子朝通于襄夫人宣姜，懼而欲以作亂。故齊豹、北宫喜、褚師圃、公子朝作亂。初，齊豹見宗魯於公孟，爲驂乘焉。將作亂，而謂之曰：『公孟之不善，子所知也。勿與乘，吾將殺之。』對曰：『吾由子事公孟，子假吾名焉，故不吾遠也。雖其不善，吾亦知之。抑以利故，不能去，是吾過也。今聞難而逃，是僭子也。子行事乎，吾將死之，以周事子；而歸死於公孟，其可也。』丙辰，衛侯在平壽，公孟有事于蓋獲之門外，齊子氏帷於門外，而伏甲焉。使祝鼃置戈於車薪以當門，使一乘從公孟以出，使華齊御公孟，宗魯驂乘。及閎中，齊氏用戈擊公孟，宗魯以背蔽之，斷肱，以中公孟之肩，皆殺之。」○任公輔曰：「齊豹非卿，故曰盗。春秋非卿者皆謂之盗，尉止也，齊豹也，公孫翩也，陽虎也，皆大夫也。」○愚謂：縶以有疾，不得列於宗而廢，是以靈公得立。則所以事其兄、全其身者，必無所不用其至，親愛之而不得有爲於其國，此舜所以盡其恩於兄弟也。靈公受其國於有疾之兄，乃聽其無禮於大夫，且俾之預於政，而又不能正其母，以預制其禍亂，使齊豹、北宮喜、褚師圃、公子朝之倫，如盜賊竊發，兄死身危，幾亡其國，故書「盜殺衞侯之兄縶」，以深罪之也。

冬，十月，宋華亥、向寧、華定出奔陳。寧，公羊作「甯」，後皆同。○傳：「宋元公無信多私，而惡華、向。華定、華亥與向寧謀，曰：『亡愈於死，先諸？』華亥僞有疾，以誘群公子。公子問之，則執之。夏，六月，丙申，殺公子寅、公子御戎、公子朱、公子固、公孫援、公孫丁，拘向勝、向行於其廩。公如華氏請焉，弗許，遂劫之。癸卯，取太子欒與母弟辰、公子地以爲質。公亦取華亥之子無慼，向寧之子羅，華定之子啓，與華氏盟，以爲質。公請於華費遂，將攻華氏，曰：『子死亡有命，余不忍其詢。』冬，十月，公殺華、向之質而攻之。戊辰，華、向奔陳，華登奔吴。向寧欲殺太子，華亥曰：『干君而出，又殺其子，其誰納我？且歸之有庸。』使少司寇牼以歸。」○泰山孫氏曰：「三卿並出，危之。」

十有一月，辛卯，蔡侯盧卒。

二十有一年，春，王三月，葬蔡平公。

夏，晉侯使士鞅來聘。傳：「晉士鞅來聘。昭子爲政，季孫欲惡諸晉，使有司以齊鮑國歸費之禮爲士鞅。士鞅怒，曰：『鮑國之位下，其國小，而使鞅從其牢禮，是卑敝邑也。』魯人恐，加四牢焉，爲十一牢〔一〕。」○襄陵許氏曰：「禮好不結而財求無度，則聘義亡矣。蓋自是聘不復志。」

宋華亥、向寧、華定自陳入于宋南里以叛。叛，公羊作「畔」。○傳：「宋華費遂生華貙、華多僚、華登。貙爲少司馬，多僚爲御士，與貙相惡，乃譖諸公，曰：『貙將納亡人。』公懼，使告司馬。司馬歎曰：『必多僚也。吾有讒子而弗能殺，吾又不死，抑君有命，可若何？』乃與公謀逐華貙。五月，丙申，子皮殺多僚，劫司馬以叛，而召亡人。壬寅，華、向入。樂大心、豐愆、華牼禦諸橫。華氏居盧門，以南里叛。六月，庚午，宋城舊鄘及桑林之門而守之。冬，十月，華登以吳師救華氏。丙寅，齊師、宋師敗吳師于鴻口。華登帥其餘以敗宋師。公欲出，厨人濮曰：『吾小人，可藉死，而不能送亡。君請待之。』齊烏枝鳴曰：『用少莫如齊致死，齊致死莫如去備。彼多兵矣，請皆用劍。』從之。華氏北，復即之。遂敗華氏于

〔一〕「牢」，底本及華亭義塾本皆作「年」，據左傳及通志堂本改。

新里。十一月，癸未，公子城以晉師至。曹翰胡會晉荀吳、齊苑何忌、衛公子朝救宋。丙戌，與華氏戰于赭丘，大敗華氏，圍諸南里。楚薳越帥師逆華氏。」○穀梁傳：「自陳，陳有奉焉爾。入者，内弗受也。以者，不以者也。」○胡氏傳：「凡書叛，有入于戚者而不言衛，有入于朝歌者而不言晉，有入于蕭者而不言宋，此獨稱『宋南里』，何也？戚與朝歌及蕭，皆其所食邑也，若南里，則宋國城内之里名也。傳稱華氏居盧門，以南里叛，宋城舊鄘及桑林之門以守，是華氏與宋分國而居矣。故其出入皆以南里繫之宋。此深罪叛臣逼脅其君已甚之辭也。」

秋，七月，壬午，朔，日有食之。

八月，乙亥，叔輒卒。輒，公羊作「痤」。

冬，蔡侯朱出奔楚。朱，穀梁作「東」。○傳：「三月，葬蔡平公。蔡大子朱失位，位在卑。大夫送葬者歸，見昭子。昭子問蔡故，以告。昭子歎曰：『蔡其亡乎！若不亡，是君也必不終。詩曰：「不解于位，民之攸塈。」今蔡侯始即位而適卑，身將從之。』蔡侯朱出奔楚。費無極取貨於東國，而謂蔡人曰：『朱不用命於楚，君王將立東國。若不先從王欲，楚必圍蔡。』蔡人懼，出朱而立東國。」

公如晉，至河乃復。傳：「鼓叛晉，晉將伐鮮虞，故辭公。」○襄陵許氏曰：「公失其重久矣，故晉得輕進退之。」

二十有二年，春，齊侯伐莒。傳：「王二月，甲子，齊北郭啓帥師伐莒。莒子將戰，苑羊牧之諫曰：『齊帥賤，其求不多，不如下之，大國不可怒也。』弗聽，敗齊師于壽餘。齊侯伐莒，莒子行成，司馬竈如莒涖盟。莒子如齊涖盟，盟于稷門之外。莒於是乎大惡其君。」

宋華亥、向寧、華定自宋南里出奔楚。傳：「楚薳越使告于宋曰：『寡君聞君有不令之臣爲君憂。寡君請受而戮之。』諸侯之戍謀曰：『若華氏知困而致死，楚恥無功而疾戰，非吾利也。不如出之，以爲楚功，其亦無能爲也已。』乃固請出之，宋人從之。己巳，宋華亥、向寧、華定、華貙、華登、皇奄傷、省臧、士平出奔楚。」○胡氏傳：「華、向誘殺群公子，又劫其君，取其大子與母弟爲質，又求助於吴、楚，入披其國都以叛。此必〔一〕誅不赦之罪也。宋宜竭力必討之於内，諸侯宜竭心必救之於外，楚子宜執叛臣之使而戮之於

〔一〕「必」，華亭義塾本作「人」，

境。今楚人釋君而臣是助，諸侯之戍怠於救患，固請逸賊，而宋又從之，則皆罪也。故晉荀吴、齊苑何忌、衛公子朝、曹大夫皆略而不書，其曰『自宋南里』者，譏宋之縱釋有罪，不能致討。曰『出奔楚』者，不待貶絶而亢不衷、獎亂人之惡自見矣。」

大蒐于昌間。間，公羊作「姦」。○穀梁傳：「秋而曰蒐，此春也，其曰蒐何也？以蒐事也。」○劉氏傳：「何以書？譏。何譏爾？大蒐于昌間，公不與，非禮也。蓋不得與爾。」○襄陵許氏曰：「八年秋蒐，十一年夏蒐，以爲書，不時也。今此春蒐，時矣。而書則凡昭公書蒐，主刺大夫咸强，公失其政，兵戎是務，而禮防不興，上下相與以樂慆憂也。文王之時，人倫既正而後軍旅以律，朝廷既治而後田野即功，是以詩歌庶類蕃殖，而蒐田以時。當魯昭之季，朝廷人倫逆亂極矣，而惟蒐田之是務，是以屢書以刺之。」

夏，四月，乙丑，天王崩。傳：「王子朝、賓起有寵於景王。王與賓孟説之，欲立之。劉獻公之庶子伯蚠事單穆公，惡賓孟之爲人也，願殺之；又惡王子朝之言，以爲亂，願去之。賓孟適郊，見雄雞自斷其尾，問之侍者，曰：『自憚其犧也。』遽歸告王，且曰：『雞其憚爲人用乎，人異於是。犧者，實用人，人犧實難，己犧何害？』王弗應。夏，四月，王田北山，使公卿皆從，將殺單子、劉子〔一〕。王有心疾，乙丑，崩于榮錡氏。戊辰，劉子摯卒，無子，單子立劉蚠。五月，庚辰，見王，遂攻賓起，殺之。盟群王子于單氏。」

六月，叔鞅如京師，葬景王。王室亂。杜氏注：「叔鞅，叔弓子。三月而葬，速，亂故。」〇傳：「葬景王。王子朝因舊官百工之喪職秩者，與靈、景之族以作亂，帥郊、要、餞之甲，以逐劉子。壬戌，劉子奔揚。單子逆悼王于莊宮以歸。王子還夜取王以如莊宮。癸亥，單子出。王子還與召莊公謀，曰：『不殺單旗，不捷，與之重盟，必來。背盟而克者多矣。』從之。樊頃子曰：『非言也，必不克。』遂奉王以追單子，及領，大盟而復，殺摯荒以說。劉子如劉，單子亡。乙丑，奔平畤。群王子追之，單子殺還、姑、發、弱、鬷、延、定、稠，子朝奔京。丙寅，伐之，京人奔山。劉子入于王城。辛未，鞏簡公敗績于京。乙亥，甘平公亦敗焉。叔鞅至自京師，言王室之亂也。閔馬父曰：『子朝必不克，其所與者，天所廢也。』」〇劉氏傳：「何言乎『王室亂』？亂，自內作者也。」呂氏曰：「不言『京師亂』而言『王室亂』者，言京師則通乎上下，言王室則其父子兄弟自亂之耳。」〇胡氏傳：「景王

〔一〕底本及華亭義塾本「單子」皆在「劉子」後，據左傳及通志堂本改。

寵愛子朝，使孽子配嫡，以本亂者。其言『王室』，譏國本之不正也。」

劉子、單子以王猛居于皇。杜氏注：「河南鞏縣有黃亭。」東漢志：「鞏有黃亭，西北有湟水。」○傳：「單子欲告急于晉。秋，七月，戊寅，以王如平畤，遂如圃車，次于皇。劉子如劉。單子使王子處守于王城，盟百工於平宮。辛卯，鄩肸伐皇，大敗，獲鄩肸。壬辰，焚諸王城之市。八月，辛酉，司徒醜以王師敗績于前城，百工叛。己巳，伐單氏之宮，敗焉。庚午，反伐之。辛未，伐東圉。」○胡氏傳：「以者，不以者也。師而曰『以』，能左右之也；地而曰『以』，能取與之也；人而曰『以』，能死生之也。尊不以乎卑，貴不以乎賤，大不以乎小，劉蚠、單旗，臣也，曷爲能以王猛也？猛無寵於景王，不能自定其位，制在劉、單。其曰『以』者，能廢立之也。按左氏，景王太子壽以昭十五年卒，至是八年矣，猛與匄皆其母弟，禮無疑於當立。久而未立者，王愛庶子朝，欲立以爲嗣，未果而王崩，故諸大臣競立君，諸王子爭欲立。以正，則有猛；以寵，則有朝。猛雖正而無寵，其威不足以攝群下；朝雖寵而不正，其分不足以服人心。二子廢立，皆恃大臣强弱而後定者也，故特稱曰『以』。而景王之弱其後嗣，輕其宗社，罪亦著矣。」○襄陵許氏曰：「易曰：『王居無咎。』曰『居于皇』者，春秋所正也。其稱『王猛』，未即位也。顧命『康王當喪』書

『王』，而悼王以名繫之，書志事，春秋書法也。」○愚謂：以經書魯之法，推之天王之喪，未葬當稱「王子某」，既葬當稱「王子」，逾年稱「王」。今王猛當稱「王子」者也，適當子朝争立之際，猛雖正，而位未定，不可以不名。故書「王猛」焉，以別嫌而明其正也。

秋，劉子、單子以王猛入于王城。杜氏注：「王城，郟鄏，今河南縣。」愚按：河南縣乃周書洛誥所謂「澗水東、瀍水西」，爲定鼎之地，平王東遷，即都于此。而春秋所謂京師，皆指此也。○傳：「冬，十月，丁巳，晉籍談、荀躒帥九州之戎及焦、瑕、溫、原之師，以納王于王城。庚申，單子、劉盆以王師敗績于郊，前城人敗陸渾于社。」○胡氏傳：「未踰年，何以稱王？示當立也。既當立矣，何以稱名？明嗣君也。曰『王猛』者，見居尊得正，又以別乎諸王子也。君前臣名，劉、單不名而王名，不嫌於倒置乎？曰：君前臣名，禮也。禮當其變，臣有不名，名其君而不嫌者矣。王不當稱，未踰年而稱王，名不當稱，立爲君而稱猛，皆禮之變也。惟可與權者，能知其變，而不越乎道之中。再書劉子、單子之『以王』，何也？春秋辭繁而不殺者，必有美惡焉，劉子、單子，蓋挾天子而專國柄者也。書而未足，故再書于策，以著上下舛逆，爲後世戒。」○愚按：劉、單輔猛，苟能如諸葛輔後主，則必不如是書矣。

冬，十月，王子猛卒。杜氏注：「未即位，不稱王。雖未立，周人謚曰悼王。」○傳：「王子猛卒，不成喪也。己丑，敬王即位，館于子旅氏〔一〕。十二月，晉師取前城。軍其東南，王師軍于京楚。」○泰山孫氏曰：「其曰『王子猛』者，言『王』，所以明當嗣之人也；言『子』，所以見未踰年之君也；言『猛』，所以別群王子也。不崩不葬者，降成君也。」○劉氏傳：「其謂之卒何？未踰年之王也，謂之卒則可，謂之薨則不可。」

十有二月，癸酉，朔，日有食之。

二十有三年，春，王正月，叔孫婼如晉。傳：「邾人城翼，還自離姑。武城人塞其前，斷其後之木而弗殊。邾師過之，乃推而蹷之，遂取邾師，獲徐鉏、丘弱、茅地。邾人愬于晉，晉人來討。叔孫婼如晉。」

癸丑，叔鞅卒。

晉人執我行人叔孫婼。傳：「晉人執之。書曰『晉人執我行人叔孫婼』，言使人也。晉人使與邾大夫坐，叔孫曰：『列國之卿，當小國之君，固周制也。邾又夷也。寡君之命介子服

〔一〕底本及華亭義塾本皆脱「子」字，據左傳及通志堂本補。

回在，請使當之。』乃不果坐。韓宣子使邾人聚其衆，將以叔孫與之。叔孫聞之，去衆與兵而朝。乃弗與。士伯御叔孫，從者四人，過邾館以如吏。乃館諸箕。范獻子求貨於叔孫，使請冠焉。取其冠法，而與之兩冠，曰：『盡矣。』」○蘇氏曰：「執之稱行人，言非其罪也。」

晉人圍郊。 傳：「二師圍郊。癸卯，郊、鄩潰。王使告間。庚戌，二師還。」○東萊吕氏曰：「當是時，王必自以爲無假於晉師，故使之間，而晉因此遂還。然晉師還而子朝之勢復熾，若因郊潰遂取子朝，不至如後日之難也。」○胡氏傳：「晉不書大夫之名氏，又不稱師而曰人，微之也，所謂以其事而微之者。當是時，天子蒙塵，晉爲方伯，不奔問官守，省視器具，徐遣大夫往焉，勤王尊主之義若是乎？書『晉人圍郊』，而罪自見矣。」

夏，六月，蔡侯東國卒于楚。

秋，七月，莒子庚輿來奔。 傳：「莒子庚輿虐而好劍，苟鑄劍，必試諸人，國人患之。又將叛齊，烏存帥國人以逐之。庚輿將出，聞烏存執殳而立於道左，懼將止死。苑羊牧之曰：『君過之。烏存以力聞可矣，何必以弑君成名？』遂來奔。齊人納郊公。」○胡氏傳：「三代之得失天下也，以仁與不仁而已。苟無仁心，甚則身弑國亡，不甚則身危國削。庚輿免死道左而出奔於魯，幸耳。入國不書而書其出奔，惡之也。郊公出入皆不書，微之也。所謂以其人而微之者也。微之爲義，或以位，或以人，或以事。春秋書法，達王事，名氏不登於史策，若此類亦衆矣。」

戊辰，吴敗頓、胡、沈、蔡、陳、許之師于雞父。胡子髡、沈子逞滅，獲陳夏齧。

父，穀梁作「甫」。逞，公羊作「楹」，穀梁作「盈」。○杜氏注：「雞父，楚地，安豐縣南有雞備亭。」今屬壽州。○傳：「吴人伐州來。楚薳越帥師及諸侯之師奔命救州來，吴人禦諸鍾離。子瑕卒，楚師熸。吴公子光曰：『諸侯從於楚者衆，而皆小國也，畏楚而不獲已，是以來。七國同役而不同心，若分師先以犯胡、沈與陳，必先奔。三國敗，諸侯之師乃摇心矣。諸侯乖亂，楚必大奔。請先者去備薄威，後者敦陳整旅。』吴子從之。戊辰晦，戰于雞父。吴子以罪人三千，先犯胡、沈與陳，三國争之。吴爲三軍，以繫於後，中軍從王，光帥右，掩餘帥左。吴之罪人，或奔或止，三國亂，吴師擊之，三國敗，獲胡、沈之君及陳大夫。舍胡、沈之囚，使奔許與蔡、頓，曰：『吾君死矣。』師譟而從之，三國奔，楚師大奔。書曰：『胡子髡、沈子逞滅，獲陳夏齧。』君臣之辭也。」○公羊傳：「其言『滅』、『獲』何？别君臣也。君死于位曰滅，生得曰獲，大夫生死皆曰獲。」○泰山孫氏曰：「春秋之戰，書敗者多矣，未有諸侯之師略而不序者。此六國之師略而不序者，皆夷狄之也。賤其舍中國而與夷狄，故皆夷狄之。其言『胡子髡、沈子逞滅』者，深惡二國之君不得其死，皆以自滅爲文也。」○胡氏傳：「吴伐州來，楚令尹帥師及諸侯之師與吴戰，曷爲不書？楚令尹既喪，楚師已熸，六國先敗，楚師遂奔，是以不書楚也。諸侯之師，曷爲略而不序？頓、胡、沈則其君親將，蔡、陳、許則大夫帥師。言『戰』，則未陳也；言『敗績』，則或滅或獲，其事不同也。故總言吴人以詐取勝於前，而以君與大夫序六國於後。胡、沈書爵、書名、書『滅』者，二國之君幼而狂，不能以禮自守，役屬于楚，悉師以出，一敗而身與衆俱亡也。其曰『胡子髡、沈子逞滅』者，若曰非有能滅之者，咸其自取焉耳。或曰『滅』，或曰『獲』，別君臣也。書其敗，不以國分，而以君、大夫爲序；書其死，不以事同，而以君臣爲別。皆所以辨上下、定民志，雖顛沛必於是也，其義行而亂自熄矣。」

天王居于狄泉。尹氏立王子朝。狄泉，即僖二十九年翟泉。杜氏注：「洛陽城内大倉西南池水，時在城外。」○傳：「六月，壬午，王子朝入于尹。癸未，尹圉誘劉佗殺之。丙戌，單子從阪道，劉子從尹道伐尹。單子先至而敗，劉子還。己丑，召伯奂、南宫極以成周人戍尹。庚寅，單子、劉子、樊齊以王如劉。甲午，王子朝入于王城，次于左巷。秋，七月，戊申，鄩羅納諸莊宫。尹辛敗劉師于唐。丙辰，又敗諸鄩。甲子，尹辛取西闈。丙寅，攻蒯，蒯潰。」○愚按：踰年而稱天王所居，明天下之大君也。書「尹氏立朝」，則其篡明矣。

八月，乙未，地震。

冬，公如晉，至河，有疾乃復。公、穀「有疾」上再有「公」字，羨文也。○公羊傳：「何言乎公有疾乃復？殺恥也。」○胡氏傳：「公兩朝于晉，而一見止；五如晉，而四不得入。今此言『有疾，乃復』，殺恥也。以周公之胄，千乘之君，執幣帛脩兩君之好，而不見納，可恥之大者也。以爲恥，然後能知憤，知憤而後能自强，自强而後能爲善，爲善而後能立身，身立而後能行其政令、保其國家矣。昭公内則受制於權臣，外則見陵於方伯，此正憂患疢疾，有德慧術智，保生免死之時也，而安於屈辱，甘處微弱，無憤悱自强之心，其失國出奔、死於境外，咸自取之哉！」

二十有四年，春，王二月，丙戌，仲孫貜卒。孟僖子也。

婼至自晉。公羊作「叔孫舍」，胡氏從之。

夏，五月，乙未，朔，日有食之。

秋，八月，大雩。傳：「旱也。」

丁酉，杞伯郁釐卒。郁，公羊作「鬱」。

冬，吴滅巢。傳：「楚子爲舟師以略吴疆。越大夫胥犴勞王于豫章之汭。王及圉陽而還，吴人踵楚，而邊人不備，遂滅巢及鍾離而還。沈尹戌曰：『亡郢之始，於此在矣。王一動而亡二姓之帥，幾如是而不及郢？』」

葬杞平公。

二十有五年，春，叔孫婼如宋。

夏，叔詣會晉趙鞅、宋樂大心、衛北宫喜、鄭游吉、曹人、邾人、滕人、薛人、小邾人于黄父。詣，公、穀作「倪」，大心，公羊作「世心」，後同。○黄父，即黑壤，晉地。○傳：「二十四年，鄭伯如晉。子大叔相，見范獻子。獻子曰：『若王室何？』對曰：『老夫其國家不能恤，敢及王室？抑人有言曰：「嫠不恤緯，而憂宗周之隕，爲將及焉。」今王室實蠢蠢焉，吾小國懼矣。然大國之憂也，吾儕何知焉？吾子其早圖之。詩曰：「缾之罄矣，惟罍之恥。」王室之不寧，晉之恥也。』獻子懼，而與宣子圖之，乃徵會於諸侯，期以明年。二十五年，夏，會于黄父，謀王室也。趙簡子令諸侯之大夫輸王粟、具戍人，曰：『明年將納王。』宋樂大心曰：『我不輸粟，我於周爲客，若之何使客？』晉士伯曰：『自踐土以來，宋何役之不會？而何盟之不同？曰「同恤王室」，子焉得辟之？子奉君命，以會大事，而宋背盟，無乃不可乎？』右師不敢對，受牒而退。」○胡氏傳：「以王猛兄弟之無寵，劉、單之屢敗，子朝之衆，尹召、南宫、甘氏之黨，疑多助之在朝也。然黄父之會，十國無異議，是知邪不勝正久矣。然無美辭，何也？王室不靖，諸侯之責何美之有？春秋以正待人之體也。」

有鸜鵒來巢。鸜，公羊作「鸛」。○傳：「有鸜鵒來巢，書所無也。」○公羊傳：「何以書？記異也。何異爾？非中國之禽也。」○愚聞之邵子曰：「天下將治，則天地之氣自北而南；天下將亂，則天地之氣自南而北。」禽鳥，飛類，得氣之先者也。春秋書「六鷁退飛」、「鸜鵒來巢」，氣使之也。鸜鵒不踰濟而至魯，豈非氣自南而北之驗哉？當此之先，楚雖爲中國患，而齊、晉猶足以抑之。自此之後，晉霸不競，吴、楚、越皆以南夷迭主夏盟，諸侯斂衽事之，馴至大亂。則知鸜鵒來巢之祥，不特昭公出奔之兆也。

秋，七月，上辛，大雩；季辛，又雩。傳：「再雩，旱甚也。」

九月，己亥，公孫于齊，次于陽州。己亥，穀梁作「乙亥」。陽，公羊作「楊」。○傳：「初，季公若怨平子。郈昭伯亦怨之。臧昭伯之從弟會爲讒於臧氏，而逃於季氏。臧氏執旃，平子怒，拘臧氏老。將禘於襄公，萬者二人，其衆萬於季氏。臧孫曰：『此之謂不能庸先君之廟。』大夫遂怨平子。公若獻弓於公爲，且與之出射於外，而謀去季氏。公爲告公果、公賁。公果、公賁使侍人僚柤告公。公寢，將以戈擊之，乃走。公曰：『執之。』亦無命也。懼而不出，數月不見。公不怒。又使言，公執戈以懼之，乃走。又使言，公曰：『非小人之所及也。』公果自言，公以告臧孫，臧孫以難。告郈孫，郈孫以可，勸。告子家懿伯，懿伯曰：『讒人以君徼幸，事若不克，君受其名，不可爲也。舍民數世以求克，事不可必也。且政在焉，其難圖也。』公退之。辭曰：『臣與聞命矣。言若泄，臣不獲死。』乃館於公。叔孫昭子如闞，公居於長府。九月，戊戌，伐季氏，殺公之于門，遂入之。平子登臺而請，弗許。子家子曰：『君其許之！政自之出久矣，隱民多取食焉，爲之徒者衆矣。日入慝作，弗可知也。衆怒不可蓄也，蓄而弗治，將蘊。蘊蓄，民將生心，生心，同求將合。君必悔之！』弗聽。公使郈孫逆孟懿子。叔孫氏之司馬鬷戾言於其衆曰：『我，家臣也，不敢知國。凡有季氏與無，於我孰利？』皆曰：『無季氏，是無叔孫氏也。』鬷戾曰：『然則救諸！』陷西北隅以入。公徒釋甲，執冰而踞，遂逐之。孟氏執郈昭伯，殺之于南門之西，遂伐公徒。子家子曰：『諸臣僞劫君者，而負罪以出，君止。意如之事君也，不敢不改。』公曰：『余不忍也。』公與臧孫如墓謀，遂行。己亥，公孫于齊，次于陽州。」○穀梁傳：「孫之爲言，猶孫也，諱奔也；次于陽州，次，止也。」○胡氏傳：「魯自東門遂殺適立庶，魯君於是乎失政。禄去公室，政在季氏，於此君也四公矣。作三軍，盡征其一，舍中軍，兼有其二，民賦入於其家半矣。受命救台也遂入鄆，帥師取卞也不以聞，軍政在其手專矣。行父片言而東門氏逐，南蒯一動而公子慭奔，魯之群臣，亦無敢忠於公室而獻謀者，所謂『屯難』之時也。昭公不明乎消息盈虛之理，正身率德，擇任忠賢，待時馴致，不忍一朝之忿，求逞其私欲，而以群小謀之，其及也宜矣。」○杜氏曰：「陽州，魯境上。不得入齊，待命于境上也。」

齊侯唁公于野井。野井，齊地。杜氏曰：「濟南祝阿〔一〕縣東有野井亭。」○傳：「齊侯將唁公于平陰，公先至于野井。齊侯曰：『寡人之罪也。』使有司待於平陰，爲近〔二〕也。齊侯曰：『自莒疆以西，請致千社，以待君命。寡人將帥敝賦以從執事，惟命是聽。君之憂，寡人之憂也。』公喜。子家子曰：『天禄不再。天若祚君，以魯足矣。失魯而以千社

〔一〕「阿」，原作「柯」，據左傳杜預注及通志堂本改。
〔二〕左傳及通志堂本「近」後有「故」字。

爲臣，誰與之立？且齊君無信，不如早之晉。』弗從。」○公羊傳：「唁公者何？昭公欲伐季氏，告子家駒，子家駒曰：『諸侯僭天子，大夫僭諸侯久矣。』昭公曰：『吾何僭矣哉？』子家駒曰：『設兩觀，乘大路，朱干玉戚以舞大夏，八佾以舞大武，此皆天子之禮也。且夫牛馬，維婁委己者也而柔焉。季氏得民衆久矣，君無多辱焉！』昭公不從其言，終伐之〔一〕，而敗焉，走之齊。齊侯唁公于野井，曰：『奈何君去魯國之社稷？』昭公曰：『喪人不佞，失守魯國之社稷，執事以羞。』再拜顙。慶子家駒，曰：『慶子免君於大難矣。』子家駒曰：『臣不佞，陷君於大難。君不忍加之鈇鑕，賜之以死。』再拜顙。高子執簞食，與四脡脯。國子執壺漿，曰：『吾寡君聞君在外，餕饔未就，敢致糗於從者。』昭公曰：『君不忘吾先君，延及喪人，錫之以大禮。』再拜稽首，以衽受。高子曰：『有夫不祥，君無所辱大禮。』昭公蓋祭而不嘗。景公曰：『寡人有不腆先君之服，未之敢服，有不腆先君之器，未之敢用，敢以請。』昭公曰：『喪人不佞，失守魯國之社稷，執事以羞，敢辱大禮，敢辭。』景公曰：『寡人有不腆先君之服，未之敢服，有不腆先君之器，未之敢用，敢固以請。』昭公曰：

〔一〕「伐之」，公羊傳作「弑」。

『以吾宗廟之在魯也，有先君之服，未之能以服，有先君之器，未之能以出，敢固辭。』景公曰：『寡人有不腆先君之服，未之敢服，有不腆先君之器，未之敢用，請以饗乎從者。』昭公曰：『喪人其何稱？』景公曰：『孰君而無稱？』昭公於是噭然而哭，諸大夫皆哭。既哭，以人爲菑，以幦爲席，以鞍爲几，以遇禮相見。孔子曰：『其禮與其辭足觀矣。』」○石氏曰：「觀公羊，齊侯致餕饔之禮與昭公喪人之稱，則其爲禮不誠、其爲辭不哀可見矣。」

冬，十月，戊辰，叔孫婼卒。傳：「昭子自闞歸，見平子。平子稽顙，曰：『子若我何？』昭子對曰：『人誰不死？子以逐君成名，子孫不忘，不亦傷乎！將若子何？』平子曰：『苟使意如得改事君，所謂生死而肉骨也。』昭子從公于齊，與公言，子家子命適公館者執之。公與昭子言於幄内，曰：『將安衆而納公。』公徒將殺昭子，伏諸道。左師展告公，公使昭子自鑄歸。平子有異志。冬，十月，辛酉，昭子齊於其寢，使祝宗祈死。戊辰，卒。」

十有一月，己亥，宋公佐卒于曲棘。曲棘，宋地。○杜氏注：「陳留外黄縣城中有曲棘里。」據地譜，外黄城在開封雍丘縣。○傳：「宋元公將爲公故如晉。己亥，卒于曲棘。」○胡氏傳：「宋元，意如之外舅也。元公夫人曹氏生女，妻意如。不此之顧而求欲納公，是以正倫恤患爲心，而不恤其私親者也。其賢於當時諸侯遠矣，故卒其封内，而特書地以别之。」

十有二月，齊侯取鄆。公羊傳：「外取邑不書，此何以書？爲公取之也。」〇胡氏傳：「鄆，魯邑也。直書齊侯取之，何也？齊不自取，而爲公取鄆，使居之也。昭公出奔，經書『次于陽州』，見公未絶於魯，而季氏逐君爲不臣。及書『齊侯取鄆』，則見公已絶於魯，而逐於季氏爲不君。君者，有其土地人民，以奉其宗廟之典籍者也。不能有而他人是保，則不君矣。春秋之義，欲爲君，盡君道，爲臣，盡臣道，各守其職而不渝也。昭公失道，季氏爲亂，君臣各渝其職而不守，其爲後世戒深矣。」〇吕氏曰：「齊侯取鄆，以處公也。不能討季氏以正君臣大義，而獨取鄆以處公，其無意於善而忽遠略可知也。」

二十有六年，春，王正月，葬宋元公。杜氏注：「三月而葬，速。」

三月，公至自齊，居于鄆。傳：「言魯地也。」〇高郵孫氏曰：「凡公行，反而告廟，則書『至』。在外雖不告，而書『至』，所以存公也。」〇胡氏傳：「昭公失國出奔，而稱『居于鄆』者，存一國之防也。諸侯之於封國四境之内，莫非其土，非大夫所得專也。」

夏，公圍成。傳：「齊侯將納公，命無受魯貨。申豐從女賈，以幣錦二兩，縛一如瑱，適齊師，謂子猶之人高齮：『能貨子猶，爲高氏後，粟五千庾。』高齮以錦示子猶，子猶欲之。

齡曰：『魯人買之，百兩一布，以道之不通，先入幣財。』子猶受之，言於齊侯曰：『群臣不盡力於魯君者，非不能事君也。然據有異焉，宋元公爲魯君如晉，卒于曲棘；叔孫昭子求納其君，無疾而死。不知天之棄魯邪，抑魯君有罪於鬼神，故及此也？君若待于曲棘，使群臣從魯君以卜焉。若可，師有濟也，君而繼之，兹無敵矣；若其無成，君無辱焉。』齊侯從之。使公子鉏帥師從公。成大夫公孫朝謂平子曰：『有都，以衛國也，請我受師。』許之。請質，弗許，曰：『信女，足矣。』告於齊師曰：『孟氏，魯之敝室也。用成已甚，請息肩于齊。』齊師圍成。成人伐齊師之飲馬于淄者，曰：『將以厭衆。』魯成備而後告曰：『不勝衆。』師及齊師戰于炊鼻。」○泰山孫氏曰：「公圍成書者，見國内皆叛也。」○胡氏傳：「不書齊師者，景公怵於邪說，爲義不終，故微之也。書公圍成，則季氏之不臣，昭公之不君，齊侯之不能修方伯、連帥之職，其罪咸具矣。」

秋，公會齊侯、莒子、邾子、杞伯盟于鄟陵。傳：「謀納公也。」

公至自會，居于鄆。

九月，庚申，楚子居卒。楚平王也。

冬，十月，天王入于成周。傳：「單子如晉告急。七月，王次于滑。晉知躒、趙鞅帥師納王。十月，丙申，王起師于滑。辛丑，遂次于尸。十一月，辛酉，晉師克鞏。召伯盈逐王子朝。王子朝及召氏之族、毛伯得、尹氏固、南宫嚚奉周之典籍以奔楚。陰忌奔莒以叛。召伯逆王于尸，及劉子、單子盟，遂軍圉澤，次于隄上。癸酉，王入于成周。甲戌，盟于襄宫。晉師使成公般戍周而還。十二月，癸未，王入于莊宫。定五年，王人殺子朝于楚。」○東萊吕氏曰：「河南即郟鄏，周武王遷九鼎，周公營以爲都，是爲王城，洛誥所謂『我乃卜澗水東、瀍水西，惟洛食』者也。洛陽，周公營下都以遷殷頑民，是爲成周，洛誥所謂『我又卜瀍水東，亦惟洛食』者也。平王東遷，定都于王城。王子朝之亂，其餘黨多在王城。敬王畏之，徙都成周。」○今按：左傳則冬十月入成周，而十二月入王城矣。然至三十二年書「城成周」，杜氏於是年「請城成周」注云：「子朝之亂，其餘黨多在王城。敬王畏之，徙都成周。成周狹小，故請城之。」則敬王定遷乃在三十二年已城之後也。如高郵孫氏及胡氏，皆以成周即京師，蓋未考王城、成周實不同所，而誤以爲一也。

尹氏、召伯、毛伯以王子朝奔楚。胡氏傳：「取國有五利，寵居一焉。子朝有寵於景王，爲之黨者衆矣，卒不能立，至于奔楚，何也？是非有出於人之本心者，不可以私愛是，亦不可以私惡非，卒歸于公而止矣。景王寵愛子朝，將蘄於見是，而天下不以爲是；疎薄子猛，將蘄於見非，而天下卒不以爲非。徒設此心，兩棄之也。庶孽憑寵，爲群小之所宗，而人心不附；適子恃正，爲人心之所向，而群小不從。故伯服雖殺，而平王亦不能復宗周之盛；申生已死，而卓子、奚齊亦不能勝里克之兵：是兩棄之也。景王不鑒覆車，王猛、子朝之際，危亦甚矣。春秋詳書，爲後世戒，可謂深切著明也哉！」〇何休注公羊傳云：「立子朝獨尹氏，出奔并舉召、毛者，明本尹氏爲首，惡當先誅，後治其黨。」

二十有七年，春，公如齊。公至自齊，居于鄆。

夏，四月，吴弑其君僚。傳：「吴子欲因楚喪而伐之，使公子掩餘、公子燭庸帥師圍潛。使延州來季子聘于上國。楚莠尹然、工尹麇帥師救潛。吴師不能退。吴公子光曰：『此時也，弗可失也。』告鱄設諸曰：『我，王嗣也，吾欲求之。』夏，四月，光伏甲於堀室而享王。鱄設諸置劍於魚中以進，抽劍刺王，鈹交于胸，遂弑王。吴公子掩餘奔徐，公子燭庸奔鍾吾。」〇劉氏傳：「親弑僚者，闔閭也。其稱國以弑何？稱國以弑者，衆弑君之辭也。闔閭弑僚，則曷爲以衆弑君之辭？言之謁也，餘祭也，夷昧也，不與子國而與弟，凡爲季子也。季子使而亡焉。僚者，長庶也，即之，是廢讓而毁義以成簒也。國人莫説，故謂之衆弑其君也。」○胡氏傳：「諸樊兄弟以次相及，必欲致國於季子，而季子終不受，則國宜之光者，僚惡得爲君？故稱國以弑者，吴大臣之罪也。大臣任大事，事莫大於置君矣。故君存而國本定，君終而嗣子立，社稷嘉靖，人無間言。此秉政大臣之任，伊、召之所以安商、周，孔明之所以定劉漢也。若廢立進退出於群小閹寺，而當國大臣不與焉，則將焉用彼相矣？此春秋歸罪大臣，稱國弑君之意。」

楚殺其大夫郤宛。

郤，穀梁作「郄」。○傳：「郤宛直而和，國人説之。鄢將師爲右領，與費無極比而惡之。令尹子常賄而信讒，無極譖子常曰：『子惡欲飲子酒。』又謂子惡：『令尹欲飲酒於子氏。』子惡曰：『我，賤人也，不足以辱令尹。令尹將必來辱，爲惠已甚，吾無以酬之，若何？』無極曰：『令尹好甲兵。子出之，吾擇焉。』取五甲五兵，曰：『置諸門。令尹至，必觀之，而從以酬之。』及饗日，帷諸門左。無極謂令尹曰：『吾幾禍子。子惡將爲子不利，甲在門矣。』令尹使視郤氏，則有甲焉。不往，召鄢將師而告之。將師退，遂令攻郤氏，且爇之。子惡聞之，遂自殺也。令尹盡滅郤氏之族黨。」○劉氏意林曰：「君不明，故臣得專其威，殺其大夫而莫之止也，不亦甚乎！然而郤宛則有以取之。有以取之者，辟嫌不審也。辟嫌不審，罪也。」○愚謂：恃國人之悦己，而無見幾知人之明，以立於無道之朝，至於見殺，宜矣。春秋書郤宛以爲「比之匪人」，無道不隱者之戒。

秋，晉士鞅、宋樂祁犂、衛北宮喜、曹人、邾人、滕人會于扈。傳：「會于扈，令戍周，且謀納公也。宋、衛皆利納公，固請之。范獻子取貨於季孫，乃辭小國，而以難復。」○胡氏曰：「文十五年諸侯盟于扈，將爲魯討齊。齊賂之而不克討，故在會諸侯略而不序。今納公，亦以賂故不克納，而諸國之大夫皆序，何也？曰：利於納公，宋、衛之大夫也；受賂而不欲納公者，獨范鞅主之爾。又況成周之令行乎，所以列序而不略也。以此見聖人取舍之大情，而輕重審矣。」○襄陵許氏曰：「士鞅謀納公，而以貨解，無貶辭者，以令戍周故也。霸國不競，苟有一善，則爲之匿諸慝而存之，此春秋之所以扶微救〔一〕亂也。」

冬，十月，曹伯午卒。

邾快來奔。

公如齊。公至自齊，居于鄆。

〔一〕華亭義塾本無「救」字。

二十有八年，春，王三月，葬曹悼公。

公如晉，次于乾侯。乾侯，晉竟内邑。杜氏注：「在魏郡斥丘縣。」地譜：「今大名府成安縣東南有斥丘故城。」○傳：「公如晉，將如乾侯。子家子曰：『有求於人而即其安，人孰矜之？其造於竟。』弗聽，使請逆於晉。晉人曰：『天禍魯國，君淹恤在外，君亦不使一个辱在寡人，而即安於甥舅，其亦使逆君？』使公復于竟，而後逆之。」○泰山孫氏曰：「公比年如齊者再，皆不見禮，故如晉也。公既不見禮於齊，又不得入于晉，其窮辱若此。」○任氏曰：「齊、晉，大國也，皆與季氏，不恤昭公，中國主盟所以在夷狄乎！」

夏，四月，丙戌，鄭伯寧卒。六月，葬鄭定公。

秋，七月，癸巳，滕子寧卒。冬，葬滕悼公。

二十有九年，春，公至自乾侯，居于鄆。杜氏注：「以乾〔一〕侯至，不得見晉侯故。」

齊侯使高張來唁公。傳：「齊侯使高張來唁公，稱主君。」○胡氏傳：「遣使來唁，淺事

〔一〕「乾」，原脱，據通志堂本補。

也，亦書于經者，罪齊侯不能修方伯、連帥之職也。」

公如晉，次于乾侯。傳：「子家子曰：『齊卑君矣，君祇辱焉。』公如乾侯。」○許氏曰：「書『次于乾侯』，復不見受也。」

夏，四月，庚子，叔詣卒。秋，七月。

冬，十月，鄆潰。杜氏注：「民逃其上曰潰。潰散叛公。」○穀梁傳：「潰之爲言，上下不相得也。上下不相得，則惡矣，亦譏公也。」○胡氏傳：「公之出奔，處鄆四年，民不見德，亡無愛徵，至于潰散，豈非昏迷不反，自納於罟擭陷穽之中？其從者又皆艾殺其民，視如土芥，其下不堪，所以潰與。然則去宗廟社稷而出奔，而猶不愓然恐懼，期改過以補前行之愆也，自棄甚矣，欲不亡，得乎？故書以爲後世之戒。」

三十年，春，王正月，公在乾侯。穀梁傳：「中國不存公，存公故也。」范氏注：「中國，猶國中也。」○劉氏傳：「其言公在乾侯何？正月以存公也。曷爲存公？公在外也。公在外久矣，曷爲於此乎存公？居于鄆，有魯也；在乾侯，無魯也。公雖無魯，魯不可無公也。」○常山劉氏曰：「書『公在乾侯』，存公也。君失其居，在於乾侯而不得歸，故因朝正之時而書公所在，則存君父、罪臣子、譏諸侯之意皆可具見也。」〇胡氏傳：「公去社稷，于今五年，每歲首月不書公者，在魯四封之内，則無適而非其所也。至是鄆潰，客寄乾侯，非其所矣。歲首必書公之所在者，蓋以存君，不與季氏之專國也。唐武氏廢遷中宗，革命自立，史臣列于本紀，欲著其罪，而君子以爲非春秋之法。其言曰：天下者，唐之天下。中宗受之于其父，武后安得間之〔一〕而絶先君之世？復繫嗣君之年，黜武氏之號，自以爲竊取春秋之義，信矣。」

夏，六月，庚辰，晉侯去疾卒。秋，八月，葬晉頃公。傳：「夏，六月，晉頃公卒。秋，八月，葬。鄭游吉弔，且送葬。魏獻子使士景伯詰之，曰：『悼公之喪，子西弔，子蟜送葬。今吾子無貳，何故？』對曰：『先王之制：諸侯之喪，士弔，大夫送葬；惟嘉好、聘享、三軍之事，於是乎使卿。晉之喪事，敝邑之間，先君有所助執紼矣。若其不間，雖士、大夫有所不獲數矣。靈王之喪，我先君簡公在楚，我先大夫印段實往，敝邑之少卿也。王吏不討，恤所無也。』晉人不能詰。」

〔一〕「間」，通志堂本作「廢」。

冬，十有二月，吳滅徐。徐子章羽奔楚。 羽，公羊作「禹」。○傳：「吳子使徐人執掩餘，使鍾吾人執燭庸。二公子奔楚。楚子大封，而定其徙，使監馬尹大心逆吳公子，使居養，莠尹然、左司馬沈尹戌城之，取於城父與胡田以與之，將以害吳也。子西諫曰：『吳光新得國，而親其民，視民如子，辛苦同之，將用之也。若好吾邊疆，使柔服焉，猶懼其至。吾又彊其讎，以重怒之，無乃不可乎？』王弗聽。吳子怒。冬，十二月，吳子執鍾吾子。遂伐徐，防山以水之。己卯，滅徐。徐子章禹斷其髮，攜其夫人，以逆吳子。吳子唁而送之，使其邇臣從之，遂奔楚。楚沈尹戌帥師救徐，弗及。遂城夷，使徐子處之。吳子問於伍員曰：『初而言伐楚，余知其可也，而恐其使余往也，又惡人之有余之功也。今余將自有之矣，伐楚何如？』對曰：『楚執政衆而乖，莫適任患。若爲三師以肄焉，一師至，彼必皆出。彼出則歸，彼歸則出，楚必道敝。亟肄以罷之，多方以誤之。既罷而後，以三軍繼之，必大克之！』闔廬從之。楚於是乎始病。」○常山劉氏曰：「齊滅譚，楚滅弦，狄滅温，君奔皆不名者，强暴加於小弱，力不能勝，而奔義未絶也。訴於天子、方伯，則理可伸而邦可復，豈可遽絶之哉？惟徐子章羽既已服吳，而後奔楚，則既降矣，安有興復之志乎？故名之，以著其絶也。」

三十有一年，春，王正月，公在乾侯。

季孫意如會晉荀躒于適歷。躒，公羊、穀梁作「櫟」，下同。○傳：「晉侯將以師納公。范獻子曰：『若召季孫而不來，則信不臣矣。然後伐之，若何？』晉侯召季孫。獻子使私焉，曰：『子必來，我受其無咎。』季孫意如會晉荀躒于適歷。」○陸氏微旨曰：「季氏，逐君之臣也，晉不罪之，而反與之爲會，書曰『季孫意如會晉荀躒于適歷』，晉侯之爲盟主可見矣，荀躒之爲人臣可知矣。此不待貶絶而惡自見者也。」

夏，四月，丁巳，薛伯穀卒。

晉侯使荀躒唁公于乾侯。傳：「季孫從知伯如乾侯。子家子曰：『君與之歸。一慙之不忍，而終身慙乎？』公曰：『諾。』衆曰：『在一言矣，君必逐之！』荀躒以晉侯之命唁公，且曰：『寡君使躒以君命討於意如，意如不敢逃死，君其入也。』公曰：『君惠顧先君之好，施及亡人，將使歸糞除宗祧以事君，則不能見夫人。己所能見夫人者，有如河。』荀躒掩耳而走，曰：『寡君其罪之恐，敢與知魯國之難！臣請復於寡君。』退而謂季孫：『君怒未怠，子姑歸祭。』子家子曰：『君以一乘入于魯師，季孫必與君歸。』公欲從之，衆從者脅公，不得歸。」○呂氏曰：「齊侯唁公于野井，晉侯使荀躒唁公于乾侯，言大國盟主皆不能討亂，無助順向正之意也。」

秋，葬薛獻公。

冬，黑肱以濫來奔。肱，公羊作「弓」。吴氏詩補音云：「古弓、肱同音。」○濫，杜氏注：「東海昌慮縣。」○傳：「邾黑肱以濫來奔。賤而書名，重地故也。」○襄陵許氏曰：「邾快、黑肱相繼來奔。季孫當國，以類至也。」

十有二月，辛亥，朔，日有食之。

三十有二年，春，王正月，公在乾侯。

取闞。杜氏注：「闞，魯邑。」今按：昭公之難，叔孫如闞。定元年，季孫使役如闞，公氏將溝焉。此魯地，而公取之也。○吕氏曰：「取鄆、取闞，皆言公之無遠圖，求目下之利而戕其民，無復國之慮也。」

夏，吴伐越。傳：「始用師於越也。」

秋，七月。

冬，仲孫何忌會晉韓不信、齊高張、宋仲幾、衛世叔申、鄭國參、曹人、莒人、薛

人、杞人、小邾人城成周。「莒人」下公羊、穀梁有「邾人」。○傳：「秋，八月，王使富辛與石張如晉，請城成周。范獻子謂魏獻子曰：『與其戍周，不如城之。雖有後事，晉勿與知可也。』冬，十一月，晉魏舒、韓不信如京師，合諸侯之大夫于狄泉，尋盟，且令城成周。己丑，士彌牟營成周，計丈數，揣高卑，度厚薄，仞溝洫，物土方，議遠邇，量事期，計徒庸，慮材用，書餱糧，以令役於諸侯。屬役賦丈，書以授帥，而效諸劉子。韓簡子臨之，以爲成命。」○穀梁傳：「天子微，諸侯不享覲。天子之在者，惟祭與號，故諸侯之大夫相帥以城之，此變之正也。」○愚按：杜氏注：「子朝之亂，其餘黨多在王城。敬王畏之，徙都成周，故請城之。」則此乃自王城遷都之時，故因諸大夫之城而以「成周」書，以紀實也。

十有二月，己未，公薨于乾侯。傳：「公薨。書曰『公薨于乾侯』，言失其所也。趙簡子問於史墨曰：『季氏出其君，而民服焉，諸侯與之。君死于外，而莫之或罪也。』對曰：『物生有兩，有三，有五，有陪貳。天生季氏，以貳魯侯，爲日久矣。民之服焉，不亦宜乎？魯君世從其失，季氏世修其勤，民忘君矣。雖死于外，其誰矜之？社稷無常奉，君臣無常位，自古以然。故詩曰：「高岸爲谷，深谷爲陵。」三后之姓，於今爲庶，主所知也。在易卦，雷乘乾曰大壯，天之道也。昔成季友，桓之季也，文姜之愛子也。有大功於魯，受費以爲上卿。至於文子、武子，世增其業，不廢舊績。魯文公薨，而東門遂殺適立庶，魯君於是乎失國，政在季氏。於此君也，四公矣。民不知君，何以得國？是以爲君，慎器與名，不可以假人。』」○胡氏傳：「諸侯失國出奔者多矣。昭公在外八年，終以客死，爲天下笑，何也？祭仲雖專，而世權不重於季氏。衛侯失國，猶夫人也，而有推挽之者，所以雖失而復得也。魯自季友受費以爲上卿，至于意如，專執國命四世矣，其臣皆季氏之乎也，其民皆季氏之獲也，而昭公有一子家駒，言不見聽，計不行也，不能復國宜矣。故春秋詳録其所因，爲後世之戒。公雖失國，然每歲首月必書『公在乾侯』，誅意如也。書『齊侯取鄆』、『公圍成』、『鄆潰』，絶昭公也。爲人臣者，觀每歲必書公所在，必不敢萌跋扈不臣之心；爲人君者，觀所書『圍成』、『鄆潰』，知社稷之無常奉也，亦必少警矣。嗚呼！可謂深切著明者矣。」

春秋卷第九

春秋卷第十

張洽集注

定公

名宋，襄公之子，昭公之弟。謚法：「安民大慮曰定。」

元年，春，王。公羊傳：「定何以無『正月』？正月者，正即位也。定無正月者，即位後也。即位何以後？昭公在外，得入不得入未可知也。曷爲未可知？在季氏也。定、哀多微辭，主人習其讀而問其傳，則未知己之有罪焉爾。」○穀梁傳：「不言『正月』，定無正也。定之無正，何也？昭公之終，非正終也；定之始，非正始也。昭無正終，故定無正始也。」○劉氏傳：「其非正始奈何？定公者，公子宋也，昭公之弟也。昭薨于乾侯，季孫逆其喪，廢太子衍及務人，而立公子宋焉。喪至于壞隤，公子宋先入，以主社稷，蓋受之季氏也，非受之先君者也。定無正，則何以不言『正月』？微辭也。」○今按：昭公自去年十二月薨于乾侯，魯國之政聽命强臣。春秋不書「正月」，所以見一國之無主，而正朔之無所承也。

三月，晉人執宋仲幾于京師。傳：「正月，辛巳，晉魏舒合諸侯之大夫，城成周，屬役於韓簡子。庚寅，栽。宋仲幾不受功，曰：『滕、薛、郳，吾役也。』薛宰曰：『宋爲無道，絕我小國於周，以我適楚，故我常從宋。晉文公爲踐土之盟，曰：「各復舊職。」若從踐土，若從宋，亦唯命。』仲幾曰：『踐土固然。』薛宰曰：『薛之皇祖奚仲，居薛，以爲夏車正。奚仲遷于邳，仲虺居薛，以爲湯左相。若復舊職，將承王官，何故以役諸侯？』仲幾曰：『三代各異物，薛焉得有舊？爲宋役，亦其職也。』士彌牟曰：『晉之從政者新，子姑受功。歸，吾視諸故府。』仲幾曰：『縱子忘之，山川鬼神其忘諸乎？』士伯怒，謂韓簡子曰：『薛徵於人，宋徵於鬼，宋罪大矣。且己無辭，而抑我以神，誣我也。「啓寵納侮」，其此之謂矣。必以仲幾爲戮。』乃執仲幾以歸。三月，歸諸京師。城三旬而畢，乃歸諸侯之戍。○穀梁傳：「此大夫，其曰人，何也？微之也。何爲微之？不正其執人於尊者之所也。」胡氏曰：「周官凡卿大夫之獄訟，斷以邦法，則大司寇之職也。不告于司寇，而執人於天子之側，故雖以王事討有罪，猶貶。凡此類，皆篡弑之萌，履霜之漸。執而書其地，謹之也。」

夏，六月，癸亥，公之喪至自乾侯。戊辰，公即位。傳：「叔孫成子逆公之喪于乾侯。季孫曰：『子家子亟言於我，未嘗不中吾志也。吾欲與之從政，子必止之，且聽命焉。』子家子不見叔孫，易幾而哭，叔孫請見子家子。子家子辭，曰：『羈未得見，而從君以出。君不命而薨，羈不敢見。』叔孫使告之曰：『公衍、公爲實使群臣不得事君。若公子宋主社稷，則群臣之願也。凡從君出而可以入者，將唯子是聽。子家氏未有後，季孫願與子從政。此皆季孫之願也，使不敢以告。』對曰：『若立君，則有卿士、大夫與守龜在，羈弗敢知。若從君者，則貌而出者，入可也；寇而出者，行可也。若羈也，則君知其出也，而未知其入也。羈將逃也。』喪及壞隤，公子宋先入，從公者皆自壞隤反。六月，癸亥，公之喪至自乾侯。戊辰，公即位。」○穀梁傳：「殯，而後即位也。定無正，見無以正也。即位，授受之道也。先君無正終，則後君無正始也；先君有正終，則後君有正始也。戊辰，公即位，謹之也。定之即位，不可不察也。公即位，何以日也？戊辰之日，然後即位也。癸亥，公之喪至自乾侯，何爲戊辰之日，然後即位也？正君乎國，然後即位也。沈子曰：『正棺乎兩楹之間，然後即位也。』内之大事，日。即位，君之大事也，其不日，何也？以年決者，不以日決也。此則其日，何也？著之也。何著焉？踰年即位，厲也。於厲之中，又有義焉。未殯，雖有天子之命猶不敢，況未殯而臨諸臣乎？」○胡氏傳：「昭公之喪，已越葬期，猶未得反，至於六月癸亥，然後喪至，而定之即位乃在是月之戊辰，蓋遲速進退，惟意如所制，不得專也。以周書顧命考之，成王之崩在四月乙丑，宰臣大保即於是日命仲桓、南宮毛，俾爰齊侯呂伋，以二干戈、虎賁百人，逆王世子釗于南門之外，延入翼室，宅憂爲天下主，不待崇朝而後定也。今昭公喪至，在葬期之後，公子宋自壞隤先入，猶未得立，是知爲意如所制，不得以時定，非謂正棺乎兩楹之間，故定之即位，不可不察也。夫即位，大事也。宗嗣先定，則變故不生，蓋代君享國而主其祭，宜戚宜懼，一失幾會，或萌窺伺之心，至於生變，則爲不孝矣，古人所以貴於早定國家之本也。今昭公之薨，定之即位，春秋詳書于策，非爲後法，乃見諸行事爲永鑒耳。」愚按：季氏親逐其君，暴露七月，而後反國，黜適而立不正，至於喪歸君立，乃欲辨區區之禮文而行之，豈非所謂不能三年之喪而緦小功之察乎？春秋詳書，以見亂臣擅國、定公不正，三綱淪斁，魯之君子罔不盡傷心之時，大本既失，而進退舉措，尚何禮之足言哉？此所謂爲永鑒者也。

秋，七月，癸巳，葬我君昭公。傳：「季孫使役如闞，公氏將溝焉。榮駕鵞曰：『生不能事，死又離之，以自旌也。縱子忍之，後必或恥之。』乃止。季孫問於榮駕鵞曰：『吾欲爲君謚，使子孫知之。』對曰：『生弗能事，死又惡之，以自信也，將焉用之？』乃止。秋，七月，癸巳，葬昭公於墓道南。孔子之爲司寇也，溝而合諸墓。」○呂氏曰：「葬必曰我君，所以隆君父之恩，盡忠愛之義。至於此時，詳味書法，然後有以大警動於其臣下者。」

九月，大雩。穀梁傳：「雩月，雩之正也。秋大雩，非正也。冬大雩，非正也。秋大雩之爲非正，何也？毛澤未盡，人力未竭，未可以雩也。雩月，雩之正也。月之爲雩之正，何也？其時窮，人力盡，然後雩，雩之正也。何謂其時窮、人力盡？是月不雨，則無及矣；是年不艾，則無食矣。是謂其時窮、人力盡也。雩之必待其時窮、人力盡，何也？雩者，爲旱求者也。求者，請也。古之人重請。何重乎請？人之所以爲人者，讓也。請道去讓也，則是舍其所以爲人也，是以重之。焉請哉？請乎應上公。古之神人有應上公者，通乎陰陽，君親帥諸大夫道之而以請焉。夫請者，非可詒託而往也，必親之者也，是以重之。」

立煬宮。杜氏注：「煬公，伯禽子也。」○傳：「昭公出，故季平子禱於煬公。九月，立煬宮。」○愚按：季氏未嘗知鬼神之理，妄禱而僭立，踰祀典以立久祧之宮。聖人特書，必有曾謂煬公不如林放之歎矣！

冬，十月，隕霜殺菽。杜氏注：「周十月，今八月，隕霜殺菽，非常之災。」○蘇氏曰：「僖三十三年書『隕霜不殺草』，今指言『殺菽』，何也？於其不殺而言草，言其廣也。於其殺而言菽，言其害也。」

二年，春，王正月。

夏，五月，壬辰，雉門及兩觀災。杜氏注：「雉門，公宮之南門。兩觀，闕也。天火曰災。」○正義曰：「明堂位云：『庫門，天子皋門。雉門，天子應門。』是魯之雉門，公宮南門之中門也。釋宫云：『觀謂之闕。』郭璞曰：『宫門雙闕。』周禮太宰：『正月之吉，縣治象之法于象魏，使萬民觀治象。』鄭衆曰：『象魏，闕也。』劉熙釋名云：『闕在門兩旁，中央闕然爲道也。』然則其上縣法象，其狀巍然高大，謂之象魏。使人觀之，謂之觀也。兩觀與象魏、闕，一物而三名也。觀與雉門俱災，則兩觀在雉門之兩旁矣。」

秋，楚人伐吴。傳：「桐叛楚。吴子使舒鳩氏誘楚人曰：『以師臨我，我伐桐，爲我使之無忌。』秋，楚囊瓦伐吴，師于豫章。吴人見舟于豫章，而潛師于巢。冬，十月，吴軍楚師于豫章，敗之。遂圍巢，克之，獲楚公子繁。」○襄陵許氏曰：「自襄三年書楚伐吴，終於人之，則楚力竭矣，於是有吴入郢。自昭三十二年書吴伐越，終於越再入吴，於是吴亡。楚介在南荒，夷蠻相攻，不可單録，故删取其要如此，以爲伐國之戒。七書楚伐，僅能一克于朱方，他役皆敗無功。書伐而不書敗者，積其陵暴首兵之咎，將微之於此，而後至於禍敗失國也。」杜氏注：「囊瓦稱人，見誘以敗軍。」

冬，十月，新作雉門及兩觀。穀梁傳：「言新，有故也。作，爲也，有加其度也。」○劉氏意林曰：「魯用王禮，是以其庫門，天子皋門；雉門，天子應門。而設兩觀，僭君甚矣。習舊而不知以爲非，覩變而不知以爲戒，無怪於季氏之脅其主矣。此春秋之微辭至意也。」

三年，春，王正月，公如晉，至河乃復。程子曰：「季孫意如上不請命於天子，下不告於方伯，而立定公，故晉怒，而公往朝焉。晉辭公而復，故明年因會而請盟于皋鼬。」

二月，辛卯，邾子穿卒。二月，公、穀並作「三月」。

夏，四月。

秋，葬邾莊公。

冬，仲孫何忌及邾子盟于拔。拔，公羊作「枝」。拔，地闕。○傳：「盟于郯，修邾好也。」杜氏注：「郯即拔也。」

四年，春，王二月，癸巳，陳侯吳卒。

三月，公會劉子、晉侯、宋公、蔡侯、衛侯、陳子、鄭伯、許男、曹伯、莒子、邾子、頓子、胡子、滕子、薛伯、杞伯、小邾子、齊國夏于召陵，侵楚。召陵，見僖四年。

○傳：「蔡昭侯爲兩佩兩裘以如楚，獻一佩一裘於昭王。昭王服之，以享蔡侯。蔡侯亦服其一。子常欲之，弗與，三年止之。唐成公如楚，有兩肅爽馬，子常欲之，弗與，亦三年止之。唐人或相與謀，請代先從者，許之。飲先從者酒，醉之，竊馬而獻之子常。子常歸唐侯。自拘於司敗，曰：『君以弄馬之故，隱君身，棄國家。群臣請相夫人以償馬，必如之。』唐侯曰：『寡人之過也，二三子無辱。』皆賞之。蔡人聞之，固請，而獻佩于子常。子常朝，見蔡侯之徒，命有司曰：『蔡君之久也，官不共也。明日禮不畢，將死。』蔡侯歸，及漢，執玉而沈，曰：『余所有濟漢而南者，有若大川！』蔡侯如晉，以其子元與其大夫之子爲質焉，而請伐楚。三月，劉文公合諸侯于召陵，謀伐楚也。晉荀寅求貨於蔡侯，弗得，言於范獻子曰：『國家方危，諸侯方貳，將以襲敵，不亦難乎？水潦方降，疾瘧方起，中山不服，棄盟取怨，無損於楚，而失中山，不如辭蔡侯。吾自方城以來，楚未可以得志，祇取勤焉。』乃辭蔡侯。晉人假羽旄於鄭，鄭人與之。明日，或旆以會。晉於是乎失諸侯。」○杜氏注：「入楚境，故書『侵』。」○程氏傳：「楚恃其强，侵陵諸侯。晉上請于天子，大合諸侯以伐之，而不能明暴其罪，以行天討，無功而還，故書『侵』以罪之。」○劉氏意林曰：「楚之不義甚矣。晉以霸主之勢，憑王命之重，而不能討。顧使吴乘其釁，中國不振旅，功近而禍遠矣，不亦病乎？孔子曰：『夷狄之有君，不如諸夏之亡。』是所以眷眷於皋鼬之盟者也。」○襄陵許氏曰：「皋鼬之盟，諸侯攜矣。梁丘據説錦幣而昭公不復，囊瓦志於佩裘，使蔡侯自絶，晉士鞅以賂罷扈之盟，荀寅求貨弗得，沮召陵之謀。故正勝於明時，而賄流於衰世。此晉霸之所以衰，而吴之所以横政於上國也。」○今按：書十八國諸侯之衆，所以見其勢之足以有爲也；而終之以「侵楚」，深以罪其志卑而義不勝，終之以無能爲也。而晉自此微矣。

夏，四月，庚辰，蔡公孫姓帥師滅沈，以沈子嘉歸，殺之。公羊作「公孫歸姓」，後同。○傳：「沈人不會于召陵，晉人使蔡伐之。夏，蔡滅沈。」○胡氏傳：「所惡於前，無以先後。出乎爾者，反乎爾者也。蔡侯視楚，猶沈視蔡也。昭侯拘於郢三年而後反，非以國小而弱乎，沈雖不會召陵，未有大罪惡也，而恃强殺之，甚矣。能無公孫翩之及哉！」○陸氏微旨曰：「書『滅』，罪蔡也。書『以歸』，罪沈子不死于位也。言『殺之』，又譏蔡侯也。」

五月，公及諸侯盟于皋鼬。皋鼬，公羊作「浩油」。杜氏注：「許地，繁昌縣東南有城皋亭。」○傳：「及皋鼬，將長蔡於衛。衛侯使祝鮀私於萇弘。乃長衛侯於盟。」○陸氏纂例曰：「重言諸侯，劉子不與盟也。」○程氏傳：「公以不獲見於晉，故乃因會而求盟，則此盟，公意也，故書『公及』。」

杞伯成卒于會。成，公羊作「戊」。

六月，葬陳惠公。

許遷于容城。容城，地闕，任公輔以爲華容縣，亦析之近地也。

秋，七月，公至自會。不至以侵楚者，公以得盟爲幸，危不在侵也。

劉卷卒。杜氏注：「即劉蚠也。」○陸氏纂例：「畿内諸侯，不同列國，故不言『劉子卷卒』。亦譏來赴，故書之。」

葬杞悼公。

楚人圍蔡。傳：「楚爲沈故，圍蔡。」○襄陵許氏曰：「圍蔡不書卿帥師者，見其驕暴而不自反，溢而必決，將敗之徵，是以微之。」

晉士鞅、衛孔圉帥師伐鮮虞。襄陵許氏曰：「謀楚而不能討，盟蔡而不能救，則惟中山是伐。書卿與師，著威勝不行於强暴，而行於寡弱也。」○蘇氏曰：「昭十二年，楚滅陳、蔡，晉人不救而伐鮮虞，稱晉以夷之。今晉既不爲蔡伐楚，楚人圍蔡亦弗之救，而於其伐鮮虞也，稱『晉士鞅、衛孔圉』，何也？晉雖有棄諸侯之罪，而蔡無國滅之禍，輕重之異也。」

葬劉文公。趙氏曰：「劉文公，天子畿内諸侯，列國不當與行交往之禮。今會其葬，記非禮也。」

冬，十有一月，庚午，蔡侯以吴子及楚人戰于柏舉。楚師敗績。楚囊瓦出奔鄭。柏舉，公羊作「伯莒」，今本穀梁作「伯舉」。○傳：「伍員爲吴行人以謀楚。楚之殺郤宛也，伯氏之族出。伯州犁之孫嚭爲吴太宰，以謀楚。楚自昭王即位，無歲不有吴師。蔡侯因之，以其子乾與其大夫之子爲質於吴。冬，蔡侯、吴子、唐侯伐楚，舍舟于淮汭，自豫章與楚夾漢。左司馬戌謂子常曰：『子沿漢而與之上下，我悉方城外以毁其舟，還塞大隧、直轅、冥阨。子濟漢而伐之，我自後擊之，必大敗之。』既謀而行。武城黑謂子常曰：『吴用木也，我用革也，不可久也，不如速戰。』史皇謂子常：『楚人惡子而好司馬。若司馬毁吴舟于淮，塞城口而入，是獨克吴也。子必速戰！不然，不免。』乃濟漢而陳，自小別至于大別。三戰，子常知不可，欲奔。史皇曰：『安求其事，難而逃之，將何所入？子必死之，初罪必盡説。』十一月，庚午，二師陳于柏舉。闔廬之弟夫概王晨請於闔廬曰：『楚瓦不仁，其臣莫有死志。先伐之，其卒必奔，而後大師繼之，必克。』弗許。夫概王曰：『所謂「臣義而行不待命」者，其此之謂也。今日我死，楚可入也。』以其屬五千先擊子常之卒，子常之卒奔，楚師亂，吴師大敗之。子常奔鄭。」〇公羊傳：「吴何以稱子？夷狄也，而憂中國。蔡昭公朝于楚，有美裘焉，囊瓦求之，昭公不與，爲是拘昭公於南郢，數年然後歸之。於其歸焉，用事于河，曰：『天下諸侯苟有能伐楚者，寡人請爲之前列。』楚人聞之，怒，爲是興師，使囊瓦將而伐蔡。蔡請救于吴。伍子胥復曰：『蔡非有罪也，楚人爲無道。君如有憂中國之心，則若時可矣。』於是興師而救蔡。」〇穀梁傳：「吴其稱子何也？以蔡侯之以之，舉其貴者也。蔡侯之以之，則其舉貴者，何也？吴信中國而攘夷狄，吴進矣。何以不言救也？救，大也。」〇胡氏傳：「晉主夏盟，中國所仰，若嘉穀之望雨也，有請于晉，如彼其難。吴國，天下莫强焉，非諸侯之所能以也，有請于吴，如此其易。故召陵大合諸侯而書『侵楚』，柏舉之戰蔡用吴師，特書曰『以』者，深罪晉人保利棄義，難於救蔡也。然則何以不言救乎？救，大矣。闔廬、子胥、宰嚭皆懷謀楚之心，蔡人往請，會逢其適，非有救災恤鄰、從簡書、憂中國之實也。聖人道大德宏，樂與人爲善，故因其從蔡，特進而書爵。囊瓦貪以敗國，又不能死，可賤甚矣，故記其出奔。於其戰也，特貶而稱人，春秋之情見矣。」

庚辰，吳入郢。郢，公羊、穀梁並作「楚」。○傳：「吳從楚師，五戰，及郢。己卯，楚子取其妹季羋畀我以出。庚辰，吳入郢，以班處宮。子山處令尹之宮，夫概王欲攻之，懼而去之，夫概王入之。楚子涉睢，濟江，入于雲中。盜攻之，王奔鄖。鄖公辛與其弟巢以王奔隨。初，伍員與申包胥友。其亡也，謂申包胥曰：『我必復楚國。』申包胥曰：『勉之。子能復之，我必能興之。』及昭王在隨，申包胥如秦乞師，曰：『吳爲封豕、長蛇，以薦食上國，虐始於楚。寡君失守社稷，越在草莽，使下臣告急，曰：「夷德無厭，若鄰於君，疆埸之患也。逮吳之未定，君其取分焉。若楚之遂亡，君之土也。若以君靈撫之，世以事君。」』秦伯使辭焉，曰：『寡人聞命矣，子姑就館，將圖而告。』對曰：『寡君越在草莽，未獲所伏，下臣何敢即安？』立於庭墻而哭，日夜不絕聲，勺飲不入口七日。秦哀公爲之賦無衣，九頓首而坐，秦師乃出。五年，夏，秦子蒲、子虎帥車五百乘以救楚。子蒲曰：『吾未知吳道。』使楚人先與吳人戰，而自稷會之，大敗夫概王于沂。吳人獲薳射於柏舉，其子帥奔徒以從子西，敗吴師於軍祥。秋，七月，子期、子蒲滅唐。吴師敗楚師於雍澨。秦師又敗吴師。吴師居麇。子期焚之，又戰，吴師敗。又戰于公壻之谿，吴師大敗。吴子乃歸。」○公羊傳：「吴何以不稱子？反夷狄也。」○穀梁傳：「何以謂之吴也？狄之也。何謂狄之也？壞宗廟、徙陳器，撻平王之墓，君居其君之寢而妻其君之妻，大夫居其大夫之寢而妻其大夫之妻，蓋有欲妻楚王之母者，不正乘敗人之績而深爲利，居人之國，故反其狄道也。」○胡氏傳：「聖人誰毁誰譽，救災恤鄰，則進而書爵，非有心於與之，順天命也。乘約肆淫，則黜而舉號，非有心於貶之，奉天討也。伐國者，固將拯民於水火之中而鳩集之耳。殺其父兄，係其子弟，毁其宗廟，遷其重器，而亂男女之配也。如水益深，如火益熱，則善小而惡大，功不足以掩之矣。聖人心無毁譽，如鏡之無妍醜也，因事物善惡而施褒貶焉，不期公而自公爾。明此，而後可以司賞罰之權矣。」

五年，春，王三月，辛亥，朔，日有食之。三，公羊作「正」。

夏，歸粟于蔡。傳：「歸粟于蔡，以周亟矜無資。」○穀梁傳：「諸侯無粟，諸侯相歸粟，正也。孰歸之？諸侯也。不言歸之者，專辭也，義邇也。」○胡氏曰：「二傳皆稱諸侯歸蔡粟，其略而不序，何也？蔡爲楚人所困，則環視而不能救，吴既破楚入郢，解蔡圍矣，然後相率而歸之粟，非救災恤鄰、從簡書之道也。故特書魯而不序諸侯，見其事之末矣。」

於越入吴。傳：「吴在楚也。」○劉氏傳：「於越者何？於越者，其自稱者也。越者，中國稱之者也。」

六月，丙申，季孫意如卒。傳：「季平子卒。陽虎將以璵璠斂，仲梁懷弗與，曰：『改步改玉。』陽虎欲逐之，告公山不狃。不狃曰：『彼爲君也，子何怨焉？』既葬，桓子行東野，及費。子洩爲費宰，逆勞於郊，桓子敬之。勞仲梁懷，仲梁懷弗敬。子洩怒，謂陽虎：『子行之乎？』九月，乙亥，陽虎囚季桓子及公父文伯，而逐仲梁懷。冬，十月，丁亥，殺公何藐。己丑，盟桓子于稷門之内。庚寅，大詛。逐公父歜及秦遄，皆奔齊。」○劉氏傳：「意如逐君，死何以卒之？或曰：定之大夫也。或曰：不嫌也，有待貶絶而罪惡見者，貶絶以見罪惡也；有不待貶絶而罪惡見者，不貶絶以見罪惡也。」○意林曰：「意如親逐其君而卒之，其異於翬，何也？曰：以定公爲君，則不得不以意如爲大夫矣。孰有大夫卒而君不爲之變者乎？夫意如之逐昭公也明，翬、遂之弑君也隱，而叔仲惠伯之蔽惡也未形。春秋固有不待貶絶而罪惡見，此之謂也。且夫意如之罪固著矣，及其卒也而絶之，則其著不亦彌信乎！而春秋弗爲也。以謂定不書正月，適足以見定之非正，而猶未足以見其受國於季氏，故於是復明意如爲定之大夫也。使定公誠能明君臣之義，不賞私勞，討先君之賊，致季氏之誅，則意如不免矣，故雖逆取而順守之，猶賢乎已。今一不然，苟於利而忘其辱，幸於禍而忘其讎，謂意如定之大夫也，不亦宜乎！」

秋，七月，壬子，叔孫不敢卒。

冬，晉士鞅帥師圍鮮虞。傳：「三年，秋，鮮虞人敗晉師于平中，獲晉觀虎，恃其勇也。五年，冬，晉士鞅圍鮮虞，報觀虎之敗也。」○襄陵許氏曰：「晉始以土地之故與鮮虞睽，咎不在鮮虞也。而晉不自反，縱兵橫加而不能服，則又圍之。兵益忿，義益不勝。君子是以惡晉也。」

六年，春，王正月，癸亥，鄭游速帥師滅許，以許男斯歸。速，公羊作「遫」，後同。○傳：「鄭滅許，因楚敗也。」○今按：許自隱十一年齊、魯、鄭之入至今年，大抵困於與鄭爲鄰，至成十五年遷葉之後，又畏鄭而遷也。定四年，方自析遷容城，以依楚。不數年，楚困於吳，鄭遂滅之。然自哀元年以後，許復見者，楚又存之也。大岳之後，其亡一見害於鄭，其存一恃於楚。不過百年，韓遂滅，鄭亦有由也。

二月，公侵鄭。公至自侵鄭。傳：「周儋翩率王子朝之徒，因鄭人將以作亂于周。鄭於是伐馮、滑、胥靡、負黍、狐人、闕外。六月，晉閻没戍周，且城胥靡。冬，天王處于姑蕕，避亂也。公侵鄭，取匡，爲晉討鄭之伐胥靡也。往不假道于衛，及還，陽虎使季、孟自南門入，出自東門。衛侯怒，使彌子瑕追之。公叔文子老矣，輦而如公，曰：『尤人而效之，非禮也。天將多陽虎之罪以斃之，君姑待之！若何？』乃止。」○愚謂：奉晉命以討鄭之黨亂人，正也。然陪臣方執國命，使衛侯不聽公叔文子之言，魯師危矣，故致之。

夏，季孫斯、仲孫何忌如晉。傳：「季桓子如晉，獻鄭俘也。陽虎强使孟懿子往報夫人之幣，晉人兼享之。孟孫立于房外，謂范獻子曰：『陽虎若不能居魯，而息肩於晉，所不以爲中軍司馬者，有如先君！』獻子曰：『寡君有官，將使其人，鞅何知焉？』獻子謂簡子曰：『魯人患陽虎矣。孟孫知其釁，以爲必適晉，故强爲之請，以取入焉。』」○劉氏意林：「陽虎，陪臣也，而執國命，欲蕩覆公室以自封久矣。事不成，故竊寶玉、大弓以逃。春秋本其禍之所構，自二子之使。夫以二子之力，專國擅君，而陽虎能制之，方復爲之請於霸主之國，此其無所忌、必爲亂之效也。」

秋，晉人執宋行人樂祁犂。傳：「宋樂祁言於景公曰：『諸侯唯我事晉，今使不往，晉其憾矣。』樂祁告其宰陳寅，陳寅曰：『必使子往。』他日，公謂樂祁曰：『唯寡人説子之言，子必往。』陳寅曰：『子立後而行，吾室亦不亡，唯君亦以我爲知難而行也。』見溷而行。趙簡子逆，而飲之酒於綿上。獻楊楯六十於簡子，陳寅曰：『昔吾主范氏，今子主趙氏，又有納焉，以楊楯賈禍，弗可爲也已。然子死晉國，子孫必得志於宋。』范獻子言於晉侯曰：『以君命越疆而使，未致使而私飲酒，不敬二君，不可不討也。』乃執樂祁。」○謹按：諸侯唯宋事晉，懼討而遣使善逆以懷之，猶懼不來，而大夫瀆貨賄、争權利，卒使來者見執、叛者得志。書此，所以著晉之亂政亟行，霸統所由絶也。○胡氏曰：「使范、趙方睦，皆有獻焉，則弗執之矣。執異國行人，出於列卿私意，威柄不復在其君矣。三卿分晉，而靖公廢爲家人，豈一朝一夕之故哉！」

冬，城中城。

季孫斯、仲孫忌帥師圍鄆。杜氏注：「何忌不言『何』，闕文。鄆貳於齊，故圍之。」

七年，春，王正月。

夏，四月。

秋，齊侯、鄭伯盟于鹹。傳：「齊侯、鄭伯盟于鹹，徵會于衛。」○襄陵許氏曰：「霸道隳，諸侯散離，盟始復。志此，蓋自是中國無殷會矣。齊、鄭之盟，叛晉也。」

齊人執衛行人北宮結以侵衛。齊侯、衛侯盟于沙。公羊作「沙澤」。杜氏注：「陽平元城縣東南有沙亭。」○按：元城，今屬大名府。○傳：「衛侯欲叛晉，諸大夫不可。使北宮結如齊，而私於齊侯曰：『執結以侵我。』齊侯從之，乃盟于瑣。」○襄陵許氏曰：「齊、衛之盟，叛晉也。晉定之季，鄭獻、衛靈叛而從齊。齊可以伯，而景不足望也。」○劉氏意林：「善爲國者，親近而遠信之，附内而外歸之。衛侯欺其群臣以紿晉，殘其百姓以奉齊。齊之執結也，固非伯討矣，而衛之無良又甚焉。從此觀之，孟子曰：『今之諸侯，五霸之罪人也。』不亦信乎！」

大雩。

齊國夏帥師伐我西鄙。傳：「齊國夏伐我，陽虎御季桓子，公斂處父御孟懿子，將宵軍齊師。齊師聞之，墮，伏而待之。處父曰：『虎不圖禍，而必死。』苫夷曰：『虎陷二子於難，不待有司，余必殺女。』虎懼，乃還，不敗。」○蘇氏曰：「魯事晉而齊叛之，故伐我。」○襄陵許氏曰：「東夏諸侯惟魯事晉，故齊伐之。景公乘晉之衰，不思惟德之務以懷諸侯，而欲力征經營，以定霸統。是知時之或可而不知己之不可者也。」

九月，大雩。

冬，十月。

八年，春，王正月，公侵齊。傳：「公侵齊，門于陽州。士皆坐列，曰：『顏高之弓六鈞。』皆取而傳觀之。陽州人出，顏高奪人弱弓，籍丘子鉏擊之，與一人俱斃。偃，且射子鉏，中頰，殪。顏息射人中眉，退曰：『我無勇，吾志其目也。』師退，冉猛僞傷足而先。其兄會乃呼曰：『猛也殿。』」○謹按：魯陽虎用事無軍政，用兵無法，故以「侵」書之。

公至自侵齊。軍政不立，公之親行，致以危之。

二月，公侵齊。三月，公至自侵齊。傳：「公侵齊，攻廩丘之郛。」○泰山孫氏曰：「公一歲而再侵齊，以重其怨，甚矣。」

曹伯露卒。

夏，齊國夏帥師伐我西鄙。傳：「齊國夏、高張伐我西鄙。」○襄陵許氏曰：「春秋内伐二十，宣以後九；内侵七，宣以後六；伐我二十一，宣以後十七；侵我五，宣以後一。用兵則侵多而伐少，被兵則伐多而侵少。蓋魯自中世衰矣，而欲與齊搆怨，以侵易伐，其能久乎！」

公會晉師于瓦。公至自瓦。瓦，衛地。杜氏注：「東郡燕縣東北有瓦亭。」今滑州白馬縣。○傳：「晉士鞅、趙鞅、荀寅救我。公會晉師于瓦。范獻子執羔，趙簡子、中行文子皆執鴈。魯於是乎始尚羔。」○胡氏傳：「按左氏『晉士鞅、趙鞅、荀寅救魯』，則其書『公會晉師』，何也？春秋大法，雖師次於君而與大夫敵，至用大衆，則君與大夫皆以師爲重，而不敢輕也。故棐林之會，不言趙盾而言晉師；瓦之會，書晉師而不書士鞅。於以見人臣不可取民有衆、專主兵權之意。陳氏厚施於齊以移其國，季氏盡征於魯以奪其民，皆王法所禁也。春秋之義行，則不得爲爾矣。」

秋，七月，戊辰，陳侯柳卒。

晉士鞅帥師侵鄭。士，公羊作「趙」。

遂侵衛。傳：「晉師將盟衛侯于鄟澤，趙簡子曰：『群臣誰敢盟衛君者？』涉佗、成何曰：『我能盟之。』衛人請執牛耳，成何曰：『衛，吾溫、原也，焉得視諸侯？』將歃，涉佗捘衛侯之手，及捥。衛侯怒，王孫賈趨進，曰：『盟以信禮也，有如衛君，其敢不唯禮是事而受此盟也？』衛侯欲叛晉，而患諸大夫。王孫賈使次于郊。大夫問故，公以晉詬語之，且曰：『寡人辱社稷，其改卜嗣，寡人從焉。』大夫曰：『是衛之禍，豈君之過也。』公曰：『又有患焉，謂寡人「必以而子與大夫之子爲質」。』大夫曰：『苟有益也，公子則往，群臣之子敢不皆負羈紲以從？』將行，王孫賈曰：『苟衛國有難，工商未嘗不爲患，使皆行而後可。』公以告大夫，乃皆將行之。行有日，公朝國人，使賈問焉，曰：『若衛叛晉，晉五伐我，病何如矣？』皆曰：『五伐我，猶可以能戰。』賈曰：『然則如叛之，病而後質焉，何遲之有？』乃叛晉。晉人請改盟，弗許。秋，晉士鞅會成桓公，侵鄭，圍蟲牢，報伊闕也，遂侵衛。」○襄陵許氏曰：「招攜以禮，懷遠以德。鹹、沙之盟，諸侯已貳晉，不思德禮之是務，而欲恃力攘服，則失霸何日之有？報伊闕云者，假王命也。」

葬曹靖公。

九月，葬陳懷公。

季孫斯、仲孫何忌帥師侵衛。傳：「師侵衛，晉故也。」

冬，衛侯、鄭伯盟于曲濮。曲濮，衛地。杜氏注：「叛晉」。

從祀先公。杜氏注：「從，順也。先公，閔公、僖公也。將正二公之位次，所順非一。親盡，故通言『先公』。」○公羊傳：「從祀者何？順祀也。文公逆祀，去者三人；定公順祀，叛者五人。」○劉氏傳：「從者何？順也。其祀何？禘也。禘則曷爲不言禘？譏。何譏爾？從祀先公，正也；所以從祀先公，則非正也。其非正奈何？陽虎專季氏，季氏專魯。陽虎欲去三桓而代之，從祀先公以説焉，非能正者也。雖通其義，君子不與也。」

盜竊寶玉、大弓。杜氏注：「盜謂陽虎也。家臣賤，故曰盜。」寶玉，夏后之璜；大弓，封父之繁弱。○傳：「季寤、公鉏極、公山不狃皆不得志於季氏，叔孫輒無寵於叔孫氏，叔仲志不得志於魯，故五人因陽虎。陽虎欲去三桓，以季寤更季氏，以叔孫輒更叔孫氏，己更孟氏。冬，十月，順祀先公而祈焉。辛卯，禘于僖公。壬辰，將享季氏于蒲圃而殺之，戒都車，曰：『癸巳至。』成宰公斂處父告孟孫曰：『季氏戒都車，何故？』孟孫曰：『吾弗聞。』處父曰：『然則亂也，必及於子，先備諸。』與孟孫以壬辰爲期。陽虎前驅，林楚御桓子，虞人以鈹盾夾之，陽越殿。將及蒲圃，桓子咋謂林楚曰：『而先皆季氏之良也，爾以是繼之。』對曰：『臣聞命後。陽虎爲政，魯國服焉，違之徵死，死無益於主。』桓子曰：『何後之有？而能以我適孟氏乎？』對曰：『不敢愛死，懼不免主。』桓子曰：『往也。』孟氏選國人之壯者三百人，以爲公期築室於門外。林楚怒馬，及衢而騁。陽越射之，不中。築者闔門。有自門間射陽越，殺之。陽虎劫公與武叔，以伐孟氏。公斂處父帥成人自上東門入，與陽氏戰于南門之内〔一〕，弗勝。又戰于棘下，陽氏敗。陽虎説甲如公宫，取寶玉、大弓以出，舍於五父之衢，寢而爲食。其徒曰：『追其將至。』虎曰：『魯人聞余出，喜於徵死，何暇追余？』從者曰：『嘻！速駕，公斂陽在。』公斂陽請追之，孟孫弗許。陽欲殺桓子，孟孫懼而歸之。子言辨舍爵於季氏之廟而出。陽虎入于讙、陽關以叛。」○公羊傳：「盗者孰謂？謂陽虎也。陽虎者，曷爲者也？季氏之宰也。季氏之宰，則微者也，惡乎得國寶而竊之？陽虎專季氏，季氏專魯國。寶者何？璋判白〔二〕，弓繡質，龜青純。」○蘇氏曰：「陽虎將殺季孫斯，不勝而出，取寶玉、大弓於公宫以行。其稱『盗』，陪臣也。寶玉、大弓，魯之分器也，所謂夏后之璜、封父之繁弱。是時，陽虎以鄆、讙、龜陰叛，奔齊；十年，侯紀以郈叛；及昭十二年，南蒯以費叛：皆以賤不書。其書『竊寶玉、大弓』，

〔一〕「内」，底本及華亭義塾本作「外」，據左傳及通志堂本改。
〔二〕「白」，底本及華亭義塾本作「合」，據左傳及通志堂本改。

何也？分器重於地也。分器重於地者，賤貨而貴命也。」〇常山劉氏曰：「寶玉、大弓，天子所錫，先君之分器，藏之於國，子孫世世保之，不可失墜，而爲盜所竊，國慢無政可知矣，故書『竊』，以志不恭之大也。」

九年，春，王正月。

夏，四月，戊申，鄭伯蠆卒。蠆，公羊作「囆」。

得寶玉、大弓。傳：「陽虎歸寶玉、大弓。魯伐陽關，陽虎使焚萊門。師驚，犯之而出，奔齊。請師以伐魯，曰：『三加，必取之。』齊侯將許之，鮑文子諫曰：『魯免其疾，而君又收之，無乃害乎？』齊侯執陽虎。虎遂奔晉，適趙氏。仲尼曰：『趙氏其世有亂乎！』」〇公羊傳：「何以書？國寶也，喪之書，得之書。」〇胡氏傳：「穀梁子曰：『寶玉，封圭。大弓，武王之戎弓。周公受賜，藏之魯。』子孫世守，罔敢失墜，以昭先祖之德，存肅敬之心耳。古者告終易代，弘璧，琬琰，天球，夷玉，兑之戈，和之弓，垂之竹矢，莫不陳列，非直爲美觀也。先王所寶，傳及其身，能全而歸之，則可以免矣。魯失其政，陪臣擅權，雖先公分器，猶不能守，而盜得竊諸公宮，其能國乎？故失之書，得之書，所以譏公與執政之臣，見不恭之大也。此義行，則有天下國家者，各知所守之職，不敢忽矣。」

六月，葬鄭獻公。

秋，齊侯、衛侯次于五氏。 杜氏注：「五氏，晉地。」○傳：「齊侯伐晉夷儀，克之。晉車千乘在中牟。衛侯將如五氏，卜過之，龜焦。衛侯曰：『可也。衛車當其半，寡人當其半，敵矣。』乃過中牟。中牟人欲伐之，衛褚師圃亡在中牟，曰：『衛雖小，其君在焉，未可勝也。齊師克城而驕，其帥又賤，遇，必敗之，不如從齊。』乃伐齊師，敗之。齊侯致禚、媚、杏於衛。」○任氏曰：「此伐晉也，不書伐而書次者，晉實大國，未敢輕伐。始盟于沙，中次于五氏，又次于垂葭，至哀公元年而後伐，其欲有所逞也久矣。」

秦伯卒。冬，葬秦哀公。 襄陵許氏曰：「秦自晉悼以後，寖不見於春秋，則知秦益退保西戎，軍旅禮聘之事，不交於中國矣。」

十年，春，王三月，及齊平。 杜氏注：「平前八年再侵齊之怨。」○呂氏曰：「及齊平，我志也。」

夏，公會齊侯于夾谷。公至自夾谷。 夾，公羊、穀梁作「頰」。○夾谷，魯地，漢東海祝其縣有夾山，今海州懷仁縣。◯傳：「公會齊侯于祝其，實夾谷。孔丘相。犂彌言於齊侯曰：『孔丘知禮而無勇，若使萊人以兵劫魯侯，必得志焉。』齊侯從之。孔丘以公退，曰：『士兵之！兩君合好，而裔夷之俘以兵亂之，非齊君所以命諸侯也。裔不謀夏，夷不亂華，俘不干盟，兵不偪好。於神爲不祥，於德爲愆義，於人爲失禮，君必不然。』齊侯聞之，遽辟之。將盟，齊人加於載書曰：『齊師出竟，而不以甲車三百乘從我者，有如此盟。』孔丘使茲無還揖，對曰：『而不反我汶陽之田，吾以共命者，亦如之。』齊侯將享公，孔丘謂梁丘據曰：『齊、魯之故，吾子何不聞焉？事既成矣，而又享之，是勤執事也。且犧、象不出門，嘉樂不野合。饗而既具，是棄禮也。若其不具，用秕稗也。用秕稗，君辱。棄禮，名惡。子盍圖之！夫享，所以昭德也。不昭，不如其已也。』乃不果享。」◯穀梁傳：「其致何也？危之也。其危之奈何？頰谷之會，孔子相焉。兩君就壇，兩相相揖。齊人鼓譟而起，欲以執魯君。孔子歷階而上，不盡一等，而視歸乎齊侯，曰：『兩君合好，夷狄之民，何爲來爲？』命司馬止之。齊侯逡巡而謝曰：『寡人之過也。』退而屬其〔一〕大

〔一〕穀梁傳及通志堂本「其」下有「二三」。

夫曰：『夫人率其君，與之行古人之道。二三子獨率我而入夷狄之俗，何爲？』罷會。齊人使優施舞於魯君之幕下。孔子曰：『笑君者罪當死。』使司馬行法焉，首足異門而出。齊人來歸鄆、讙、龜陰之田者，蓋爲此也。因是以見雖有文事，必有武備。孔子於頰谷之會見之矣。」

晉趙鞅帥師圍衛。傳：「報夷儀也。反役，晉人討衛之叛故，曰：『由涉佗、成何。』於是執涉佗以求成于衛。衛人不許，晉人遂殺涉佗。」○襄陵許氏曰：「使晉有以服齊，則衛可無用兵而服也。今圍衛而不能服，則徒以堅齊之從而已矣。」

齊人來歸鄆、讙、龜陰田。穀梁「田」上有「之」字。○杜氏注：「三邑皆汶陽田也。泰山博縣北有龜山，陰田在其北也。」任公輔曰：「桓三年。」讙，杜氏以爲魯〔一〕地，濟北蛇丘縣有讙亭，而汶水經濟北至東平須昌入濟。鄆，即昭公時齊取以居公者，至是并以還魯。二邑與龜陰俱在汶水北，龜山今在泗水東北七十里。○公羊傳：「齊人曷爲來歸鄆、讙、龜陰田？孔子行乎季孫，三月不違，齊人爲是來歸之。」○史記孔子世家：「會于

〔一〕「魯」，原作「齊」，據通志堂本改。

夾谷。孔子却萊人，誅倡優。景公懼而動，知義不若，歸而大恐，告其群臣曰：『魯以君子之道輔其君，而子獨以夷狄之道教寡人，得罪於魯君，爲之奈何？』有司進對曰：『君子有過則謝以質，小人有過則謝以文。君若悼之，則謝以實。』於是齊侯乃歸所侵魯之鄆、汶陽、龜陰之田，以謝過。」○程氏傳：「齊服義而來歸之，故書『來歸』。」○胡氏傳：「齊桓以義責楚，而楚人求盟，夫子以禮責齊，而齊人歸地，皆書曰『來』，序績也。」

叔孫州仇、仲孫何忌帥師圍郈。郈，叔孫氏邑，任公輔曰：「地譜東平無鹽縣東南有郈鄉。」無鹽，在今鄆州須城縣東。○傳：「初，叔孫成子欲立武叔，公若藐固諫，曰：『不可。』成子立之而卒。公若爲郈宰。武叔既定，使郈馬正侯犯殺公若，弗能。使其圉人殺之。侯犯以郈叛。武叔、懿子圍郈，弗克。」

秋，叔孫州仇、仲孫何忌帥師圍郈。郈，公羊作「費」，誤也。○傳：「二子及齊師復圍郈，弗克。叔孫謂郈工師駟赤曰：『郈非惟叔孫氏之憂，社稷之患也。將若之何？』對曰：『臣之業在揚水卒章之四言矣。』叔孫稽首。駟赤與郈人爲之宣言於郈〔一〕曰：『侯

〔一〕左傳及通志堂本「郈」下有「中」字。

犯將以郈易于齊，齊人將遷郈民。』衆兇懼。駟赤將射之，侯犯止之，曰：『謀免我。』侯犯請行，許之。駟赤止，而納魯人。侯犯奔齊。齊人乃致郈。」○胡氏傳：「侯犯以郈叛，不書于策，書『圍郈』，則叛可知矣。再書二卿帥師圍郈，則强亦可知矣。天子失道，征伐自諸侯出，而後大夫强；諸侯失道，征伐自大夫出，而後家臣强。其逆彌甚，則其失彌速。故自諸侯出，十世希不失矣；自大夫出，五世希不失矣；陪臣執國命，三世希不失矣。三家專魯，爲日既久，至是家臣争叛，亦其理宜矣。春秋制法本忠恕，施諸己而不願，亦勿施諸人。故所惡於上，不以使下；所惡於下，不以事上。二三子知傾公室以自張，而不知家隸之擬其後也。凡此類，皆據事直書，深切著明矣。」

宋樂大心出奔曹。傳：「九年，春，宋公使樂大心盟于晉，且逆樂祁之尸。辭，僞有疾，乃使向巢如晉，且逆子梁之尸。子明謂桐門右師出，曰：『吾猶衰絰，而子擊鐘，何也？』右師曰：『喪不在此故也。』既而告人曰：『已衰絰而生子，余何故舍鐘？』子明聞之，怒，言於公曰：『右師將不利戴氏。不肯適晉，將作亂也。不然，無疾。』乃逐桐門右師。」

宋公子地出奔陳。地，公羊作「池」。○傳：「宋公子地有白馬四，公嬖向魋，魋欲之。公取而朱其尾、鬣以與之。地怒，使其徒抶魋而奪之。魋懼，將走，公閉門而泣之，目盡腫。

母弟辰曰：『子爲君禮，不過出竟，君必止子。』公子地出奔陳，公弗止。辰爲之請，弗聽。辰曰：『是我迋吾兄也。吾以國人出，君誰與處？』冬，母弟辰暨仲佗、石彄出奔陳。」

冬，齊侯、衛侯、鄭游速會于安甫。 安甫，公羊作「窐」。○安甫，齊地。按地譜：「今屬鄆州平陰縣。」

叔孫州仇如齊。 傳：「武叔聘于齊。」○杜氏注：「謝致郈也。」

宋公之弟辰暨仲佗、石彄出奔陳。 公羊、穀梁「暨」下有「宋」字。○劉氏傳：「『暨』者何？及也。猶『暨暨』也，蓋强脅之也。」○胡氏傳：「其『弟』云者，罪宋公以嬖魋故而失二弟，無親親之恩。『暨』云者，罪辰以兄故帥其大夫出奔，無尊君之義。夫『暨』者，不得已之辭，又以見仲佗、石彄見脅於辰，不能自立，無大臣之節。」

十有一年，春，宋公之弟辰及仲佗、石彄、公子地自陳入于蕭以叛。 穀梁傳：「入者，内弗受也；以者，不以者也；叛，直叛也。」○劉氏意林：「其出也謂之暨，其入也謂之及。及，非不得已之言也，得已而不已也。君親無將，將而誅焉，又況據邑以伐其君者乎？其罪一施之。」

夏，四月。

秋，宋樂大心自曹入于蕭。傳：「宋公母弟辰暨仲佗、石彄、公子地入于蕭以叛。秋，樂大心從之，大爲宋患，寵向魋故也。」○胡氏傳：「四卿在蕭以叛，而大心自曹從之，其叛可知矣，故不書叛而曰『入于蕭』。入，逆辭也。書『自陳』、『自曹』者，結鄰國以入叛，陳與曹之罪亦著矣。」

冬，及鄭平。叔還如鄭涖盟。傳：「及鄭平，始叛晉也。」○杜氏注：「平六年侵鄭取匡之怨。」○襄陵許氏曰：「夫晉之爲晉，自若也，定亦未有他惡，而諸侯離心焉者，政在多門，貨賄讒慝汩昏其間，則無以令天下極於執樂祁也。」

十有二年，春，薛伯定卒。夏，葬薛襄公。

叔孫州仇帥師墮郈。傳：「仲由爲季氏宰，將墮三都，於是叔孫氏墮郈。」○謹按：墮，毀也。毀其所恃以爲固者，所以制陪臣、抑私家而復强幹弱枝之勢也。仲由之舉此議，蓋因南蒯、侯犯之叛而爲三家忠謀，使强臣不敢恃强以叛君，陪臣不敢負固以跋扈，而上下皆順。然侯犯、南蒯皆以叛爲季氏、叔氏之害，故費、郈皆墮，獨公斂處父方恃强以敗陽虎，而孟孫用之，故二邑雖墮，而成獨不服。雖定公圍之，而卒不克也。聖人雖用於魯，而季氏三月之餘受女樂而違孔子，孟孫惑於僞不知之説，陰與公斂處父比成，既方命而聖人去魯，豈非天哉？所以墮都之謀，終於圍成而不果也。

衛公孟彄帥師伐曹。傳：「衛公孟彄伐曹，克郊。」

季孫斯、仲孫何忌帥師墮費。傳：「季氏將墮費，公山不狃、叔孫輒帥費人以襲魯。公與三子入于季氏之宫，登武子之臺。費人攻之，弗克。入及公側，仲尼命申句須、樂頎下，伐之，費人北。國人追之，敗諸姑蔑。二子奔齊，遂墮費。」○公羊傳：「曷爲帥師墮郈、墮費？孔子行乎季孫，三月不違，曰：『家不藏甲，邑無百雉之城。』於是帥師墮郈，帥師墮費。雉者何？五板而堵，五堵而雉，百雉而城。」○常山劉氏曰：「禮曰：『制國不過千乘，都城不過百雉，家富不過百乘，以此防民，諸侯猶有叛者。』孔子曰：『禄之去公室五世矣，政逮於大夫四世矣，故夫三桓之子孫微矣。』費也、郈也、成也，三家之邑也。政在大夫，三家越禮，各固其城。數有叛者，故三家亦不能制也。至屢圍而不克，帥師而後墮成，强而不服，公圍而不克。有天下而不謹於禮，末流之患，可勝言哉！」○胡氏曰：「三都之墮，是謂以禮爲國，可以爲之兆也。推而行之魯國而準，則地方五百里，凡侵小而得者，必有興滅國、繼絶世之義。諸侯大夫各謹於禮，不以所惡於上者使下，亦不以所惡於下者事上，上下交相順，而王政行矣。故曰：『苟有用我者，期月而可，三年有成。』」

秋，大雩。

冬，十月，癸亥，公會齊侯，盟于黃。 齊，公羊作「晉」，誤也。○黃，齊地。○杜氏注：「盟結叛晉。」

十有一月，丙寅，朔，日有食之。

公至自黃。

十有二月，公圍成。公至自圍成。 傳：「將墮成，公斂處父謂孟孫：『墮成，齊人必至于北門。且成，孟氏之保障也。無成，是無孟氏也。子僞不知，我將不墮。』冬，十二月，公圍成，弗克。」○蘇氏曰：「或曰：昭公將去季氏而失國，孔子爲魯而墮三都，亦幾於亂。孔子之爲是，何也？曰：昭公之去季氏而失國，失民故也。魯君之失民與三桓之得民久矣，故將以治魯，而不得三桓，不可爲也。能得三桓，而道之以禮，魯猶可治也。孔子爲魯，而仲由爲季氏宰，三家從之矣。其不從者，其家臣也。家臣未能得魯之衆也，雖其不從，不能爲患。此孔子所以墮三都而無疑也。」○胡氏傳：「按：是年圍成弗克，越明年，孔子由大司寇攝相事，然後誅少正卯。與聞國政三月，而商賈信於市，男女别於途。及齊人餽女樂，孔子遂行。然則圍成之時，仲尼雖用事，未能專得魯國之政也。成雖未墮，無與爲比，亦不能爲患。使聖人得志，行乎魯國，以及期月，則不待兵革而自墮矣。」

十有三年，春，齊侯、衛侯次于垂葭。葭，公羊作「瑕」。穀梁無「衛侯」字。○杜氏注：「垂葭，一名郥氏。高平鉅野縣有郥亭。」今屬濟州。○傳：「齊侯、衛侯次于垂葭，實郥氏。使師伐晉。將濟河，諸大夫皆曰：『不可。』邴意茲曰：『可。銳師伐河内，傳必數日而後及絳。絳不三月，不能出河，則我既濟水矣。』乃伐河内。」○杜氏注：「二君將使師伐晉，次垂葭以爲之援。」

夏，築蛇淵囿。襄陵許氏曰：「魯政不脩，而非時勤民，築囿奉己而已，志不及國也。夫圍成弗克，歸而力此，何振之有？」

大蒐于比蒲。

衛公孟彄帥師伐曹。

秋，晉趙鞅入于晉陽以叛。晉陽，唐曰太原府，本朝并州。○傳：「趙鞅謂邯鄲午曰：

『歸我衛貢五百家，吾舍諸晉陽。』午許諾。歸告其父兄，父兄皆曰：『不可。衛是以爲邯鄲，而置諸晉陽，絶衛之道也。不如侵齊而謀之。』乃如之，而歸之于晉陽。趙孟怒，召午，而囚諸晉陽。使其從者説劍而入，涉賓不可。乃使告邯鄲人曰：『吾私有討於午也，二三子惟所欲立。』遂殺午。趙稷、涉賓以邯鄲叛。夏，六月，上軍司馬籍秦圍邯鄲。邯鄲午，荀寅之甥也，荀寅，范吉射之姻也，而相與睦，故不與圍邯鄲，將作亂。董安于聞之，告趙孟，曰：『先備諸！』趙孟曰：『晉國有命，始禍者死，爲後可也。』安于曰：『與其害於民，寧我獨死。請以我説。』趙孟不可。秋，七月，范氏、中行氏伐趙氏之宫，趙鞅奔晉陽，晉人圍之。」○微旨：「趙氏曰：『趙鞅之入晉陽，拒范、中行也。而書曰「叛」，人臣不當專土也。』」

冬，晉荀寅、士吉射入于朝歌以叛。公羊傳「寅」下有「及」字。○朝歌，晉地，衛州衛縣西有朝歌城，南有牧野。○傳：「范皋夷無寵於范吉射，而欲爲亂於范氏。梁嬰父嬖於知文子，文子欲以爲卿。韓簡子與中行文子相惡，魏襄子亦與范昭子相惡。故五子謀，將逐荀寅而以梁嬰父代之，逐范吉射而以范皋夷代之。荀躒言於晉侯曰：『君命大臣：「始禍者死。」載書在河。今三臣始禍，而獨逐鞅，刑已不鈞矣。請皆逐之。』冬，十一月，荀躒、韓不信、魏曼多奉公以伐范氏、中行氏，弗克。二子將伐公，齊高彊曰：『三折肱知爲良醫。惟伐君爲不可，民弗與也。我以伐君在此矣。三家未睦，可盡克也。克之，君將誰與？若先伐君，是使睦也。』弗聽，遂伐公。國人助公，二子敗，從而伐之。丁未，荀寅、士吉射奔朝歌。」○胡氏傳：「晉主夏盟，威服天下，及大夫專政，賄賂公行，內外離析，示威平丘而齊叛，辭請召陵而蔡叛，盟于沙、鹹而鄭叛，次于五氏而衛叛，涖盟于鄭、會于夾谷、歃于黄而魯叛。諸侯叛于外，大夫叛于內，故奔于晉陽而趙鞅叛，入于朝歌而荀寅、士吉射叛。以晉國之大，天下莫强焉，邦分崩而不能守也。春秋於晉事，或略而不序，或賤而稱人，或書侵以陋之，責亦備矣。至是三卿内叛，直書于策，見其效也。

故臧哀伯曰：『國家之敗，由官邪也，官之失德，寵賂章也。』晉卿始禍，緣衛貢也；樂祁見執，獻楊楯也；蔡侯從吴，荀寅貨也；昭公弗納，范鞅賂也。而晉室自是不復能主盟矣。故爲國以義不以利，春秋之大法在焉。見諸行事，亦可謂深切著明矣。」

晉趙鞅歸于晉。傳：「韓、魏以趙氏爲請。十二月，辛未，趙鞅入于絳，盟于公宫。」○蘇氏曰：「鞅、寅、吉射之叛，其罪均也。鞅以有助，故得復，寅、吉射以無援，故終叛，春秋無所與也。鞅之言歸，寅、吉射既出，則無難也。」○胡氏傳：「叛逆，人臣之大惡，始禍晉國之載書，既不能致辟于鞅，奉行天討，以警亂臣，又亢不衷，徇韓、魏之請而許之，復無政刑矣，其能國乎？」

薛弑其君比。胡氏傳：「稱國以弑者，當國大臣之罪也。」

十有四年，春，衛公叔戍來奔。衛趙陽出奔宋。衛，公羊、穀梁作「晉」。○傳：「初，衛公叔文子朝，而請享靈公。退，見史鰌而告之。史鰌曰：『子必禍矣。子富而君貪，罪其及子乎！』文子曰：『然。吾不先告子，是吾罪也。君既許我矣，其若之何？』史鰌曰：『無害。子臣，可以免。富而能臣，必免於難，上下同之。戍也驕，其亡乎！』文子卒，衛侯始惡於公叔戍，以其富也。公叔戍又將去夫人之黨，夫人愬之曰：『戍將爲亂。』十四年，春，衛侯逐公叔戍與其黨，故趙陽奔宋，戍來奔。」○胡氏傳：「衛侯不能正家，以喪其大臣。戍又以富見惡於衛侯。夫富者，怨之府也。使戍積而能散，以財發身，不爲貪人之所怨，於以保其爵位，儻庶幾乎？」

二月，辛巳，楚公子結、陳公孫佗人帥師滅頓，以頓子牂歸。二月，公羊作「三月」。公孫，公羊作「公子」，「牂」作「牄」。○傳：「頓子牂欲事晉，背楚而絶陳好。二月，楚滅頓。」○啖氏曰：「凡書『滅』，又書『以歸』及名者，罪重於奔者也。既責其不死位，又責其無興復之志也。」

夏，衛北宮結來奔。 傳：「北宮結來奔，公叔戍之故也。」

五月，於越敗吳于檇李，吳子光卒。 檇，公羊作「醉」。○檇李，吳地，杜氏注：「吳郡嘉興縣南醉李城。」今爲秀州治所。○傳：「吳伐越，越子勾踐禦之，陳于檇李。勾踐患吳之整也，使死士再禽焉，不動。使罪人三行，屬劍於頸，遂自剄。師屬之目，越子因而伐之，大敗之。靈姑浮以戈擊闔廬，闔廬傷將指，取其一屨。還，卒于陘，去檇李七里。夫差使人立於庭，苟出入，必謂己曰：『夫差，而忘越王之殺而父乎？』則對曰：『唯。不敢忘。』三年乃報越。哀公元年，吳王夫差敗越于夫椒，報檇李也。遂入越。越子以甲楯五千保于會稽，使大夫種因吳太宰嚭以行成。吳子將許之，伍員曰：『不可，臣聞之：「樹德莫如滋，去疾莫如盡。」勾踐能親而務施，施不失人，親不棄勞。與我同壤，而世爲仇讎。於是乎克而弗取，將又存之，違天而長寇讎，後雖悔之，不可食已。姬之衰也，日可俟也。介在蠻夷，而長寇讎，以是求霸，必不行矣。』弗聽。退而告人曰：『越十年生聚，而十年教訓，二十年之外，吳其爲沼乎！』三月，越及吳平。」○胡氏傳：「書『敗』者，詐戰也。定公五年，於越入吴，至是敗吴于檇李。會黄池之歲，越又入吴，悉書于史，以其告也。哀之元年，吴子敗越，棲勾踐於會稽之上，豈獨不告而史册不書？疑仲尼削之也。吴子光卒，夫差使人立於庭，苟出入，必謂己曰：『而忘越王之殺而父乎？』則對曰：『唯。』三年乃報越。然則夫椒之戰，復父讎也，非報怨也。春秋削而不書，以爲常事也，其旨微矣。」

公會齊侯、衛侯于牽。牽，公羊作「堅」。○杜氏注：「魏郡黎陽縣東北有牽城。」

公至自會。傳：「晉人圍朝歌。公會齊侯、衛侯于脾、上梁之間，謀救范、中行氏。」○愚謂：齊景公欲求霸，誅晉之亂臣以正其國，可也。當是時，孔子已去魯，故會齊、衛，合謀救范、中行氏。三國之君同爲范、中行爲會而助不衷，故致公以危之也。

秋，齊侯、宋公會于洮。洮，見僖八年。○傳：「范氏故也。」○襄陵許氏曰：「齊、宋、魯、衛崇獎亂逆，謀動干戈，大義亡矣。」

天王使石尚來歸脤。公羊傳：「石尚者何？天子之士也。脤者何？俎實也。腥曰脤，熟曰燔。」○劉氏傳：「膰脤以親兄弟之國。受脤，禮也；歸脤，非禮也。」

衛世子蒯聵出奔宋。傳：「衛侯爲夫人南子召宋朝，會于洮，大子蒯聵獻盂于齊，過宋野，野人歌之曰：『既定爾婁豬，盍歸吾艾豭？』大子羞之，謂戲陽速曰：『從我而朝少君。少君見我，我顧，乃殺之。』速曰：『諾。』乃朝夫人。夫人見大子。大子三顧，速不進。夫人見其色，啼而走，曰：『蒯聵將殺余。』公執其手以登臺，大子奔宋。」○劉氏權衡曰：「衛世子蒯聵出奔宋，左氏叙蒯聵事曰：『蒯聵欲殺夫人，夫人啼而走。公執其手以登臺，大子出奔宋。』予謂蒯聵雖不善謀，安有此事哉？且殺夫人，蒯聵獨得全乎？彼所羞者，以夫人名惡也，如殺其母，爲惡愈大，反不知可羞乎？蓋蒯聵聞野人之歌，其心慙焉，則以謂夫人〔一〕。夫人惡其斥己之淫，則啼而走，言大子將殺余以誣之。靈公惑於南子，所言必聽從。故外則召宋朝，内則逐公叔戍、趙陽。彼不恥召宋朝，固亦不難逐蒯聵矣。此其真也，不當如左氏所記。又蒯聵出乃奔宋。宋，南子家也。蒯聵負殺南子之名而走，又入其家，使真有其事者，敢乎哉？此亦一證也。」○常山劉氏曰：「蒯聵出奔，春秋不去其『世子』者，衛侯之罪也。南子之惡亦已甚矣，其欲去世子之意亦已明矣。如哀姜亂魯，驪姬亂晉，若此比者不鮮矣。而靈公聽南子之譖，謂蒯聵欲弑其母，不能爲辨

〔一〕「以」，華亭義塾本作「出」。

明，以致其出奔，豈非靈公之罪乎？哀二年，「晉趙鞅納世子蒯聵于戚」，亦書『世子』，同此義。」○愚按：劉氏之説，發明蒯聵之不敢弑其母，當合劉質夫解觀之。自古讒婦之誣其子多矣，故考二劉之言，足以知左氏所記乃南子之讒言，而非當時之實録也。不然，春秋至趙鞅之納猶與以「世子」之名，何哉？

衛公孟彄出奔鄭。傳：「衛太子奔宋，盡逐其黨。故公孟彄奔鄭，自鄭奔齊。」

宋公之弟辰自蕭來奔。

大蒐于比蒲。邾子來會公。蒐而邾子來會，則公親蒐矣。而不書公，以軍政不屬公，而專於三家，則季、叔、孟孫氏之所爲也。

城莒父及霄。皆魯邑。莒父，子夏嘗爲之宰。此年無冬，闕文。

十有五年，春，王正月，邾子來朝。傳：「邾隱公來朝。」

鼷鼠食郊牛，牛死，改卜牛。公羊傳：「曷爲不言所食？漫也。」○唐趙伯循言：「上元二年因避地旅於會稽時，牛災，小鼠噬牛，纔傷皮膚，輒死。」

二月，辛丑，楚子滅胡，以胡子豹歸。傳：「吴之入楚也，胡子盡俘楚邑之近胡者。楚既定，胡子豹又不事楚，曰：『存亡有命，事楚何爲？多取費焉。』二月，楚滅胡。」○胡氏傳：「夫滅人之國，其罪大矣。然胡子豹乘楚之約，盡俘其邑之近胡者，所謂國必自滅，然後人滅之，非滅之者獨有罪也。國君造命，不可委命者。既以爲有命，而又貪生忍辱，不死于社稷，則是不知命矣。書『以歸』，罪豹之不能死位而與歸也，故楚子書爵，而胡子豹名。」

夏，五月，辛亥，郊。公羊傳：「曷爲以夏五月郊？三卜之運也。」何氏注：「運，轉也。已卜春三正，不吉，復轉卜夏三月、周五月，得二吉，故五月郊。」

壬申，公薨于高寢。高寢，宮名。○穀梁傳：「高寢，非正也。」○襄陵許氏曰：「春秋所大，正始與終。禮，卒以正終也。内卒凡十四，公得正而薨者，惟莊、宣、成。是以君子務力於禮，而順命之變，又何求焉？」

鄭罕達帥師伐宋。罕，公羊作「軒」。○傳：「鄭罕達敗宋師于老丘。」○杜氏注：「老丘，宋地。宋公子地奔鄭，鄭人爲之伐宋，欲取地以處之。事見哀十二年。」○襄陵許氏曰：「宋，大國也，資王霸之遺業，至於景公，而鄭能困之，則桓魋之爲也。無競維人，豈不信哉！」

齊侯、衛侯次于渠蒢。公羊作「蘧篨」。○傳：「謀救宋也。」○襄陵許氏曰：「齊、衛新與鄭、宋同盟畔晉，故爲宋出請，爲鄭次止。其不言救，爲其不誠於救也。」

邾子來奔喪。穀梁傳：「喪急，故以奔言之。」○公羊傳：「其言來奔喪何？奔喪，非禮也。」○常山劉氏曰：「當周之衰，天子崩葬，諸侯皆無奔喪、會葬之事，而邾、滕反行於强大之國，非禮明矣。」

秋，七月，壬申，姒氏卒。姒，穀梁作「弋」，下同。○公羊傳：「姒氏者何？哀公之母也。何以不稱夫人？哀未君也。」○陸氏曰：「自成風之後，妾母皆僭用夫人禮，故亦書薨，著其非禮也。哀公母定姒卒時，子未踰年，雖行喪禮，不可加於母，故書卒。子既未成君，故不稱夫人也。」

八月，庚辰，朔，日有食之。

九月，滕子來會葬。杜氏注：「諸侯會葬，非禮也。」○吕氏曰：「邾子來奔喪，畏魯甚也。滕差遠而大於邾，故但來會葬。此專以利害强弱爲國者也。」

丁巳，葬我君定公，雨，不克葬。戊午，日下昃，乃克葬。昃，穀梁作「稷」，乃古「昃」字。○穀梁傳：「葬既有日，不爲雨止，禮也。雨，不克葬，喪不以制也。戊午，日下昃，乃克葬。乃，急辭也，不足乎日之辭也。」

辛巳，葬定姒。公羊傳：「定姒何以書葬？未踰年之君也。有子則廟，廟則書葬。」○胡氏傳：「曾子問：『並有喪，則如之何？』子曰：『葬，先輕而後重；其奠也，其虞也，先重而後輕。』」

冬，城漆。杜氏注：「邾庶其邑。」○余氏曰：「前年冬城莒父，此年秋葬定公，又葬定姒，冬城漆，其勞民也甚矣。」○愚按：城漆，謀伐邾也。定公之喪，邾子來奔，事魯謹矣。哀公初立，不務善鄰而以土地之故勞民力、啓鄰怨，二年取其田，七年俘其君，卒使吳人乘間以伐其國，齊人問罪而取讙、闡。利未得，而害隨之，謀國如此，其不終也，宜哉！

春秋卷第十

春秋卷第十一

張洽集注

哀公

名蔣，定公之子，蓋夫人定姒所生。謚法：「恭仁短折曰哀。」

元年，春，王正月，公即位。

楚子、陳侯、隨侯、許男圍蔡。杜氏注：「隨世服於楚，不通中國。吴之入楚，昭王奔隨，隨人免之，卒復楚國。楚人德之，使列於諸侯，故得見經。定六年，鄭滅許。此復見者，蓋楚封之。」○傳：「楚子圍蔡，報柏舉也。里而栽，廣丈，高倍。夫屯晝夜九日，如子西之素。蔡人男女以辨。使疆於江、汝之間而還。蔡於是乎請遷於吴。」○胡氏傳：「夫男女以辨，則是降也；疆於江、汝，則遷其國也；而獨書圍蔡，何也？蔡嘗以吴師入郢，昭王奔隨，壞宗廟，徙陳器，撻平王之墓矣。至是楚國復寧，帥師圍蔡，降其衆，遷其國，而春秋略之者，見蔡宜得報，而楚子復讎之事可恕也。聖人以直報怨，故議讎之輕重，有至於不與共戴天者。今楚人禍及宗廟，辱逮父母，若包羞忍恥而不能一洒之，則不可以有立，而天理滅矣。故特書圍蔡而稱爵，恕楚之罪詞也。」○襄陵許氏曰：「蔡侯怨楚，不思本務，修德以俟時，而輕謀兵革，以得志於大國，是益禍也。故蔡昭之志，愧於勾踐矣。」

鼷鼠食郊牛，改卜牛。夏，四月，辛巳，郊。穀梁「郊牛」下有「角」字。○穀梁傳：「鼷鼠食郊牛角，改卜牛，志不敬也。郊牛日展觓角而知傷，展道盡矣。郊，自正月至于三月，郊之時也。夏四月郊，不時也。五月郊，不時也。夏之始可以承春，以秋之末承春之始，蓋不可矣。不志三月卜郊，何也？我以十二月下辛卜正月上辛；如不從，則以正月下辛卜二月上辛；如不從，則以二月下辛卜三月上辛；如不從，則不郊矣。」○胡氏傳：「鼷鼠食郊牛，改卜牛，不敬也。夏四月郊，書不時也。孔子曰：『魯之郊禘，非禮也。周公其衰矣！』成王欲尊魯，而賜以人臣不得用之禮樂，豈所以康周公也哉？天子祭天地，諸侯祭社稷，大夫祭五祀，庶人祭其祖，此定理也。今魯得郊，以爲常事，春秋欲削而不書，則無以見其失禮，盡書之乎，則有不勝書者，故聖人因其失禮之中又有失焉者，則書于策，所謂由性命而發言也，聖人奚容心哉？因事而書，以誌其失，爲後世戒，其垂訓之義大矣。」

秋，齊侯、衛侯伐晉。傳：「齊侯、衛侯次于乾侯，救范氏也。師及齊師、衛孔圉、鮮虞人伐晉，取棘蒲。」○襄陵許氏曰：「霸主奉王以正天下，而諸侯至於合從以伐之，春秋特書，以著中國之無霸也。王道既盡，霸統復亡。春秋之變，至是而窮矣。」

冬，仲孫何忌帥師伐邾。

二年，春，王二月，季孫斯、叔孫州仇、仲孫何忌帥師伐邾，取漷東田及沂西田。

傳：「二年春，伐邾，將伐絞。邾人愛其土，故賂以漷、沂之田而受盟。」○襄陵許氏曰：「中國無霸，諸侯並争，陵歷不忌，矯奪無厭，蓋自伐晉以後，無復寧歲矣。」○師氏曰：「前此嘗伐邾，取其田，自漷水矣。今又取其漷東之田，猶以爲未足，故又取沂西之田。則其貪欲無厭，必至於盡取而後已可知也。以區區之邾國，而魯兩納其叛人、邑，三取其田，時無王霸，强陵弱之亂至於如此。」

癸巳，叔孫州仇、仲孫何忌及邾子盟于句繹。杜氏注：「句繹，邾地。」○劉氏傳：「曷爲三人伐而二人盟？季孫臨之，叔仲成之。季孫之汏也，蓋自謂猶君矣。」○胡氏傳：「曷爲列書三卿？哀公得國，不張公室，三卿並將，魯衆悉行，伐國取地，以盟其君，而已不與焉，適越之辱兆矣。定公之薨，邾子來奔喪，事魯恭矣，而不免於見伐，徒自辱焉，不知以禮爲國之故也。郲在邦域之中，不加矜恤，而諸卿相繼伐之，既取其田，而又强與之盟，不知以義睦鄰之故也，故詳書以著其罪。」

夏，四月，丙子，衛侯元卒。

滕子來朝。

晉趙鞅帥師納衛世子蒯聵于戚。傳：「初，衛侯遊于郊，子南僕。公曰：『余無子，將立女。』不對。他日又謂之，對曰：『郢不足以辱社稷，君其改圖。君夫人在堂，三揖在下，君命祇辱。』夏，衛靈公卒。夫人曰：『命公子郢爲太子，君命也。』對曰：『郢異於他子，且君没於吾手。若有之，郢必聞之。且亡人之子輒在。』乃立輒。六月，乙酉，晉趙鞅納衛太子于戚。」○公羊傳：「戚者何？衛之邑也。曷爲不言入于衛？父有子，子不得有父也。」○愚按：蒯聵必無欲弑其母之事，二劉氏嘗辨之於定十四年「出奔宋」之傳矣。靈公惑於南子，左氏承誣言，載之傳以爲實。觀春秋再以「世子」書之，則知蒯聵爲無罪，而被此名以出，故春秋正其名而謂之「世子」，所謂與之繼世者也。輒據其位，而與父争立，若以衛戚書，則是蒯聵不得有其國，故書戚而不繫之衛。公羊所謂「子不得有父」者是也。

秋，八月，甲戌，晉趙鞅帥師及鄭罕達帥師戰于鐵。鄭師敗績。鐵，公羊作「栗」，杜氏注：「衛地，在戚城南。」○傳：「齊人輸范氏粟，鄭子姚、子般送之。士吉射逆之，趙鞅禦之，遇於戚。甲戌，將戰，郵無恤御簡子，衛太子爲右，登鐵上。鄭人擊簡子，中肩，斃於車中，獲其蠭旗。太子救之以戈。鄭師北，獲溫大夫趙羅。太子復伐之，鄭師大敗，獲齊粟千車。」○劉氏傳：「戰而言『及之』者，主之者也。猶曰趙鞅爲志乎此戰也云爾。」

冬，十月，葬衛靈公。 七月而葬。

十有一月，蔡遷于州來。蔡殺其大夫公子駟。 傳：「吳洩庸如蔡納聘，而稍納師。師畢入，衆知之。蔡侯告大夫，殺公子駟以說，哭而遷墓。冬，蔡遷于州來。」○杜氏注：「元年，蔡請遷于吳，今殺駟以說〔一〕，言不時遷駟之爲。」○胡氏傳：「實吳人之所遷也，而經以自遷爲文，何也？楚既降蔡，使疆于江、汝，蔡人聽命而還師矣。復倍楚請遷于吳，而又自悔也。其謀之不臧甚矣。夫遷國，大事也。盤庚五遷，利害甚明，衆猶胥怨，不適有居，至于丁寧反覆，播告之修而後定也。今蔡介于吳、楚二大國之間，倍楚詛吳，及其事急，又委罪於執政，其誰之咎也？故經以自遷爲文，而殺公子駟，則書『大夫』而稱

〔一〕通志堂本「說」下有「吳」字。

國，言君與用事大臣擅殺之也。放公孫獵，則書『大夫』而稱人，言國亂無政，衆人擅放之也。駟與獵，其以請遷于吴爲非者乎，而委之罪以説，誰敢復有盡忠而與謀其國者哉！」○襄陵許氏曰：「蔡悔請遷，知吴師入而委罪焉。稱國以殺，殺無罪也。聖人殺一不辜，雖得天下不爲，而況於國乎？使蔡昭必殺公子駟而後可免，則寧亡國而已矣。大正不渝，此國鎮也。故蔡自殺公子駟，上下危疑，遂以禍敗。」

三年，春，齊國夏、衛石曼姑帥師圍戚。傳：「齊、衛圍戚，求援于中山。」○論語：「冉有曰：『夫子爲衛君乎？』子貢曰：『諾。吾將問之。』入，曰：『伯夷、叔齊，何人也？』曰：『古之賢人也。』曰：『怨乎？』曰：『求仁而得仁，又何怨？』出，曰：『夫子不爲也。』」孫氏曰：「齊國夏序衛石曼姑上者，齊國夏主乎圍戚也。國夏助輒圍父，逆亂人理，莫甚乎此，故曰『齊國夏、衛石曼姑帥師圍戚』，以誅其惡。」○襄陵許氏曰：「觀乎蒯聵之亂，則齊景之不霸可知矣。晉以君臣稱兵，而齊爲臣伐君，衛以父子争國，而齊助子圍父，以是令於諸侯，君子是以知齊之將亂也。」

夏，四月，甲午，地震。五月，辛卯，桓宫、僖宫災。傳：「夏，五月，辛卯，司鐸火。火踰公宫，桓、僖災。孔子在陳，聞火，曰：『其桓、僖乎！』」○高郵孫氏曰：「桓公者，哀公之十世祖也。僖公者，哀公之七世祖也。諸侯五廟，而十世之廟猶存，蓋非禮矣。」○劉氏曰：「桓、僖久矣，其宫何以存？不毁也。曷爲不毁？三家者出於桓，立於僖，以是爲悦者也。」

季孫斯、叔孫州仇帥師城啓陽。啓，公羊作「開」。陸德明云：「避漢景諱也。」○杜氏注：「魯黨范氏，故懼晉，比年四城。啓陽，今琅邪開陽縣。」○襄陵許氏曰：「所城近敵，故帥師焉。地震、廟災，變異弗圖，而取田、城邑，兵役相繼，可謂不畏天命矣。中失而外鍵，本亡而末務，此魯之季世也。」

宋樂髡帥師伐曹。襄陵許氏曰：「宋始闚曹，曹不量力而奸强國，不脩德而圖大功，則適足以取亡而已矣。」

秋，七月，丙子，季孫斯卒。

蔡人放其大夫公孫獵于吴。杜氏注：「公子駟之黨。」○胡氏傳：「見上殺公子駟傳。」

冬，十月，癸卯，秦伯卒。

叔孫州仇、仲孫何忌帥師圍邾。襄陵許氏曰：「句繹之盟，踰年而渝之，師圍其國，雖云邾政不修，有以致寇，魯之棄信亦已甚矣。」

四年，春，王二月，庚戌，盜殺蔡侯申。蔡公孫辰出奔吴。二月，公羊作「三月」。殺，公羊、穀梁作「弒」。○傳：「蔡昭侯將如吴，諸大夫恐其又遷也，公孫翩逐而射之，入於家人而卒。以兩矢門之，衆莫敢進。文之鍇後至，曰：『如墻而進，多而殺二人。』鍇執弓而先，翩射之，中肘，鍇遂殺之。故逐公孫辰，而殺公孫姓、公孫盱。」○穀梁傳：「稱盜以弒君，不以上下道道也。」○胡氏傳：「按左氏，翩非微者，其以盜稱，何也？蔡侯倍楚誑吴，又委罪於執政，其謀國如是，則信義俱亡，禮文並棄，無以守身而自衛，夫人得而害之矣，故變文書盜，以警有國之君也。翩弒君而略其名氏，姓與霍皆翩之黨，稱國以殺而不去其官者，二公孫蓋嘗謀國，不使其君至於是而弗見庸者也，故書法如此。」○孫氏曰：「盜者，微賤之稱。不言弒者，賤盜也。其曰『盜殺蔡侯申』，責蔡臣子不能距難。」○愚謂：凡弒君稱弒，積漸之名也。蓋國君之尊，其勢位之崇高，非臣下所得輕危之也，故其謀必非一朝一夕之故而得行焉。今蔡昭不道〔一〕，上得罪於大國，下無道於其民，忠謀不用，無罪見殺，人心已離，故公孫翩之事成於一旦。春秋以「盜殺」書之，所以見其幾於獨

〔一〕「道」，通志堂本作「君」。

夫也。餘祭稱弑，上下之名猶存也；蔡申稱殺，君道亡矣。

葬秦惠公。

宋人執小邾子。襄陵許氏曰：「天下無霸，故宋人得以執小邾子、伐鄭、入曹，而無所忌。」

夏，蔡殺其大夫公孫姓、公孫霍。霍即盱也。傳及胡氏注並見上。

晉人執戎蠻子赤，歸于楚。蠻，公羊作「曼」。○傳：「楚人既克夷虎，乃謀北方。左司馬昄、申公壽餘、葉公諸梁致蔡於負函，致方城之外於繒關，曰：『吴將泝江入郢，將奔命焉。』爲一昔之期，襲梁及霍。單浮餘圍蠻氏，蠻氏潰。蠻子赤奔晉陰地。司馬起豐、析與狄戎，以臨上雒。左師軍于菟和，右師軍于倉野，使謂陰地之命大夫士蔑曰：『晉、楚有盟，好惡同之。若將不廢，寡君之願也。不然，將通于少習以聽命。』士蔑請諸趙孟，趙孟曰：『晉國未寧，安能惡於楚？必速與之。』士蔑乃致九州之戎，將裂田以與蠻子而城之，且將爲之卜。蠻子聽卜，遂執之，與其五大夫，以畀楚師于三户。司馬致邑立宗焉，以誘其遺民，而盡俘以歸。」○孫氏曰：「蠻夷猾夏久矣，晉人執戎蠻子，不歸于京師而歸于楚，其惡可知也。」○胡氏傳：「其曰晉人云者，罪之也。蠻子赤何以名？夷狄也，無罪見執，亦書名，外之也。文公執曹伯，則曰『畀宋人』，今此曷云『歸于楚』？歸于楚者，猶曰『京師楚』也。晉主夏盟，爲日久矣，不競至此，春秋所惡。」

城西郛。杜氏注：「備晉也。」

六月，辛丑，亳社災。亳，公羊作「蒲」。○范氏注：「亳即殷也，殷都于亳。武王克殷，班其社於諸侯，以爲亡國之戒。」○公羊傳：「亡國之社也。社者，封也。其言災何？亡國之社蓋揜之，揜其上而柴其下。」○程子曰：「書曰：『湯既勝夏，欲遷其社，不可。作夏社。』國既亡，則社自當遷，湯存之以爲後戒，故但屋之，則與遷之無以異。既爲亡國之社，則自王都至國都皆有之，使爲戒也。記曰：『喪國之社屋之，不受天陽也。』又曰：『亳社北牖，使陰明也。』故春秋書『亳社災』。然則魯有亳社災，屋之故有災。此制討之必始于湯也。」

秋，八月，甲寅，滕子結卒。

冬，十有二月，葬蔡昭公。

葬滕頃公。

五年，春，城毗。公羊作「比」。陸氏釋文云：「本又作芘。」○杜氏注：「備晉也。」

夏，齊侯伐宋。

晉趙鞅帥師伐衛。傳：「趙鞅伐衛，范氏之故也，遂圍中牟。」

秋，九月，癸酉，齊侯杵臼卒。杵，公羊作「處」。○傳：「齊燕姬生子，不成而死。諸子鬻姒之子荼嬖。諸大夫恐其爲太子也，言於公曰：『君之齒長矣，未有太子，若之何？』公曰：『二三子間於憂虞，則有疾疢。亦姑謀樂，何憂於無君？』公疾，使國惠子、高昭子立荼，置群公子於萊。秋，齊景公卒。冬，十月，公子嘉、公子駒、公子黔奔衛。公子鉏、公子陽生來奔。」

冬，叔還如齊。

閏月，葬齊景公。愚按：景公自襄之二十六年即位，至今五十八年矣，前有晏嬰，後有孔子。晏嬰告之以陳氏將竊其國，孔子告以君君臣臣父父子子，公亦知説而從之矣，而卒不能用。及大臣以未有太子告之，反使之姑謀樂而勿憂無君，卒致身死，肉未寒，子死國亂。曾未十年，陳恒弑簡公，而移其社稷，真范祖禹所謂「治愈久而政愈弊，年彌進而德彌退」者。景公之卒、葬，書于春秋，豈不爲享國日久而曾無遠慮者之戒與？

六年，春，城郱瑕。瑕，公羊作「葭」。杜氏注：「任城亢父縣北有郱婁城。」今濟州任城縣地也。○襄陵許氏曰：「定、哀十六年間，凡八城邑。魯既不得事晉，諸侯方争，是以高城深池，務守其國以捍禍亂，隱虞至矣。雖然，使魯能修其政如治城者，則天下歸之，豈特勤勤自守而已？是以譏之。三年以來，歲書城邑，以著魯無德政，勞民薦數如此。後雖城邑，不復志矣。」

晉趙鞅帥師伐鮮虞。傳：「晉伐鮮虞，治范氏之亂也。」蓋四年「鮮虞人納荀寅于柏人」云。

吴伐陳。傳：「吴之入楚也，使召陳懷公。懷公朝國人而問焉，逢滑曰：『臣聞：國之興也，視民如傷。吴日敝於兵，暴骨如莽，而未見德焉。禍之適吴，其何日之有？』陳侯從之。及夫差克越，乃復侵陳，脩先君之怨也。今吴伐陳，復脩舊怨也。楚子曰：『吾先君與陳有盟，不可以不救。』乃救陳，師于城父。」○愚謂：夫差脩怨黷兵，以取滅亡，故春秋狄之。

夏，齊國夏及高張來奔。傳：「齊陳乞僞事高、國者，又謂諸大夫曰：『二子恃得君而欲謀二三子，盍及其未作也先諸？』大夫從之。夏，六月，戊辰，陳乞、鮑牧及諸大夫以甲入于公宮。昭子聞之，與惠子乘如公。戰于莊，敗。國人追之，國夏奔莒，遂及高張、晏圉、弦施來奔。」○愚謂：高、國爲國世臣，從君於昏，受其顧命，力不足以衛上，委君而出奔，故名，以罪其不忠也。

叔還會吴于柤。 柤，見襄十年注。○襄陵許氏曰：「叔還以吴在柤，故往會之，始結吴好也。夷狄獸心，可以盛强服，難以衰弱御。以魯政之不修，務與吴親，以資其力。君子志柤之會，於此知魯之將有吴患矣。」

秋，七月，庚寅，楚子軫卒。 傳：「楚子在城父，將救陳。卜戰，不吉；卜退，不吉。王曰：『然則死也。再敗楚師，不如死。棄盟逃讎，亦不如死。』命公子申爲王，不可；則命公子結，亦不可；則命公子啓，五辭而後許。將戰，王有疾。庚寅，昭王攻大冥，卒于城父。子閭退，曰：『君王舍其子而讓，群臣敢忘君乎？』與子西、子期謀，潛師閉塗，逆越女之子章立之，而後還。是歲也，有雲如衆赤鳥，夾日以飛，三日。楚子使問諸周大史，周大史曰：『其當王身乎。若禜之，可移於令尹、司馬。』王曰：『除腹心之疾，而置諸股肱，何益？不穀不有大過，天其夭諸？有罪受罰，又焉移之？』遂弗禜。初，昭王有疾，卜曰：『河爲祟。』王弗祭。大夫請祭諸郊，王曰：『三代命祀，祭不越望。江、漢、睢、漳，楚之望也。禍福之至，不是過也。不穀雖不德，河非所獲罪也。』遂弗祭。孔子曰：『楚昭王知大道矣，其不失國也，宜哉。』」

齊陽生入于齊。傳：「齊陳僖子使召公子陽生。逮夜，至於齊。僖子使子士之母養之，與饋者皆入。冬，十月，丁卯，立之。將盟，鮑子醉而往。其臣差車鮑點曰：『此誰之命也？』陳子曰：『受命于鮑子。』遂誣鮑子曰：『子之命也。』鮑子曰：『汝忘君之爲孺子牛而折其齒乎？而背之也。』悼公稽首，曰：『吾子奉義而行者也。若我可，不必亡一大夫。若我不可，不必亡一公子。義則進，否則退，敢不唯子是從？廢興無以亂，則所願也。』鮑子曰：『誰非君之子？』乃受盟。使胡姬以安孺子如賴，去鬻姒，殺王甲，拘江説，囚王豹于句竇之丘。」○程氏傳：「稱『齊陽生』，見景公廢長立少，以啓亂也。」○或問：春秋譏景公之廢長立幼，而不稱「公子陽生」，何也？愚謂：人君立子而不以正者，皆徒設此心，兩棄之也。故凡當然而其君父處之不以其道者，君子不欲立其位，而伯夷、叔齊寧他人有之而不敢當，春秋豈敢遂予之以「公子」而正名之哉？

齊陳乞弑其君荼。荼，公羊作「舍」。○傳：「公使朱毛告於陳子，曰：『微子，則不及此。然君異於器，不可以二。器二不匱，君二多難，敢布諸大夫。』僖子不對而泣，曰：『君舉不信群臣乎？以齊國之困，困又有憂。少君不可以訪，是以求長君，庶亦能容群臣乎！不然，夫孺子何罪？』毛復命，公悔之。毛曰：『君大訪於陳子，而圖其小可也。』使毛遷孺子於駘。不至，殺諸野幕之下，葬諸殳冒淳。」○杜氏注：「弑荼者，朱毛與陽生也，而書陳乞，所以明乞立陽生，而荼見弑，則禍由乞始也。楚比劫立，陳乞流涕，子家憚老，皆疑於免罪，故春秋明而書之，以爲〔一〕弑主。」○高郵孫氏曰：「陽生入齊而陳乞弑君，則是陽生與聞乎故也。不以陽生首惡者，陽生之入，陳乞召之；荼之弑，陳乞爲之。加陽生以弑君之罪，則陳乞廢立之迹不明。書陽生之入而陳乞弑君，則陳乞之惡著，而陽生與有罪焉。」

冬，仲孫何忌帥師伐邾。

宋向巢帥師伐曹。

七年，春，宋皇瑗帥師侵鄭。傳：「宋師侵鄭，鄭叛晉故也。」○愚按：老丘之役，宋、鄭始

〔一〕「爲」，華亭義塾本作「家」。

因隙地以起兵争，卒致各取其師，以逞其殺人之志。所以詳其交争之實也。

晉魏曼多帥師侵衛。傳：「晉師侵衛，衛不服也。」

夏，公會吴于鄫。鄫即舊鄫國，杜氏注：「今琅邪鄫縣。」○傳：「公會吴于鄫。吴來徵百牢，子服景伯對曰：『先王未之有也。』吴人曰：『宋百牢我，魯不可以後宋。且魯牢晉大夫過十，吴王百牢，不亦可乎？』景伯曰：『晉范鞅貪而棄禮，以大國懼敝邑，故敝邑十一牢之。君若以禮命於諸侯，則有數矣。周之王也，制禮，上物不過十二，以爲天之大數也。今棄周禮，而曰必百牢，亦惟執事。』吴人弗聽。乃與之。反自鄫，以吴爲無能爲也。」○今按：比年書會吴，所以著哀公之失謀於始而遺患於後日也。

秋，公伐邾。八月，己酉，入邾，以邾子益來。傳：「季康子欲伐邾，乃饗大夫以謀之。子服景伯曰：『小所以事大，信也；大所以保小，仁也。背大國不信，伐小國不仁。』孟孫曰：『二三子以爲何如？惡賢而逆之？』對曰：『禹合諸侯於塗山，執玉帛者萬國，今其存者，無數十焉。唯大不字小，小不事大也。知必危，何故不言？』『魯德如邾，而以衆加之，可乎？』不樂而出。秋，伐邾，及范門，猶聞鍾聲。大夫諫，弗聽。茅成子請告于吴，不許，曰：『魯擊柝聞於邾。吴二千里，不三月不至，何及於我？』成子以茅叛，師遂入邾，處其公宫。衆師晝掠，邾衆保于繹。師宵掠，以邾子益來，獻于亳社，囚諸負瑕。邾茅夷鴻以束帛乘韋自請救於吴，曰：『魯弱晉而遠吴，以陵我小國。若夏盟于鄫衍，秋而背之，四方諸侯其何以事君？且魯賦八百乘，君之貳也。邾賦六百乘，君之私也。以私奉貳，唯君圖之！』吴子從之。」○蘇氏曰：「魯入邾，以邾子益來，而不書『滅』，何也？邾大夫茅夷鴻保於茅，請救於吴。明年，吴爲之伐魯，魯復邾子，故不言『滅』也。在外曰『以歸』，在内曰『以來』，内外之别也。」○劉氏曰：「邾子益何以名？賤之也。賤之奈何？虜服也。」○胡氏曰：「恃强陵弱，無故伐人而入其國，處其宫，晝夜掠，以其君來，獻于亳社，囚于負瑕，此天下之大惡也，曷爲不諱？以其不念舊惡，能去之而不積，歸邾子益于邾，則有改過遷善之美，而前惡不足以累之，故於此書而不諱，見聖人道隆德盛，而待人之弘且厚也。」

宋人圍曹。冬，鄭駟弘帥師救曹。傳：「宋人圍曹。鄭桓子思曰：『宋人有曹，鄭之患也。不可以不救。』冬，鄭師救曹，侵宋。」

八年，春，王正月，宋公入曹，以曹伯陽歸。傳：「曹伯陽即位，好田弋。曹鄙人公孫彊好弋，獲白鴈，獻之，且言田弋之説，説之。因訪政事，大説之，有寵，使爲司城以聽政。彊言霸説於曹伯，從之，乃背晉而奸宋。宋人伐之，晉人不救，築五邑於其郊，曰黍丘、揖丘、大城〔一〕、鍾、邘。宋公伐曹。將還，褚師子肥殿。曹人詬之，不行，師待之。公聞之，怒，命反之，遂滅曹。執曹伯及司城彊以歸，殺之。」○蘇氏曰：「此滅曹也，其不書『滅』，言自滅也。猶虞之滅言『晉人執虞公』，而不言『滅』也。」

吴伐我。傳：「吴爲邾故，三月伐我武城，克之。吴師克東陽而進，舍於五梧。明日，舍於蠶室。公賓庚、公甲叔子與戰于夷，獲叔子與析朱鉏，獻於王。王曰：『此同車，必使能，國未可望也。』明日，舍于庚宗，遂次于泗上。吴人行成。將盟，景伯曰：『楚人圍宋，易子而食，析骸而爨，猶無城下之盟。我未及虧，而有城下之盟，是棄國也。吴輕而遠，不能久，將歸矣。請少待之。』弗從。景伯負載，造於萊門。乃請釋子服何於吴，吴人許之，以王子姑曹當之，而後止。吴人盟而還。」○蘇氏曰：「不言四鄙，而直言『伐我』，兵加于國都也。於是爲城下之盟而還。不書，諱之也。」○胡氏傳：「春秋不言四鄙及與吴盟，

〔一〕「大」，底本及華亭義塾本皆作「犬」，據左傳及通志堂本改。

欲見其實而深諱之，以爲後世謀國之士不能以禮義自强，偷生旦夕，至於侵削陵遲而不知恥者之戒也。」

夏，齊人取讙及闡。闡，杜氏注：「在東平剛縣北。」地譜：「今宛丘龔蛇縣也。」○程氏傳：「内失邑不書，君辱當諱也。不能保其土地人民，是不君也。己與之，彼以非義而受，則書『取』，此與濟西田是也。魯入邾而以其君來，致齊怒、吴伐，故賂齊以説之。」○襄陵許氏曰：「外取邑不書，以即歸我，故書之也。」

歸邾子益于邾。傳：「齊侯使如吴請師，將以伐我，乃歸邾子。邾子又無道，吴子使太宰子餘討之，囚諸樓臺，栫之以棘。使諸大夫奉大子革以爲政。」○謹按：凡取邑之類，少有復歸之者。今魯不遂其惡而歸之，故以順辭言之也。

秋，七月。

冬，十有二月，癸亥，杞伯過卒。

齊人歸讙及闡。傳：「及齊平。九月，臧賓如如齊涖盟。齊閭丘明來涖盟，且逆季姬以歸。冬，十二月，齊人歸讙及闡。」○程氏傳：「不云『我田』，既歸邾子，亦歸其田，非以爲惠也。」

九年，春，王二月，葬杞僖公。

宋皇瑗帥師取鄭師于雍丘。雍丘，杜氏注：「縣屬陳留。」今屬開封。○傳：「鄭武子賸之嬖許瑕求邑，無以與之。請外取，許之，故圍宋於雍丘。宋皇瑗圍鄭師，每日遷舍。壘合，鄭師哭。子姚救之，大敗。二月，甲戌，宋取鄭師于雍丘，使有能者無死，以郟張與鄭羅歸。」○襄陵許氏曰：「春秋之季，日尋干戈，詐力相傾，奇變滋起，於是始志取人之師，甚其譎，惡其盡也。鄭以不義，深入敵境而圍其邑，此固喪師之道也。」

夏，楚人伐陳。傳：「陳即吳故也。」

秋，宋公伐鄭。杜氏注：「報雍丘。」

冬，十月。

十年，春，王二月，邾子益來奔。傳：「邾隱公來奔，齊甥也，故遂奔齊。」

公會吳伐齊。

三月，戊戌，齊侯陽生卒。傳：「九年，春，齊侯使公孟綽辭師于吳。吳子曰：『昔歲寡人聞命，今又革之，不知所從，將進受命于君。』冬，吳子使來儆師伐齊。十年，公會吳子、邾子、郯子伐齊南鄙，師于鄎。齊人弒悼公，赴于師。吳子三日哭于軍門之外。徐承帥舟師，將自海入齊。齊人敗之，吳師乃還。」○胡氏傳：「春秋不著齊人弒君之罪，而以卒書者，亦猶鄭伯髡頑弒而書卒也。魯人入邾，以其君來，罪也。齊侯爲是取讙及闡，如吳請師討之也。魯人悔懼，歸益于邾，是知其罪而能改也。齊侯爲是歸讙及闡，辭師于吳，是變之正也。夫變之正者，禮義之所在，中國之君也。吳人欲遂前言，而背違正理，狄道也。齊之臣子不能將順，上及其君，此天下之大變，常理之所無者也，故没其見弒之禍，而以卒書。所謂不忍以夷狄之民加中國之君也，而存天理之意微矣。」○襄陵許氏曰：「人事之變，有幸不幸，而春秋之義，裁成天地，見正命焉。」

夏，宋人伐鄭。襄陵許氏曰：「春取其師，秋又伐之，明年夏又伐之，惡其脩怨不已也。」

晉趙鞅帥師侵齊。傳：「趙鞅帥師伐齊，取犂及轅，毁高唐之郭，侵及賴而還。」○襄陵許氏曰：「助吳亂華，伐齊之喪，具文以見其罪。」

五月，公至自伐齊。師氏曰：「公會夷狄，以伐强國。夷狄之心不可信，而强國之禍不可測，其危可知矣。」

葬齊悼公。

衛公孟彄自齊歸于衛。

薛伯夷卒。夷，公羊作「寅」。

秋，葬薛惠公。

冬，楚公子結帥師伐陳。吴救陳。傳：「冬，楚子期伐陳。吴延州來季子救陳，謂子期曰：『二君不務德，而力争諸侯，民何罪焉？我請退，以爲子名，務德而安民。』乃還。」

○胡氏傳：「春秋惡首亂，善解紛。自誅亂臣、討賊子之外，凡書救者，未有不善之也。救在王室，則罪諸侯，子突救衛是也；救在遠國，則罪四鄰，晉陽處父救江是也；救在夷狄，則罪中國，楚公子貞救鄭、狄救齊、吴救陳是也。吴雖蠻夷之國，來會于戚，則進而書人矣。使季札聘，則又進而書子矣。救而果善，曷爲獨以號舉，而不進之也？其以號舉而不進之者，深著楚罪而傷中國之衰也。陳者，有虞之後，嘗爲楚滅而僅存爾。今又無故興師，肆行侵伐，而列國諸侯縱其暴横，不修方伯、連帥之職，而吴能救之，獨以號舉，深著楚罪而傷中國之衰也。子欲居九夷，乘桴浮海，又曰：『夷狄之有君，不如〔一〕諸夏之亡也。』其書『吴救陳』之意乎！」○或問：春秋幸吴之救，而不以人及師書之，何也？愚謂：宣、昭二公之時，楚主中國者也，楚猶近於中國也，故春秋於楚，免其夷狄號舉之稱。定、哀之時，吴主中國也，吴純於夷狄者也，故雖有小善，而猶以號舉。嗚呼！兹足以觀世變，而知春秋之嚴矣。

十有一年，春，齊國書帥師伐我。傳：「齊爲鄎故，國書、高無丕帥師伐我，及清。季孫謂其宰冉求曰：『齊師在清，必魯故也，若之何？』求曰：『一子守，二子從公禦諸竟。』季孫曰：『不能。』求曰：『居封疆之間。』季孫告二子，二子不可。求曰：『若不可，則君無出。一子帥師，背城而戰，不屬者，非魯人也。魯之群室，衆於齊之兵車，一室敵車優矣。子何患焉？二子之不欲戰也宜，政在季氏。當子之身，齊人伐魯而不能戰，子之恥也，大不列於諸侯矣。』季孫使從於朝，俟於黨氏之溝。武叔呼而問戰焉，對曰：『君子有遠慮，小

〔一〕「如」，原作「欲」，據論語、胡安國春秋傳與通志堂本改。

人何知？』懿子强問之，對曰：『小人慮材而言，量力而共者也。』武叔曰：『是謂我不成丈夫也。』退而蒐乘。孟孺子洩帥右師，顔羽御，邴洩爲右。冉求帥左師，管周父御，樊遲爲右。季孫曰：『須也弱。』有子曰：『就用命焉。』季氏之甲七千，冉有以武城人三百爲己徒卒，老幼守宫，次于雩門之外。五日，右師從之。公叔務人見保者而泣，曰：『事充政重，上不能謀，士不能死，何以治民？吾既言之矣，敢不勉乎！』師及齊師戰于郊，齊師自稷曲，師不踰溝。樊遲曰：『非不能也，不信子也。請三刻而踰之。』如之，衆從之，師入齊軍。右師奔，齊人從之。陳瓘、陳莊涉泗。孟之側後入以爲殿，抽矢策其馬，曰：『馬不進也。』林不狃之伍曰：『走乎？』不狃曰：『誰不如？』曰：『然則止乎？』不狃曰：『惡賢？』徐步而死。師獲甲首八十，齊人不能師。宵諜曰：『齊人遁。』冉有請從之三，季孫弗許。公爲與其嬖僮汪錡乘，皆死，皆殯。孔子曰：『能執干戈以衛社稷，可無殤也。』冉有用矛於齊師，故能入其軍。孔子曰：『義也。』○劉氏傳：「不言鄙者，受之也。此其爲受之奈何？蓋伐喪也。」○胡氏傳：「諸侯來伐，無有不書四鄙者。今齊師及清涉泗，非有城下之盟，可諱之辱，亦書『伐我』，何也？傳説復于高宗，曰：『惟甲冑起戎，惟干戈省厥躬。』夫『省厥躬』者，自反之謂也。自反而縮則爲壯，自反而不縮則爲老，師之老壯在曲直，曲直自我，而不繫乎人者也。郲子，齊之甥。魯嘗入郲，以其君來，齊人爲是取讙及闡，請師于吴，曲在我矣；及歸郲益，而齊人歸讙及闡，又辭吴師，直在齊矣。魯人何名會吴伐之也？故春秋之記斯師，特曰『伐我』者，欲省致師之由，而躬自厚也。垂訓之義大矣！」

夏，陳袁頗出奔鄭。袁，左氏、穀梁作「轅」。○傳：「初，轅頗爲司徒，賦封田以嫁公女，有餘，以爲己大器。國人逐之，故出。」○襄陵許氏曰：「春秋書袁頗之奔，所以爲人臣附上以刻下、託公以營私者之戒也。」

五月，公會吴伐齊。甲戌，齊國書帥師及吴戰于艾陵。齊師敗績，獲齊國書。傳：「爲郊戰故，公會吴子伐齊。五月，克博。壬申，至于嬴。中軍從王，胥門巢將上軍，王子姑曹將下軍，展如將右軍。齊國書將中軍，高無丕將上軍，宗樓將下軍。甲戌，戰于艾陵。展如敗高子，國子敗胥門巢。王卒助之，大敗齊師。獲國書、公孫夏、閭丘明、陳書、東郭書，革車八百乘，甲首三千，以獻于公。」○劉氏意林曰：「夫以吴之無道，犯閒上國，涉數千里之地以伐人之邦，固求棄疾於人，與之俱靡焉耳。國書之用齊也，内不能安其君，外不能交鄰國，而輕與之戰，其不愛百姓也，不亦甚乎！」○吕氏曰：「公會吴伐齊，而戰不言公，齊國書帥師而來，主與吴戰，不爲魯也。」

秋，七月，辛酉，滕子虞母卒。

冬，十有一月，葬滕隱公。

衛世叔齊出奔宋。傳：「衛太叔疾出奔宋。初，疾娶于宋子朝，其娣嬖。子朝出，孔文子使疾出其妻，而妻之。疾使侍人誘其初妻之娣，置於犂，而爲之一宫，如二妻。文子怒，欲攻之，仲尼止之。遂奪其妻。或淫于外州，外州人奪之軒，以獻。恥是二者，故出。」

十有二年，春，用田賦。傳：「季孫欲以田賦，使冉有訪諸仲尼。仲尼曰：『丘不識也。』三發，卒曰：『子爲國老，待子而行，若之何子之不言也？』仲尼不對，而私於冉有曰：『君子之行也，度於禮，施取其厚，事舉其中，斂從其薄。如是，則以丘亦足矣。若不度於禮，而貪冒無厭，則雖以田賦，將又不足。且子季孫若欲行而法，則周公之典在；若欲苟而行，又何訪焉？』十二年，春，王正月，用田賦。」○何氏注：「田，謂一井之田。賦者，斂取其財物也。言用田賦者，若今漢家斂民錢，以田爲率矣。不言井者，城郭里巷亦有井，嫌悉賦之。禮，税民公田，不過什一，軍賦十井不過一乘。哀公外慕强吴，空盡國儲，故復用田賦，過什一。」○襄陵許氏曰：「先王之法，九夫爲井，四井爲邑。井邑未有賦也，四邑爲丘，丘十六井，乃有牛馬之賦。今以丘賦爲不足也，於是更用田賦，籍井而取之，不待及丘，此非禮也。古者，蓋田有税，丘有賦，税以足食，賦以足兵。」○胡氏傳：「哀公問於有若曰：『年饑，用不足，如之何？』有若對曰：『盍徹乎？』曰：『二，吾猶不足，如之何其徹也？』曰：『百姓足，君孰與不足？百姓不足，君孰與足？』古者公田什一，助而不税。魯自宣公初税畝，後世遂以爲常，而不復矣。至是二猶不足，故又以田賦也。夫先王制土，籍田以力而砥其遠邇，賦里以入而量其有無。今用田賦軍旅之征，非矣。田以出粟爲主而足食，賦以出軍爲主而足兵。周制，宅不毛者有里布，無職事者征夫家。漆林之税，二十而五，則弛力薄征，當以農民爲急，而增賦竭作，不使末業者獨幸而免也。今二猶不足，而用田賦，是重困農民而削其本，何以爲國？書曰『用田賦』，用者，不宜用者也。近世議弛商賈之征，達於時政者欲先省國用，首寬農民，後及商賈，知春秋譏田賦之意矣。」○愚按：田賦之實不書，其詳於傳，獨孔子言以「丘足矣」，可見加賦於古合。何氏、許氏之説，觀之可以得春秋之旨矣。

夏，五月，甲辰，孟子卒。傳：「夏，五月，昭夫人孟子卒。昭公娶於吴，故不書姓。」○公羊傳：「孟子者何？昭公之夫人也。其稱孟子何？諱取同姓，蓋吴女也。」○何氏注：「禮，不娶同姓，買妾不知其姓，則卜之。爲同姓共祖，亂人倫，與禽獸無別。昭公既娶，吴諱而謂之吴孟子。春秋不繫吴者，禮，婦人繫姓不繫國，雖不諱，猶不繫國也。不稱夫人、不言薨、不書葬者，深諱之。」○胡氏傳：「昭公不謹於禮，欲結好强吴以去三家之權；忍娶同姓，以混男女之别；不命於天子，以弱其配；不見於廟，不書於册，以廢其常典。禮之大本喪矣，其失國也宜。故陳司敗問：『昭公知禮乎？』子曰：『知禮。』孔子退，揖巫馬期而進之，曰：『吾聞君子不黨，君子亦黨乎？君娶於吴爲同姓，謂之吴孟子。君而知禮，孰不知禮？』巫馬期以告。子曰：『丘也幸，苟有過，人必知之。』書『孟子卒』，雖曰爲君隱，而實亦不可揜矣。」○吕氏曰：「魯之君豈苟爲無禮而亂男女之别哉？迫於强吴之威，而欲自固其國也。欲自固其國，而不知以禮自防，以義爲上，徇目前之急，忘長久之慮，遂至流於夷狄禽獸而不辭也。」

公會吴于橐皋。橐，音章夜反，一音託。橐皋，吴地，杜氏注：「在淮南逡遒縣東南。」地譜云：「逡遒故城在今廬州慎縣東南。」○傳：「公會吴于橐皋，吴子使大宰嚭請尋盟。公不欲，使子貢對曰：『盟，所以周信也，故心以制之，玉帛以奉之，言以結之，明神以要之。寡君以爲苟有盟焉，弗可改也已；若猶可改，日盟何益？今吾子曰：『必尋盟。』若可尋也，亦可寒也。』乃不尋盟。」

秋，公會衛侯、宋皇瑗于鄖。鄖，公羊作「運」。○杜氏注：「鄖，發陽也，廣陵海陵縣東南有發繇亭〔一〕。」地譜：「吳地海陵，今泰州城下。」○傳：「吳徵會于衛。秋，衛侯會吳于鄖。公及衛侯、宋皇瑗盟，而卒辭吳盟。吳人藩衛侯之舍。子貢見太宰嚭，語及衛故，太宰嚭曰：『寡君願事衛君。衛君之來也緩，寡君懼，故將止之。』子貢曰：『衛君之來，必謀於其衆。其衆或欲或否，是以緩來。其欲來者，子之黨也；其不欲來者，子之讎也。若執衛君，是墮黨而崇讎也，夫墮子者得其志矣。且合諸侯而執衛君，誰敢不懼？墮黨崇讎，而懼諸侯，或者難以霸乎？』太宰嚭説，乃舍衛侯。」

宋向巢帥師伐鄭。傳：「宋、鄭之間有隙地焉，曰：彌作、頃丘、玉暢、嵒、戈、鍚。子產與宋人爲成，曰：『勿有是。』及宋平、元之族自蕭奔鄭，鄭人爲之城嵒、戈、鍚。九月，宋向巢伐鄭，取鍚，殺元公之孫，遂圍嵒。十二月，鄭罕達救嵒。丙申，圍宋師。」

〔一〕「亭」，底本及華亭義塾本作「口」，據左傳杜預注及通志堂本改。

冬，十有二月，螽。公羊作「蝝」。○傳：「冬，十二月，螽。季孫問諸仲尼。仲尼曰：『丘聞之，火伏而後蟄者畢。今火猶西流，司曆過也。』」○杜氏注：「周十二月，今十月。是歲，應置閏，而失不置，雖書十二月，實今之九月，司曆誤一月。九月之初尚温，故得有螽。」

十有三年，春，鄭罕達帥師取宋師于嵒。傳：「宋向魋救其師。鄭子賸使徇曰：『得桓魋者有賞。』魋也逃歸。遂取宋師于嵒，獲成讙、郜延。以六邑爲虚。」○泰山孫氏曰：「報雍丘之師也。二國覆師以相償報，其惡如此。」

夏，許男成卒。成，公羊作「戌」。

公會晉侯及吴子于黄池。黄池，晉地，杜氏注：「陳留封丘縣南有黄亭，近濟水。」地譜：「東京開封縣有黄池。」○傳：「公會單平公、晉定公、吴夫差于黄池。六月，丙子，越子伐吴，爲二隧，疇無餘、謳陽自南方，先及郊。吴大子友、王子地、王孫彌庸、壽於姚自泓上觀之。彌庸見姑蔑之旗，曰：『吾父之旗也，不可以見讎而弗殺也。』大子曰：『戰而不克，將亡國，請待之。』彌庸不可，屬徒五千，王子地助之。乙酉，戰，彌庸獲疇無餘，地獲謳陽。越子至，王子地守。丙戌，復戰，大敗吴師。獲大子友、王孫彌庸、壽於姚。丁亥，入吴，吴人告敗于王。王惡其聞也，自剄七人於幕下。秋，七月，辛丑，盟，吴、晉爭先。吴人曰：『於周室，我爲長。』晉人曰：『於姬姓，我爲伯。』趙鞅呼司馬寅曰：『日旰矣，大事未成，二臣之罪也。建鼓整列，二臣死之，長幼必可知也。』對曰：『請姑視之。』反曰：『肉食者無墨。今吴王有墨，國勝乎？大子死乎？且夷德輕，不忍久，請少待之。』乃先晉人。」○外傳吴語曰：「夫差會晉公午于黄池。越王勾踐襲吴，入其郛，焚其姑蘇。吴、晉爭長未成，邊遽乃至，以越亂告。吴王懼，乃合大夫而謀曰：『今無會而歸，與會而先晉，孰利？』王孫雒〔一〕曰：『二者莫利。必會而先之。今夕必挑戰，以廣民志。請王厲士，以奮其勢，彼將不戰而先我。』吴王昏乃秣馬食士。夜中，命服兵擐甲，陳士卒，百人以爲徹行，萬人以爲方陣。王中陳而立，左右軍亦如之。爲帶甲三萬，以勢攻。昧明，王乃秉枹，親鼓，三軍皆譁釦以振旅。晉師大駭，令〔二〕董褐請事，吴王曰：『天子有命，周室卑約，貢獻莫入，今非王室不平安是憂，億晉負衆庶，不式諸戎、狄、楚、秦，將不長弟

〔一〕「雒」，通志堂本作「雄」。
〔二〕國語及通志堂本「令」上有「不出乃」。

以力征一二兄弟之國。孤欲守先君之班爵，進則不敢，退則不可。孤之事君與不得事君，皆在今日。』董褐還致命，乃告趙鞅曰：『臣觀吳王之色，類有大憂。將毒，不可與戰。主其許之先，然不可徒許也。』趙鞅許諾。使褐復命曰：『君掩王東海，以淫名聞于天子，則何有於周室？夫命圭有命，固曰吳伯，不曰吳王，諸侯是以敢辭。夫諸侯無二君，而周無二王，君若無卑天子以干其不祥，而曰吳公，孤敢不順君命長弟？』許諾，吳王乃退就幕而會。吳公先歃，晉侯亞之。」○公羊傳：「吳何以稱子？吳主會也。吳主會，則曷爲先言晉侯？不與夷狄之主中國也。其言及吳子何？會兩伯之辭也。不與夷狄之主中國，則曷爲以會兩伯之辭言之？重吳也。曷爲重吳？吳在是，則天下諸侯莫敢不至也。」○襄陵許氏曰：「兩伯之盟，左氏曰先晉，國語曰先吳，此二國史籍之異也。顧自宋之盟，則晉已爲楚所先，陵遲至於黃池之時，豈能復與吳爭？國語信也。晉人恥吳先之，故諱焉耳。」○穀梁傳：「黃池之會，吳進乎哉！遂子矣。吳，夷狄之國也，祝髮文身，欲因魯之禮，因晉之權，而請冠端而襲。其藉于成周，以尊天王。吳進矣！吳，東方之大國也，累累致小國以會諸侯，以合乎中國。吳能爲之，則不臣乎？吳進矣！王，尊稱也；子，卑稱也，辭尊稱而居卑稱，以會乎諸侯，以尊天王。吳王夫差曰：『好冠來。』孔子曰：『大矣哉！夫差未能言冠而欲冠也。』」〔一〕○廬陵李氏曰：「此條先晉之説，當主公羊；爵吴之説，當主穀梁；書『及』之説，公羊、胡氏皆得之；其事實，則國語所載爲詳。但所載尊周室之事，蓋二國假此以相勝耳，豈真能奉王命哉？」〔二〕○黄池之會，左氏傳以爲先晉，而外傳乃謂夫差以三萬兵脅晉而先之，二者將孰從哉？愚以春秋書法及事理考之，外傳之説是也。何也？春秋未嘗許吴也，而此會特書吴子，若夫差無能改於其德，因爲越所敗而先晉，則不書「晉侯及吴子」矣。考之經，會吴始於鍾離，自是至橐皋，凡七會，吴至此乃特書「會晉侯及吴子于黄池」、「誠以夫差易王而稱公耳」。夫去其王而稱公，此齊桓之所不能行於楚者也，而夫差稱「吴公」以會，春秋以其尚存周室，是以爵稱之，而異於他日會吴之書也。不然，黄池之去橐皋，一二年間耳，春秋安得遽子之哉？或曰：夫差迫於越之禍，不得已而從耳。孟子曰：「有人於此，力不能勝一匹雛，則爲無力人矣。今曰舉百鈞，則爲有力人矣。」聖人予夷狄之改過遷善，立法以垂世，豈必窮其不得已之意哉？

〔一〕底本及華亭義塾本無此引穀梁傳條目，據通志堂本補。
〔二〕底本及華亭義塾本無此引「廬陵李氏曰」條目，據通志堂本補。

楚公子申帥師伐陳。

於越入吴。傳見上。○孫氏曰：「於越入吳者，吳子方會，乘其無備也。」○胡氏傳：「吴自柏舉以來，憑陵中國，黄池之會，遂主夏盟，可謂强矣。而春秋繼書『於越入吴』，所謂因事屬詞，垂戒後世，見深切著明之義也。」○又曾子曰：「戒之戒之，出乎爾者，反乎爾。」老氏曰：「佳兵不祥之器。」其事好還，夫以力勝人者，人亦以力勝之矣。吴嘗破越，遂有輕楚之心；及其破楚，又有驕齊之志；既勝齊師，復與晉人争長，自謂莫之敵也，而越已入其國都矣。吴侵中國而越滅之，越又不監而楚滅之，楚又不監而秦滅之，秦又不監而漢滅之，老子、曾子其言，豈欺也哉？〔一〕○薛氏曰：「吴子不戒，争中國之諸侯，而越卒入吴，所謂無遠慮、有近憂矣。吴子忘不共戴天之恥而求諸侯于外，此越所以霸諸侯乎。」〔二〕

秋，公至自會。

〔一〕底本及華亭義塾本無此「又曾子曰」以降條目，據通志堂本補。
〔二〕底本及華亭義塾本無此「薛氏曰」條目，據通志堂本補。

晉魏曼多帥師侵衛。公羊無「曼」，字脱也。○許氏曰：「晉以范、中行難伐衛、伐鮮虞，間齊之難而一侵之，又再侵衛。而諸侯卒莫之宗者，惟其國無政也。師雖數出，能侵而已，益玩而頓矣。此王霸道盡之時也。」○高氏曰：「蒯聵在戚，十有二年矣，晉人不能以此討衛，乃以范、中行故而數興師，故書『侵』。」〔一〕

葬許元公。

九月，螽。高氏曰：「周之九月，夏之七月也。其爲農災，又非冬十有二月之比也。」〔二〕

冬，十有一月，有星孛于東方。公羊傳：「孛者何？彗星也。其言于東方何？見于旦也。何以書？記異也。」○泰山孫氏曰：「光芒四出曰孛。不言所在之次者，見于旦也。按文十四年有星孛入于北斗，昭十七年有星孛于大辰。此不言所在之次者，見于旦可知也。」

盜殺陳夏區夫。區，公羊作「彄」。

〔一〕底本及華亭義塾本無此「高氏曰」條目，據通志堂本補。
〔二〕底本及華亭義塾本無此「高氏曰」條目，據通志堂本補。

十有二月，螽。呂氏曰：「此年九月螽，十二月又螽，又比年十二月螽，陰陽錯亂之甚，當世君臣亦可以自省矣。」○許氏曰：「自用田賦而比年三書『螽』，貪殘無已之應也。螽每在十二月，傳以爲司曆之過，此曆不時不革之敝，與春秋書魯人事至用田賦，書魯天災至於二年而三螽，則見其民力已窮、天命已去。君子之心，於魯已矣。故春秋以大斂之顛終也。」

十有四年，春，西狩獲麟。傳：「西狩于大野，叔孫氏之車子鉏商獲麟，以爲不祥，以賜虞人。仲尼觀之，曰：『麟也。』然後取之。」○杜氏曰：「大野在魯西，故曰西狩。」○詩釋文：「麟，麕身，牛尾，馬足，一角，角端有肉。毛蟲之長也。不踐生草，不履生蟲，音中鍾呂，行中規矩，王者至仁則出。」○公羊傳：「麟，仁獸也。有王者則至，無王者則不至。有以告者曰：『有麕而角者。』孔子曰：『孰爲來哉！』顔淵死，子曰：『噫！天喪予！』子路死，子曰：『噫！天祝予！』西狩獲麟，孔子曰：『吾道窮矣。』君子曷爲爲春秋？撥亂世，反諸正，莫近諸春秋。則未知其爲是與，其諸君子樂道堯、舜之道與？末不亦樂乎堯、舜之知君子也？制春秋之義，以俟後聖，以君子之爲，亦有樂乎此也。」○愚謂：麒麟之於走獸，猶聖人之於人，出類拔萃，爲人法之物則者也。故聖人之生，必以四靈爲畜。包犧畫卦而龍馬出，大舜作樂而鳳凰儀。周公告召公曰：「耇造德不降，我則鳴鳥不聞。」孔子曰：「鳳鳥不至，河不出圖，吾已矣夫！」然則夫子生於周末，而麟見於大野，以仁聖之君子，天錫仁獸之應，乃理之當然，無足疑者。韓愈氏曰：「麟爲聖人出也，聖人必知麟。」是以西狩之獲，必夫子觀之而知爲麟也。然氣數之不偶，固異於堯、舜之盛，而王霸之道方窮，亦非文王麟趾之時。是以麟雖爲夫子出，然獲於鉏商而謂爲不祥，以賜虞人，然後取之。其與明王不興而天下不能宗夫子，何以異哉？程子曰：「始隱，周之衰也；終麟，感之始也。世衰道不行，有述作之意舊矣，但因麟而發耳。麟不出，春秋亦必作也。」春秋之作，不過因魯國之史，而天地四時之無窮，所以察其遷變，而紀其差忒者，無一略也。中國、夷狄之廣，莫所以紀其交際，而别其典禮者，無一遺也。其大且廣者如此，則凡小且偏者，何一事一物之不得其治且理哉？故曰：言天下之至動而不可亂也，言天下之至賾而不可惡也。夫子之贊易者，即其所以脩春秋也。以區區一魯國之史，而兼紀周、齊、晉、宋諸國之事，其尊卑、小大、統屬之序秩然，無豪髮之不順；盡書治忽、失得、陵僭、賊亂之變，森然一循乎條理，而無一之非法。故曰：非聖人誰能修之也？夫其至動至賾之不齊，而聖人何以一之哉？曰：仁而已矣。故萬物之聚散、經世之紀綱，聖人一道以成之，曰：仁。觀論語之書，而知聖心之安仁。書於春秋者，無非此理。觀西狩之獲，而知天瑞之類應，聖人先天、後天而天且弗違，而春秋之終不外乎此也。

春秋卷第十一

跋文一〔一〕

春秋一經，非聖人莫能修，非理明義精者未易學。清江如古齊、趙。初，公是劉公以春秋學名世，今所傳傳、權衡、意林，其遺書也。自荆舒唱邪説，春秋遂爲大禁，劉氏之學無傳焉。

主一先生寶章張公獨抱一經於百餘載之後，迺能析三傳之異同，遡關、洛之本統，倣文公朱先生論孟集注，泛取先儒之至當精義，而間附以己意，輯爲書十一卷。烏乎！建子爲春而天統成矣，以今證古而地紀平矣，嚴綱常之大分、定夷夏之大經而人道明矣。所謂理明義精者，非耶？

公及登文公之門，每移書問辨，發機中的，雖文公不能奪也。文公謂春秋爲學

〔一〕標題爲整理者所加。

者最後一段事，故諸經多論述，獨略於春秋。是書豈惟集注哲之大成，抑亦補師門之未備與！公於春秋，又有集傳二十八卷，左氏蒙求一卷。集注最晚出，屢經删潤，尤號精密。

端平間，朝廷徵所著書，注、傳悉上册府。天子需公經帷，力辭，迺以直秘閣奉祠。年七十有七以卒。僕生晚，安敢以妄語繫公書後，既刻于學官，因考其本末如此。寶祐乙卯，中和節日，郡文學莆陽方應發謹書。

跋文二〔一〕

六經義嚴密，先儒詳解以詔後學，厥功懋矣。然探之彌深，索之愈隱，惟易與春秋。易準天，春秋權王道。王道，天之契也，知王道則知天，知天則知易與春秋。天易知乎哉？天司變化，王道主因革，因革符變化，非神明之至，其孰能窮焉。然天上懸萬象，下生萬物，皆宣其道也。觀感而知之，古有其人矣；察天以究二經，獨無人乎！

有宋伊、洛諸君子，衍析精義，開揚其藴奥，炳然猶日星以光昭天矣。後之作者，殆難越焉。然苟斯文未喪，代有緝熙之人。始余在中原，歲在甲辰，聞江西張主一先生春秋之學有注解，可以並驅伊、洛，騁乎洙、泗之域。暨南來，見中國文物禮

〔一〕標題爲整理者所加。

樂之盛。寶祐癸丑，余來江陵，與張啓叔聯職闔僚，問之，則主一先生其乃翁也。接其言論，則渾樸無華，知其家學之有自也。於是叩乃翁所著之書，借本一閱，渾乎一氣寒燠，與時偕行，浩乎長江湍緩，因地之宜。其詞簡，其理發，暢經旨而不違，真足以入闕里，登孔庭，對聖人之貌矣。吁，非知天德，能如是乎？明年冬，啓叔告余以臨江郡庠將鋟梓，以廣其傳，謁余志其後。余才雖固陋，敢不對揚先賢之美。

常山楊克志子文敬書于渚宫寓軒

附録

宋史張洽傳

張洽字元德，臨江之清江人。父紱，第進士。洽少穎異，從朱熹學，自六經傳注而下，皆究其指歸，至於諸子百家、山經地志、老子浮屠之説，無所不讀。嘗取管子所謂「思之思之，又重思之，思之不通，鬼神將通之」之語，以爲窮理之要。熹嘉其篤志，謂黄榦曰：「所望以永斯道之傳，如二三君者不數人也。」

時行社倉法，洽請於縣，貸常平米三百石，建倉里中，六年而歸其本於官，鄉人利之。嘉定元年中第，授松滋尉。湖右經界不正，弊日甚，洽請行推排法，令以委洽。洽於是令民自實其土地疆界産業之數投于匱，乃籌覈而次第之，吏姦無所匿。其後十餘年，訟者猶援以爲證云。

改袁州司理參軍。有大囚，訊之則服，尋復變異，且力能動搖官吏，累年不決，而逮繫者甚衆。洽以白提點刑獄，殺之。有盜黠甚，辭不能折。會獄有兄弟争財者，洽諭之曰：「訟于官，祇爲胥吏之地，且冒法以求勝，孰與各守分以全手足之愛乎？」辭氣懇切，訟者感悟。盗聞之，自伏。民有殺人，賄其子焚之，居數年，事敗，洽治其獄無狀，憂之，且白郡委官體訪。俄夢有人拜于庭，示以傷痕在脅。翌日，委官上其事，果然。

郡守以倉廪虚，籍倉吏二十餘家，命洽鞫之，洽廉知爲都吏所賣。都吏者，州之巨蠹也，嘗干於倉不獲，故以此中之。洽度守意鋭未可嬰，姑繫之，而密令計倉庾所入以白守曰：「君之籍二十餘家者，以胥吏也。今校數歲之中所入，已豐於昔，由是觀之，胥吏妄矣。君必不忍受胥吏之妄，而籍無罪之家也。若以罪胥吏，過乃可免。」守悟，爲罷都吏，而免所籍之家。

知永新縣。一日謁告，聞獄中榜笞聲，蓋獄吏受賕，乘間訊囚使誣服也。洽大怒，亟執付獄，明日以上于郡，黥之。湖南鄺寇作亂，與縣接壤，民大恐。洽單車以往，邑佐、寓士交諫，弗聽。至則寇未嘗至，乃延見隅官，訪利害而犒之，因行安福境上，結約土豪，得其懽心。未幾，南安舒寇將犯境，聞有備，乃去。

以江東提舉常平薦，通判池州。獄有張德脩者，誤蹴人以死，獄吏誣以故殺，洽訊而疑之，請再鞫，守不聽。會提點常平袁甫至，時方大旱，禱不應，洽言于甫曰：「漢、晉以來，濫刑而致旱，伸冤而得雨，載於方册可攷也。今天大旱，焉知非由德脩事乎？」甫爲閱款狀於獄，德脩遂從徒罪。復白郡請蠲征税，寬催科，以召和氣，守爲寬税。三日果大雨，民甚悦。洽數以病請祠，至是主管建昌仙都觀，以慶壽恩賜緋衣、銀魚。

時袁甫提點江東刑獄，甫以白鹿書院廢弛，招洽爲長。洽曰：「嘻，是先師之迹也，其可辭！」至則選好學之士日與講説，而汰其不率教者。凡養士之田乾没於豪右者復之。學興，即謝病去。

端平初，大臣多薦洽，召赴都堂審察，洽以疾不赴，乃除祕書郎，尋遷著作佐郎。度正、葉味道在經幄，帝數問張洽何時可到，將以説書待洽，洽固辭，遂除直祕閣，主管建康崇禧觀。嘉熙元年，以疾乞致仕，十月卒，年七十七。

洽自少用力於敬，故以「主一」名齋。平居不異常人，至義所當爲，則勇不可奪。居閒不言朝廷事，或因災異變故，輒顰蹙不樂，及聞一君子進用，士大夫直言朝廷得失，則喜見顏色。所交皆名士，如呂祖儉、黄榦、趙崇憲、蔡淵、吴必大、輔廣、李道傳、李燔、葉味道、李閎祖、李方子、柴中行、真德秀、魏了翁、李𡌴、趙汝讜、陳貴誼、杜孝嚴、度正、張嗣古，皆敬慕之。卒後一日，有旨除直寶章閣。所著書有春秋集注、春秋集傳、左氏蒙求、續通鑑長編事略、歷代郡縣地理沿革表、文集。

子槢、樫，賜同進士出身。

宋德祐元年衛宗武華亭義塾刻本春秋集注序

嘗聞之程子云：「看春秋有法，以傳考經，以經考傳。」今觀主一張君集注，纂傳文載於經下，而繫以諸家之説，使學者開卷筆削之法瞭然在目，固已得伊川先生之遺意，而又間附以己見，索幽闡秘，研精極微，有前人論著之所未到。猶之聚寶爲器，益以零金碎玉，而加追琢之工，後有作者弗可及已。其間如論楚之救鄭，既不書救，又貶稱人，以見夷狄之不足進；至吴之救陳，既不書師，復不書人，以見世變之益可哀。他如於公如京師而繼之以伐秦，而謂臣禮之僅存者，不可廢臣禮之不專者爲可貶，而兩寓其旨。於葬蔡景公而繼之以宋災，故而謂用變例以造書，慮中國之淪胥于夷而三致其意。若此之類，發明爲多，皆能沉潛書法之妙，體認史外傳心之藴，不爲無補於聖經。苟惟無得於此，則若荆公惟見其爲斷爛朝報耳。二百四十餘年褒貶之筆，夫子之志不幾泯夫！此書惟臨江有刊本，遭燬之後，董克翁以録本示予，謂不可不壽其傳。故鋟梓於華亭之義塾云。德祐乙亥菊節，後學衛宗武謹書。

明嘉靖聚樂堂刻本春秋集注序

洪武三年，始定科舉之令。其貢士不拘舊格，惟取通暢經旨，春秋傳用五：左氏、公、穀、胡氏、張洽。永樂初，詔學士劉三吾輩纂修春秋大全，而張傳亦與焉。其後士務簡便，胡氏之外，不復旁求，而諸傳遂弗傳矣。余少業是經，義有未安，每取諸說參訂，而張傳尠有知者，余未嘗不爲太息云。頃年偶得吴郡沈氏善本，亟閲之，既乃刻置齋中。卷凡十一，内闕「吴子會于黄池」一傳，余不度謏陋，輒依張氏之例補之。又校訂疑誤字四百五十有奇，甚或未盡，以俟同志者考焉。序曰：余嘗聞先君子云：春秋大旨有二，曰達例，曰特筆。蓋是時，上自王朝，下至列國，災祥、日月、婚姻、喪紀、朝聘、會盟、師田、賦役、戰伐、眚盜、爵號、名稱，一因其事實而無加損者，此所謂達例也；如王勞晉侯而書曰狩，甯殖出君而書曰奔，糾不書齊而小白書齊，突不書鄭而忽書鄭，不曰仲子而曰惠公仲子，不曰成風而曰僖公成風，不曰陳黄而曰陳侯之弟黄，不曰衛縶而曰衛侯之兄縶，陽虎陪臣謂之曰盗，吴楚僭號謂之曰子，立晉而稱衛人，立王子朝而稱尹氏，凡此之類，皆所謂特筆也。三傳所釋，各有所蔽：左氏傳事而不傳義，故失之誣；公、穀傳義而不傳事，故失之鑿。胡氏酌三家，求史與經，不得於事則考義，不得於義則考事，更相發明，多獲聖人之旨。其有因時以立言，藉經以明誼，故攘夷、復讎之詞，不厭其繁且複也。張氏，私淑文定者也，謂諸傳辯析未盡者，則推究以伸其藴；制度未備者，則考據以致其詳；間有不合者，如「春王正月」獨主尊周之説，魯之郊禘、大雩引竹書，始自惠公之請，四國同盟于幽，謂衛附楚不受諸侯之約，蒯聵出奔，責晉侯聽讒以致無戲陽速之謀，其説頗優。至於綱領大要，一旨本於文定云。洽字元德，清江人，嘗師諸子，自六經傳注洞規，聘洽爲長，久之，其學大興。嘉定初中第，授松滋縣尉，改袁州司理參軍。袁甫修復白鹿洞規，聘洽爲長，久之，其學大興。會病免。端平間，起授秘書，即尋遷著作郎，直秘閣，主管建康崇禧觀。所至皆有治跡，兹不著，著其素履之概與修經之大意云。

嘉靖四十三年秋九月朔日

清通志堂經解清江張氏春秋集注序

清江張元德游朱子之門，爲白鹿洞書院長，終著作佐郎，追除直寶章閣，而元德已歿矣。其於春秋，有集傳、集注、地理沿革表三書，端平中進于朝，宣付秘閣。朱子嘗報元德書矣，曰：「春秋某所未學，不敢强爲之説。」而於尚書，則謂有老師、宿儒所未曉者。夫學至朱子，智足以知聖人矣，而於尚書、春秋無所傳，非不暇爲，亦慎之至也。明洪武初，頒五經、四書于學官，傳、注多宗朱子，惟易則兼用程、朱傳義，春秋則胡氏傳、張氏注並存。久之，習易者舍程傳而專宗朱子，習春秋者，胡傳單行，而集注流傳日鮮矣。余誦其書，集諸家之長，而折衷歸於至當，無胡氏牽合之弊，允宜頒之學官者也。昔明太祖不主蔡仲默「七政左旋」之説，乃命學士劉三吾率儒臣二十六人更定書傳，曰書傳會選。今其書漸廢，而仍行蔡傳。顧元德是書，昔之所頒行者，反不得與蔡氏並。書之取舍興廢，蓋亦有幸不幸焉，可感也已。

康熙丁巳二月納蘭成德容若序

春秋集注提要見四庫全書總目提要

春秋集注十一卷，綱領一卷，江西巡撫採進本。宋張洽撰。洽字元德，清江人，嘉定中進士，官至著作佐郎。端平元年，朝廷知洽家居著書，宣命臨江軍守臣以禮延訪，齎紙札謄寫以進。書既上，除洽知寶章閣。會洽卒，謚之曰文憲，以其書付祕閣。書首有洽進書狀，自言「於漢、唐以來諸儒之議論，莫不考覈研究，取其足以發明聖人之意者，附於每事之左，名曰春秋集傳。既又因此書之粗備，復倣先師文公語、孟之書，會其精意，詮次其説，以爲集注」云云。考朱子語録，深駁胡安國「夏時冠周月」之説。洽此書以春爲建子之月，與左傳「王周正月」義合，足破支離轇轕之陋。車若水脚氣集乃深以洽改從周正爲非，門户之見，殊不足據。至若水謂「於春秋一書，質實判斷不得，除非起孔子出來，説當時之事，與所以褒貶去取之意方得。今作集注，便是質實判斷，此照語、孟例不得。語、孟是説道理，春秋是紀事，且首先數句便難明。惠公、仲子，不知惠公之仲子耶，或惠公同仲子耶？尹氏卒，一邊道是婦人，一邊道是天子之世卿。諸儒譏世卿之説，自是明訓。恐是舉燭尚明之論，理雖是而事則非也」云云，其論亦頗中洽之病。要其合者不可廢也。明洪武中，以此書與胡安國傳同立學官，迨永樂間，胡廣等剽襲汪克寬纂疏，爲大全，其説專主胡傳，科場用爲程式，洽書遂廢不行。今此書遺本僅傳，而所謂集傳則失之矣。